Discussion on
Civil Code of China

中国民法典争鸣系列

总 主 编　王利明
执行主编　柳经纬

中国民法典争鸣

温世扬卷

温世扬　著

厦门大学出版社
XIAMEN UNIVERSITY PRESS
国家一级出版社
全国百佳图书出版单位

图书在版编目(CIP)数据

中国民法典争鸣.温世扬卷/温世扬著. —厦门:厦门大学出版社,2017.12
(中国民法典争鸣系列)
ISBN 978-7-5615-6571-1

Ⅰ.①中… Ⅱ.①温… Ⅲ.①民法-中国-文集 Ⅳ.①D923.04-53

中国版本图书馆 CIP 数据核字(2017)第 140814 号

出 版 人	蒋东明
策划编辑	施高翔
责任编辑	邓 臻
装帧设计	李夏凌
技术编辑	许克华

出版发行	厦门大学出版社
社　　址	厦门市软件园二期望海路 39 号
邮政编码	361008
总 编 办	0592-2182177　0592-2181406(传真)
营销中心	0592-2184458　0592-2181365
网　　址	http://www.xmupress.com
邮　　箱	xmupress@126.com
印　　刷	厦门集大印刷厂

开 本	787mm×1092mm　1/16
印 张	18.75
字 数	412 千字
版 次	2017 年 12 月第 1 版
印 次	2017 年 12 月第 1 次印刷
定 价	106.00 元

厦门大学出版社
微信二维码

厦门大学出版社
微博二维码

本书如有印装质量问题请直接寄承印厂调换

总　序

　　民法典被誉为"社会生活的百科全书",是市场经济的基本法,是保护公民权利的宣言书,也是解决民商事纠纷的基本依据。编纂民法典有助于解决我国民事立法中存在的相互矛盾、不协调、缺乏体系等问题,保障创新、协调、绿色、开放、共享的"五大发展理念"的落实,推进中国特色社会主义法治体系不断完善和国家治理体系、治理能力现代化,为全面深化改革、全面依法治国、实现"两个一百年"奋斗目标和中华民族伟大复兴的中国梦奠定坚实的制度基础。

　　我国民法典编纂始于清末民初对大陆法系国家民法典的继受(移植),标志性的成果是 1929 年至 1931 年间颁行的"中华民国民法典"。1949 年 9 月,中国人民政治协商会议第一次会议通过的《中国人民政治协商会议共同纲领》明确宣布废除国民党的"六法全书"。从 20 世纪 50 年代开始,我国历经四次民法典起草,即 50 年代中期(1956—1958)、60 年代前期(1962—1964)、70 年代末至 80 年代初(1979—1982)以及 21 世纪之初(2002)。然而,由于社会经济条件不成熟以及理论准备不充分等原因,四次起草均半途而废,民法典成为我国法律体系的一大缺失。2014 年 10 月 23 日,中共十八届四中全会通过的《中共中央关于全面推进依法治国若干重大问题的决定》,明确提出了"编纂民法典"的立法任务,加快了民法典编纂的进程,这是我国民事立法的一个重要里程碑。

　　步入 21 世纪的中国正处在一个重要的历史阶段。我们要制定的民法典是 21 世纪的民法典,必须要回应 21 世纪的时代需要,彰显 21 世纪的时代特征。如果说 1804 年的《法国民法典》是 19 世纪风车水磨时代民法典的代表,1900 年的《德国民法典》是工业化社会民法典的代表,今天我们要制定的民法典应当成为 21 世纪互联网、高科技时代的民法典的代表,这样我们就必须充分反映时代精神和时代特征,真正体现法典与时俱进的品格。进入 21 世纪以来,互联网技术、人工智能、生物技术的发展,全球化的生态环境保护,人类社会面临着前所未有的问题。民法作为社会生活的百科全书,无法回避人类社会发展的新问题。

　　我们要制定的民法典必须立足于中国国情,向世人展示我们依法治国的新形象和我国法制文明的新高度。在全面依法治国的新时期,这部民法典应当吸收我国立法、司法和理论研究的成果,总结法治建设经验,真正成为一部具有中国特色的、屹立于世界民法之林的法典。我们要制定的民法典必须反映改革成果、推进并引领改革进程。改革开放的伟大实践,创立了一条中国特色社会主义的发展道路,这是一条不同于其他法典化国家或地区的发展道路。民法典作为时代精神和民族精神的立法表达,不能忽视这样一个特殊的社会经济条件。但如何充分反映中国特色社会主义这一社会经济条件,是我们所面临着的前所未有的问题。民法典的编纂,应当凝聚改革的共识,确认改革的成果,为进一步改革提供依据,从而推动改革进程,引领改革发展,实现国家治理体系和治理能力的现代化。

从民法法典化的历史来看,我国民法典编纂所面临的新问题是其他已经法典化的国家或地区所未曾有过的,这也决定了我国民法典编纂问题的复杂性和难度。编纂这样一部民法典,不只是立法机关的任务,也是民法学界的任务。民法典编纂所面临的问题,需要民法学者认真进行深入的研究,积极提供有力的理论支持。成就一部伟大的民法典,是我国民法学界几代人的夙愿。早在20世纪50年代,老一辈民法学者就以极大的热情投入民法典的起草工作。改革开放以来,随着法学教育和学术研究的恢复,民法学者围绕着民商事立法和民法典编纂问题进行了广泛而深入的研究,取得了丰硕的成果,也为民商事立法提供了有力的理论支持。从民法通则到合同法、物权法、继承法、婚姻法(修订)、侵权责任法,从公司法、合伙企业法、个人独资企业法到保险法、证券法、信托法等商事特别法,民法学者都做出了积极的理论贡献。尤其是进入21世纪以来,民法学者围绕着民法典编纂问题,掀起了一波民法典理论研究热潮,民法典研究成为我国民法学乃至新时期法学研究一道亮丽的风景线。

当前,民法典编纂工作正在进行,在许多问题上尚未达成共识,又有许多新的问题尚待研究。民法典编纂仍需全体民法学人持续地努力。值此之际,厦门大学出版社组织出版"中国民法典争鸣系列"丛书,诸位学者将他们多年来民法典研究的心得汇集出版。这对于促进我国民法典的学术研究,无疑具有重要的理论价值。我坚信,无论民法学者的研究成果是否被立法机关所采纳,但其对于推进我国民法典的编纂工作都将起到积极的作用,他们的研究无愧于这个时代。

让我们为编纂一部新时代的民法典而努力奋斗!

中国民法学研究会会长　王利明

2017 年 5 月 26 日

目录

第一编

总则编

从《民法通则》到《民法典》[*]

1986 年《民法通则》的颁布是我国民事立法史上的重要里程碑。作为新中国第一部,也是迄今为止唯一的一部民事基本法,《民法通则》涵盖了民法的各个领域、包含了民法的主要内容,它为民事主体参与民事活动、人民法院开展民事审判工作提供了基本准则。正因为如此,我国有学者形象地将《民法通则》称为"准民法典"或"民法典的雏形",^①西方学者通常也将《民法通则》看作是我国的"微型民法典"(mini-code)、^②"民法典的节录本"(truncated civil code)。^③ 然而,由于主客观条件的限制,《民法通则》不可避免地还带有时代的局限性,诸如体系不够健全、内容不够完整、规定过于原则、不少条文已不合时宜等等。要克服这些缺陷,单单依靠修改、完善仅百余条的《民法通则》恐怕是无济于事的,唯有以一部系统、完备的民法典取而代之方能从根本上解决问题。

众所周知,民法涉及面广、内容复杂,民法典的编纂注定是一项规模浩大的系统工程,其中,如何对待《民法通则》是至为重要的一个方面。对此问题有两点值得强调:一是不能抛弃或忽略《民法通则》。《民法通则》颁布实施以来,它所确立的许多概念、规则、理念已经深入人心、广为接受,成为制定民法典的坚实基础。编纂民法典时决不能撇开《民法通则》,去刻意求新求异。其实,我们在强调吸收、借鉴发达国家和地区的立法、判例、学说的同时,也应十分重视采纳、保留以《民法通则》为代表的现行法中成功的、有益的经验。二是不能迷信或固守《民法通则》。毋庸置疑,《民法通则》已经达到较高的立法水准,但不可否认的是,它依然存在不尽如人意之处,一些内容已经比较陈旧,一些规定也不符合民法法理,这些都不可能原封不动地写入民法典。总之,民法典对《民法通则》应当既有所继承,也有所发展。

根据学者的分析,《民法通则》主要包括四大板块:民事主体、民事行为、民事权利以及民

---

* 原载于《大地》2006 年第 13 期。

① 徐开墅民商法论文集编委会.徐开墅民商法论文集[M].北京:法律出版社,1997:27;余能斌,侯向磊,余立力.世纪之交看新中国民商法的发展[J].法学评论,1998(5).

② Jerome A. Cohen and John E. Lange, The Chinese Legal System: A Primer For Investors, 17 N.Y.L. Sch. J. Int'l & Comp. L. 345, 1997.

③ Stanley Lubman, Bird in a Cage: Chinese Law Reform After Twenty Years, 20 NW. J. INT'L L. & BUS. 383, 2000.

事责任。① 本文拟对这四个部分分别展开讨论，谈谈民法典如何继承、发展《民法通则》。

一、民事主体制度之完善

（一）法人的分类

《民法通则》在第二章、第三章中分别规定了"公民（自然人）"与"法人"，从而确立了我国民事主体制度的基本框架。其中，有关自然人的规定基本可行，在进行必要的充实、修订后，可纳入民法典中。但有关法人的规定则存在较大的缺陷，一个十分突出的问题便是《民法通则》中法人的分类不够科学。

"任何法律上的分类均涉及两个问题：一为区别标准，一为区别实益。"②《民法通则》采取"四分法"，将法人分为企业法人、机关法人、事业单位法人与社会团体法人。遗憾的是，这种划分在"区别标准"与"区别实益"两个方面均不尽如人意：（1）分类标准模糊。关于这种"四分法"的分类标准，学界莫衷一是、争论不休，有"性质说""目的事业说""业务活动说"和"组织形式说"等不同的观点。③ 由于分类标准不明确，相应地就会产生两个弊端：一是各种类型的法人相互之间缺乏一个清晰的界限。这一点在事业单位法人身上体现得尤为明显，常常出现所谓的"政事不分""事企不分"，有的事业单位法人类似于机关法人（如证券监督管理委员会），有的事业单位法人类似于企业法人（如各类出版社）。二是划分不周延。例如，在实际生活中大量存在的"民办非企业单位"既非党政机关、公司企业，也非事业单位、社会团体，难以在"四分法"中找到自己的位置。④（2）分类价值存疑。1949 年后，我国习惯于把各类单位划分为机关、企业、事业单位和社会团体，人们对这种划分已是十分熟悉。但这并不代表我国在民事立法中就应采纳这种方法来对法人进行分类。实际上，我国在实践中之所以采纳"四分法"，主要是出于行政管理的需要，不同类型的单位在社会功能、主管机构、经费来源、人事编制等方面有所不同，至于这种划分在私法上的意义并不是十分明显，很难说这种"四分法"在民法上会有什么显著的效果。为此，笔者建议，我国在制定民法典时舍弃《民法通则》采纳的"四分法"，改采大陆法系各国通行的"社团法人——财团法人"的"两分法"。

（二）非法人团体的规范

探讨民事主体制度的构造，一个极具争议性的问题便是如何看待非法人团体的地位。对此问题学界主要有两种意见：一种观点认为，应在自然人、法人之外，将非法人团体作为独立的民事主体；⑤一种观点认为，非法人团体不具有权利能力，不属于实质意义上的民事主

① 刘岐山.民法问题新探[M].北京：中国人民公安大学出版社，1990：29.
② 王泽鉴.民法概要[M].北京：中国政法大学出版社，2003：3.
③ 马俊驹.法人制度的基本理论及立法问题之探讨（上）[J].法学评论，2004（4）.
④ 有关民办非企业单位的基本情况可参看《民办非企业单位登记管理暂行条例》。
⑤ 汪渊智.民法总论问题新探[M].北京：中国社会科学出版社，人民法院出版社，2005：176.

体。^① 这两种观点看似截然对立,实则并无本质区别,更多的只是在于对"民事主体"的定义有所不同。如果认为能够以自己的名义参与民事活动的组织即可成为民事主体,那么非法人团体的确属于一种民事主体;如果认为独立享有权利、独立承担责任的组织才是民事主体,那么非法人团体就不具备民事主体资格。

其实,是否承认非法人团体属于"第三民事主体"无关宏旨(这一问题主要取决于如何定义民事主体),真正关键的问题还是在民法典中如何规范非法人团体。多数学者认为民法典中对非法人团体应有所反映,但也有学者认为,非法人团体的概念不够准确,在立法技术上存在很多问题,民法典中可不予规定。^② 对于非法人团体的法律规制,我们有两点考虑:(1)各种非法人团体在宗旨、组织机构、运行机制等方面差异很大,难以抽象出统一的规则,因而主要应依赖单行法(如合伙企业法)对其加以调整,民法典总则中的规定应当简约且富有弹性;(2)人是社会动物,在法人之外,还存在形形色色的各类其他组织,它们在社会经济生活中占据重要的地位,民事立法对此不能熟视无睹。为了避免出现无法可依的局面,应当确立如下规则:在法律无例外规定时,非法人团体应参照适用有关合伙企业的规定。

二、法律行为制度之检讨

《民法通则》第四章是对法律行为的规定,由于该章的规定与传统民法出入较大,且法律行为制度本身颇为复杂、抽象,因而学界围绕着法律行为产生了不少争论。此处拟对其中若干较为重要的问题作一个简要的评述。

(一)法律行为制度之归属

一般认为,法律行为是对民法典分则中各种行为的抽象、概括,理应规定于民法典总则之中。但在讨论民法典的体系安排时,一些学者提出了新的见解,他们认为法律行为的有关规则仅仅适用于财产法领域,无法适用于亲属法和继承法中的身份行为,因此法律行为制度应规定于"财产法总则"之中。^③ 这种观点意识到了财产行为与身份行为的差异以及身份行为的特殊性,确有一定的道理,但以此为由就否认法律行为规则在身份领域的适用恐怕还难以令人信服。在我们看来,法律行为依然应规定于民法典总则之中。原因在于:

其一,从立法技术来说,通过"提取公因式"的方法,以法律行为统帅合同、遗嘱、婚姻、收养、法人的设立等多种行为,可以避免许多重复性或援引性的规定,增强民法典的体系性和逻辑性。无论是财产领域的行为,还是身份领域的行为,都会涉及成立、有效、无效、解释等问题,在总则中对这些内容集中作出一般规定是可行的。

① 尹田.物权主体论纲[J].现代法学,2006(2).
② 王利明,主编.中国民法典草案建议稿及说明[M].北京:中国法制出版社,2004:297.
③ 陈小君.我国民法典:序编还是总则[J].法学研究,2004(6);薛军.法律行为理论:影响民法典立法模式的重要因素[J].法商研究,2006(3).

其二,从法理精神来说,法律行为制度意味着民事主体可以根据自己的意思来安排私人生活,它是实现私法自治的主要机制。① 甚至可以说,法律行为制度是民法区别于其他部门法最为显著的一个特征,是民法的精髓所在。我们提倡重树私法理念、培育私法精神,尤其需要完善、彰显法律行为制度,而不是反其道而行之,使其蜷缩在财产法领域。

其三,从制度沿革来说,《民法通则》颁行二十年以来,作为涵摄各种财产行为、身份行为的基本范畴,法律行为这一概念业已为学界和实务部门所熟悉。尽管现行的规则还有所不足,但并不影响法律行为制度本身仍然是民法典总则不可或缺的一个部分。

(二)法律行为概念之辨正

《民法通则》第54条规定:"民事法律行为是公民或者法人设立、变更、终止民事权利和民事义务的合法行为。"这一定义与传统民法对法律行为的界定颇为不同,存在显著的瑕疵,在民法典中应当得到纠正。

首先,该定义将法律行为定性为合法行为恐怕没有必要。法律行为本是用来指称以意思表示为要素、以发生私法效果为目的的各种行为,至于这些行为是否合法、是否有效并不影响它们在性质上属于法律行为。《民法通则》将法律行为限定为合法行为,创造出"民事行为"这一概念,以"无效民事行为""可撤销民事行为"这两个概念取代传统民法中的"无效法律行为""可撤销法律行为",这种做法更多的只是"语文上的小动作",②并无太多的实际意义。

其次,该定义将意思表示与法律行为剥离似乎有"买椟还珠"之嫌。意思表示是法律行为的要素,是法律行为制度的精华所在,③也是法律行为与事实行为等其他行为最为主要的一点区别。法律行为与意思表示这两个概念甚至经常在同一意义上使用。④《民法通则》确立了法律行为制度,却对"意思表示"只字未提,显然未能把握住法律行为的精髓。

(三)法律行为效力体系之重构

从效力上来分析,法律行为有四种:有效法律行为、无效法律行为、可撤销法律行为与效力未定的法律行为。之所以欠缺有效要件的法律行为具体又分为三种情形,主要是基于立法政策的考虑。如果法律行为所欠缺的要件有关公益(违反强行法规或违背公序良俗),则使之当然无效;如果仅有关私益(错误,误传,被欺诈、胁迫等),则使之得撤销;如果仅属于程序上之欠缺(限制行为能力人未得法定代理人之同意),则使之效力未定。⑤

从《民法通则》有关法律行为效力的规定来看,最大的问题莫过于无效法律行为范围过宽。《民法通则》第58条所规定的无效法律行为既包括了一些本属于可撤销的法律行为(如

① 王泽鉴.民法概要[M].北京:中国政法大学出版社,2003:79;卡尔·拉伦茨.德国民法通论(下册)[M].王晓晔,等译.北京:法律出版社,2003:426.
② 张俊浩,主编.民法学原理(上册)(修订第3版)[M].北京:中国政法大学出版社,2000:227.
③ 龙卫球.民法总论[M].北京:中国法制出版社,2001:502-503.
④ 例如,《德国民法典》"立法理由书"中就提到:就常规言,意思表示与法律行为为同义之表达方式。
⑤ 郑玉波.民法总则[M].北京:中国政法大学出版社,2003:440.

欺诈、胁迫、乘人之危行为),也包括了一些本属于效力未定的法律行为(如限制民事行为能力人依法不能独立实施的行为),甚至于包括了一些本属于有效的法律行为(如无民事行为能力人纯获利益的行为)。如此一来,法律对当事人的私人事务干预过多,法律行为动辄无效,势必损害经济生活的活跃和社会秩序的稳定。

《民法通则》有关法律行为效力规定的弊端在《合同法》第三章"合同的效力"中得到了一定程度的纠正。我国在制定民法典时可以《合同法》的规定为蓝本,在进行必要的充实、修正后,构建起新的法律行为的效力体系。

三、民事权利体系之构建

《民法通则》第五章是对民事权利的规定,虽然只有区区三十五条,但基本涉及所有类型的民事权利,这也是《民法通则》被称为"民事权利宣言书"的原因所在。我国在制定民法典时可对各种类型的权利进行具体、细致的规定,使其各自独立成编,从而构成民法典的分则部分。当然,民事权利在民法典中究竟应如何规定,理论界争论还比较多,其中有两个问题比较突出:

其一,人格权的立法安排。《民法通则》在第五章第四节"人身权"一节中对生命健康权、姓名权(名称权)、肖像权、名誉权等人格权作出了规定,这种做法一度备受学界推崇,获得过极高的评价,由此推断,民法典应以此为基础,将人格权独立成编。但近些年来,随着讨论的深入,出现了一些不同的看法,人格权的立法安排已经成为民法典编纂中最具争议性的问题之一。对此,我们拟从三个层次加以探讨:

1.人格权的存在。否认或者无视人格权的观点由来已久,德国历史法学派的代表人物萨维尼在论述法律关系时就曾经否认人格权的存在。我国也有学者认为"人应该是权利的主体,客体作为权利所指向的对象,它必须是人以外的事物。否则,假如它成了人的组成部分,那么权利就将回指主体自身,导致主体与客体的混同",因此所谓的人格权是不存在的。[①]

其实,担心承认人格权会导致主体与客体的混同是大可不必的。人在作为权利主体的同时,并不排除某些人格要素(如姓名、肖像、隐私等)可以成为权利指向的对象。人能够支配自身的人格要素、排除他人的干涉恰恰是人作为主体而存在的必要保障,也是享有其他民事权利的前提和基础。

从比较法的角度来看,各国学者大都承认人格权的存在,[②]绝大多数国家的立法也对人

---

① 李永军.论我国人格权的立法模式[J].当代法学,2005(6).

② 雅克·盖斯旦,吉勒·古博.法国民法总论[M].陈鹏,等译.北京:法律出版社,2004:171;卡尔·拉伦茨.德国民法通论(上册)[M].王晓晔,等译.北京:法律出版社,2003:282;四宫和夫.日本民法总则[M].唐晖,钱孟珊,译.台北:五南图书出版公司,1995:30.

格权有所规定，①人格权的存在应是毋庸置疑的。

2.人格权的私权性质。我国有学者认为，人格权是自然人根据宪法所享有的基本权利，并非民法所赋予的民事权利，民法只能从"保护"的角度，而不能从"赋权"的角度规定人格权。② 这种观点意识到了人格权的极端重要性，有其合理的成分，但以此就否认人格权在性质上属于民事权利恐怕还缺乏充分的说服力。

首先，从理论上来说，宪法与民法均可对人格权作出规定，只不过侧重点不同。根据传统的宪法理论，所谓"风能进、雨能进、国王不能进"，宪法权利是人民针对国家公权力而享有的一种防御权，私人之间不存在宪法权利的侵害问题。③ 尽管现代宪法理念认为，宪法有关基本权利的规定在特定条件下也可适用于私人之间的侵权行为，但各国对此十分慎重，宪法权利的本质取向依然是对抗国家的干涉。④ 而民事权利存在于平等的民事主体之间，是民事主体对抗其他民事主体的一种权利。可见，宪法与民法均可对人格权作出规定，二者不是相互排斥的，而是相互补充的关系。决不能以宪法中规定了人格权，就断定人格权属于宪法权利而不是民事权利。

其次，从实际情况来看，认为人格权属于宪法权利，而不是民事权利也是站不住脚的。(1)宪法的产生只是近代以来的事情，在此之前并无宪法的存在，倘若认为生命权等人格权属于宪法权利，岂不是说近代以前人们连生命权也没有；(2)即使是制定了宪法，不少国家在宪法中也并无关于基本权利的规定，⑤如果把人格权看作宪法权利，岂不是说这些国家的人们都没有人格权；(3)不少国家在宪法中还规定了公民的财产权、身份权，按照前述学者的逻辑，财产权、身份权也就应该属于宪法权利，而不是民事权利，如此一来，还有什么属于民事权利呢？

3.人格权的体系定位。应当承认，大陆法系各国民法典中均没有将人格权独立成编的先例。之所以如此，我们揣测主要还是立法技术方面的考虑：人格权类型有限、内容单一(主要是消极地排斥他人侵害)、条文很少，独立成编后与其他各编太不协调，在民法总则或侵权行为部分作出一些规定已经足够。然而，时至今日，人格权法的内容日益丰富，已经无法继

---

① 例如，德国承认了姓名权(《德国民法典》第12条)、肖像权(《德国艺术家和摄影家作品著作权法》第22条)；意大利承认了姓名权、肖像权(《意大利》民法典第6条、第10条)；魁北克承认了人身完整权、名誉权、隐私权、姓名权等(《加拿大魁北克州民法典》第10条—第74条)；俄罗斯在其民法典中也承认了诸多的人格权，包括生命权、健康权、个人尊严权、人身不受侵犯权、名誉权、私人生活不受侵犯权、姓名权等(《俄罗斯民法典》第150条)。

② 尹田.论人格权的本质[J].法学研究,2003(4)；米健.民法编纂——人格权不宜独立成编[N].人民法院报,2004-10-15.

③ 韩大元,林来梵,郑贤君.宪法学专题研究[M].北京:中国人民大学出版社,2004:258.

④ 芦部信喜.宪法[M].林来梵,等译.北京:北京大学出版社,2006:100.

⑤ 实际上，不少学者都反对在宪法中对公民的权利进行列举，因为这有可能被解释成未被列举的权利未得到宪法的保护。参见弗里德利希·冯·哈耶克.自由秩序原理(上)[M].邓正来,译.上海:三联书店,1997:233-234.

续容身于民法总则或侵权行为法之中,人格权独立成编业已成为一个合理的选项:(1)人格权的类型增加。随着社会经济生活的发展,一般人格权、法人人格权、隐私权、信用权等相继出现,人格权体系越发庞大、复杂。(2)人格权权能增加。人格权的权能曾经主要是消极权能,亦即排斥他人的干涉,然而,随着科技的进步、商业的繁荣,人格权具有了更多的积极权能。器官的移植与捐赠、安乐死、名称权的转让、肖像的有偿使用、隐私的公开出售等在实际生活中屡见不鲜,迫切需要得到民法的规制。(3)《民法通则》的既有经验。《民法通则》在第五章第四节专门规定人格权,开创了新的立法体例。二十年来的实践表明,这种做法并未造成什么严重的后果,恰恰相反,它突出了人格权的地位和作用,充实了民法的权利体系,具有相当的科学性,理应在民法典中得到坚持。

其二,知识产权与民法典。民法典中是否规定知识产权、如何规定知识产权也是立法中争议较大的一个问题。此处拟首先对学界的主要观点作一个简要的评述,继而提出笔者粗浅的看法。

1.既有观点评述。《民法通则》第五章第三节为"知识产权",该节对著作权、专利权、商标权等作了宣示性规定。我国在民法典中是否应以此为基础加以充实,从而设置独立的知识产权编,论者观点不一。多数学者认为知识产权十分特殊,整体上纳入民法典并不合适,在民法典中对知识产权作一般性、原则性规定即可,无须设置独立的知识产权编;[①]也有学者认为考虑到知识产权在现代社会的重要性以及民法典体系的完整,应在民法典中设置独立的知识产权编,对其作出较为全面、细致的规定。[②]

应当承认,上述两种意见均有一定的道理。知识产权作为民事权利的一种,既有与其他民事权利相同的共性,也有区别于其他民事权利的个性。倘若强调知识产权的共性,则将知识产权的相关规则纳入民法典中,设置独立的知识产权编无可厚非;如果强调知识产权的个性,那么在民法典中不设置知识产权编,而是保留知识产权的单行法形式(如《著作权法》《商标法》《专利法》)或者编纂知识产权法典也是合情合理的。

其实,这两种意见更多的是立法形式的差异,只是法律规则位置的不同,虽然各有利弊,但是并无根本的区别。民法典中是否设置单独的知识产权编是一个无可无不可的问题,无论采取何种做法都是可以接受的。这就如同在民商合一的国家(地区),有的将公司法纳入民法典中(如瑞士、意大利),有的则保留公司法的单行法形态(如我国台湾地区),对这两种不同的做法实际上既无法找到本质的不同,也难以评价孰优孰劣。

个人认为,法典编纂本应追求体系的完整性和内容上的全面性,把某一个法律部门的有

① 梁慧星.当前关于民法典编纂的三条思路[A]//徐国栋,主编.中国民法典起草思路论战[C].北京:中国政法大学出版社,2001:16;王利明.关于我国民法典的体系的再思考[A]//王利明,郭明瑞,潘维大,主编.中国民法典基本理论问题研究[C].北京:人民法院出版社,2004:17;吴汉东.知识产权立法体例与民法典编纂[J].中国法学,2003(1);马俊驹.对我国民法典制定中几个焦点问题的看法[A]//吴汉东,主编.私法研究(第3卷)[C].北京:中国政法大学出版社,2003:25.
② 徐国栋.民法典草案的基本结构[J].法学研究,2000(1);麻昌华,覃有土.论我国民法典的体系结构[J].法学,2004(2).

关规范都涵摄其中。但就民法典而言,试图囊括一切民事法律关系则是一个不可能完成的任务。那么接下来的问题就是哪些内容应当规定于民法典中,哪些内容可以在民法典之外存在。具体来说,主要有三种情形:(1)应当规定于民法典中的。总则是民法典的灵魂和首脑,是民法典不可或缺的部分,必须规定于民法典中。这就如同一辆卡车,车头(总则)是必不可少的,至于车厢中拉什么货(分则)则可以灵活掌握。(2)适合规定于民法典中的。物权、债权、亲属、继承是民法典中稳固、传统的板块,保留在民法典中较为合适。(3)在民法典中可规定可不规定的。商法的主要内容(公司、海商、票据、保险、破产等)在民法典中可规定可不规定,知识产权法也是如此。

2.另外一种思路。民法典(以德国民法典为代表)的体系性和逻辑性主要在于两个方面:一是法典的总分结构或者说其提取公因式的技术;二是财产法领域"支配权(物权)——请求权(债权)"的二元结构。如果将知识产权独立成编,就会破坏民法典在财产法领域的二元结构,进而损害民法典的体系性、逻辑性,这也是笔者既不赞成也不反对将知识产权整体纳入民法典的主要原因。当然,如果能够对知识产权法的有关内容加以改造、整合,继续保留民法典在财产法领域的二元结构,那就另当别论了。

物权与知识产权均属于财产支配权,二者的客体均为外在于人和人的行为的客观存在,主体有权直接支配权利标的,并可排斥他人干涉。从法律规则上来看,物权法与知识产权法也具有诸多相同点或相似点。笔者设想,以财产支配权统率传统民法中的物权与知识产权,建立新的"对物权"制度。① 笔者设计的财产支配权的体系如下图所示:

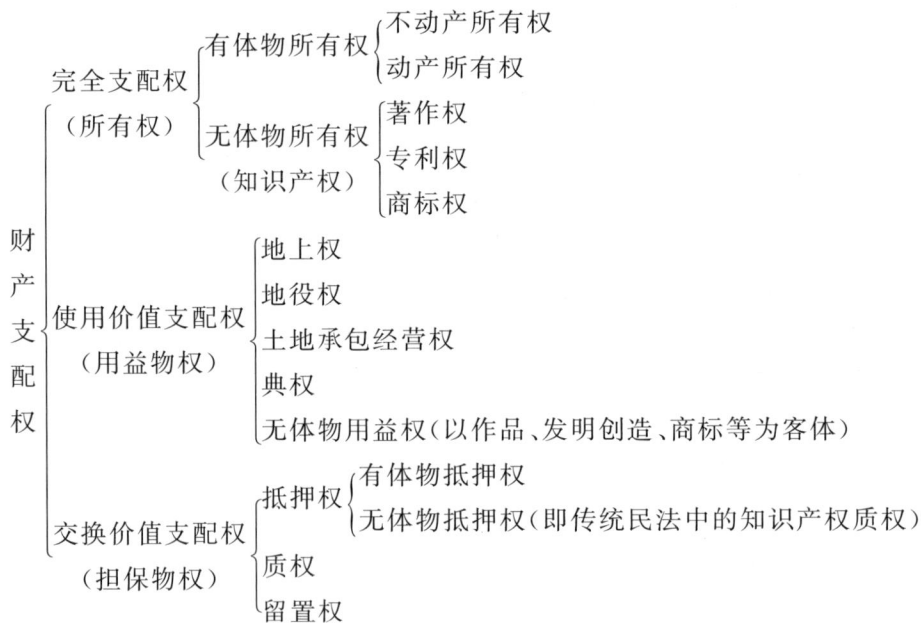

```
                              ┌ 不动产所有权
               ┌ 有体物所有权 ┤
  完全支配权   │              └ 动产所有权
  (所有权)   │              ┌ 著作权
               └ 无体物所有权 ┤ 专利权
财                (知识产权)  └ 商标权
产            ┌ 地上权
支            │ 地役权
配 使用价值支配权 土地承包经营权
权 (用益物权)  │ 典权
              └ 无体物用益权(以作品、发明创造、商标等为客体)
              ┌ 抵押权 ┌ 有体物抵押权
  交换价值支配权 │        └ 无体物抵押权(即传统民法中的知识产权质权)
  (担保物权)  │ 质权
              └ 留置权
```

---

① 这种方案看似"离经叛道",但平心而论,该方案的实施并没有想象中的那么困难。具体阐述可参见温世扬.财产支配权论要[J].中国法学,2005(5).

四、民事责任制度之构建

在大陆法系各国的民事立法中,债务与责任并无严格的区分,无论是侵权还是违约,均属于债的发生原因。我国在《民法通则》中却一改各国的传统做法,将责任(违约责任、侵权责任)从债务中剥离,以专章规定民事责任,首创了统一的民事责任法。

我国在民法典中究竟应如何规定民事责任?论者见仁见智、观点不一。有的主张沿袭《民法通则》的做法,在民法典中设置独立的民事责任编;[①]有的建议应坚持大陆法系民法传统,违约责任、侵权责任等仍旧应规定于债法之中。[②] 不过,多数学者则认为民事责任独立成编不太合理,但侵权责任有必要单列一编,[③]立法机关也采纳了这种观点。[④]

考虑到将各种责任形态集中统一规定既难以实现,又没有太大的价值,而侵权责任法的内容在现代社会不断膨胀,因此笔者也赞同民事责任不必独立成编,而侵权责任应单列一编。

关于侵权责任编的设置,学界已有相当多的讨论,这里拟从侵权责任形式的角度来谈谈侵权责任法与民法典其他各编的基本关系。

(一)侵权损害赔偿

关于侵权损害赔偿的性质,理论界有两种基本的认识:一种观点认为,侵权损害赔偿也是一种债的关系;[⑤]另一种观点则认为侵权损害赔偿是一种责任形式,并不属于债务的范畴。[⑥] 根据前一种观点,侵权责任虽然独立成编,但是侵权损害赔偿仍然属于债的关系,当然可以适用债法总则的有关规定;根据后一种观点,侵权损害赔偿是一种责任形式,并非侵权人承担的债务,不能直接适用债法总则的规定。

单单从理论上来分析,侵权损害赔偿属于违反民事义务所产生的一种法律后果,与义务本身自然有所区别。但从法律效果来看,侵权损害赔偿同样是特定当事人之间请求特定给付的民事法律关系,亦即是一种债的关系。债法的基本原理,如债的分类、债的履行、债的保全、债的移转、债的消灭等均可适用于侵权损害赔偿。因而,尽管侵权责任独立成编,但侵权

---

① 彭俊良.民事责任论[M].太原:希望出版社,2004:25-26;胡启忠.我国民法典之构造[A].马俊驹,主编.民法典探索与展望[C].北京:中国民主法制出版社,2005:72;陈界融.中国民法学·债法学源论[M].北京:人民法院出版社,2006:6.

② 徐国栋.民法典草案的基本结构——以民法的调整对象理论为中心[J].法学研究,2000(1);薛军.论未来我国民法典债法编的结构设计[A].徐国栋,主编.中国民法典起草思路论战[C].北京:中国政法大学出版社,2001:380-381.

③ 魏振瀛.论民法典中的民事责任体系[J].中外法学,2001(3);梁慧星.中华人民共和国民法典大纲(草案)[A].徐国栋,主编.中国民法典起草思路论战[C].北京:中国政法大学出版社,2001:22;王利明.论中国民法典的体系[A].徐国栋,主编.中国民法典起草思路论战[C].北京:中国政法大学出版社,2001:116页以下.

④ 《中华人民共和国侵权责任法》已于2009年通过.

⑤ 王利明.论侵权行为法的独立成编[J].现代法学,2003(4).

⑥ 魏振瀛.论民法典中的民事责任体系[J].中外法学,2001(3).

损害赔偿的有关问题仍然可以适用债法总则的规定。

（二）停止侵害、排除妨害、消除危险、返还财产

关于"停止侵害、排除妨害、消除危险、返还财产"的性质，理论界有三种不同的观点：有的认为，它们属于绝对权请求权（包括物权请求权等），不宜作为侵权责任的形式；①有的认为，它们在传统民法中属于物权请求权，我国在民法典中应将其转变为侵权责任的形式，民法典中不再规定物权请求权；②有的认为，它们既属于物权请求权，也属于侵权责任的形式，可以构成竞合关系，由当事人自行选择。③

"停止侵害、排除妨害、消除危险、返还财产"在传统民法中属于物权请求权，我国《民法通则》却将其作为承担民事责任的方式加以规定。笔者认为，我国在制定民法典时，应恢复其本来面目，将它们定性为绝对权请求权（分别规定于物权编、人格权编中），而不是侵权责任形式。理由如下：（1）侵权责任的目的在于弥补受害人遭受的损害，针对的是已经发生的侵害。而"停止侵害、排除妨害、消除危险、返还财产"针对的是即将发生或正在发生的侵害，一方当事人在请求对方当事人"停止侵害、排除妨害、消除危险、返还财产"时，无须证明损害的存在。（2）侵权行为以过错责任为原则，主张对方承担侵权责任时一般须证明其过错。而"停止侵害、排除妨害、消除危险、返还财产"的构成不以行为人主观上的可责性为必要。（3）侵权损害赔偿责任属于债，应当适用诉讼时效。而根据理论界一般的认识，请求他人"停止侵害、排除妨害、消除危险、返还财产"并不适用诉讼时效。（4）侵权责任作为债的一种形式，与其他类型的债处于平等的地位，在行使上没有优先性可言。而请求返还财产是绝对权效力的体现，能够优先于债权人得到满足。

综上所述，我国民法典中的侵权责任编实为侵权损害赔偿责任编，仍然属于债法的一部分，适用债法总则的有关规定。只是由于债法的内容太过庞大、侵权责任法的规则体系在现代社会的不断扩张，才有必要将侵权责任法单列一编。

---

① 崔建远.绝对权请求权或侵权责任方式[J].法学,2002(11).
② 魏振瀛.民法通则规定的民事责任[J].现代法学,2006(3).
③ 王利明.论侵权行为法的独立成编[J].现代法学,2003(4).

论民法典总则的内容构造[*]

《侵权责任法》颁行后，我国民法学界对《民法典》的编纂表现了更为热切的期待。在民法典编纂中，总则（此处指以德国民法典为代表的"大总则"）之设虽未必是最佳选择，^①但由于在学界的总则存废之争中"总则肯定论"取得了压倒性优势，故在民法典中设立总则已成定局（现已发表的民法典官方草案和学者建议稿均设有总则内容）。因此，关于民法总则，当下需要解决的就是其内容构造问题了。

一

"总则"作为民法典体系的一部分，滥觞于 19 世纪德国潘德克吞法学派的民法教科书，经由《萨克逊民法典》的实践，在《德国民法典》中得到了立法应用，并由此开创了一种具有世界影响的法典编纂模式，即一种"将一般的内容置于前面的立法技术"。^②《德国民法典》总则的内容构造，也成为众多国家或地区民法典编纂效仿的经典。

根据德国民法典制定者的计划，总则应当包括哪些适用于民法典以下诸编的规则，亦即总则包含的是在某种程度上被提取和抽象的一般性内容。^③《德国民法典》总则由下列内容构成（章名）：人；物和动物；法律行为；期间、期日；消灭时效；权利的行使、自卫、自助；担保的提供。上述内容，涉及权利主体，法律行为，也部分涉及权利客体，还有一些权利行使问题。^④从上述内容来看，《德国民法典》的总则部分就是后期潘德克吞法学私权一般理论的立法应用。^⑤

但后世德国学者认为，总则编"既不完全是'总'的，也不包括全部的一般性规则"^⑥。因此，"总的说来，对于总则编的内容，不可能作出积极的评价。一方面，总则编没有对一些重

* 原载于《时代法学》2012 年第 1 期。

① 陈小君.我国民法典：序编还是总则[J].法学研究,2004(6).

② 迪特尔·梅迪库斯.德国民法总论[M].邵建东,译.北京：法律出版社,2000:22.

③ 迪特尔·梅迪库斯.德国民法总论[M].邵建东,译.北京：法律出版社,2000:22.

④ 迪特尔·梅迪库斯.德国民法总论[M].邵建东,译.北京：法律出版社,2000:24.

⑤ 杨代雄.古典私权一般理论及其对民法体系构造的影响[M].北京：北京法学出版社,2009:133.

⑥ 罗尔夫·克尼佩尔.法律与历史——论的形成与变迁[M].朱岩,译.北京：法律出版社,2003:33.

要的内容作出调整特别是有关法人、权力行使、权利实现和法律适用方面的重要问题都付之阙如。另一方面,总则编中的有些规定被人为地从他们所属的特别的联系中割裂开来,最后变成了纯粹的概念解释或立法技术(特别是第 90 条及以下条款)"①。

尽管不乏非议,《德国民法典》所开创的总则—分则结构及总则构造模式还是受到欧陆即亚洲许多后来者的效仿,并由此形成了一种被称为"德国法系"的立法传统。其中,《日本民法典》和我国台湾地区"民法典"几乎是《德国民法典》的翻版(《日本民法典》总则编未规定"权利的行使"和"担保的提供",但对取得时效作了规定;我国台湾地区"民法典"总则编未规定"担保的提供")。② 较晚制定的《韩国民法典》总则编也相差无几。③

同样作为《德国民法典》编纂体例的继受者,20 世纪后期面世的几部民法典在总则部分的内容构造上实现了一定程度的改进。其一是 1966 年制定的《葡萄牙民法典》。该法第一卷"总则"设有二编:第一编"法律、法律之解释及适用",所规定者为法的一般问题及冲突规范;第二编"法律关系",分设"人""物""法律事实"(设"法律事务""法律上之行为"、"时间及其在法律关系上之效力"三章)、"权利之行使及保护"(含证据规则)四分编。由上可见,《葡萄牙民法典》的"总则卷"是一个"扩张版"的"总则",但其第二编"法律关系"与《德国民法典》总则编内容大体相同。其二是 1994 年制定(部分通过)的《俄罗斯联邦民法典》。该法典总则编设以下分编:基本规定;人;民事权利的客体(一般规定、有价证券、非物质利益);法律行为与代理;期限、诉讼时效。与《德国民法典》总则相比,其最大特色在于以"民事权利客体"取代"物",对物及有价证券、非物质利益等权利客体一并加以规定。

以上考察表明,在以《德国民法典》为代表的采总则—分则结构的各国民法典中,民法总则的内容可谓"大同小异":所谓"大同",是指各法典均把总则定位为"民事权利(或法律关系)的一般规定",其中包括权利主体(人)、权利客体(物)、权利变动(法律行为、期间与时效)、权利的行使与保护等内容;所谓"小异",是指在上述基本框架下,各国立法在一些具体内容或制度取舍上有所差异。

二

21 世纪伊始,在一些知名学者的推动下,我国民法学界一度出现"民法法典化"研究的热潮,不同版本的民法典学者建议稿纷纷面世,同时"催生"了国家立法机关匆促完成并交付审议的《中华人民共和国民法(草案)》。各种版本的民法典建议稿及草案均采取了潘德克吞法学及《德国民法典》所创立的总则—分则结构,但在"总则"(或"序编")的内容构造上仍互存差异。

---

① 迪特尔·梅迪库斯.德国民法总论[M].邵建东,译.北京:法律出版社,2000:28.

② 《日本民法典》总则编内容包括:通则;人;法人;物;法律行为;期间的计算;时效。我国台湾地区"民法典"总则编内容包括:法例;人;物;法律行为;期日及期间;消灭时效;权利之行使。

③ 《韩国民法典》(1958)总则编内容包括:通则;人;法人;物;法律行为;期间;消灭时效。

梁慧星教授提出的《民法典大纲(草案)》(第一编"总则"):①第一章"一般规定";第二章"权利客体(物)";第三章"权利主体——自然人";第四章"权利主体——法人";第五章"法律行为";第六章"代理";第七章"期日、期间";第八章"诉讼时效";第九章"权利行使"。

王利明教授主持完成的《中华人民共和国民法典》草案学者建议稿(第一编"总则"):②第一章"一般规定";第二章"自然人";第三章"法人";第四章"合伙";第五章"民事权利客体(物、有价证券、其他)";第六章"法律行为";第七章"代理";第八章"诉讼时效";第九章"期日与期间";第十章"民事权利的行使和保护"。

徐国栋教授主持完成的《绿色民法典草案》(序编):③第一题"预备性规定"(调整对象、基本原则);第二题"人";第三题"客体"(一般规定、人身权的客体、财产权的客体);第四题"法律事实与法律行为";第五题"代理";第六题"民事世界中的时间"(时效、除斥期间、期间的计算);第七题"基本术语的定义"。

全国人大法工委起草的《中华人民共和国民法(草案)》(第一编"总则"):④第一章"一般规定";第二章"自然人";第三章"法人";第四章"民事法律行为";第五章"代理";第六章"民事权利";第七章"民事责任";第八章"时效";第九章"期间"。

粗略比较即可发现,上述总则(序编)(下文依序分别简称为 A、B、C、D 稿)在内容上的差异主要体现在:(1)如何规定权利客体(A 稿仅对物作了规定,B 稿除物外还规定了有价证券和其他权利客体,C 稿也对不同类型权利的客体作了规定,D 稿则未设规定);(2)是否对法律事实作一般规定(C 稿对法律事实作了一般性规定,A、B、D 稿则无);(3)如何对民事权利作一般性规定(A 稿对民事权利的行使作了规定,B 稿除行使外还规定了权利保护,C、D 稿均未对权利的行使和保护作一般规定,但 D 稿对民事权利作了宣示性规定);(4)如何规定时效制度(A、B 稿仅规定诉讼时效,C、D 稿则一并规定了诉讼时效和取得时效);(5)是否规定民事责任(D 稿设有专章,A、B、C 稿则无)。对此,下文将略作分析。

1."物"抑或"权利客体"?

《德国民法典》总则对"物和动物"作专章规定,彰显了"权利客体"作为民法典"一般性内容"的逻辑价值及"物和动物"在权利客体中的突出地位。尽管有德国学者批评道:《德国民法典》"由于对物的规定作了这种认为的分离(即分别于总则编和物权编对物的形态和物的归属问题予以规定——引者注),因此总则编对权利客体的专门规定,可以说是一般化尝试失败的典型"⑤,但从民法总则的功能和私权的体系构造考虑,对权利客体作出一般性规定是必要的。问题是,民法总则缘何仅对"物"这一种权利客体作出规定?

---

① 徐国栋,主编.中国民法典起草思路论战[M].北京:中国政法大学出版社,2001:23—29.

② 中国人民大学民商事法律科学研究中心 2003 年 3 月印发(未刊稿)。

③ 徐国栋,主编.绿色民法典[M].北京:社会科学文献出版社,2004:3—42.

④ 2002 年 12 月 27 日提交审议稿。

⑤ 迪特尔·梅迪库斯.德国民法总论[M].邵建东,译.北京:法律出版社,2000:26.

有学者对于我国台湾地区"民法典"单独将"物"规定于总则编的理由做了解释,认为民法典之所以专设"物"一章,"旨在维护民法体系的完备。其所以仅以'物'为内容,一方面是因为权利的客体依权利种类之不同而异,难设概括性规定;他方面系物不仅为物权的客体,且涉及一切财产关系,如债之关系、夫妻财产关系、继承,甚至刑法上的窃盗侵占等罪的成立,亦莫不与物之概念有关,故民法特以之规定于民法总则编"①。笔者认为,《德国民法典》之所以仅对"物和动物"作了规定,还有以下原因:其一,德国学说认为,权利客体可以分为两大类,即有体的物以及无体的权利。②《德国民法典》并没有在总则中规定各种不同的权利,而是把它们放在以下各编中加以规定,故使总则的有关规定残缺不全。③ 其二,在《德国民法典》编纂时期,智力成果并未得到普遍的保护,"人格权"概念亦未形成,故"独立于法律制度而存在"(梅迪库斯语)的权利客体仅有"物和动物",《德国民法典》如此规定也就不足为怪了。

然而,随着各国立法、司法和学术的发展,当代社会的民事权利客体早已突破了"物和动物"的范围,《俄罗斯联邦民法典》更是实现了立法上的突破,中国民法典的编纂应引以为鉴,在总则中对包括物在内的各种民事权利客体作出一般性规定(至于民事权利客体应如何类型化,则关涉对不同种类民事权利之客体的理论认识,其中关于债权、人格权的客体尚存争议,但依我国通说,物权、知识产权、人格权的客体分别为物、智力成果、人格利益,故《俄罗斯联邦民法典》及上述 B 稿的相关规定可资立法参考)。

有学者在讨论各类民事权利客体时,基于以下理由,认为权利客体应当依照其类别分别纳入相关权利的规范中进行规定,不宜在民法典总则编中规定:首先,民法上的权利类型多样,各种权利的客体并不相同,且相互之间基本上不具有共性,故无法归纳抽象出权利客体的一般规则。其次,如果仿照《德国民法典》的做法,在总则编仅规定"物",则不免存在两个方面的弊端:一是"物"仅为物权的客体,总则编有关物的规定完全不能适用于物权之外的其他权利,不符合总则规范之一般性的特点;二是"物"本身并非法律的规范对象,如果切断其与物权人之间的归属、利用关系,则有关"物"的独立规定是没有多少规范意义的。④ 笔者认为,此说有失偏颇:其一,关于权利客体的规定,是"民事权利一般规定"或"民事法律关系的一般构造"不可或缺之内容,否则民法总则便会出现重大的结构性缺陷;其二,民法总则对权利客体的规定,其意义在于对不同类型民事权利客体的抽象,即完成权利客体的类型化(犹如对各种权利主体的规定),而不是"归纳抽象出权利客体的一般规则";其三,正如学者所言,物不仅为物权的客体,且涉及一切财产关系,如债之关系、夫妻财产关系、继承等,故在民法总则中予以规定有其合理性(有价证券、智力成果亦然)。

① 王泽鉴.民法总则[M].北京:中国政法大学出版社,2001:206.
② 实指支配权和处分权的客体。德国学说在论述权利客体时一般将债权和人身权排除在外。卡尔·拉伦茨.德国民法通论(上册)[M].王晓晔,等译.北京:法律出版社,2003:379.
③ 迪特尔·梅迪库斯.德国民法总论[M].邵建东,译.北京:法律出版社,2000:25—26.
④ 尹田.论中国民法典总则的内容结构[J].比较法研究,2007(2).

2."法律行为"抑或"法律事实"?

无疑,法律行为是民事权利(或民事法律关系)得丧变更的主要原因,故应在民法总则中加以规定,尽管在立法技术上存在"总则编的规定要么非常抽象,要么它们并不适用于一切法律行为,亦即这些规定不具有一般性"的难题。① "总则编中有关法律行为的规定意义最大。……有关法律行为的规定之所以具有一般性,是因为法律行为存在于法律的所有领域,特别是出现在民法典的所有诸编中。"②

但依当代民法理论,导致民事权利得丧变更者不仅有法律行为,而且有其他事实,统称为"法律事实"。一般认为,法律事实可区分为人的行为及人的行为以外的其他事实,前者可分为适法行为(包括表示行为和非表示行为)与违法行为,后者可分为事件与状态。③ 由此可见,如果从"民事权利得丧变更"的角度来看,《德国民法典》等仅对"法律行为"这一种法律事实作出规定,在体系上显然是不完整的。因此,笔者建议在民法典总则中设"法律事实"一章,除法律行为外,对法律行为外的行为及行为外的法律事实作出一般性规定(可参酌上述C稿"序编"第四题)。

3."权利宣示"抑或"权利的行使和保护"?

在总则中对各种民事权利作出宣示性规定,域外民法典中未见其例,国内各学者建议稿也未设条文,仅立法机关草案(D稿)有此规定(第六章)。此种安排,或许是对《民法通则》(第四章"民事权利")体例的"继承"。但笔者认为,这种安排并不妥当。其一,《民法通则》并非民法总则。《民法通则》第四章集各种民事权利于一炉作出原则性规定,其内容已超出了民事权利一般规定范畴,实质上是浓缩版的"分则"(《民法通则》即浓缩版的民法典)。其二,民法总则要解决的是抽象意义上民事权利的构造、变动和保护等问题,不应涉及各种具体民事权利,对民事权利类型的宣示,与总则的逻辑构造存在抵牾。其三,正如有学者所言,民事权利的多样性及其内容的差异性,决定了从各种具体权利本身的内容归纳抽象出权利的一般性规则,在立法技术上是困难的。④ 而如果离开这一点,仅对各种权利作宣示性规定,则在法律适用上并无实益。

相反,权利的行使与保护乃"民法一般规定"的应有之义,故在总则中对此作出规定是必要的。至于如何规定,有学者在比较不同总则文本后认为,民法总则中仅需对民事权利的保护设专章规定,不宜单独规定民事权利的行使问题,理由是:其有关权利行使的规定中,依照性质,一部分应纳入民法的基本原则(包括可以将"民事权利的处分"的限制涵盖在内的"权利不得滥用"原则、"公序良俗"原则以及"环境保护"原则等),一部分应纳入物权法(包括土地所有人对他人行使权利的"适当容忍"以及国家征收、征用财产时的"适当补偿"),一部分

① 迪特尔·梅迪库斯.德国民法总论[M].邵建东,译.北京:法律出版社,2000:27.
② 迪特尔·梅迪库斯.德国民法总论[M].邵建东,译.北京:法律出版社,2000:27.
③ 王泽鉴.民法总则[M].北京:中国政法大学出版社,2001:240.
④ 尹田.论中国民法典总则的内容结构[J].比较法研究,2007(2).

应纳入民法典的一般规定(包括其他法律不得对民事权利进行限制、民事主体合法的民事权益受法律保护等)。(因此)此部分规定,与民法典总则的其他规定及分则的规定大都重合且残缺不全,毫无意义。[1] 笔者也认为,权利行使的一般要求主要在诚实信用、公序良俗、禁止权利滥用等民法基本原则中得到体现,若民法总则于"一般规定"中集中宣示民法的基本原则,则无须对权利行使作单独规定或与权利保护一同规定,以免条文之繁复(德、日、台湾地区民法总则未采民法基本原则集中宣示体例,故有必要专设权利行使之规定)。

4."诉讼时效"抑或"时效"?

中国的民事时效立法,面临两个重大问题:一是制度构造问题,即采"二元"时效制度(取得时效和消灭时效)抑或"一元"时效制度(仅设消灭时效);而是立法体例问题,即取得时效和消灭时效的制度位阶和立法安排问题。对于前一问题,笔者赞同"二元"体制,但因非本文主题而在此不作论证,故仅以此作为前提讨论取得时效和消灭时效的立法体例问题。

大陆法各国民法在两种时效制度的立法安排上,存在"同一并合模式"(《法国民法典》)、"并列并合模式"(《日本民法典》)、"相对分立模式"(《德国民法典》及我国台湾地区"民法典"、"绝对分立模式"(《阿尔及利亚民法典》)等不同体例。若从采总则—分则结构的民法典观察,则可归纳为"总则模式"(《日本民法典》)与"总则—分则模式"(《德国民法典》、《中华民国民法典》)。对此,我国学界多主张采"总则—分则模式"(参见 A 稿、B 稿),也有人主张采"总则模式"(参见 C 稿、D 稿),有人甚至主张采"绝对分立模式"(将取得时效和消灭时效分别规定于物权编与债权编)。[2] 笔者认为,我国时效立法应采"总则—分则模式"。

首先,消灭时效制度应纳入民法总则。将消灭时效规定于民法典总则编,始于《德国民法典》。对此种做法的理由,德国学者的解释是:"消灭时效适用于(几乎)所有请求权(第194条)。由于民法典各编中都有请求权的规定,因此消灭时效与民法典各编都有关系。"但是,该学者同时抱怨:"当然,第194条及以下条款的规定也并非完备无缺,因为这里并没有给所有请求权都规定消灭时效期间。"[3]对此,有学者评价道:"由此可见,根据民法典总则的特点,如果消灭时效仅仅适用于债权(债权请求权),而不适用于物权请求权以及身份权请求权,则缺乏进入民法典总则的当然资格。但是,根据已有的分析,物权请求权之所以脱离债的法律关系的体系,被作为一种独立的权利规定于物权法,其重要原因之一,便在于此种请求权(包括排除妨害请求权和返还原物请求权)因取得时效的存在而不得适用消灭时效。因此,即使某些身份权请求权适用消灭时效,因此种时效亦并非能够适用于民法典分则各编所规定的各种权利,故将其置于民法典总则中予以规定并非妥当。"[4]笔者认为,这种看法有失偏颇。诚然,关于消灭时效的客体,无论是立法上还是学术上均存在分歧,一个比较一致的认识是:

① 尹田.论中国民法典总则的内容结构[J].比较法研究,2007(2).
② 尹田.论中国民法典总则的内容结构[J].比较法研究,2007(2).
③ 迪特尔·梅迪库斯.德国民法总论[M].邵建东,译.北京:法律出版社,2000:27—28.
④ 尹田.论中国民法典总则的内容结构[J].比较法研究,2007(2).

并非一切请求权均适用消灭时效。但另一个基本共识是:消灭时效不仅适用于债权请求权,在债法以外领域(物权法、亲属法、继承法等)也有其适用空间,①故具有抽象价值,可在总则中予以规定。至于某些请求权不适用消灭时效,确实表明此种立法体例"并非完备无缺"的,但总体上并不影响其制度位阶,无须"因噎废食"将其归置于分则中(实际上,民法总则关于法律行为和代理的规定在分则中也难以得到彻底的贯彻,但它们却成为总则的核心内容)。

其次,取得时效制度不宜纳入总则。采取"并列并合模式"将消灭时效和取得时效规定于民法总则中,立法例上独见于《日本民法典》(《法国民法典》虽合并规定,但并非列于总则),我国 C 稿、D 稿采此体例。笔者认为,此种模式除彰显"时效"这一概念的统一性,因而具有一定的学理意义外,并非一种科学的立法体例。其一,《日本民法典》在时效立法上采统一模式,源自《法国民法典》,而后者之所以采此模式,是因为注释法学派认为,取得时效与消灭时效具有共同的本质,因而将两者视为时效制度整体中的两个部分。②但事实上,无论是《法国民法典》还是《日本民法典》,其时效制度的统一仅仅是形式上的,实质上还是分别规定的。③日本学者也指出:"取得时效与消灭时效,在根本上是共通的制度毫无疑问,但在援用、放弃、中断等具体规定上,处理有很多差异也是不能否定的,将两者看作分别的处理方法是适当的。""取得时效,除以所有权为目的之外,又有一方取得权利,而同时,他方并不消灭其权利者,如地上权或地役权之取得,不过减杀所有权之内容,因准占有而取得债权,亦不致消灭他种权利,盖与消灭时效,并有独立之作用。又两种时效,要件亦有所异"。④其二,更为重要的是,与消灭时效不同,取得时效的客体仅限于所有权及以占有为要素的财产支配权,并不适用于物权或支配权领域以外的民事权利,⑤不属于民法的"一般性内容",故不宜规定于民法典总则中。

5.是否规定民事责任?

或许为了体现对《民法通则》的继承,D 稿对"民事责任"设立专章,以少量条文对民事责任的原因、承担民事责任的方式、免责事由、责任竞合、民事赔偿责任优先等一般性问题作出规定。对此,有学者提出了否定意见。⑥笔者也认为,鉴于违约责任与侵权责任等存在重大差异,对其作一般规定并无多大实益,反而会破坏《合同法》和《侵权责任法》的逻辑体系,故民法总则中不宜对"民事责任"设专章规定。

①　王利明.民法总则研究[M].北京:中国人民大学出版社,2003:717-718;李永军.民法总论[M].北京:法律出版社,2006:721;林诚二.民法总论(下册)[M].北京:法律出版社,2008:507-511.

②　葛承书.民法时效——从实证的角度出发[M].北京:法律出版社,2007:253.

③　李永军.民法总论[M].北京:法律出版社,2006:720.

④　我妻荣.我妻荣民法讲义Ⅰ新订民法总则[M].于敏,译.北京:中国法制出版社,2008:402;富井政章.民法原论[M].陈海瀛,等译.北京:中国政法大学出版社,2003:393.

⑤　温世扬,廖焕国.物权法通论[M].北京:人民法院出版社,2005:241-245.

⑥　尹田.论中国民法典总则的内容结构[J].比较法研究,2007(2).

综上所述,我国民法典总则的内容构造应为:(1)一般规定(立法目的、调整对象、基本原则);(2)权利主体(自然人、法人、非法人社团);(3)权利客体(物、其他权利客体);(4)法律事实(一般规定、法律行为与代理、诉讼时效、期间);(5)权利保护(私力救济、公力救济)。

《民法总则（草案）》第一章评析

　　从立法技术上说，民法总则之"一般规定"乃具有民法典"序编"之意义，具有统揽民法典全局的价值，其内容安排和条文设计不可不慎。2016 年 6 月提交立法机关审议的《中华人民共和国民法总则（草案）》[以下简称《民法总则（草案）》]第一章以"基本原则"为名，用 12 个条文对立法目的与依据、调整对象、基本原则、民法渊源和民法适用作出规定。但"基本原则"这一称谓与本章内容明显不符，实属用语不当，故应恢复征求意见稿中"一般规定"之名称。本文拟对该章的内容构造及相关条文略作评析，期能对其进一步完善有所助益。

一、"一般规定"的内容构造

（一）"一般规定"的规范资格

　　在民法典编纂中对于在民法体系内统摄全局的、不可或缺的内容之安排，比较法上有"序编式"与"总则式"两种体例，前者以《法国民法典》为代表，后者以《德国民法典》为圭臬。但正如有论者所指出的那样，一个似乎能够调和二者分歧的现象是，在一些设"序编"的民法典中并未抛弃"总—分"式的概念构造和位阶结构；同样地，一些采总则的民法典在其总则中也不拒绝实质序编（包含在首编之中，实际上起到序编作用，但不具备独立的序编形式的若干技术性规定和一般性条款）。① 实际上，除《德国民法典》彻底贯彻"总则—分则"逻辑、总则中未涉及"序编"内容外，其余采总则的民法典均在总则中设置了"序编"性质的条文。②

　　这种"序编—总则合一"的立法模式也为我国民法典编纂实践所采行。《中华人民共和国民法通则》（以下简称《民法通则》）虽未采用严格的"总—分"结构，但其第一章"基本原则"即具有"序编"的性质；2002 年 12 月提交立法机关审议的《中华人民共和国民法（草案）》总则编第一章为"一般规定"；2015 年立法机关启动民法总则起草工作后一些机构发布的民法总则建议稿，也都以"一般规定"作为民法总则的首章内容。那么，具有民法典"序编"性质的民

---

　　① 陈小君.我国民法典：序编还是总则[J].法学研究，2004(6).
　　② 如《日本民法典》、《韩国民法典》总则第一章为"通则"；《俄罗斯民法典》总则第一分编为"一般规定"；我国台湾地区"民法"总则第一章为"法例"；我国澳门特别行政区《民法典》总则仿效《葡萄牙民法典》，第一编为"法律、法律的解释及适用"。

法总则第一章"一般规定"应包含哪些具体内容呢？

从各国民法典"序编"的内容来看，其规定事项繁简不一。归纳起来，大致涉及以下几个方面：(1)立法目的与依据；(2)基本原则；(3)调整对象；(4)民法渊源；(5)民法的适用(包括民法的效力)；(6)民法的解释；(7)证据规则；(8)权利的产生、实现与保护；(9)期间期日；(10)术语的定义。然而，并没有哪一部民法典对上述所有复杂内容全部在"序编"中加以规定。因此，在建立一定标准的基础上，对上述内容进行筛选和补充应当是构建民法总则"一般规定"章的合理方法。

标准的确定以对"一般规定"的性质认识为前提。应当明确的是此种"序编—总则合一"立法模式并非"双重公因式提取"。① 首先，在潘德克吞体系下，"公因式的双重提取"事实上是一个不可能完成的任务。总则之规范乃适用于分则各编的抽象规范的集合，其不存在再被提取公因式的可能。如若这些规范还存有公因式的话，那只能说明该规范并不能统摄分则各编，因此不具有总则规范的性质。② 其次，如果将"一般规定"作为民法总则的"第二次公因式提取"的话，恐怕上述要素均不具有进入"一般规定"的资格，因为实在难以解释诸如调整对象、法律渊源等元素究竟是哪些总则规范的抽象。"一般规定"的功能在于将统领整个民法典的技术性和一般性条款加以明确，增加立法弹性与张力，而这与"序编"的功能更为接近。③

有鉴于此，"一般规定"中的规范应当具备三个资格。其一是所有民法规范均应具备的规范资格。其二是得以进入民法总则的规范资格，这要求该规范或为提取公因式而形成的具有裁判依据功能的民法规范，或为立法技术上的剩余。④ 其三是支撑其进入"序编"的规范资格，即有助于序编功能实现的属性。在一般情况下，只有上述三种资格均被满足，该规范才能成为"一般规定"的组成部分；除非有立法上的特殊考量，任何一种资格的缺失都将导致

---

① 朱庆育教授认为总则内尚有"一般规定"乃"双重公因式模式"，是中国立法者独创，参见朱庆育.民法总论[M].北京：北京大学出版社，2013：32.朱教授并指出该模式过度抽象，甚至有浪费立法资源或破坏法律规范体系的可能，参见朱庆育.物权立法与法律理论：评《物权法草案》第一章[J].中外法学，2006(1).但这种观点似有误解，事实上诸如俄罗斯联邦民法典、越南民法典等采实质序编体例的国家和地区普遍地在民法典总则中设置"一般规定"，这一现象被形象地称为"总则上嫁接序编"，参见陈小君.我国民法典：序编还是总则[J].法学研究，2004(6).

② 可以更为直观地用数学形式加以展现。如若存有双重公因式提取的可能，那么应该是该种形式：a[b(x+y)+c(p+q)]，那么此时 b 和 c 已经不再是 bx、by、cp、cq 的公因式。也就是说即使民法典有两次提取公因式的可能也只能是先提出财产法的总则，再提出身份法的总则，再二次提取出民法总则，但这显然与潘德克吞的体系并不相符。

③ 诚如曼弗雷德·沃尔夫教授所言，法典质量的高低以及成功与否，还可以看它在社会关系变化之后能否完成其规范制定的功能，而不需要制定新的法律。而民法典能适应各种变化的社会关系的众多原因之一就是一般条款所带来的体系效应，参见曼弗雷德·沃尔夫.民法的法典化[J].现代法学，2002(3).序编中的这些一般规定即为这一关照社会变化功能的集中体现。

④ 王轶教授在由全国人大常委会法制工作委员会于 2015 年 3 月 31 日下午召开的"《中华人民共和国民法总则》体系研讨会"上发表的意见。更详细的内容可参见崔建远.关于制定民法总则的建议[J].财经法学，2015(4).

该规范不应被"一般规定"所吸收。

(二)"一般规定"的规范组成

依据上述标准,笔者将对各要素进行逐一检讨。由于《民法总则(草案)》已经在第一章中规定了立法目的与依据、调整对象、基本原则、民法渊源、民法适用这五个方面的内容,因此笔者拟于后文对这五个要素加以更为详尽的论述,而在本部分着重探讨其余要素。

民法的解释问题在《意大利民法典》和《阿根廷民法典》的序编中均有所体现,新近发布的《欧洲示范民法典草案(DCFR)》也将解释与发展作为"一般规定"中的重要内容。在现有的民法总则建议稿条文中,杨立新教授主持撰写的《中华人民共和国民法总则(草案)》(以下简称杨立新版建议稿)①和北京航空航天大学法学院课题组龙卫球教授主持撰写的《中华人民共和国民法典·通则编(草案建议稿)》(以下简称北航版建议稿)②对民法的一般解释方法和法律漏洞的填补同样作出了规定。原则上讲,法律解释并非专属于民法,也并不具备直接作为裁判依据的功能,因此并不具有进入"一般规定"的资格。但是,在我国立法工作逐步推进,中国特色社会主义法律体系已经基本形成的今天,法律解释已经成为实践中迫切需要却远没有为裁判者所掌握的技术。因此,笔者同样认为有必要在"一般规定"中增加法律解释和漏洞填补的规定,作为"一般规定"规范资格判断标准的例外,以期法律解释的技术得以在实践中被更为规范和统一的使用。

证据规则在《瑞士民法典》的序编和《澳门民法典》第一卷第二编中均有所体现。但我国目前的总则条文建议稿均未将证据规则纳入"一般规定"中进行调整。在纵向法域的划分上,证据规则应在民事诉讼法中被予以规定,民法上也并无提供指示参照性法条的必要。因此证据规则的条文因不满足民法规范应具备的规范资格,而不应在"一般规定"中出现。

在序编中规定权利的产生、实现与保护的民法典,主要是由于受到苏联民法的重大影响。俄罗斯、乌克兰、越南、蒙古民法典序编对这一问题的规定,显现出了与其他国家明显不同的特色。③ 现有的学者建议稿普遍将民事权利的实现与保护在总则的其他部分加以规定,而非在"一般规定"中。如中国法学会民法典编纂项目领导小组、中国民法学研究会组织编写的《中华人民共和国民法典·民法总则专家建议稿(提交稿)》(以下简称中国法学会版建议稿)④和中国社会科学院民法典立法研究课题组撰写的《民法总则建议稿》(以下简称社科

---

① 杨立新.杨立新 2.0 版《中华人民共和国民法总则(草案)》建议稿[EB/OL]. http://www.legaldaily. com.cn/fxjy/content/2015-05/12/content_6079122.htm.

② 北航法学院课题组(龙卫球主持):《中华人民共和国民法典·通则编》草案建议稿(条文版)[EB/OL].http://www.lawinnovation.com/index.php/home/xuejie/artindex/id/9597.html.

③ 于飞.论中国民法典序编的形式与内容——从各国民法序编比较的角度[J].西南民族大学学报:人文社科版,2006(7).

④ 中华人民共和国民法典·民法总则专家建议稿(提交稿)[EB/OL].http://www.civillaw.com.cn/zt/t/? id=30198.

院版建议稿）①将民事权利的保护置于除附则外的最后一章，北航版建议稿将民事权利的取得和行使与人格权、财产权、民事权利的客体平行地规定于民事权利有关的规定一章，杨立新版建议稿将民事权利与义务并列作为权利客体章与法律行为章的过渡。② 权利产生、实现与保护兼具裁判规范和行为规范的性质，确实具有进入民法典规范的资格，且由于其具有分则各编所抽象出的具体权利产生、实现与保护的公因式特征，也有进入民法总则的资格。关键的问题在于其是否应独立作为"一般规定"的一个部分。事实上，有关权利行使的规范功能已经被诚实信用、公序良俗、禁止权利滥用等民法基本原则所吸收，若我国民法典采取对民法基本原则集中展示的体例，则将导致条文功能重合。③ 况且，与其他要素相比，该部分要素统领民法典的特征并不突出，也并非关乎民法典法律适用的技术性条款，缺乏进入"一般规定"的规范资格。且在具有代表性的俄罗斯联邦民法典中，该部分作为总则部分第一分编基本规定下的独立一章，共用9个条文进行规定，占据了第一分编基本规定条文中的大半数，在设专章对这一问题加以规定的各个版本建议稿中，条文数量同样不少，这有悖于"一般规定"的序编性质，并将造成序编结构的畸形。因此，笔者认为对于权利的产生实现与保护并不应在"一般规定"中进行规范。

在期间期日的问题上，《民法总则（草案）》和各建议稿普遍将这一问题置于总则的结尾部分或与时效问题一同规定，而没有采取在"一般规定"中进行规范的模式。笔者也认为，关于期间期日的规范并不具备统领民法典、增强立法弹性与张力的功能，欠缺进入"一般规定"的资格。

对术语在序编进行定义的典型是《智利民法典》，在新近的《欧洲示范民法典草案（DCFR）》中，同样在第一卷的一般规定中对"书面形式"、"签名"等作出定义，并通过作为指示参照性法条的第1—1：108条，将附录中的定义适用到全部规则。④ 术语定义的作用旨在明确法律规范之所指，在一定的法律适用范围中，内部成员的法律习惯和文化差异越大，就越存在术语定义的必要。因此，其在诸如《欧洲示范民法典草案（DCFR）》这种跨越法系的统一私法规则构建中确实存有意义。但就我国的现实而言，已经存有统一法律适用的手段，也不存在内部法律习惯和文化差异过大的现象，在"一般规定"中对术语进行定义，不仅缺少现实基础，也与一般规定增加立法弹性和张力的目的背道而驰。因此，在"一般规定"中不宜对术语作出定义。

① 社科院民法典立法研究组发布民法总则建议稿［EB/OL］. http://www.cssn.cn/fx/fx_yzyw/201603/t20160303_2895289.shtml.

② 如法学会和社科院版本将民事权利的保护置于除附则外的最后一章，北航版本将民事权利的取得和行使与人格权、财产权、民事权利的客体平行地规定于与民事权利有关的规定一章，杨立新教授的版本将民事权利与义务并列作为权利客体章与法律行为章的过渡。

③ 温世扬.略论民法典总则的内容构造［J］.时代法学，2012（1）.

④ See C. Von Bar et al（eds），Principles，Definitions and Model Rules of European Private Law：Draft Common Frame of Reference（DCFR），Outline Edition，Munich：Sellier，2009，p.178—180.

二、立法目的与依据

关于民法典总则中是否应当设置立法目的条款,学界观点不一。持反对主张的学者认为,当法律通过自身条款明确宣称它是为实现立法者特定目的而存在时,固然能够充分反映立法者的意志,却同时意味着法律不过是无自身独立价值的政治工具,立法者根据政治目标的不同,可以不受制约地为法律设定相应的任务。[①] 持赞同主张的学者则认为,作为基本法律的民法不但需要表明自身的立法位阶和方向,也需要展示自身的特色,第 1 条就是为这样一个精神而设的,民法的立法目的、宗旨和与宪法的关系就成了民法典的开场白。[②] 笔者认为,立法目的条款尽管是宣示性文字,但无论是从我国立法技术的一般要求来看,[③]还是从我国民事立法的一贯实践来看,[④]在民法总则中设置民法典立法目的条款均"师出有名",各种版本的民法典学者建议稿也依循此例;更重要的是,立法目的条款可以彰显民法的价值或民法的本位,并非毫无实质意义的具文。[⑤] 此外,立法目的对于整个民法典的法律解释和适用均起到指导和限制作用。这些实质功能为其提供了进入民法典总则的资格。与此同时,立法目的与依据所具有的统领民法典的品格,使其有充分的理由为"一般规定"所吸收。

立法目的条款旨在准确、全面地揭示民法典的功能与作用。对此,《民法通则》第 1 条规定:"为了保障公民、法人的合法的民事权益,正确调整民事关系,适应社会主义现代化建设事业发展的需要,根据宪法和我国实际情况,总结民事活动的实践经验,制定本法。"与之相比,《民法总则(草案)》第 1 条呈现出以下变化:(1)以"自然人、法人和非法人组织"替代"公民、法人",揭示了民事权利主体形态的变化。值得注意的是,在"第三主体"的称谓上,《民法总则(草案)》由《民法总则(草案)》(征求意见稿)(2016 年 2 月发布)中的"其他组织"更改为"非法人组织",如此表述指向更为明确,值得肯定。(2)"合法的民事权益"改为"合法权益"。笔者认为,从语义上说,"权益"意指"权利和法益",其本身已蕴含"合法"之义,"合法权益"之表述稍显繁复,建议改为"民事权益"以求准确简明。(3)将"正确调整民事关系"改为"调整民事关系"。从文字表述上看,"正确"一词带有较强的主观评价色彩,作为立法目的用语有欠妥当,故《民法总则(草案)》这一文字调整值得肯定;然而,"调整民事关系"乃民法典立法目的的抽象描述,与前、后句的"保护"、"维护"、"促进"等具体目的非并列关系,因此造成了该条语义逻辑混乱,故建议删除此句,如此也避免了与民法调整对象规定的重复。(4)以"维护社会和经济秩序,适应中国特色社会主义发展要求"替代"适应社会主义现代化建设事业发展的需要"。如此调整,内容更为全面,但仍未彰显现代民法对人(人格)的保护,建议参考中国法学会建议稿和社科院版建议稿,在"维护社会和经济秩序"后增设"促进人的全面发

---

① 朱庆育.民法总论[M].北京:北京大学出版社,2013:19.

② 张玉敏.新中国民法典起草五十年回顾与展望[M].北京:法律出版社,2010:236.

③ 全国人大法工委《立法技术规范(一)(试行)》第 5.1 条的规定:"法律一般需要明示立法目的,表述为:'为了……制定本法',用'为了',不用'为'。"

④ 从我国历次民法典草案到《民法通则》及各民事单行法,均设有立法目的条款.

⑤ 梁慧星.民法总论[M].北京:法律出版社,2011:39.

展"文句;此外,"适应中国特色社会主义发展要求"一语虽有彰显民法典"政治正确"之意义,但其指向过于空泛,故建议删除。(5)"根据宪法和我国实际情况,总结民事活动的实践经验"改为"根据宪法"。如此改动,纯化了"立法依据"的内涵①。关于在民事立法中明示"根据宪法"的理据,有关人士在《中华人民共和国物权法》立法释义中作了阐述,②并且已被立法机关确立为一项立法技术规范,③学界也基本达成共识,④故在此不再赘述。

三、调整对象

从比较法上来看,学说中虽然对调整对象进行了充分的讨论,⑤但是调整对象并未被普遍规定在各国民法典的序编之中,仅有俄罗斯联邦民法典、越南民法典和蒙古民法典等作为为数不多的例外。但由于该条文作为划定民法适用范围的第一步,纵向上区分了民法与其他法律部门在调整对象上的差异,具有裁判规范的品格,且为其他条文适用的前提,应当在"一般规定"中予以规定。

在具体的规范内容上,我国学界对于民法调整对象的认识依次经历了"两个一定说""不对称平行线说""商品关系说""新平行线说""平等主体关系说"的复杂变迁过程,"平等主体关系说"为现今之通说。⑥ 虽有学者对"平等主体关系说"提出批判,主张民法的调整对象应为"民法确定人、财产并调整人之间的关系"⑦,或"采取确立其他法部门调整对象之负面清单的立法模式,空洞化处理调整对象"⑧,但现有的建议稿却仍然普遍采纳"平等主体关系说"的观点,将"民事主体间的人身关系和财产关系"作为调整对象加以规范。稍有不同的是社科院版建议稿、中国法学会版建议稿、北航版建议稿、杨立新版建议稿均强调主体的平等性,而

---

① "我国实际情况"并非严格意义上的立法依据,与"总结民事活动的实践经验"一样只是民法具体制度和规则设计的考量因素,类似的还有"参酌国外先进立法经验"。

② "宪法是国家的根本大法,是母法,其他法律都是由宪法派生的。宪法规定大政方针,其他法律都必须体现宪法精神,不得与宪法相抵触。物权法必须体现宪法的精神。物权法将宪法规定的我国基本经济制度作为立法目的,同时将基本经济制度和实现社会主义市场经济作为物权法的基本原则。"胡康生,主编.中华人民共和国物权法释义[M].北京:法律出版社,2007:24.

③ 全国人大常委会法制委员会制定的《立法技术规范(试行)》(法工委发[2009]62号)第5.2条规定:"法律一般不明示某部具体的法律为立法依据。但是,宪法或者其他法律对制定该法律有明确规定的,应当明示宪法或者该法律为立法依据。表述为:'……根据宪法,制定本法。'或者'……根据《中华人民共和国××法》的规定,制定本法。'"

④ 各种版本的民法总则建议稿第1条均有"根据宪法"一词。

⑤ 关于民法调整对象的比较研究,可参见徐国栋.民法总论[M].北京:高等教育出版社,2007:51—60.

⑥ 具体的演变过程可参见何佳馨.中国民法调整对象学说史略[J].法学,2010(5).

⑦ 徐国栋.民法调整对象理论比较研究——兼论民法通则第2条的理论坐标和修改方向[J].厦门大学学报:哲学社会科学版,2008(1).

⑧ 蔡立东."平等主体关系说"的弃与留——未来民法典调整对象条款之抉择[J].法学论坛,2015(2).

梁慧星教授主持撰写的《中国民法典建议稿·总则编》(以下简称梁慧星版建议稿)①则并未涉及主体的平等性。各版本建议稿对民事主体的称谓上也略有区别,除法学会版本采"自然人、法人、其他组织"外,其他建议稿均为"自然人、法人、非法人团体"。比较有特色的是北航版建议稿除规定上述内容外,在该条中增加一款,规定:"法律对经营者和消费者、企业主和劳动者有特别规定的,依照其规定。老人、妇女、儿童、残障人在具体法律关系中受到特别保护的,也适用相关法律规定。"该款旨在以类似于刑法上注意规定的形式提示其他法律的适用。但注意规定的价值在于避免其他规范在适用中被忽略,而其他特别保护消费者、老人等的法律规范在适用中并不存在被忽略的倾向,而且本款也并未建立这些法律与民法适用上的具体规则,因此这款内容似无在"一般规定"中规定的必要。

《民法总则(草案)》第2条规定了民法的调整对象,同诸建议稿一样采纳了"平等主体关系说",且对民法调整对象的规定基本沿袭了《民法通则》的规定,唯在"平等主体"后增列"非法人组织",并将"财产关系"与"人身关系"的位序做了更换。对此两点,笔者均不持异议,②唯认为"作为平等主体的……之间"之表述在语法上尚欠严谨,因为"平等"乃"民事主体"的固有属性,并将在民法基本原则层面得到申明,故建议改为"民法调整自然人、法人、非法人组织等民事主体之间的人身关系和财产关系"。

四、基本原则

民法基本原则不仅是民法典所秉承价值的集中体现,更肩负着法律漏洞填补功能和增强民法典适应社会变化能力的功能。现有版本的学者建议稿普遍将基本原则作为总则中"一般规定"的重点内容。《民法总则(草案)》第3条至第9条依次确立了平等、自愿、公平、诚实信用、环境保护、公序良俗和权益保护原则。与《民法通则》相比,既有总体继承,也有部分改进,即在继受平等、自愿、公平、诚实信用和权益保护原则的同时,增设环境保护原则,并以公序良俗原则取代《民法通则》第7条的规定。但其中部分原则作为基本原则的资格仍有探讨的余地。

《民法总则(草案)》延续《民法通则》的做法,肯定了公平原则的基本原则地位,同时也对该原则内容进行了丰富。其在第5条中规定:"民事主体从事民事活动,应当遵循公平原则,合理确定各方的权利和义务。"诚如学者批判公平原则之"公平"作为法的最终目标,为一切法律规范所追求,民法只应通过诸如平等、自愿等原则确保"公平"的实现,而不应将"公平"作为基本原则进行重复宣示。③《民法总则(草案)》似乎有意回应这一尴尬,在丰富原则内容

---

① 梁慧星.梁慧星版《中国民法典建议稿·总则编》[EB/OL].http://www.cssn.cn/fx/fx_ttxw/201504/t20150424_1600823.shtml.

② "财产关系"与"人身关系"在用语上孰先孰后,与何者在民法上更为重要并非同一个问题,故无须过多争执。

③ 尹田.论民法基本原则之立法表达[J].河南省政法管理干部学院学报,2008(1).

的部分,直接提出"合理确定各方权利义务"的原则功能。相较于以诚实信用原则限制权利的行使,以公序良俗原则控制行为内容而言,《民法总则(草案)》以公平原则分配权利义务的功能不可谓不明显。而这一功能却似乎打开了一个令人忧心的缺口。民事主体权利义务本应依据当事人的意愿加以分配以贯彻意思自治的理念,或由法律明文规定以保障法律关系的稳定。倘若以写入基本原则的方式,使抽象的公平原则适用成为民事主体权利义务分配的另一种方式,将直接削弱当事人对权利义务分配进行预期的可能,从而使权利义务分配陷于不确定之中,甚至有打击当事人从事法律行为信心的风险。这一缺口实为民法所不能承受之重。基于此,虽然民法中大量存在由公平观念所衍生的具体规则,[1]但是这些具体规则的不断丰富和完善,[2]恰恰为公平原则退出基本原则提供了更为充分的基础,以具体条文明确分配权利义务相较于使用抽象的原则分配权利义务更符合当事人合理预期法律关系的要求。有鉴于此,笔者建议删除"一般规定"中的公平原则。

此外,《民法总则(草案)》第9条沿袭《民法通则》第5条,将"民事主体的民事权益受法律保护,任何单位和个人不得侵犯"作为民法的一项基本原则予以宣示。笔者认为,合法权益受法律保护是法治国家的应有之义,民事权益应受到包括民法在内的各个法律部门的保护,故此项"原则"同公平原则一样,并未体现民法的特殊品质和要求,这也是鲜有学者在民法论著中将其作为一项民法基本原则的缘由所在。因此,笔者建议将此条从民法总则"一般规定"中一并移除。

民法基本原则作为一般性规定肩负着民法典适应社会生活变化的功能。然而越是承担适应变化的功能,就越应该具有稳定的品格,因此对于基本原则的增设必须十分谨慎。《民法总则(草案)》第7条规定"民事主体从事民事活动,应当保护环境、节约资源,促进人与自然的和谐发展"。这一条文被媒体称为确立了一项具有时代特色的民法基本原则——"环境保护原则"。该条文在《民法总则(草案)》(征求意见稿)中并未出现,应是借鉴中国法学会版建议稿相关条文的结果。[3] 从比较法上看,环境保护作为民法的基本原则的立法例实属罕见。徐国栋教授主持撰写的《绿色民法典草案》第9条的绿色原则以《哈萨克斯坦民法典》第1条第3款和《越南民法典》第268条为重要立法例参照。[4] 然而《哈萨克斯坦民法典》第1条并非关于民法原则的规定(基本原则被规定在第2条),而是关于民法调整对象的规定。该条第3款仅规定家庭关系、劳动关系和环境保护中的法律关系受民法典调整的可能性。同样,《越南民法典》第268条只规定所有权人在环境保护中的义务,也未将其上升为基本原则。当然,比较法上难觅支持并不能成为否定环境保护原则的理由,但足以令人产生环境保

---

① 诸如显失公平、情势变更、违约金增减、瑕疵担保责任以及旨在实践分配正义的民事权利能力、无过错责任、公平损失分担、抛掷物致害责任等制度。参见易军.民法公平原则新诠[J].法学家,2012(4).

② 虽然部分规则的正当性仍有疑问,如公平损失分担和高空抛物致害责任等,但是至少已经不存在规则缺失的情况。

③ 该建议稿第8条规定:"民事主体从事民事活动应当节约资源、保护环境、促进人与自然的和谐发展。"

④ 徐国栋.绿色民法典草案[M].北京:社会科学文献出版社,2004:4.

护原则究竟是未被世人所发现的基本原则遗珠,还是人类中心主义反思思潮在民法典中矫枉过正的具体表现的疑问。如此来看,有必要对环境保护原则是否具有民法基本原则的规范品性进行考察。在笔者看来,环境保护原则至少在以下几个方面不具备成为民法基本原则的资格。其一,环境保并非民法所独有的原则。环境保护的价值理念过于基础和广泛,不仅为诸如环境法、刑法等其他法律部门所同样重视,甚至超出法律问题,成为国家治理问题。其二,环境保护原则缺乏明确的概念内涵与外延,尤其是在调整对象的问题上,有突破"平等主体关系说"之趋势,在谨慎论证前,不宜贸然采纳。其三,环境保护原则的功能可以被公序良俗原则所吸收。"人与自然和谐"本应属于社会利益的一部分,[1]况且无论在传统儒家思想还是我国现代善良风俗的判断中都包括了"人与自然和谐"的理念。在其他平行的原则下增设可以被公序良俗原则所囊括的环境保护原则,将破坏既有的基本原则体系。在立法上有必要警惕矫枉过正的理念,人与自然和谐发展美好愿景的实现不以将环境保护原则写入民法典为必要,具体的制度落实更有价值。因此,笔者认为环境保护作为当代社会共同尊崇的发展理念自无疑义,但将其作为一项民法基本原则则未必妥当。

在具体的文字表述问题上,《民法总则(草案)》第 4 条对《民法总则(草案)》(征求意见稿)第 4 条作了修改,揭示了自愿原则的内涵,值得肯定;但其仍沿袭《民法通则》,在行文上宣示"XX 原则"。《民法总则(草案)》第 6 条第 1 款对诚实信用原则的规定则仍停留在简单的宣示层面上(该条第 2 款对"交易安全"的规定超出了诚实信用原则的范围,又非一项独立的民法基本原则,故建议删除)。笔者认为,此种宣示性表述既与其他几项原则(平等原则、公序良俗原则)的表述不一致,也不符合法律规范的明晰性要求,故建议作出修改。具体而言,第 4 条可修改为"民事主体依自己的意愿从事民事活动,不受任何组织和个人的非法干预";第 6 条可修改为"民事主体应依诚实信用的方式行使权利及履行义务"。《民法总则(草案)》第 8 条以"公序良俗"之用语取代《民法通则》第 7 条关于"民事活动应当尊重社会公德,不得损害社会公共利益,破坏国家经济计划,扰乱社会经济秩序"之规定,表述更为严谨规范,也符合我国当前民法理论和实务的普遍主张,值得赞同。但第 8 条在"公序良俗"之前保留了《民法通则》的"应当遵守法律"用语,值得商榷。因为"应当遵守法律"乃法治国家一切社会活动的基本要求,将其纳入民法基本原则范畴并无必要(法律作为民法渊源则另当别论),故建议删除。此外,该条后句"不得损害他人合法权益"与"公序良俗"不属同一范畴,也非独立的民法原则,应予删除。

此外,各基本原则之间的内在联系和适用范围是不应被立法忽视的问题,反映在立法技术的层面上,各原则应以符合其内在关系的顺序被加以规定。[2] 平等原则是民法最为基本的

---

① 庞德将利益分为个人利益、公共利益和社会利益。他将社会利益分为六类,按照其分类方法,"人与自然和谐"属于社会利益中的"保护社会资源的利益"。沈宗灵.现代西方法理学[M].北京:北京大学出版社,1992:227.

② 有学者称之为序列规则,参见苏永钦.现代民法典的体系定位与建构规则——为中国大陆的民法典工程进一言[J].交大法学,2010(1).

原则,自愿原则、诚实信用原则、公序良俗原则从其出发又落脚于此。因此平等原则应被作为各原则之基础被首先规定。由平等原则所保证的自愿原则为法律行为的效力和权利的行使提供依据,但分别受到公序良俗原则和诚实信用原则的限制。私法因当事人意思而发生法律效果是原则,公序良俗与诚实信用的限制是例外,因此将自愿原则作为顺序上第二的原则。而就公序良俗与诚实信用原则之间而言,公序良俗主要针对法律行为效力的判断,而诚实信用旨在限制权利的滥用。逻辑上应先有效力的肯定,方有权利的行使,因此公序良俗原则应置于诚实信用原则之前。① 综上所述,应在平等原则后依次规定自愿原则、公序良俗原则和诚实信用原则,从而更好地体现原则之间的内在联系。

五、民法渊源

民法渊源因其在法律规范缺失时指引法官据何进行裁判上的功能而为各国民法典所普遍加以规定。《民法总则(草案)》第 10 条是关于民法渊源的规定。与《民法通则》第 6 条相比,该条否定了"国家政策"的法源地位,代之以"习惯"作为民法的第二位法源,值得赞同。② 需要指出的是,除法律、习惯之外,一些立法例还将"法理"(日本法和韩国法称为"条理")作为民法的第三位渊源,有的学者也采此主张。③ 笔者认为,是否将法理作为民法渊源,取决于我国立法者对法官裁量权及"法官造法"问题的法政策考量,在现阶段对此问题采取谨慎态度并无明显不当。至于有的学者建议稿将"法律解释、行政法规、地方性法规、自治条例和单行条例、司法解释"作为与"法律"并列的民法渊源,④笔者认为此处系采取了狭义的"法律"概念,而广义的"法律"即"成文法",以此表征民法渊源亦无不可。此外在部分学者建议稿中将学说作为民法渊源,⑤或授权最高人民法院发布的指导性案例作为民法渊源。⑥ 相较于法律和习惯这种直接渊源而言,学说作为间接法源并无现实的拘束力,法官裁判也并无遵循的义务,因此似不宜与法律习惯并列规定于法律渊源之中。至于在民法典的"一般规定"部分对最高人民法院进行发布指导性案例授权的规定,恐破坏民法典作为私法规范的品性,同样为笔者所不采。

民法渊源除国内法律和习惯外,尚应包括国际法法源。对此,《民法通则》在"涉外民事关系的法律适用"一章第 142 条中规定:"中华人民共和国缔结或者参加的国际条约同中华

---

① 关于各原则之间的内在联系可参见王轶.论民法诸项基本原则及其关系[J].杭州师范大学学报:社会科学版,2013(3);崔建远.关于制定民法总则的建议[J].财经法学,2015(4).

② 也有学者坚持认为应承认国家政策的民法法源地位,参见张红.论国家政策作为民法法源[J].中国社会科学,2015(12).

③ 参见社科院版建议稿第 9 条。

④ 参见中国法学会版建议稿第 9 条。

⑤ 参见社科院版建议稿第 9 条第 2 款。

⑥ 参见北航版建议稿第 3 条第 2 款。

人民共和国的民事法律有不同规定的，适用国际条约的规定，但中华人民共和国声明保留的条款除外。"笔者认为，该条规定既是一项法律适用规则，也是一项民法渊源规范，应在民法总则"一般规定"部分一并规定。除上述规定外，应采纳学者建议，在该部分增设"法院不得拒绝裁判民事纠纷"之规定，以彰显保护民事权益的立法目的。[1]

六、民法适用

本部分所涉及的民法适用主要包括民法的效力范围以及法律冲突时的适用问题。该部分规范的性质均属于技术性规范，与其说这些规范是提取公因式而形成的具有裁判依据功能的民法规范，毋宁认为其属于立法技术上的剩余。如果说前者是因为其规范性质而进入民法典的话，那么立法技术上的剩余则不得不依据立法者的意愿被在民法典中予以安排。但与期间的计算这种技术性规定不同的是，民法适用规范与民法调整对象共同划定民法调整的范围，因此置于"一般规定"部分更为合适。

《民法总则（草案）》第 11 条、第 12 条是关于民法适用的规定，前者明确了民事普通法与民事特别法（如商事单行法）的效力关系（特别法优于一般法），后者是关于民法地域效力的规定，其中的"法律另有规定"，主要指向《中华人民共和国涉外民事关系法律适用法》（以下简称《涉外民事法律关系适用法》）。

在特别法与一般法适用关系的问题上，《民法总则（草案）》第 11 条采用"其他法律对民事关系另有特别规定的，依照其规定"的表述。但《中华人民共和国立法法》（以下简称《立法法》）第 83 条却对特别法优先于一般法的适用设定了条件，即"同一机关制定"。这样一来，缺乏限制条件的民法规范与作为宪法性质法律文件的《立法法》相背离。但若在民法中同样增加"同一机关制定"的限制条件，那么在我国目前的法律体系中，作为最重要的民事特别法的诸商事单行法普遍由全国人大常委会通过，而将来民法典作为民事基本制度的法律规范将由全国人民代表大会通过，如此一来，将会导致商事单行法的特别规则无法优先于民法典的一般规则适用。[2] 从这一角度来看，这一历史遗留问题恐怕并不好解决，也并非民法所能完整解决的。

《民法总则（草案）》第 12 条规定了民法的空间效力，相较于《民法通则》第 8 条而言，删除了《民法通则》第 8 条第 2 款："本法关于公民的规定，适用于在中华人民共和国领域内的外国人、无国籍人，法律另有规定的除外。"这一款本意旨在界定民法的对人效力，但是由于该规定具有明显的冲突法性质，且《涉外民事法律关系适用法》已经就民事主体相关问题的法律适用制定了详细的冲突规范，也无制定指示参照法条的必要，故该款内容确应删除。

---

① 参见中国法学会版建议稿第 10 条、社科院版建议稿第 10 条。

② 或认为全国人民代表大会和全国人民代表大会常务委员会制定的法律为"同一机关制定"，则可以避免这一问题，但这似乎又与《立法法》第 7 条关于立法权限的规定相矛盾。

在各建议稿中,空间效力被最为广泛地予以规定,其余法律适用规范在各版本中的体现有所不同。中国法学会版建议稿,社科院版建议稿,杨立新版建议稿和北航版建议稿还对时间效力(溯及力)作出规定。① 笔者认为,时间效力作为与空间效力平行的法律适用范围问题,也应当在民法典中加以明确。应当增设一条,规定民法典不具有溯及既往的效力。但对于民法典实施前发生的民事活动是否应当适用民法典呢?法学会版本和社科院版本均认为应当适用民法典。笔者认为,对于民法典实施前发生的民事活动在价值上并无一定要适用民法典的必要。而在技术上,对于民法典实施前发生的缺乏规范的民事活动,可以通过法律漏洞填补的手段进行裁判,因此也不存在无法裁判的可能。法律漏洞也属于旧法的一部分,新法在此情形并无必要例外地突破无溯及力的原则。况且《立法法》关于法律溯及力的规定,仅有"为了更好地保护公民、法人和其他组织的权利和利益而作的特别规定"作为例外,民法作为部门法不应对这一规定加以突破。

七、修改建议(代结语)

综上所述,笔者建议《民法总则(草案)》第一章作适当修改,即以"一般规定"为章名,具体条文为:

第一条　为了保护自然人、法人和非法人组织的民事权益,维护社会和经济秩序,促进人的全面发展,根据宪法,制定本法。

第二条　民法调整自然人、法人、非法人组织等民事主体之间的人身关系和财产关系。

第三条　民事主体的法律地位一律平等。

第四条　民事主体依自己的意愿从事民事活动,不受任何组织和个人的非法干预。

第五条　民事活动不得违背公共秩序和善良风俗。

第六条　民事主体应依诚实信用的方式行使权利及履行义务。

第七条　民事关系,应当适用本法及其他法律的规定;法律没有规定的,可以适用习惯,但是不得违背公共秩序和善良风俗。

第八条　其他法律对民事关系有特别规定的,依照其规定。

第九条　中华人民共和国缔结或者参加的国际条约同中华人民共和国的民事法律有不同规定的,适用国际条约的规定,但中华人民共和国声明保留的条款除外。

第十条　人民法院不得以本法及其他民事法律没有规定为由,拒绝民事案件的受理及裁判。

第十一条　本法的效力不溯及既往。

第十二条　中华人民共和国领域内的民事活动,适用中华人民共和国法律,中华人民共

---

① 分别参见中国法学会版建议稿第 13 条、社科院版建议稿第 11 条、北航版建议稿第 5 条、杨立新版建议稿第 6 条。

和国法律另有规定的除外。

第十三条　民事法律的解释,应结合法律文义、法律体系、立法意图和规范目的等因素,但不得与宪法相抵触。

民法总则中"权利客体"的立法考量[*]

随着《中共中央关于全面推进依法治国若干重大问题的决定》的发布,民法典编纂工作再一次被列入我国立法机关的立法议程。在民法典编纂中,总则(此处是指以《德国民法典》为代表的"大总则")之设虽未必是唯一的选择,[①]但在民法典中设立总则已成定局,各种版本的民法典学者建议稿都采取了"总—分"结构,并得到立法机关的肯定。[②] 全国人大常委会法制工作委员会于2015年初重新启动了民法典总则的立法进程,并于当年9月召开立法研讨会,就其在综合中国法学会等机构提出的民法典总则建议稿的基础上形成的《民法总则草案(民法室稿)》征求专家意见。因此,关于民法总则,当下学界面临的不是其存废之争而是如何编制的问题,包括其体系安排、内容构造与条文设计等。民法总则的起草涉及众多重大和疑难问题,本文仅对"权利客体"在民法总则中的定位和立法表达问题略作探讨,期冀能对相关立法工作有所助益。[③]

一、"物"抑或"权利客体"

当今学界主流观点认为,民法总则应对"权利客体"作出一般规定。[④] 但也有学者在讨论各类民事权利客体时,基于以下理由,认为应当将权利客体依照其类别分别纳入相关权利规范中进行规定,不宜在民法典总则编中规定。首先,民法上的权利类型多样,各种权利的客体并不相同,且基本上不具有共性,故无法归纳和抽象出权利客体的一般规则。其次,如果效仿《德国民法典》的做法,在总则编仅规定"物",则不免存在以下两个方面的弊端:一是"物"仅为物权的客体,总则编有关物的规定完全不能适用于物权之外的其他权利,不符合总则规范之一般性的特点;二是"物"本身并非法律的规范对象,如果切断其与物权人之间的归属、利用关系,则有关"物"的独立规定是没有多少规范意义的。[⑤] 笔者认为,这一观点有失偏

---

[*] 原载于《法学》2016年第4期。

① 陈小君.我国民法典:序编还是总则[J].法学研究,2004(6).

② 第九届全国人大2002年审议的《民法典》草案即设有总则编。

③ 对此问题的基础性论述参见杨立新.我国民事权利客体立法的检讨与展望[J].法商研究,2015(4).

④ 梁慧星、王利明、徐国栋、杨立新诸教授分别主持撰写的民法典建议稿的相关条文。

⑤ 尹田.论中国民法典总则的内容结构[J].比较法研究,2007(2).

颇，民法总则对权利客体作一般规定实属必要。其一，关于权利客体的规定，是"民事权利一般规定"或"民事法律关系的一般构造"不可或缺之内容，否则民法总则便会产生重大的结构性缺陷；其二，民法总则对权利客体的规定，其意义在于对不同类型民事权利客体的抽象，即完成权利客体的类型化，而不是"归纳和抽象出权利客体的一般规则"，不应以狭义的行为规范或裁判规范的要求衡量其合理性；其三，正如有学者所言，物不仅为物权的客体，且涉及一切财产关系，如债之关系、夫妻财产关系、继承等，①因而对物的规定具有普适性，故在民法总则中予以规定有其合理性。

《德国民法典》总则对"物和动物"设专章予以规定，彰显了权利客体作为民法典一般性内容的逻辑价值及"物和动物"在权利客体中的突出地位。尽管有德国学者批评道："《德国民法典》由于对物的规定作了这种人为的分离（即分别于'总则编'和'物权编'对物的形态和物的归属问题予以规定——引者注），因此'总则编'对权利客体的专门规定，可以说是一般化尝试失败的典型。"②但从民法总则的功能和私权的体系构造考虑，对权利客体作出一般性规定是必要的=问题是《德国民法典》总则缘何仅对"物和动物"作出规定。对此问题，笔者所见德国论著语焉不详，与《德国民法典》一脉相承的我国台湾地区"民法"在总则中专设"物"一章，"旨在维护民法体系的完备。其所以仅以'物'为内容，一方面是因为权利的客体依权利种类之不同而异，难设概括性规定；他方面系物不仅为物权的客体，且涉及一切财产关系，如债之关系、夫妻财产关系、继承，甚至刑法上的窃盗侵占等罪的成立，亦莫不与物之概念有关，故民法特以之规定于民法总则编"③。笔者认为，《德国民法典》之所以仅对"物和动物"作了规定，还缘于在《德国民法典》编纂时期，权利客体之种类还不够丰富，相关理论也不够成熟，尚未完成权利客体的体系化构建。当然，《德国民法典》也并不是在无知中确定了仅将物和动物作为权利客体予以规定的模式，其中最重要的原因在于防止当时守旧封建势力的攻击。④ 但是，这一根本性的政治考量因素在当今我国社会中并不存在，此应为抛弃《德国民法典》这一立法模式最为重要的原因。

随着各国相关立法、司法和学术研究的发展，当代社会的民事权利体系已与《德国民法典》制定时代不可同日而语，权利客体类型也早已突破了"物和动物"的范畴。《俄罗斯联邦民法典》第128条"民事权利客体的种类"规定："民事权利客体包括：物，其中包括金钱和有价证券；其他财产，其中包括财产权利；工作和服务；信息；智力活动成果，其中包括智力活动成果的专属权（知识产权）；非物质利益。"依我国通说，物权、债权、知识产权、人格权、继承权的客体分别为物、行为（给付）、智力成果、人格利益、遗产（财产），而其所涉权利客体类型，则与《俄罗斯联邦民法典》第128条之规定大体一致。我国民法总则应在吸收、借鉴既有理论

① 王泽鉴.民法总则[M].北京：中国政法大学出版社，2001：206.
② 迪特尔·梅迪库斯.德国民法总论[M].邵建东，译.北京：法律出版社，2000：26.
③ 王泽鉴.民法总则[M].北京：中国政法大学出版社，2001：206.
④ 罗尔夫·克尼佩尔.法律与历史——论《德国民法典》的形成与变迁[M].朱岩，译.北京：法律出版社，2003：250.

成果和相关立法经验的基础上对民事权利客体作出总括性规定。

梁慧星教授主持撰写的《中国民法典建议稿》①（以下简称梁慧星版建议稿）和徐国栋教授主持撰写的《绿色民法典草案》②（以下简称徐国栋版建议稿）均有关于权利客体的总括性规定。杨立新教授主持撰写的《中华人民共和国民法？总则编建议稿》③（以下简称杨立新版建议稿）虽然未设总括性的规定，但是仍然肯定了将权利客体一一列出的必要。④ 中国法学会民法典编纂项目领导小组、中国民法学研究会组织编写的《中华人民共和国民法典？民法总则专家建议稿》⑤（以下简称中国法学会建议稿）较为特别，其在对几种权利客体作出平行的规定后，另规定"民事权利客体的范围，不以本法规定的为限"（第114条），保持了权利客体体系的开放性。笔者认为，前一种方案更符合民法典编纂体系性的要求，而权利客体体系的开放性仍然是一个需要论证的命题。

二、权利客体的类型体系

就现有各种版本的民法典建议稿而言，以权利客体代替物的方式已经得到了普遍认可。唯在权利客体类型体系的构建问题上莫衷一是，在具体的权利客体内容的规定上也存有些许差别。

中国法学会建议稿在第五章规定民事权利客体，下设"物"、"有价证券"、"其他民事权利客体"三节。其中，"其他民事权利客体"主要包括人身利益、智力成果、商业标记和信息、网络虚拟财产、财产权利以及企业财产。梁慧星版建议稿在第四章设"权利客体"一章，其下不设节，仅以一个条文概括指出民事权利的客体包括物、行为、人格利益、智力成果以及民事权利，并在后续条文中仅针对物作出规定。杨立新版建议稿在第四章规定权利客体，下设"人格利益与身份利益""物""其他财产利益""行为"四节。其中，"其他财产利益"包括智力成果和信息，并将行为区分为给付行为与人身性行为。徐国栋版建议稿在"客体"一题下分三章进行规定，分别为"一般规定"、"人身权客体"与"财产权客体"。在"人身权客体"中分别规定人格权和身份权的客体，在"财产权客体"中分别规定物权、知识产权、债权以及继承权的客体。

诚然，规则的建立应该以功能的实现作为指引。如前所述，总则部分对权利客体的规定

---

① 梁慧星.梁慧星版《中国民法典建议稿》全文[EB/OL].http://lawinnovation.com/html/xjdtyi3752.shtml.

② 徐国栋.绿色民法典草案[M].北京：社会科学文献出版社,2004:6—9.

③ 杨立新.杨立新2.0版《中华人民共和国民法总则（草案）》建议稿[EB/OL].http://lawinnovation.com/html/xjdt/13857.shtml.

④ 杨立新.我国民事权利客体立法的检讨与展望[J].法商研究,2015(4).

⑤ 中国法学会民法典编纂项目领导小组、中国民法学研究会组织编写的《中华人民共和国民法典·民法总则专家建议稿》（提交稿）[EB/OL].http://weibo.com/p/1001603946415255586428? mod=wenzhangmod.

并非以规则的抽象为目的,而是旨在对权利客体进行类型化的区分,以达成法体系化的要求。法体系的形式要素要么涉及单个的规则,要么涉及这些规则的联结。① 而权利客体一般规定部分的条文的任务并非只在于建立起可以独立适用的规则,而更在于实现其后各编具体规则的统摄与联结。因此,权利客体的类型体系就不应受到其适用规则是否相同或相近的限制,而应以性质和功能的区别作为划分的主要标准,并且应当与后续制定的民法典分则部分保持协调,并能够有力地统摄分则各编。从以上考量出发,民事权利客体的类型体系可借由财产权与非财产权的分类得以确立。因为无论民法典采取何种体例,均不能回避对于财产法与人身权法进行区分的问题。

就财产权而言,根据拉伦茨的"权利客体顺位说",权利(财产权)的客体有两层含义:第一顺位的权利客体是指支配权或利用权的标的,此乃狭义上的权利客体。第二顺位的权利客体是指权利主体可以供自己的法律行为予以处分的标的(权利和法律关系)。② 依此,第一顺位的权利客体包括物和智力成果(广义的"物")以及得作为支配权标的之权利③,第二顺位的"权利客体"即物权、债权、知识产权(中的财产权)等各种财产权利以及法律关系。④

那么,这是否意味着广义的"物"与财产权利甚至法律关系均应作为财产权的客体被加以规定呢? 由于第二顺位的权利客体仅是权利人得以处分的标的,系从处分行为的角度描述处分的标的,而非从权利的角度描述权利所指向的标的,而民法总则中的权利客体应该规定的是某类财产权利的固有标的,而非作为法律行为的处分行为所指向的标的,若一定要对后一问题加以澄清,则在法律行为部分进行规定可能是更好的选择。因此,第二顺位的权利客体不应成为民法总则权利客体立法所考虑的对象。

而在第一顺位的权利客体层面上,问题似乎更为复杂。权利客体的称谓应当涵盖所有种类权利所指向的客体,但是德国法却仅仅将其局限于支配权和利用权的客体,则诸如请求权、形成权、抗辩权等是否不存在权利客体呢? 答案显然是否定的。依通说,请求权的客体应当是他人的一定行为,形成权的客体是权利或法律关系,⑤学界虽对抗辩权的客体讨论较少,但也不能否认其客体的存在。德国法将对权利客体的讨论局限于支配权和利用权之上的原因在于,权利客体的意义在于为对世的绝对权划定一定的范围,这种作用在支配权中体

① 弗里德里希·卡尔·冯·萨维尼,雅各布·格林.萨维尼法学方法论讲义与格林笔记[M].杨代雄,译.北京:法律出版社,2008:23.

② 卡尔·拉伦茨.德国民法通论(上册)[M].王晓晔,等译.北京:法律出版社,2003:377—378.

③ 虽然拉伦茨并未明确将权利作为第一顺位的权利客体,但是依据其对第一顺位的权利客体的判断标准(法律上得为支配的对象),那么权利也应该成为第一顺位的权利客体。例如,设定于债权上的质权,设定于土地承包经营权上的抵押权等等,其客体均为一项权利,但是第一顺位的权利客体中的权利只包括财产权,即物权、知识产权(中的财产权)、债权以及成员权(中的财产权)。参见汉斯·布洛克斯,沃尔夫·迪特里希·瓦尔克.德国民法总论[M].张艳,译.北京:中国人民大学出版社,2012:456.

④ 卡尔·拉伦茨.德国民法通论(上册)[M].王晓晔,等译.北京:法律出版社,2003:402.

⑤ 四宫和夫.日本民法总则[M].唐晖,钱孟珊,译.台北:五南图书出版公司,1995:125.

现得最为明显。① 然而,这一矛盾并非不可调和。在未来的民法总则权利客体部分的一般规定中,可以肯定行为、权利以及法律关系成为权利的客体,以保证客体类型的周延;同时,在财产权利客体类型体系的具体构建中只针对支配权的客体设节着重规定,即将物和智力成果作为财产权客体分别单独设专节予以规定,如此既可以保证体系的完整,又可以实现建立权利客体特别规则以及划定绝对权范围的目标。

就非财产权而言,其客体为何则学说纷纭,仅关于人格权客体就有"人格利益""人的伦理价值""人格要素"等见解,②加之对身份权的客体学界同样缺乏统一的认识,因而恐怕实在难以在调和众多矛盾认识的基础上,采用分别规定人格权客体与身份权客体的立法模式。更好的方法是就非财产权建立统一的客体概念,《俄罗斯联邦民法典》在这一方面也作出了较为有意义的尝试。其采"非物质利益"的概念统领非财产权客体,将非财产权客体与诸财产权客体并列。根据《俄罗斯联邦民法典》第 150 条第 1 款的规定,非物质利益包括:公民与生俱来的或依法享有的生命权和健康权,个人尊严权,人身不受侵犯权,人格与名誉权,商业信誉,私人生活不受侵犯权,个人秘密和家庭秘密,自由往来、选择居所和住所的权利,姓名权,著作权,其他人身非财产权利和其他非物质利益。

上述立法模式值得肯定,但是在具体概念的表述上可以更臻完善。俄罗斯学者 E.A.苏哈诺夫教授认为,"非物质利益"包括具有商品的经济形式的非物质利益(例如,发明和科学、文学作品作为专属权的客体时)与不具有商品的经济形式的非物质利益(人身非财产权利益)。这种见解与《俄罗斯联邦民法典》中有关非物质利益的表述存有差异,其主张以"人身非财产权利益"的概念代替《俄罗斯联邦民法典》中"非物质利益"的概念。③ 的确,"非物质利益"的表述容易使人产生与"物质利益"相对立的联想,以致具有财产性质的非物质利益(例如智力成果)不能被这一概念排除。但是"人身非财产权利益"的表述过于繁复,因此笔者主张采"非财产利益"的表述作为与财产权客体对应的非财产权客体的概念。同时,由于其内容较为复杂,应当设专节予以规定。

综上所述,在具体的章节安排上,笔者赞同对民法总则"权利客体"一章采"总—分"结构,先对权利客体作出列举式的总括性规定,其中也不能仅对物进行规定,而是应再设"物"、"智力成果"、"非财产利益"三节,细化权利客体的规定内容。限于篇幅,下文仅对"物"一节中的几个具体问题加以探讨。

① 朱虎.权利客体理论研究——以拉伦茨为中心[A]//郑永流,主编.法哲学与法社会学论丛(七)[C].北京:中国政法大学出版社,2005:77—83.

② 李永军,主编.民事权利体系研究[M].北京:中国政法大学出版社,2008:113.

③ E.A.苏哈诺夫,主编.俄罗斯民法(第 1 册)[M].黄道秀,译.北京:中国政法大学出版社,2011:273—274.

三、对特别"物"的特别规定

关于物的一般规定,主要涉及物的定义及对物的重要成分、动产与不动产、主物与从物、原物与孳息、有价证券等规定。对此,中外学说歧异不大,现有的其他国家或地区的规定足资借鉴。需要重点关注的是,民法总则中对某些特殊之"物"应如何作出规定:

(一)关于融通物与不融通物

权利客体部分的总括性规定从肯定的角度划定了权利客体的范围,但是能够成为权利客体并不意味着必然能成为交易中的标的物。受罗马法区分融通物与不融通物是对物的"行为能力"划分结果的影响,[①]有学者认为不融通物是具有权利能力而欠缺行为能力的物,虽说用语可能欠妥,但至少揭示出有的物虽能成为权利的客体,却不能成为法律行为客体的事实,[②]不融通物即为一例。关于融通物与不融通物,有以下几个问题需要在民法总则的制定中加以考量。

不融通物可以被分为性质的不融通物和法定的不融通物。[③] 我国通说认为性质的不融通物包括公有物和公用物,前者如政府之建筑,后者如道路、公园等,对于这一点并无太多的争议。唯由于我国实行以公有制为主体、多种所有制经济共同发展的基本经济制度,"公有物"的称谓与所有权主体的联系更为紧密,而难以明确反映其为国家或公共团体所使用的内涵,不能反映其为公共利益而存在的本质。而国家或集体享有所有权的财产也并非全部直接用于公共事业,比如国有的经营性财产就是间接地服务于公共事业的。因此,为避免概念的使用出现歧义,可以以日本和我国台湾地区所采用的"公用物"与"公共用物"的表述分别对应原"公有物"与"公用物"的概念,其可以更准确地揭示这类物之所以在民法上区别于其他物的原因在于其旨在满足公共利益的需要。

性质的不融通物的第二个问题在于,在我国《物权法》存在公有财产法律规则的前提下,是否还有必要在民法总则中对其加以规定。《物权法》第41条规定:"法律规定专属于国家所有的不动产和动产,任何单位和个人均不能取得所有权。"这一规定强调任何单位和个人不能取得专属国有财产所有权的用意十分明确,但是就保证公用物和公共用物服务公众的功能而言,仍然并不足够。专属于国家所有的不动产和动产的范围并未涵盖所有公用物与公共用物。结合《物权法》第46条至第55条来看,第41条的规定及于自然资源、城市的土地、无线电频谱资源、文物、国防资产、基础设施等国有公物,以及国家机关和事业单位直接支配的动产和不动产。其中,后半部分属于公用物,前半部分却并未涵盖所有公共用物。一

---

① 周枏.罗马法原论[M].北京:商务印书馆,1994:280.
② 李宜琛.民法总则[M].南京:正中书局,1944:176.
③ 史尚宽.民法总论[M].北京:中国政法大学出版社,2000:253.

个常见的例子就是,各国通过吸引私人资本进入公共用物领域,进而使得所有权结构具有多元性,形成了私有公共用物,①典型者为 BOOT② 投资模式。这种投资模式所建成的基础设施成为私有的公共用物,不能为我国《物权法》第 41 条所涵盖。如果民法总则不对公用物与公共用物加以规定,规则就是缺失的,况且《物权法》侧重于从所有权主体的角度防止国有资产的流失,性质的不融通物规则旨在确保公用物与公共用物功能的实现,这两个规范并未完全重合。

就法定的不融通物而言,梁慧星版建议稿第 107 条对融通物与不融通物作了如下界分:"公有物、公用物和禁止物,为不融通物。不融通物之外的物,为融通物。"其采取列举的方式将性质的不融通物与法定的不融通物并列,把不融通物的反面作为融通物,在较大程度上确保了融通物的范围不致被轻易压缩。而中国法学会建议稿并没有直接对该类物进行规定,但在第 115 条对民事权利客体的融通性作出规定:"非依法律规定,不得禁止或者限制民事权利客体的流通以及利用。"这一规定方式也极力确保融通物的范围不被过度限制。从表面上看,是否在总则部分对不融通物进行列举是其与梁慧星版建议稿的最大区别所在。然而,虽然梁慧星版建议稿在民法总则中对不融通物进行了列举,但是由于"禁止物"概念的存在,事实上不融通物的范围仍然需要参照其他规范性文件加以确定,所以上述两个法条均系不完全法条,不能独立划定不融通物的范围。二者更为关键的区别在于,中国法学会建议稿采取法律保留的方式,将确定不融通物范围的规范性文件明确局限于法律这一层级;而梁慧星版建议稿中不融通物的范围则需要对"禁止物"加以解释方能确定,法规和规章等规范性文件所规定的禁止融通的物能否成为"禁止物"则成为法律解释的问题。从这个角度来讲,采取法律保留的方式在防止不当干涉私法自治空间方面,其规定更为明确,成效也将更有保障。

(二)关于企业财产(营业)

企业财产即客观上的营业,是指供进行营业活动之用的有组织的一切财产以及在营业活动中形成的各种有价值的事实关系的总体。③ 企业财产的变动不居性和要素多元性,使得明确作为整体的企业财产和企业的某个系统在权利客体体系中的地位尤为困难。尤其在营业转让、营业租赁、浮动抵押等商事实践如火如荼地开展的情况下,正确界定企业财产的性质是回应商事实践、正确处理民法与商法关系的必要环节。

当然,企业财产成为独立权利客体的前提条件在于其是能够被确定的,而企业财产变动不居的属性给这一问题的回答增加了困难。然而笔者认为,虽然企业财产中的要素时刻处于变动不居的状态,但是借助于资产评估的方法,其在买卖、租赁以及担保物权实现时的要

---

① 李志文,耿岩.论公用物公法与私法层面上的双重法律规制[J].暨南学报:哲学社会科学版,2007(6).

② 即"Build—Own—Operate—Transfer"形式,项目设施建成后建设公司在规定的期限内拥有所有权并进行经营,在期满后将项目移交给政府。

③ 谢怀栻.外国民商法精要[M].北京:法律出版社,2002:236.

素范围是确定的,价值也是可以估算的,这构成了其可能成为独立的权利客体的前提条件。

　　学界对于企业财产能否成为独立的权利客体问题曾有过广泛的讨论。在区分权利客体顺位的基础上,于第一顺位权利客体的层面上,有学者基于企业①是由人力与物力两者组成的认识,认为由于企业不能像精神产品一样脱离人的因素而长期、独立地存在,所以得出结论认为:"企业是一个从人出发,但总是不能最终完成的、不能完全成为客体的,并一直处于形成客体这个过程之中的即将形成的权利客体。"②这种法学上的微积分式的认识将企业财产排除在第一顺位权利客体的范围之外,以至于在德国人们在对企业财产进行整体处分时,只能依据各个要素的性质分别进行,遵循其各自的法律规定,或者通过将营业资产投资于法人的方式,以对股权的处分替代对营业资产的处分。③ 由此可以看出,法律的规定已经在某种程度上禁锢了商事实践。但是随着商事活动的不断发展,"企业的非人格化"倾向开始出现,前述观点的根基有所动摇,以至于我妻荣教授认为,在法律上也必须将这种企业财产视为一体,在其上承认债权及物权的成立。④

　　更为严峻的问题是,如果将其作为多个独立的客体对待,那么当面临浮动抵押和财团抵押时,则不得不承认此为一物一权原则的例外。在解释营业转让时,也只能认为这是多个企业财产要素的买卖。显然,这种方案不仅与当事人的意思相去甚远,也难以解释诸如声誉、地理位置、顾客名单等是如何买卖的。可见,企业财产确有被承认为独立权利客体的必要。

　　中国法学会建议稿在"其他民事权利客体"一节规定企业财产的全部或部分可以依法成为民事权利的客体。从体系解释的角度来看,将作为独立客体的企业财产排除出物的范围,这种认识是可以被理解的,毕竟企业财产的外延十分宽泛,既包括物,又包括诸如声誉、地理位置、顾客名单等无形的财产;而在营业转让、营业租赁、浮动抵押的场合,企业财产的物的性质扮演了更为重要的角色。虽然企业的声誉、地理位置等可能具有高昂的价值,但是其仍须以有形的生产线、产品、厂房等为载体才能得以体现,且其无法单独进行交易,也缺少单独交易的规则。而物的规则在营业转让、营业租赁、浮动抵押的场合是可适用的。因此,笔者仍主张将企业财产作为集合物对待,适用集合物的规则。

　　(三)关于动物

　　对人类中心主义的反思和动物福利理论的出现在法学领域掀起了不小的波澜,甚至出现了"动物权利论"与"动物主体论"的学术观点。⑤ 不过这些观点旋即遭到了广泛的批评。⑥但是关于动物的法律地位问题,或者更确切地说,如何在民法典中体现对动物的保护仍是民

---

　　① 虽然德国学者采用的是"企业"的概念,但是其内涵与本文中的企业财产概念区别不大。

　　② 布雷赫尔.企业作为权利客体.转引自卡尔·拉伦茨.德国民法通论(上册)[M].王晓晔,等译.北京:法律出版社,2003:401.

　　③ 迪特尔·梅迪库斯.德国民法总论[M].邵建东,译.北京:法律出版社,2000:889—890.

　　④ 我妻荣.新订民法总则[M].于敏,译.北京:中国法制出版社,2008:193—194.

　　⑤ 常纪文."动物权利"的法律保护[J].法学研究,2009(4);唐大森,王学忠.论动物的权利主体地位[J].科技与法律,2009(5).

　　⑥ 崔拴林.私法主体范围扩张背景下的动物主体论批判[J].当代法学,2012(4).

法典必须回应的问题。

1991 年 1 月 1 日,经修订的《德国民法典》增加了第 90a 条,试图较为温和地改变动物的法律地位。其规定动物不是物,但在缺乏特殊规定的情况下应将它们当作物来对待。这个矛盾的条文表现了人们善待动物的愿望和实现此等愿望的困难与冲突,但它不是一个成功的规定,德国学者梅迪库斯教授称其为一种概念美容术。① 事实上,正如德国学者施瓦布所指出的,在民法范围内,几乎没有什么对动物的特别规定,所以,动物原则上像动产一样是所有权和占有制度中的一部分,也可以成为债法义务的标的。② 这样一来,虽然民法典作出了"动物不是物"的规定,但是事实上对于物的规定基本上可全部适用,这种宣示似乎沦为具文。

《中华人民共和国民法典·民法总则专家建议稿(征求意见稿)》第 107 条曾规定:"动物视为物。动物的饲养人、管理人应当提供有利于其正常生长、繁殖、医疗、救助的条件和措施,不得遗弃动物;任何人不得虐待动物。法律对动物有特别保护的,依照其规定。"其中"动物视为物"的表达,是一种法律拟制,即有意地将明知为不同者等同视之,③这相当于作了"动物不是物"的宣示。同样地,在缺乏特殊规定的情况下应将它们当作物来对待,适用民法上关于物的规定,因此这种规定与《德国民法典》的上述规定并无本质上的不同。起草者似乎认识到了这个问题,因此在正式提交的建议稿第 104 条中以"动物是特殊的物"替代"动物视为物",这一表述显然更为科学。但是在不区分动物类型的前提下,于民法典中直接规定民事主体有不得遗弃动物的义务,似有越界之嫌。

值得关注的是,新近的《欧洲示范民法典草案》同样没有采纳《德国民法典》的这一立法模式,其在第 11-1:201 条规定:"物指的是有形动产。包括船舶、气垫船或航空器、空间物、动物、液体和气体。"对该条的评论指出,这一规定并不涉及任何伦理价值。④ 在各种思潮回归理性的情况下,笔者认为这种新近的立法模式更值得采纳,因为宣示性地否定动物的客体属性,对动物的保护并未见得具有实际意义,相反,具体规则的设计更为重要。将动物作为物,并不会直接导致对动物保护的不利。

（四）关于网络虚拟财产

伴随着网络信息技术的发展,虚拟财产的概念在今天已经不为大众所陌生,越来越多的人拥有或多或少的虚拟财产。可以预见的是,伴随着"互联网＋"时代的到来,虚拟财产必定以更为多样的形式走进更多人的生活。目前学界并不缺乏对于虚拟财产性质问题的探讨,主要出现了"债权说""物权或准物权说""知识产权说""新型财产权利说"等学说。⑤

---

① 迪特尔·梅迪库斯.德国民法总论[M].邵建东,译.北京:法律出版社,2000:877.

② 迪特尔·施瓦布.民法导论[M].郑冲,译.北京:法律出版社,2006:227.

③ 卡尔·拉伦茨.法学方法论[M].陈爱娥,译.北京:商务印书馆,2003:142.

④ 克里斯蒂安·冯·巴尔,埃里克·克莱夫,主编.欧洲私法的原则、定义与示范规则:欧洲示范民法典草案(全译本)第 8 卷[M].朱文龙,等译.北京:法律出版社,2014:33-34.

⑤ 石杰,吴双全.论网络虚拟财产的法律属性[J].政法论丛,2005(4);林旭霞.虚拟财产权性质论[J].中国法学,2009(1).

然而笔者认为,在虚拟财产的性质界定和规则设计上,类型化的区分是必不可少的。例如基于国家经济与社会管理的需要,对于网络虚拟货币与其他财产在性质上应予区别对待,有使用期限的游戏道具与无使用期限的游戏道具也存在差别。然而,对虚拟财产进行类型化的研究绝非易事,因为网络和信息技术的发展不断刷新人们对虚拟财产范围的认知,况且网络服务提供商与用户之间的约定往往也关系到对虚拟财产法律地位的判断。①

在审判实践中已有对虚拟财产性质区分不同情形作出不同判决的大量案例。例如,在"吴伟与上海盛大网络发展有限公司网络侵权责任纠纷上诉案"中,法院肯定了原告对游戏装备的所有物返还请求权。② 而在"孔繁兴诉广州网易计算机系统有限公司网络服务合同纠纷案"中,法院依据对游戏服务合同的解释对游戏币和由其出售获得的金钱的取得作出了限制。③ 在对虚拟财产的定性缺乏统一规则的前提下,统一这种法律解释的方式相较于以法律统一确定虚拟财产的性质和归属的形式更为灵活。如果一概认可虚拟财产"视为物"或"是物",从而适用物的规则,那么今后在面对互联网技术更新、虚拟财产形态变异的问题时将可能面临更大的挑战。因此,在这种情况下,有关虚拟财产的立法必须保持谨慎而克制的态度。

在目前对于网络虚拟财产的具体类型化研究尚不充分的情况下,虚拟财产的"虚拟"特征旨在强调该财产存在形式的特殊性,而不能据此确定虚拟财产究竟为何种性质。基于这种认识,虽然虚拟财产的存在形式有别于传统财产,但是这并不影响其依据本身性质受到民法的平等保护。因此,虚拟财产事实上并非具体的权利客体类型,而是权利客体的存在形式。立法上更为妥当的做法是,在权利客体的一般规定中肯定财产不因其存在形式有异而获得有差别的保护(即不在"物"的名目下加以规定)。而就虚拟财产的具体保护问题而言,在目前情况下,将其交由法律解释加以解决是更好的办法。

(五)关于"人格物"

"人格物"并非传统的民法概念,而是近年来个别学者提出的一个全新的概念。④ 由于"人格物"概念的复杂性和法律规则适用上的特殊性,笔者认为将"人格物"作为法律概念,甚至建立"人格物"的完整制度可能为时尚早,学界对此也缺乏系统的论证。因此,本文虽然采用了"人格物"的概念,但是仅用以概括如下几种即将被讨论的对象。

1.遗体

《中华人民共和国民法典·民法总则专家建议稿(征求意见稿)》第 106 条第 2 款规定:

---

① 以曾经创下同时在线人数最高纪录的网络游戏《梦幻西游》为例,《梦幻西游服务条款》第 3 条规定:"游戏道具包括但不限于游戏币、道具等,其所有权归网易公司所有,用户只能在合乎法律规定和游戏规则的情况下使用。"其一方面肯定了虚拟财产上所有权的存在,另一方面却规定用户只能依据合同关系使用这些虚拟财产。

② 参见上海市第一中级人民法院(2015)沪一中民一(民)终字第 932 号民事判决书。

③ 参见广东省广州市天河区人民法院(2013)穗天法民二初字第 4742 号民事判决书。

④ 苏力."海瑞定理"的经济学解读[J].中国社会科学,2006(6);冷传莉.论民法中的人格物[M].北京:法律出版社,2011.

"遗体视为物,对其利用不得违反死者生前的意愿,不得违背社会公德,不得损害公共利益。"但中国法学会建议稿从中删除了"遗体视为物"的拟制规定,由于遗体被规定于"物"一节,事实上反映出起草者已从"遗体是拟制的物"的观点转向了"遗体是物"的观点。然而,总则将遗体视为物,或不加说明地于"物"一节对其进行规定,在解释上将导致其适用民法有关物的规定,例如关于所有权及其移转的规定、关于所有物返还请求权的规定、关于占有的规定等。从这个意义上说,遗体与一般意义上民法上的物是不同的,对于遗体并不能像对待物那样使用、收益、处分,关于遗体的权利移转也并非常态。就遗体而言,通常所涉及的只是安葬、对死者的后事料理,以及防止他人的不法侵犯等,这些不仅是权利,也是义务,并非为所谓权利人(亲属等)的利益,同时也是为了社会共同体中其他成员的感情、文化、信仰等而存在。因此,不应将遗体作为民法上的物,而应将其作为人格遗存加以特殊对待,将涉及尸体的各个问题分别处理,只在涉及遗体捐赠用于医疗或科研等情形时,类推适用民法上关于物的规定。

我国司法实践对于尸体无人丧葬问题的处理,也并未依循民法有关"物"的规定。有法院在相关判决中即明确认为,根据我国的传统风俗,直系血亲和法定继承人理应及时办理丧葬事宜,消极地将死者遗体停放在医院与社会的公序良俗不符。原审法院判令上诉人限期办理丧葬事宜并向被上诉人支付停尸费用,并无不妥。① 该判决并未将尸体作为继承人的所有物看待,而是按照公序良俗原则及殡葬管理相关规定,认定继承人有殡葬的义务,殊值赞同。

2.脱离人体的器官、组织

传统民法理论认为物须存在于人体之外,所以人体的器官、组织等自然不得成为权利的客体,但是这些理论无法应对医学发展所带来的诸如器官移植、精子冷冻等医学实践所带来的法律难题。

笔者认为,脱离人体的部分是一个外延较为广泛的概念,要在总则中对脱离人体的部分进行规定,必须作出类型化的区分对待,笔者将其区分为以下两种类型。第一种是依照医学常识或社会通念,一旦与人体脱离,虽可能还有经济价值,但已与人体健康或人格无涉的部分,例如毛发、指甲等。对于这一部分而言,肯定其能够成为物,进而适用关于动产的一般规则,不应存在争议。第二种是或与人体生命健康息息相关的器官或者组织,或虽并不直接关涉生命健康,但关涉人格的部分,诸如精子、卵子等,对于这一部分的利用不得违反公序良俗。我国《人体器官移植条例》对其中的器官部分已经有所规定,为了保持法律的统一性,基于输血、移植等医学手段的存在,必须承认这些部分可以作为物而成为客体。但必须明确的是,若这些被取出的部分是为了保持被取出人的身体机能,或是为了将来再植入其身体时,则应被继续视为受保护之"身体",而不构成物。② 若其非为保持被取出人的身体机能或将来

---

① 参见上海市第二中级人民法院(2014)沪二中民一(民)终字第561号民事判决书。

② 鲍尔,施蒂尔纳.德国物权法(上册)[M].张双根,译.北京:法律出版社,2004:22.

再植入其身体的情形,则可以成为物,但对其之利用应当符合法律的规定,不得违背公序良俗。冷冻人体胚胎即为适例。在"宜兴市冷冻胚胎纠纷案"中,二审法院即在判决书中指出:施行体外受精－胚胎移植手术过程中产生的受精胚胎,具有潜在的生命特质,是介于人与物之间的过渡存在,比非生命体具有更高的道德地位,应受到特殊尊重与保护,权利主体在行使监管权和处置权时,应当遵守法律且不得违背公序良俗原则和损害他人利益。[①]

现有各种版本的民法典建议稿基本上都承认了脱离人体的部分有成为物的可能,[②]但普遍存在以下两个方面的问题:一是对脱离人体的部分缺乏种类的界分,二是对上述第二种脱离人体的部分成为物的条件未予规定。笔者认为,对脱离人体的部分可以作出如下规定:"脱离人体的部分,于非为保持被取出人的身体机能或将来再植入其身体的情形,可以成为物。对其之利用应当符合法律的规定,不得违背公序良俗。"

四、结语

民法总则中的权利客体部分,是整个民法体系中面临来自社会生活实践挑战最多的内容之一。而众所周知的是,即使立法者具有最为超前的眼光也难以预见未来生活的全部,并以成文法的形式一一对其作出回应。因此,民法总则中有关权利客体部分的规定必须保持开放的姿态,以便更灵活地回应社会现实。与此同时,作为权利客体部分最为核心内容的支配权客体,对其之规定肩负着划定支配权这一绝对权的权利范围的职责,这就要求有关权利客体部分的规定必须谨慎维持客体体系的稳定,由此产生的矛盾是民法总则中权利客体部分立法能否取得成功的关键因素。正如权利客体体系的建构一样,本文采取范围更广的涵括和更为细致、谨慎的分类以尽量调和这一矛盾,并希望能够以这种方式实现民法总则中的权利客体部分既能适应社会生活的发展又不至于模糊权利边界的目的。

---

① 参见无锡市中级人民法院(2014)锡民终字第 01235 号民事判决书。

② 徐国栋版建议稿对此表述为:"在特定的条件下,自然人本身的器官也可成为物。"梁慧星版建议稿对此表述为:"自然人的器官、血液、骨髓、组织、精子、卵子等,以不违背公共秩序与善良风俗为限,可以成为民事权利的客体。"杨立新版建议稿对此表述为:"与人体脱离并能保持人体功能的器官或者组织,以及尸体,视为物;对于此类物的使用不得违背公共秩序和善良风俗。"中国法学会建议稿对此表述为:"脱离人体的器官、血液、骨髓、组织、精子、卵子等视为物,对其利用不得违背社会公德,不得损害公共利益。"

《民法总则》应如何规定法律行为[*]
——《民法总则(草案)》(二审稿)"民事法律行为"一章评析

一、引言:"民事法律行为"抑或"法律行为"?

在以法律关系为主线的潘德克顿式民法总则中,表征法律关系变动的法律行为制度是不可或缺的内容,"潘德克顿式体系的主要特征在于前置总则之体例,总则之核心则在法律行为理论"[1],"总则编中有关法律行为的规定意义最大。……有关法律行为方面的规定之所以具有一般性,是因为法律行为存在于法律的所有领域,特别是出现在民法典的所有诸编中"[2]。因此,以德国民法典为圭臬的各国(地区)民法典无不在总则中对法律行为的一般规则作出系统性规定。我国自 21 世纪初第四次启动民法典编纂工作以来,无论是较早发表的各种版本的学者建议稿(如梁慧星教授、王利明教授、徐国栋教授等组织撰写的民法典建议稿)还是新近完成的几部"机构建议稿"(如中国法学会民法总则建议稿、中国社会科学院民法总则建议稿、中国人民大学民商事法律科学研究中心民法总则建议稿、北京航空航天大学法学院民法典"通则编"建议稿),都以相当的篇幅对法律行为制度作了规定。在吸收各方意见的基础上,我国立法机关完成的《中华人民共和国民法总则(草案)》(下文简称"草案")从征求意见稿(2016 年 2 月)到提交审议稿(2016 年 6 月 13 日),也都设专章对"民事法律行为"作了规定。在立法机关的提交审议稿中,第六章"民事法律行为"分为"一般规定"、"意思表示"、"民事法律行为的效力"、"民事法律行为的附条件和附期限"四节,共 28 条(第 112 条至第 139 条)。

在对本章的具体规定开展评析之前,有必要对该章章名即"民事法律行为"一词的用法加以检讨。"民事法律行为"这一术语为我国学者所独创,[3]《民法通则》也通过采用这一术语对"法律行为"这一传统民法术语作了改造——除在"法律行为"之前冠以"民事"二字外,其

---

* 原载于《法学家》2016 年第 5 期。

[1] Werner flume,Das rechtsgeschäft,4,Aufl,1992,s。28,转引自朱庆育.民法总论[M].北京:北京大学出版社,2013:73.

[2] 迪特尔.梅迪库斯.德国民法总论[M].邵建东,译.北京:法律出版社,2013:27.

[3] 关于"民事法律行为"概念的缘起,可参见朱庆育.民法总论[M].北京:北京大学出版社,2013:85—86.

含义也被限定为"合法行为",进而创设了"民事行为"这一术语作为"民事法律行为"的上位概念,将不具备"民事法律行为"合法性要件的意思表示纳入"无效民事行为"、"可撤销民事行为"等"民事行为"的范畴之中。对此立法创新之举,虽起初学界不乏赞同意见,①但晚近已受到广泛批评,②各种版本的民法典或民法总则建议稿也都弃而不用,而均采用"法律行为"之用语。值得注意的是,与《民法通则》相比,"草案"对"民事法律行为"的定义作了调整,即摈弃了"合法性"要件,恢复了"法律行为"的传统意义,进而废弃了"民事行为"这一内涵不清的立法用语。笔者认为,这一立法立场的转变值得肯定,但其仍沿用"民事法律行为"这一称谓则难谓妥当。其一,"草案"既然恢复了"法律行为"的本来面目(传统意义),就应彻底回归传统使其名实一致,冠以"民事"反而易生歧义;其二,在比较法上,"法律行为"是民法的固有概念和专属概念,无须前缀"民事"二字,否则易使人产生"法律行为"还适用于其他法律部门的认识。实际上,在《民法通则》制定前,我国学界几乎一致认为"民事法律行为"与"法律行为"属同一概念(后者是前者的简称),前缀"民事"二字,意在表明法律行为的专属法律领域。③ 后来,有学者试图对"法律行为"赋予了新的含义,将其视为"法学的基本范畴和重要论题","为各部门法学研究具体法律领域的行为提供一般原理",但这一理论尝试并不成功,"法律行为"并非"具有法律意义的行为"的同义词,难以成为各法律部门通用的概念。④ 综上所述,"法律行为"前缀"民事"二字并无实益,反致解释上的纷扰与国际交流上的障碍,故建议修改。⑤

二、"民事法律行为"一章的内容与结构安排

"法律行为"一章应包含哪些内容,结构如何安排,可先从比较法上予以考察。《德国民法典》将"法律行为"作为第一编"总则"第三章的章名,下设"行为能力"、"意思表示"、"合同"、"条件和期限"、"代理和意定代理权"、"允许和追认"六节;《日本民法典》总则第五章"法律行为"下设"总则"、"意思表示"、"代理"、"无效及撤销"、"条件及期限"五节;《韩国民法典》总则第五章"法律行为"下设"一般规定"、"意思表示"、"代理"、"无效及撤销"、"条件及期限"五节;《葡萄牙民法典》总则第三分编"法律事实"第一章"法律事务",下设"意思表示"、"法律事务之标的及暴利事务"、"法律事务之无效及可撤销"三节;《阿根廷民法典》第二卷(民事关系中的对人权)第二编(导致权利和义务之取得、变更、移转或消灭的法律事实和法律行为)第二题"法律行为"含有一般规定及"法律行为的伪装"、"法律行为中的诈害"、"法律行为的

① 佟柔,主编.中国民法学:民法总则[M].北京:中国人民公安大学出版社,1990:207－208.

② 董安生.民事法律行为——合同、遗嘱和婚姻行为的一般规律[M].北京:中国人民大学出版社,1994:90页以下;龙卫球.民法总论(第2版)[M].北京:中国法制出版社,2002:426－427.

③ 朱庆育.民法总论[M].北京:北京大学出版社,2013:86.

④ 朱庆育.民法总论[M].北京:北京大学出版社,2013:90－91.

⑤ 为行文方便,下文仍使用"民事法律行为"这一称谓。

形式"三节;我国台湾地区"民法典"总则"法律行为"一章(第四章)设"通则"、"行为能力"、"意思表示"、"条件及期限"、"代理"五节;《俄罗斯联邦民法典》第一编(总则)第四分编(法律行为与代理)第九章"法律行为"设"法律行为的概念、种类和形式"、"法律行为的无效"两节。通过粗略比较,各立法例在"法律行为"一章的内容构造方面有以下几点值得注意:(1)"法律行为"一章中设"总则"或"一般规定"并非通例,仅为日本、韩国及我国台湾地区所采,其中包含了无效法律行为和可撤销法律行为(非因意思表示瑕疵)的规定;(2)各立法例多单列"意思表示"一节,其中对意思表示瑕疵及其法律后果(可撤销)予以规定;(3)部分立法例(日本、韩国、葡萄牙)设"无效及撤销"一节,但并非规定法律行为无效、可撤销的不同类型或事由,而是规定无效的及可撤销行为的追认、撤销权人、撤销权的行使等事项(俄罗斯民法典设"法律行为的无效"一节,系统规定了法律行为无效的各种情形及无效后果);(4)多数立法例将"条件及期限"和"代理"作为"法律行为"一章的一节内容。

就国内而言,"草案"之前的各种版本民法总则建议稿对"法律行为"一章的结构安排也不尽相同。王利明教授主持撰写的中国民法典学者建议稿(下文简称王利明建议稿)"总则"编第六章"法律行为"设一般"规定"、"意思表示"、"法律行为的效力"、"法律行为的解释"、"条件和期限"五节,梁慧星教授主持撰写的民法典总则建议稿(下文简称梁慧星建议稿)第五章"法律行为"(孙宪忠教授执笔)下设"一般规定"、"意思表示"、"意思表示的无效和撤销"、"法律行为的附条件和附期限"、"法律行为的解释"五节;中国法学会组织撰写的民法总则专家建议稿(2015年6月提交稿,下文简称法学会建议稿)第六章"法律行为"下设"一般规定"、"意思表示"、"意思表示的解释"、"法律行为的效力"、"条件和期限"五节;中国人民大学民商事法律科学研究中心"民法典编纂研究"课题组发表的民法总则建议稿(杨立新教授执笔,下文简称杨立新建议稿)第五章"法律行为"下设"一般规定"、"意思表示"、"法律行为的解释"、"附条件"、"附期限的法律行为"、"引起法律关系变动的其他事由"六节;龙卫球教授领导的北京航空航天大学法学院课题组发布的民法典"通则编"建议稿(下文简称龙卫球建议稿)第四章"法律行为.一般规定"设法律"行为的适用"、"法律行为的成立"、"法律行为的生效"、"附条件和附期限的法律行为"、"法律行为的解释"五节。归纳而言,多数建议稿均包含"一般规定"、"意思表示"、"法律行为(意思表示)的无效和撤销"、"附条件和附期限法律行为"等内容并分节设计了条文,由此可见我国学界在"法律行为"立法基本内容上之共识。与之相比,"草案"并未对"法律行为(意思表示)的解释"专设一节加以规定,而是在"意思表示"一节中对意思表示的解释作了规定(第120条)。笔者认为,是否对"法律行为(意思表示)的解释"专设一节予以规定,表面上看仅仅是一个无关紧要的结构安排问题,实质上则涉及对"法律行为的解释"一词的理解问题:如果"法律行为的解释"与"意思表示的解释"属于同一个概念,在"意思表示"一节中对此问题作出规定即可,另设一节规定反而有失结构之紧凑(换言之,"意思表示的解释"无须单列一节);如果"法律行为的解释"与"意思表示的解释"内涵有异,则独立规定有其必要。依笔者之见,"法律行为的解释"实质上即"意思表示的解释",二者之间并无内涵上的差异,学术上也可交互使用,①因此,在"意思表示"一节中对此作出规定在逻辑上更为严谨。

"草案"第六章在"意思表示"一节之后,另设一节对"民事法律行为的效力"作了规定,此种结构安排与法学会建议稿、王利明建议稿和梁慧星建议稿相似(后者标题为"意思表示的无效和撤销");而杨立新建议稿和龙卫球建议稿则不同,前者将无效和可撤销法律行为之规定分布于"一般规定"和"意思表示"两节中,后者则规定于"法律行为生效"一节中。笔者认为,对上述安排可从以下两个方面予以检讨:

其一,命名的准确性。概览中外民法著述,在法律行为部分通常讨论法律行为的本质、法律行为的类型、意思表示、法律行为的成立与生效、法律行为的有效要件与效力障碍(或效力瑕疵)、附条件与附期限法律行为等问题,鲜有学者对"法律行为的效力"这一问题开展专题论述。究其原因,笔者认为乃在于"法律行为的效力"亦即法律行为在符合有效要件时所具有的法律效果,此种法律效果的抽象表现即"设立、变更、终止民事权利和民事义务",具体内容则取决于当事人的意思表示(如缔结合同、订立遗嘱),此乃法律行为制度中"效果自主"的应有之义。② 因此,民法总则只能对法律行为的有效及生效要件作出一般规定,并对不符合有效要件的法律行为予以类型化,不必要,也不可能就"法律行为的效力"作出具体的规定。实际上,无论是"草案"还是法学会建议稿,其"民事法律行为的效力"(法律行为的效力)一节的主要内容都是关于无效法律行为和可撤销法律行为的规定("草案"还对法律行为的有效要件作了规定),因此只是"文不对题"问题,在命名上不如梁慧星建议稿("意思表示的无效和撤销")来得准确。

其二,内容安排的合理性。相比于"民事法律行为的效力"这一立法用语上的问题,无效和可撤销法律行为在"法律行为"一章中的体系定位问题更为重要。如上所述,对于法律行为无效和可撤销法律的事由,各立法例上通常不作集中规定,如在日本、韩国和我国台湾地区民法典中,前者在"一般规定"一节予以规定,后者则规定于"意思表示"一节中;日、韩民法典虽设"无效及撤销"一节,但并非规定法律行为无效、可撤销的事由,而是规定追认、撤销权人、撤销权的行使等事项。那么,我国立法对此问题应如何处理?笔者认为,这里涉及以下几个问题:(1)可否在"一般规定"一节中规定法律行为的无效事由?日本、韩国及我国台湾地区等设有法律行为"总则"或"一般规定"的立法例,均在该节中对法律行为的无效作了规定(《日本民法典》第90条,《韩国民法典》第103条、第104条,我国台湾地区《民法典》第71条、第72条、第73条、第74条),其意蕴在于:"一般规定"乃规定法律行为"一般事项"之本章"总则",其规定设置属于对该章的"提取公因式"作业或该章"立法技术上的剩余";③无效

---

① 迪特尔·梅迪库斯.德国民法总论[M].邵建东,译.北京:法律出版社,2013:230;维尔纳·弗卢梅.法律行为论[M].迟颖,译.北京:法律出版社,2013:341;龙卫球.民法总论(第二版)[M].北京:中国法制出版社,2002:544;朱庆育.民法总论[M].北京:北京大学出版社,2013:209.

② 朱庆育.民法总论[M].北京:北京大学出版社,2013:110.

③ 崔建远.关于制定《民法总则》的几点建议[J].财经法学,2015(4).

问题属于法律行为的"一般事项",故在该节予以规定。笔者认为,从上述立法例"法律行为"一章的内容构造看,此种安排是符合逻辑的,因为"意思表示"一节显然无法容纳法律行为无效之规定,而(日本、韩国民法典)"无效及撤销"一节并不涉及法律行为无效及撤销的具体事由(我国台湾地区民法典则未设此节,杨立新建议稿效仿其体例),因此关于法律行为无效之规定属于本章"立法技术上的剩余",具备纳入"一般规定"的资格。然而,此种结构安排却牺牲了法律行为无效规则的整体性(无效事由与无效后果分离),在本章对法律行为"无效及撤销"专设规定的模式下,此种"分离式"规定并不妥当。(2)"意思表示"一节应包含哪些内容?其一,与多数学者建议稿在"意思表示"一节之外将"意思表示解释"或"法律行为的解释"单设一节不同,"草案"在"意思表示"一节中对此予以规定,笔者对此表示赞同,因为"法律行为解释"与"意思表示解释"本质上并无二致,而意思表示解释规则作为意思表示规则体系的组成部分置于"意思表示"一节应属理所当然,若分别规定反而造成体系散乱。① 其二,"意思表示"一节是否应当规定意思表示瑕疵的若干情形及其法律效果(可撤销)? 从比较法上看,各立法例均在"意思表示"一节中对意思表示瑕疵的若干情形(如真意保留、虚伪表示、错误、受欺诈意思表示、受胁迫意思表示、危难被乘意思表示)予以规定,即采取以意思表示为基础的规范模式(意思表示模式)而"草案"则将相关内容置于"民事法律行为的效力"一节,作为法律行为的撤销事由予以规定,采取了一种凸显民事法律行为法律后果的规范模式(法律后果模式)。② 此种安排源于《民法通则》,应是出于"民事法律行为的效力"一节内容完整性的考量(集中规定法律行为无效及可撤销的事由),虽然有损于"意思表示"一节内容的完整性,但是具有使民事法律行为效力类型一目了然、便于法官"找法"的优点,也不失为一种有特色的体例。

综上所述,我国《民法总则》"法律行为"一章的内容结构应为:"一般规定";"意思表示";"无效和可撤销法律行为";"附条件和附期限法律行为"。

三、"民事法律行为"的一般规定

(一)民事法律行为的定义

"草案"第112条规定了民事法律行为的定义,其对《民法通则》第54条规定的民事法律行为定义所存在缺陷作出了重大修正,体现为:其一,删除了"合法性"规定。《民法通则》第54条将民事法律行为限定为"合法行为",其混淆了行为的成立与行为的有效,导致该条与无效民事行为、可撤销民事行为等规则无法协调,因此在理论和实务上多被诟病。③ "草案"

---

① 参见《德国民法典》第133条、我国台湾地区"民法典"第98条。

② 朱广新.民事是法律行为制度的反思与完善——以法律规范的逻辑合理性为中心[J].政治与法律,2015(2).

③ 王利明.民法总则研究[M].北京:中国人民大学出版社,2012:514;董安生.民事法律行为——合同、遗嘱和婚姻行为的一般规律[M].北京:中国人民大学出版社,2002:73-78.

对此作出了针对性回应。其二,增加了"意思表示"要素。民事法律行为作为表意行为,以一项或若干项意思表示为基本要素,这是民事法律行为区别于事实行为等非表意行为最重要的表现。[①] "草案"第 112 条采取"通过意思表示设立、变更、终止民事权利和民事义务"之表述,显然更为精准。其三,弥补了行为人范围的不足。《民法通则》第 54 条规定的行为人范围是公民和法人,未列举非法人组织,这与当时理论界对民事主体范围界定的分歧有关。在"草案"已将非法人组织专章规定的前提下,"草案"第 112 条将行为人规定为自然人、法人或者非法人组织,乃理所当然。总之,"草案"第 112 条采纳了我国民法学界在反思《民法通则》相关规定基础上形成的学术共识,回归了法律行为的理论传统,并兼顾与相关制度的衔接与协调,对民事法律行为作出较为准确的定义,值得肯定。

(二)民事法律行为的成立

"草案"第 113 条属于新增规定,现行法并无此规定。从该条内容来看,既可以解释为对民事法律行为成立的规定,也可以解释为对单方行为、双方行为和多方行为的定义。法学会建议稿、王利明建议稿均有类似的规定,梁慧星建议稿则无此规定。笔者认为,该条规定并无必要,理由如下:

第一,该条不具有独立的规范意义。其一,该条对单方行为、双方行为和多方行为仅给出简单的定义,不具有裁判规范意义,也不能为当事人提供请求权基础。该条并未抽象出此三类行为的共有规则,也未列举哪些行为属于单方行为、双方行为和多方行为,当事人就具体行为发生纠纷时,仍然只能适用遗嘱、合同、公司决议等具体规则,该条不具实际价值。其二,"草案"第 112 条已经规定意思表示是民事法律行为的基本要素,依据一项或若干项意思表示而成立民事法律行为为应有之义,没有必要再单独设置条文重复规定。其三,对民事法律行为的各种分类属学理讨论范畴。依意思表示的数量对民事法律行为的分类虽属于基本分类,但其他分类如财产行为与身份行为、负担行为与处分行为等亦属重要,法条不可能也无必要一一作出界定。

第二,该条内容易产生歧义,且与现行法相矛盾。其一,该条第 1 款将单方行为界定为"基于单方的意思表示成立",如果将此解释为对单方行为成立要件的规定,其对抛弃、解除等行为固可适用,但对行使撤销权等行为则不能适用,因为此类单方行为非仅有行为人意思表示即可成立,还须以诉讼或仲裁的方式行使。[②] 其二,该条第 1 款将双方行为界定为"基于双方的意思表示一致成立",其仅可适用于不要式、诺成合同,而对要式合同、实践合同以及结婚行为则无法适用。现行《婚姻法》采登记婚主义,结婚登记是结婚的必经程序。[③] 现行法虽未明确规定结婚登记是结婚的成立要件,但结合司法解释对结婚登记程序瑕疵的规定[④]以

---

① 卡尔·拉伦茨.德国民法通论(下册)[M].王晓晔,等译.北京:法律出版社,2003:431.

② 参见《合同法》第 54 条。

③ 胡康生,主编.中华人民共和国婚姻法释义[M].北京:法律出版社,2001:24.

④ 最高人民法院民事审判第一庭,编著.最高人民法院婚姻法司法解释(三)理解与适用[M].北京:人民法院出版社,2011:23.

及学理意见来看，①对此应持肯定意见。因此，仅基于双方的意思表示一致并不能导致结婚行为成立。概言之，"草案"第113条的表述难以将各种不同类型合同及婚姻等行为以简单定义作抽象表达。退一步言之，即使要规定，该条第1款也应加上"但书"，即"但法律另有规定或当事人另有约定的除外"。其三，该条第2款规定决议行为"应当依照法律或者章程规定的召集程序和表决规则成立"。对公司而言，《公司法》对各类公司决议的程序和内容有详尽的规定，抽象地规定决议行为的成立要件并无实际意义，反而有可能与公司法规定相抵牾，徒生困扰。对非法人组织而言，《合伙企业法》第30条规定合伙决议是依据合伙合同作出的，而非"依照法律或者章程规定"。"草案"规定显然与现行法相矛盾。

第三，从比较法上看，域外立法例大多无此规定。例如《德国民法典》设有单方行为的具体规则，包括未成年人不得独立实施单方行为、悬赏广告规则等②，《葡萄牙民法典》设专节规定履行之允诺、公开允诺、公开竞赛等单方行为规则③。但各立法均未在总则部分对单方行为统一作出定义，因为既无必要，也不可能。对于合同、婚姻等双方行为及多方行为，由于性质和规则的巨大差异，则更加难以作出统一的定义。唯一的例外是《俄罗斯联邦民法典》，其第154条对单方行为、双方行为和多方行为作出了基本规定，"草案"第113条似乎是模仿该条的结果。但这两条的内容仍存在差异：其一，《俄罗斯联邦民法典》第154条第2款规定："依照法律、其他法律文件或当事人的协议必须而且也仅需要一方的意思表示即可实施的法律行为是单方法律行为。"该款对单方行为的适用条件和适用效果做了清晰界定，具有独立的规范意义，"草案"第113条的内容显然未达到此程度。其二，《俄罗斯联邦民法典》除了以第154条对单方行为作基本规定外，还于民法典各部分规定了单方行为的具体规则，包括事后赞同的法律行为、悬赏广告、宣告公开竞赛等。④ 因单方行为的效力机制是独特的，这些具体规则更具有实际适用意义。⑤ 而"草案"仅对单方行为作简单定义，而欠缺相关具体规则内容。

（三）民事法律行为的形式

"草案"第114条对民事法律行为的形式作了如下规定："民事法律行为可以采用书面形式、口头形式或者其他形式；法律规定或者当事人约定采用特定形式的，应当采用特定形式。"对此条文，可从以下几个方面予以分析：

1.应采"法律规定"还是"法律、行政法规规定"？

"草案"第114条系继承《民法通则》第56条规定，仅将"法律规定用特定形式的"改为"法律规定或者当事人约定采用特定形式的"，其明确承认某些要式行为的形式可由当事人

---

① 余延满.婚姻法原论[M].北京：法律出版社，2007：147.

② 参见《德国民法典》第111条、第657条以下。

③ 参见《葡萄牙民法典》第457条—第463条。

④ 参见《俄罗斯联邦民法典》第183条第2款、第1055条第1款、第1057条第1款。

⑤ Е·А.萨哈诺夫，主编.俄罗斯民法（第1册）[M].黄道秀，译.北京：中国政法大学出版社，2011：310—313.

约定,值得肯定。但对于要式行为的法定形式是由法律规定还是由法律、行政法规规定,仍需斟酌。"草案"第114条采"法律规定",而法学会建议稿和王利明建议稿则采"法律、行政法规规定"。笔者赞同后者意见,理由如下:

第一,虽然要式行为的法定形式主要由法律规定,但是在某些领域中行政法规对民事法律行为的形式也设有强制性规定。行政法规的此类强制性规定分为两种情形:其一,法律对某类合同形式已经作出强制性规定,行政法规对其具体情形再次作出规定。例如《城市房地产管理法》第41条规定,房地产转让合同应当采取书面形式;国务院颁布的《城市房地产开发经营管理条例》第28条规定,商品房销售合同应当采取书面形式。在此情形下,虽然法律对某一大类合同的形式设有强制性规定,但是行政法规的规定更为具体准确,且与法律规定保持一致,故在司法实务上适用行政法规规定对避免无谓争议亦有其积极价值。其二,法律对某类合同形式未作规定,行政法规对其设有强制性规定。例如对于著作权许可使用合同的形式,《著作权法》未作规定,而《著作权法实施条例》第23条规定该合同应采书面形式;又例如对于物业服务合同的形式,《物权法》未作规定,而《物业管理条例》第35条规定该合同应采书面形式。在此情形下,行政法规规定具有弥补法律漏洞的独立规范意义。

第二,民事法律行为的形式有可能与行为效力相关,而确定合同效力的规范依据包括法律、行政法规。在合同法领域,《最高人民法院关于适用〈中华人民共和国合同法〉若干问题的解释(一)》(法释[1999]19号)第4条规定,确认合同无效,应当以全国人大及其常委会制定的法律和国务院制定的行政法规为依据,不得以地方性法规、行政规章为依据。依据法律、行政法规规定,要式合同的形式可以是合同的有效要件,即欠缺该形式的合同依据《合同法》第52条第5项"违反法律、行政法规强制性规定"而无效。因此,为与上述规定相一致,民事法律行为法定形式的依据应为"法律、行政法规规定"。

第三,《合同法》第10条第2款规定,"法律、行政法规规定采用书面形式的,应当采用书面形式"。在《合同法》起草过程中,该条内容数易其稿,在总结《经济合同法》《技术合同法》等旧法得失的基础上,并考虑现实需要、合同规范化、法制化等因素,最终形成现有条文。① 相较于《民法通则》第56条而言,《合同法》的规定更为合理准确。"草案"第114条未采《合同法》较新之立法意见,却仍然采取《民法通则》之旧有表述,显非妥当。

2.应否规定书面形式、口头形式、其他形式的定义及种类?

"草案"第114条仅列举了民事法律行为的形式包括书面形式、口头形式和其他形式,但对于这三种形式的定义及种类未作规定。对此是否有必要明确规定,学界意见存在分歧,法学会建议稿规定了书面形式定义,对另两种形式未作规定,王利明建议稿、梁慧星建议稿未设规定。笔者认为对此应作规定,理由如下:

第一,诚然,民事法律行为的形式本质上是指意思表示的形式,如果在第一节"一般规定"中对民事法律行为形式规定得过细,可能会与第二节"意思表示"内容相重复,这可能是

---

① 胡康生,主编.中华人民共和国合同法释义[M].北京:法律出版社,2009:18-19.

草案未规定民事法律行为形式的原因。但笔者认为仍有必要在"一般规定"中规定民事法律行为的形式,因为民事法律行为形式与意思表示形式虽然具有同质性,但是两者存在以下差异:其一,界定的角度不同。前者着眼于整个法律行为的实施方式,如果未采该形式将导致行为不成立或其他后果;后者着眼于单个意思表示(要约、承诺等),除单方行为外,单个意思表示不能导致行为成立。其二,规范内容不同。"一般规定"规定各种形式的定义和具体表现形式;"意思表示"主要规定意思表示的生效时间、撤回、解释等具体规则。

第二,第二节"意思表示"各条规定了对话方式、非对话方式、数据电文形式等意思表示的形式,但对其具体含义及种类均未予规定,故有必要在"一般规定"中予以界定。"一般规定"部分规定的书面形式、口头形式和其他形式,与"意思表示"部分规定的对话方式、非对话方式、数据电文形式关系如何,也有必要予以厘清。第一节既然以"一般规定"命名,应对此基本问题作出规定。

第三,从比较法上看,多有在总则部分界定书面形式和口头形式之立法例。例如《德国民法典》第126条规定了书面形式的要件和种类,第126a条、第126b条规定了电子方式和文本方式的要件。第126条的规范意旨在于设置据以满足书面形式的要件,并以法律明确排除替代方式的情形,特别是在书面形式具有警示功能的情形下。第126a条、第126b条系通过2001年法律而被增添到民法典之内的,其规范意旨在于为转化欧洲联盟指令法确立电子方式作为书面形式的一种特殊情形,以及借助文本方式为可以阅读但不需要签字之表示规制一个全新的方式类型。[①]《俄罗斯联邦民法典》第158条对法律行为形式作了一般性规定(类似于"草案"第114条),其后第159条规定了口头形式的适用条件,第160条一第165条规定了书面形式、普通书面形式、公证书面形式和国家登记形式的定义、适用条件和违反后果。其规范意旨在于法律行为在遵守规定形式的条件下产生权利和义务,明确法律行为各具体形式的适用条件和法律后果。[②] 相比较而言,"草案"仅以第114条列举了书面形式、口头形式和其他形式,但未对其定义和种类作出界定,在规范的完整性上显然有所欠缺。

对书面形式、口头形式和其他形式的具体内容,可依据以下思路作出规定:其一,尊重现行法较为成熟的规范内容,例如《合同法》第11条对合同书面形式作了具体规定,《民法通则意见》第66条和《合同法解释(二)》第2条对其他形式作了规定等;其二,与第二节"意思表示"有关内容相衔接;其三,适当参酌域外成熟立法例。基于此,建议增加以下条文:

第××条:书面形式是指合同书、协议书、书面遗嘱、公证书、信件和数据电文(包括电报、电传、传真、电子数据交换和电子邮件)等可以有形地表现所载内容的非对话形式。

采用书面形式的,行为人应当在文书上签字或者盖章。采用数据电文形式的,行为人应当依据法律规定进行电子签名。

法律、行政法规规定应当办理批准、登记等手续的,依照其规定。

---

① 杜景林,卢谌.德国民法典全条文注释(上册)[M].北京:中国政法大学出版社,2015:95-98.

② E·A.萨哈诺夫,主编.俄罗斯民法(第1册)[M].黄道秀,译.北京:中国政法大学出版社,2011:320.

第××条：口头形式是指面谈、电话等对话形式。当事人以录音、录像等视听资料形式实施的民事法律行为,如有两个以上无利害关系人作为证人或者有其他证据证明该行为存在的,可认定为口头形式。[1]

第××条：当事人未采用书面形式或者口头形式,但从双方从事的行为能够推定双方有实施民事法律行为意愿的,可以认定是第114条规定的"其他形式"。但法律、行政法规另有规定的除外。

3.应否规定违反形式的法律后果?

行为人违反要式行为的形式产生何种后果,从另一个角度观察即要式行为形式的法律意义如何,学界对此存在争议,有成立要件说、有效要件说、证据说等。[2] 对此,"草案"未设规定。对应否设专条规定该问题,各建议稿存在较大的差异。法学会建议稿和王利明建议稿作了规定但内容相异:前者将法定和约定形式效力规定为成立要件;后者将法定形式规定为证据效力。梁慧星建议稿对此未设规定。笔者认为,对此问题没有必要在总则部分予以规定,理由如下:

第一,该规定主要对合同行为具有意义,可考虑在合同法部分作出具体的规定。对于婚姻行为而言,一般认为违反法定形式的结婚行为导致婚姻不成立,而且事实婚姻的有关规则已较为成熟,无须借助该条规定。对于遗嘱行为而言,基于遗嘱自由原则,遗嘱人本可选择遗嘱形式,且现行法对特定遗嘱形式的适用范围亦有明确的规定,[3]也无须借助该条规定。对于各种决议行为,《公司法》等法律对违反形式要求的决议的法律后果也有详尽的规定,该条亦几无适用余地。

第二,将各类民事法律行为的形式效力抽象归纳为一个条文予以规定,并不合适。因为各类民事法律行为如合同、婚姻、遗嘱等,其立法价值、规范功能等并不一致,强行予以抽象概括,显非妥当。例如婚姻制度具有强烈的伦理规范属性和维持家庭秩序的价值,现行法以法律婚为原则,对未办理结婚登记的一般认定为婚姻不成立。而合同主要适用于交易场合,其立法政策更多关注鼓励交易及意思自治等价值理念,故在某些场合下现行法倾向于将合同形式解释为仅具有证据意义。[4] 两者虽均为双方行为,但其所存在的差异导致很难在一个条文中统一规定两者的形式效力。

第三,从比较法上看,虽有立法例在总则中规定此类条文,但借鉴意义不大。例如《德国民法典》第125条规定法律行为违反形式要求的无效。但一方面因总则编的抽象与例外使该条的适用范围大打折扣,[5]另一方面德国民法典对于婚姻、遗嘱的规则与我国也存在较大

---

① 参见《民法通则意见》第65条。

② 韩世远.合同法总论[M].北京:法律出版社,2011:120—121;王利明.合同法研究(第一卷)[M].北京:中国人民大学出版社,2002:464.

③ 参见《继承法》第17条。

④ 参见《最高人民法院关于审理买卖合同纠纷案件适用法律问题的解释》(法释[2012]8号)第1条。

⑤ 迪特尔·梅迪库斯.德国民法总论[M].邵建东,译.北京:法律出版社,2001:31—32.

的差异,因此难以为我国立法所借鉴。

(四)民事法律行为的约束力

"草案"第 115 条系继承《民法通则》第 57 条规定而设,但稍有不同:《民法通则》第 57 条规定"民事法律行为从成立时起具有法律约束力","草案"第 115 条规定"民事法律行为自成立时生效"。此外,《合同法》第 8 条第 1 款规定:"依法成立的合同,对当事人具有法律约束力。"《婚姻法》和《继承法》则无类似的规定。

对于该条究应表述为"自成立时起具有法律约束力"还是"自成立时生效",王利明建议稿采前者,法学会建议稿和"草案"采后者。笔者赞同采前者,理由如下:

第一,"民事法律行为具有法律约束力"和"民事法律行为生效"意义不同。以合同为例,通说认为合同效力不同于合同拘束力,合同拘束力是指除当事人合意或有法定、约定事由外,任何一方当事人不得擅自变更或解除合同。① "生效"意指产生合同效力,合同效力的内容是合同约定的权利义务对当事人乃至第三人所具有的强制力,即债务人应当依据债权人的请求履行其合同义务。合同效力着眼于合同权利义务对当事人乃至第三人的直接拘束;合同拘束力着眼于当事人对其在合同关系中所作意思表示的维持。

第二,在民事法律行为生效以前,依法成立的民事法律行为也是具有法律约束力的。体现为:当事人不得擅自变更或解除民事法律行为、债权或期待权的发生及救济、附随义务的发生等。合同未生效,仅意味着债权人还不能请求债务人履行给付义务,但上述效果已经产生。以此理解为基础,《民法通则》第 57 条和《合同法》第 8 条才采取"成立时起具有法律约束力"之表述。②

第三,退一步而言,如果规定为"自成立时生效",该条所处位置也有误。"草案"第 115 条第一句"法律另有规定或者当事人另有约定的除外"应解释为有法定特殊生效要件(例如审批登记)或附条件、期限,如果采此理解,该条的规范意义是规定民事法律行为的特殊生效要件,该条应置于本章第三节或第四节方为合适。

综上所述,建议第 115 条修改为:"民事法律行为自成立时起具有法律约束力。行为人非依法律规定或者取得对方同意,不得擅自变更或者解除民事法律行为。"

四、关于"意思表示"的规定

关于意思表示,《民法通则》仅在第 55 条规定"民事法律行为应当具备下列条件:(二)意思表示真实",并未对意思表示作出正面规定。"草案"专设一节对意思表示的一般规则予以规定,既彰显了意思表示在民事法律行为规范体系中的重要地位,也符合各国立法通例和我

---

① 王泽鉴.债法原理[M].北京:北京大学出版社,2013:204;王利明.合同法研究(第一卷)[M].北京:中国人民大学出版社,2002:492—493.其他观点参见赵旭东.论合同的法律约束力与效力及合同的成立与生效[J].中国法学,2000(1);崔建远.合同法总论(上卷)[M].北京:中国人民大学出版社,2011:256—257.

② 胡康生,主编.中华人民共和国合同法释义[M].北京:法律出版社,2009:10.

国学界通说(各学者建议稿均采此做法),值得肯定,但在条文设计上仍有值得商榷之处。

(一)意思表示的定义

意思表示是民事法律行为最基本的构成要素。就民事法律行为的控制规则而言,相当一部分的民事法律规范是直接根据意思表示的要素设置的。[1] 意思表示与民事法律行为紧密联系、缠绕纠结,在法律史上一度被作为同义词使用。[2] 意思表示与民事法律行为的关系究竟如何,学界一直存在争议,主要是从要素说、工具说两个角度探讨的。[3] 对于意思表示的定义,除"草案"外,各建议稿均设置了规定。笔者赞同"草案"的做法,认为没有必要设专条规定意思表示的定义,理由如下:

第一,各建议稿对意思表示的定义难谓确当。"意思表示"和"民事法律行为"两个概念的共性大于特性。各建议稿对于意思表示的定义规定得较为一致:以"行为"为属概念(上位概念)、"将欲发生私法效果的意思表示于外部"作为种差。"草案"第112条规定:"民事法律行为是指自然人、法人或者非法人组织通过意思表示设立、变更、终止民事权利和民事义务的行为。"从内容上看,意思表示和民事法律行为的定义均以"行为"为属概念、"欲发生一定的私法效果"作为种差。据此来看,意思表示、民事法律行为制度在贯彻私法自治的原则上,扮演着近乎相同的角色,此亦为两者之最显著共性。概念是体系的基石,[4]各建议稿关于意思表示的定义,着重于两者的同质性,但未体现两者的差异性,如价值观念、技术构成区别等,故客观上未能清晰地揭示"意思表示"区别于"民事法律行为"的概念本质。对于民法中的抽象概念,任何下定义的行为都是危险的,当基于抽象而制定的规则未考虑到抽象概念所涵盖现象的某些特殊性时,进行抽象将极其危险。[5] 即便在崇尚逻辑思维的《德国民法典》中,立法者也有意回避了这个问题,并且《德国民法典》第一草案的"立法理由说"给出如下说明:"意思表示可以被理解为法律行为中的意思表示。一般而言,意思表示和法律行为这两个表述被作为同义词使用。"

第二,从体系上看,规定意思表示的定义不具有独立的价值功能。其一,不具有立法技术功能。如前所述,意思表示、民事法律行为制度均具有贯彻私法自治原则的功能。除此之外,民事法律行为制度还具有体系构建的意义。详言之,"民事法律行为"是德国的法学家创造出来用以概括各种财产行为和身份行为的一般性、抽象性特征,旨在追求法律体系化的概念。[6] 以采取五编制编纂体系的《德国民法典》为例,其民法总则由主体、客体、行为等法律关系的基本要素构建而成。其中,民事法律行为因具有互动的性质而作为媒介连接民事主体和民事法律关系的客体。这一概念的提出及发展,整合了原本零碎的具体规则、形成了逻辑

①　董安生.民事法律行为——合同、遗嘱和婚姻行为的一般规律[M].北京:中国人民大学出版社,2002:161.

②　维尔纳·弗卢梅.法律行为论[M].迟颖,译.北京:法律出版社,2012:29.

③　朱庆育.民法总论[M].北京:北京大学出版社,2016:188—189.

④　拉伦茨.法学方法论[M].北京:商务印书馆,2003:318.

⑤　维尔纳·弗卢梅.法律行为论[M].迟颖,译.北京:法律出版社,2012:36—37.

⑥　窦海阳.论法律行为的概念[M].北京:社会科学文献出版社,2013:44—45.

严谨、统领全部的民法总则,有利于在法技术层面上建构起精妙的民法体系,从而增强法律规范的涵摄力和开放性。在民法总则中规定意思表示的定义,显然没有此种技术功能。其二,不具有裁判规范功能。各建议稿仅给出简单的意思表示定义,既未列举出哪些行为属于意思表示,也未规定意思表示的构成要素。依通说之见解,意思表示的构成要素可分为效果意思、表示意思以及表示行为。其中,关于"表示意思"是否构成意思表示的要素,学界分歧较大。① 在法条中直接规定意思表示的要素尚缺乏足够的理论准备。其三,该定义与民事法律行为定义的关系有欠严谨,且易生歧义。各建议稿均将意思表示的性质界定为"行为",但意思表示为民事法律行为的要素,即某种行为的构成部分,何以其本身又构成一种独立的行为呢? 虽有学者试图以事实行为界定意思表示的性质,②但该观点并不符合通说对事实行为的认识。依现行法规定,推定行为和沉默在某些场合下可构成意思表示,③如果将意思表示表述为"行为",是否可解释为意思表示专指这两种情形,容易产生歧义。

（二）意思表示的生效

1.意思表示的一般生效规则

"草案"第116条、第117条第3款规定了意思表示的一般生效规则,属立法例的借鉴,《合同法》《婚姻法》《继承法》等均无类似的规定。学界通说认为,意思表示依其作出对象的有否,可分为有相对人的意思表示与无相对人的意思表示两种。④ 对意思表示作出"有无相对人"之分,也是"草案"上述规定的基本出发点。

（1）"草案"第117条第3款应表述为"无相对人的意思表示"还是"无须受领的意思表示"? 王利明建议稿、梁慧星建议稿采前者,"草案"从之;法学会建议稿采后者。笔者赞同采取前一种表述,理由如下:

第一,此分类标准重在"作出"而非"受领"。其一,德国民法之所以采取"需受领性"的表述,源于齐特尔曼所提出的惯用语。依德国通说之见解,"需受领"的意思表示是指"须向他人作出"的意思表示;"无须受领"的意思表示则是指"无须向他人作出"的意思表示。⑤ 据此来看,此种分类的关键不在于需受领性,而在于是否须向他人作出。其二,"草案"第117条第3款规定:"无相对人的意思表示,表示完成时生效,法律另有规定的除外。"意思表示的作出,亦即意思表示的完成。依此规定,无相对人的意思表示一旦作出,就具有法律约束力,并不涉及受领的问题。其三,单纯的受领亦可能不生法律效果。例如某意思表示本应向甲发出,最后却误向乙发出,纵使该意思表示到达了甲处,除非乙为甲的代理人,否则该意思表示不具有法律约束力。

---

① 梁慧星.民法总论[M].北京:法律出版社,2011:173.

② 有马俊驹,余延满.民法原论[M].北京:法律出版社,2010:518.

③ 参见《民法通则意见》第66条。

④ 我妻荣.新订民法总则[M].于敏,译.北京:中国法制出版社,2008:295-296;郑玉波.民法总则[M].北京:中国政法大学出版社,2003:335;梁慧星.民法总论[M].北京:法律出版社,2011:175.

⑤ 但德国学者亦意识到该术语并不准确.维尔纳·弗卢梅.法律行为论[M].迟颖,译.北京:法律出版社,2012:163.

第二,后者与现行法相矛盾。依德国通说之见解,悬赏广告人根本不知何者将实施其所提供悬赏的行为,故认为悬赏广告的性质属于无须受领的意思表示。① 我国现行法虽未直接规定悬赏广告的性质,但《物权法》第 112 条第 2 款规定:"权利人悬赏寻找遗失物的,领取遗失物时应当按照承诺履行义务。"《合同法解释(二)》第 3 条规定:"悬赏人以公开方式声明对完成一定行为的人支付报酬,完成特定行为的人请求悬赏人支付报酬的,人民法院依法予以支持。但悬赏有合同法第五十二条规定情形的除外。"我国理论界和实务界通说均认为,悬赏广告是向不特定人发出的要约。② 上述种种立场均将悬赏广告的性质界定在有相对人的意思表示的范畴。概言之,我国现行法并未采取德国民法以"需受领性"作为对意思表示的理论区分标准。

(2)"草案"较之现行法的进步之处。

"草案"上述几款规定对《民法通则》"民事法律行为"章节所存在的体系、内容上的缺陷作出了修正,值得肯定。体现为:

第一,在体系上整合了意思表示的一般生效规则。意思表示的一般生效规则是确定民事法律行为效力的基础,具有普遍适用性,特别是能为司法裁判解决新型案件、确定新型民事法律行为的效力、弥补法律漏洞提供一定的依据和参考。《民法通则》虽就民事法律行为制度设有一般性规定,但意思表示的技术性和一般生效规则几乎完全被忽略,未体现在具体法条之中。《合同法》虽对要约和承诺等意思表示规则有所规定,但"要约"和"承诺"均属于"有相对人的意思表示"。"草案"第 117 条第 3 款增加了"无相对人的意思表示"的生效规则,对该问题作出了专门规范,从体系上使得意思表示的生效规则更加完整和严谨。

第二,增加了"对话式的意思表示"的生效规则。学界通说认为,依当事人的意思表示得否直接交换,有相对人的意思表示又可分为对话式的意思表示与非对话式的意思表示两种。③ "近在咫尺,以字条传递,属于非对话式的意思表示;地隔千里,以电话沟通,属于对话式的意思表示。"④根据"草案"第 116 条的规定,对话式的意思表示采取了解主义,非对话式的意思表示采取到达主义。但《合同法》关于"要约"和"承诺"的生效规则,主要考虑了非对话式的意思表示的情形,故现行法仅规定了到达主义,未规定对话式的意思表示所采取的了解主义。"草案"对此作出了补充。

第三,借鉴了先进立法例。表意人将其内心意思外化为他人知晓,并非一蹴而就,往往须经过一定的时间。一般来说,意思表示的生效需经过作成、发出、到达、相对人知悉四个基本的阶段,亦分别对应表达主义、发送主义、受领主义和了解主义四种立法例。就对话式的

---

① 迪特尔·梅迪库斯.德国民法总论[M].邵建东,译.北京:法律出版社,2013:204—205.

② 胡康生,主编.中华人民共和国合同法释义[M].北京:法律出版社,2009:35.

③ 郑玉波.民法总则[M].北京:中国政法大学出版社,2003:335;梁慧星.民法总论[M].北京:法律出版社,2011:175—176.

④ 梁慧星.民法总论[M].北京:法律出版社,2011:175.

意思表示的生效规则而言,我国台湾地区"民法典"采取了解主义。^① 其立法理由在于:(1)非对话式作出的意思表示,倘若相对人当时不能立即了解其含义,事后尚可继续研究直至完全了解。但对话式作出的意思表示,全赖记忆,相对人当时不了解,事后则较难了解。(2)方言的差异以及听觉的障碍,极易造成当事人的误解。^② "草案"关于对话式的意思表示所采取的了解主义立场即可能仿自此例。

2.数据电文形式的意思表示的生效规则

"草案"第 117 条第 1 款规定了数据电文形式的意思表示的生效规则,系继承《合同法》第 16 条、第 26 条的规定。此外,还增加了"但书"规定,即明确承认数据电文形式的意思表示的生效时间可由当事人约定,更为体现意思自治原则,值得肯定。但对于未指定特定系统的生效时间,做了较大的修改。《合同法》第 16 条规定:"未指定特定系统的,该数据电文进入收件人的任何系统的首次时间,视为到达时间。"系采客观标准;"草案"第 117 条规定:"未指定特定系统的,相对人知道或者应当知道该数据电文进入其系统时生效。"系采主观标准。

对于该条应采"该数据电文进入收件人的任何系统的首次时间生效"还是"相对人知道或者应当知道该数据电文进入其系统时生效",各建议稿均采前者,"草案"采后者。笔者赞同采取后者,理由如下:

第一,《合同法》的客观标准规定不利于保护相对人的利益。关于非对话式的意思表示何时生效,大致有表达主义、发送主义、到达主义以及了解主义四种立法例。其中,到达主义因最为恰当地分配风险得到众多国家和国际公约的认可。^③ 无论是《合同法》第 16 条,抑或是"草案"第 117 条,对于数据电文形式的意思表示的生效规则,均采取到达主义。但越来越多的公司和个人开始使用电子系统内置的过滤器或防火墙等安全措施,以阻挡"垃圾""广告"邮件的进入和病毒的扩散。^④ 如果在相对人未指定特定系统的情况下,到达主义仍然适用"进入"之客观标准,将强迫相对人承担发往其任何系统的数据电文或丢失或无法抵达的风险。

第二,采取"草案"的规定更加公平和合理。电子数据的发送不受时间和空间上的限制,要求相对人随时检索其电子系统显然不现实,特别是当相对人无法立即注意到而表意人恰恰有意识地使其暂时不被注意到的情形。而"草案"的规定,将未指定特定系统时的到达主义与相对人知悉到达(包括实际知道和推定知道)联系起来,保证了数据电文形式的意思表示只有在已为相对人所实际收到并知悉收到时方发生法律效力,使得风险分配规则越来越

① 我国台湾地区"民法典"第 94 条规定:"对话人为意思表示者,其意思表示,以相对人了解时,发生效力。"

② 郑玉波.民法总则[M].北京:中国政法大学出版社,2003:365;芮沐.民法法律行为理论之全部[M].北京:中国政法大学出版社,2003:109.

③ 胡康生,主编.中华人民共和国合同法释义[M].北京:法律出版社,2009:40.

④ 何其生.《国际合同使用电子通信公》评析——兼与《联合国国际货物销售合同公约》和《电子商务示范法》比较[J].暨南学报:哲学社会科学版,2007(1).

趋向于公平。

第三,从比较法上看,"草案"所采主观标准已成为发展趋势。例如《国际合同使用电子通信公约》第 10 条第 2 款规定:"电子通信的收到时间是指收件人能够在其指定的电子地址检索的时间。电子通信在收件人的另一电子地址的收到时间是指收件人能够在该地址检索并且了解到该电子通信已发送到该地址的时间。"此外,美国的《统一电子交易法》[①]和加拿大《统一电子商务法》[②]也要求数据电文除进入相对人的系统以外,还必须能够被相对人检索并处理。

(三)意思表示的形式

"草案"第 118 条规定了意思表示的作出形式。除梁慧星建议稿外,法学会建议稿、王利明建议稿等学者建议稿均有类似的规定。学界通说认为,依其表示的方法不同,意思表示可分为明示的意思表示和默示的意思表示两种。[③] 现行法虽未直接规定,但从一些条款仍然可以推知此种分类标准。[④] "草案"第 118 条对现行法的有关规定所存在的内容和体系上的缺陷作出了修正,体现为:

其一,增加了"明示"的规定,整合了现行法关于意思表示形式的法律规范,使意思表示形式的外延得以明确,确立了意思表示作出形式的分类,具有普遍意义的适用性,有利于增强民法典的体系性和开放性,弥补法律漏洞,为法官在司法裁判中运用法律技术进行法律解释提供一定的参考依据。

其二,将现行法的"不作为默示"的表述修改为"沉默"。所谓默示,是指表意人虽未通过书面、口头方式明确表达其意思,但依据交易习惯或双方的约定,通过实施一定的行为和其他形式作出的意思表示形式。[⑤] 据此来看,"默示"系"表示"的属概念,即意思表示作出形式的一种,其与"明示"均属于"作为",不存在所谓的"不作为"方式。但沉默,是没有任何表示和作为,其只有在特殊的情形下才能被法律拟制为意思表示。换言之,沉默原则上不是意思表示的作出形式,故从逻辑上讲不属于默示的范畴。传统大陆法系通说,对此亦采"沉默"的表述。现行法的既有表述易造成误解和逻辑混乱。

其三,增加了"沉默可依习惯视为意思表示"。《合同法》第 26 条规定:"承诺通知到达要约人时生效。承诺不需要通知的,根据交易习惯或者要约的要求作出承诺的行为时生效。"该条将交易习惯作为不需要通知的承诺的依据,是参照《国际货物销售合同公约》、《国际商

---

① 例如美国《统一电子交易法》第 15 条第(b)(1)项规定:"除发送人与接收人另有约定外,当电子记录进入接收人指定的或为接收数据电文或所发送信息之目的而使用的信息处理系统,且接收人可以检索该电子记录时,视为电子记录已接收。"

② 例如加拿大《统一电子商务法》第 23 条第(2)(a)项规定:"当电子文档进入收件人指定的或为接收所发送文档之目的而使用的信息系统,并能被收件人检索并处理时,视为电子文档已被收件人接收。"

③ 郑玉波.民法总则[M].北京:中国政法大学出版社,2003:334;王泽鉴.民法总则[M].北京:北京大学出版社,2009:320-321.

④ 例如《民法通则意见》第 66 条。

⑤ 胡康生,主编.中华人民共和国合同法释义[M].北京:法律出版社,2009:50-51.

事合同通则》相关规定的产物。① "草案"除顺应国际发展趋势,采取了《合同法》较新之立法意见外,还将"交易习惯"改为"习惯",以兼顾身份法上的生活习惯,扩大了沉默的适用范围,更为精准。

"草案"第 118 条以充分的理论总结和立法借鉴为基础,对意思表示的形式作出了较为完整的规定,值得肯定。但笔者认为该条仍存在以下问题:

第一,该条未设"但书",存在立法漏洞。"草案"第 118 条规定表意人可以自由选择意思表示的形式。但根据《合同法》第 47 条、第 48 条的规定,限制民事行为人的法定代理人或无权代理中的被代理人所享有的追认权以及相对人的撤销权,均应以明示的方式作出,即任何默示的方法都不构成追认或撤销。据此来看,在特定情形下,表意人并无任意选择意思表示形式的自由。"草案"第 118 条未将此种情况考虑在内,属立法漏洞,建议增加"但书"以保证法条的严密性和准确性。

第二,该条未规定明示、默示的定义及种类。"草案"第 118 条仅规定了意思表示形式的分类,但对何为明示、默示,以及其各自的下位概念有哪些未予界定。例如"一般规定"部分的书面形式、口头形式、其他形式、对话方式、非对话方式、数据电文形式与"意思表示"部分的明示、默示之间的关系如何,依该条规定,无法推知,故"草案"第 118 条的内容欠缺完整性。

基于前文所述的立法思路,建议将修改"草案"第 118 条为:

第××条:行为人可以明示或者默示作出意思表示;法律、行政法规或者当事人约定采用特定形式的,应当采用特定形式。

明示是指行为人采用口头、书面形式等可以明确表达意思的形式。

默示是指行为人未采用口头、书面形式等,但依法律、行政法规、当事人约定或者习惯,可以其行为间接推知意思的形式。

(四)意思表示的撤回

"草案"第 119 条规定了意思表示的撤回,系继承《合同法》第 17 条、第 27 条的内容。对此,法学会建议稿、王利明建议稿设有类似的规则,梁慧星建议稿未设规定。

笔者认为,对该条应作适当修改,其理由在于:意思表示的生效,一般来说须经过作成、发出、到达、相对人知悉四个基本的阶段。撤回的意义就在于阻止意思表示的生效。易言之,意思表示只有在尚未生效的情况下,方可由表意人自由撤回。"草案"第 116 条、第 117 条规定的意思表示的生效规则如下:(1)无相对人的意思表示一经作成,即告生效。(2)有相对人且为对话式的意思表示的生效,采了解主义立法例;而非对话式的意思表示的生效,采到达主义立法例。(3)公告方式的意思表示,发布时生效。据此来看,对话式的意思表示,在相对人了解该意思表示的具体含义前,尚可撤回(例如使用翻译对话的情形中);非对话式的意思表示,在其到达相对人之前,也可撤回;公告方式的意思表示,在意思表示作成后至发布

---

① 胡康生,主编.中华人民共和国合同法释义[M].北京:法律出版社,2009:57—58.

前的期间,亦可撤回。唯无相对人的意思表示,一经作成即告生效,并没有撤回的余地,显然与"草案"第 119 条的规定相冲突。

据此,建议"草案"第 119 条规定与第 116 条规定相合并,具体修改为"以对话方式作出的意思表示,相对人了解其内容时生效。以非对话方式作出的意思表示,到达相对人时生效。但撤回意思表示的通知同时或者先于意思表示到达的除外"。

（五）意思表示的解释

"草案"第 120 条规定了意思表示的解释规则,与《合同法》第 125 条规定类似（即合同的解释）。从内容上看,该条既可以理解为意思表示的一般解释规则,也可以理解为意思表示的解释规则的分类。从法律史的角度来看,意思表示的内容与《合同法》的关系最为密切,其绝大多数的规定均以合同为参照对象,本身就是对合同高度抽象的产物,[1]故《合同法》中已有并且司法实践中适用效果理想的较为成熟的规定,如无充分理由,均应保留在《民法总则》之中。"草案"第 120 条规定的下列意思表示的解释方法即在其列:文义解释、整体解释、目的解释、习惯解释、诚信解释。此外,"草案"第 120 条还将《合同法》中的"交易习惯"扩大到"习惯",以兼顾身份法上的生活习惯,且与意思表示形式部分的新规定（如增加的"沉默可依习惯视为意思表示"内容）遥相呼应,值得肯定。

通说认为,依其意思表示是否需受领（我国表述为"有无相对人"）,意思表示的解释规则可分为需受领的意思表示的解释规则与无须受领的意思表示的解释规则两种。[2] "草案"第 120 条即系基于此种区分标准所作的规定。

对此问题,王利明建议稿和法学会建议稿采取了区分规定模式,梁慧星建议稿和现行《合同法》则采取了统一规定模式。笔者赞同前一种做法,理由在于:意思表示是实现私法自治的基本手段,就意思表示的解释而言,绝大多数国家或地区均要求法官解释意思表示时"不得拘泥于文字,应探求当事人的真意"[3]。"草案"第 120 条采取的区分规定模式,结合了相对人的信赖利益保护问题,较《合同法》的规定有明显的进步。详言之,无相对人的意思表示的解释,往往是由相对人获取利益或者不丧失现有利益,一般而言并不涉及相对人的信赖利益损害问题。根据"草案"第 120 条的规定,解释时应以表意人的意思表示为解释对象,当表意人的表示行为与其真意不相符时,不能拘泥于意思表示所使用的词句,应当突破其表示行为,并结合目的解释、交易习惯解释等具体解释方法,最大限度地探究表意人的真实意思。而在有相对人的意思表示解释的情形下,则涉及相对人的合理信赖利益的保护问题。表意人作出意思表示后,该意思表示到达相对人或者为相对人所知悉时生效,此时表意人将不得再行撤销该意思表示。换言之,意思表示生效后,即具有法律约束力,相对人对该意思表示亦可能产生了合理的信赖。当表意人的表示行为与其真意不相符时,出于交易安全和秩序

① 王利明.中国民法典学者建议稿及立法理由·总则编[M].北京:法律出版社,2005:269-270.

② 迪特尔·梅迪库斯.德国民法总论[M].邵建东,译.北京:法律出版社,2013:237-239.

③ 参见《德国民法典》第 133 条、《法国民法典》第 1156 条、《意大利民法典》第 1362 条、我国台湾地区"民法"第 98 条。

的考量,应当结合具体的解释方法确定该意思表示的含义,即从相对人在意思表示到达时所具备的理解可能性的角度来予以确定,[①]表意人因此遭受的损失将由其自行承担。《合同法》所采取的统一规定模式,既没有区分有无相对人以及保护相对人的合理信赖,也未与大陆法系民法的发展趋势保持一致,需要改进。

---

① 迪特尔·梅迪库斯.德国民法总论[M].邵建东,译.北京:法律出版社,2013:238.

民法总则应当如何规定"民事权利"
——《民法总则(草案)》(三审稿)"民事权利"一章的完善建议

就条文数量而言,《中华人民共和国民法总则(草案)》(三次审议稿)(以下简称《草案三审稿》)对《中华人民共和国民法通则》(以下简称《民法通则》)"民事权利"一章进行了较大幅度的修改,主要体现在增加了对个人信息、物权、数据和网络虚拟财产上民事权利(益)的确认,删除了单行法中已有详尽规定的"过渡性"条文。但就内容而言,《草案三审稿》仍遵循了《民法通则》以列举民事权利为主线,将民事权利作为一章单独进行规定的立法模式。

对于此种立法模式,持肯定态度者认为,民事权利的专章列举性规定是使《民法通则》成为"中国的人权宣言"的重要因素,因此,这一模式应当被作为《民法通则》的宝贵经验为《民法总则》立法所吸收借鉴,[1]成为强化权利观念和加强权利保护的重要手段。[2] 而民事权利列举规范的公因式特征欠缺则成为持否定态度者的重要依据。[3] 加之民事法律体系的完善更从根本上动摇了民事权利列举方式的必要性,[4]对这一模式的批评自《民法通则》延续到了《民法总则》的制定。尽管各种观点莫衷一是,但在以法律关系为主线的总则立法模式中,[5]作为法律关系内容的民事权利究竟应当处于何种地位仍是无法回避的问题。尤其在立法惯性的作用下,探讨如何科学地规定民事权利可能比探讨是否规定民事权利更富有实际意义。有基于此,本文拟在对《草案三审稿》的相关规定进行检讨的基础上,提出未来《民法总则》"民事权利"一章规范构建的可行方案。

一、《草案三审稿》"民事权利"一章述评

(一)宣示为主的列举技术

《草案三审稿》"民事权利"一章的主线十分清晰,即以列举的方式呈现民事主体的各种

---

① 王利明.民法典体系研究(第 2 版)[M].北京:中国人民大学出版社,2012:410－411.

② 李永军.民法总则民事权利章述评[J].法学家,2016(5).

③ 尹田.论中国民法典总则的内容结构[J].比较法研究,2007(2).

④ 崔建远.民法总则如何反映民事权利[J].求是学刊,2015(4);柳经纬.民法总则不应是《民法通则》的"修订版"[J].法学,2016(10).

⑤ 关于总则结构设计的主线模式可参见彭诚信,戴孟勇.论我国未来民法典总则编的结构设计[J].烟台大学学报:哲学社会科学版,2005(3).

权利。其间穿插的规定主要包括:各种民事权利的客体(如:物、给付、智力成果);缺乏明确的民事权利,但法律确认予以保护的客体(如:个人信息、数据和网络虚拟财产等);债的发生原因(如:无因管理,不当得利,侵权责任和合同)。

相较于《民法通则》而言,《草案三审稿》删除了大量的具有分则性质的条文,值得肯定。但保留民事权利逐项列举的方式来构建"民事权利"一章却可能遭致如下非难。首先,各种权利之确认系民法典分则亦可完成之任务,且于体系上更为妥适,故并非学者所谓立法剩余或补充规范。其次,排除立法剩余的总则条文应以"公因式性质"和"裁判规范"为必要要素。但民事权利的列举恐怕并不具备这些要素。每种权利及其客体仅对应分则的部分,并非所有分则规范之公因式提取。况且权利之列举并不能提供据以裁判的请求权基础,若不能回答权利列举的特别立法意义何在,则这种立法技术便不应该使用。

笔者认为,若从"权利是私法的核心概念,同时也是法律生活多样性的最后抽象"[①]的角度观之,以民事权利的列举照亮民法的全貌,宣示民事活动最基本的要素,则民事权利成为民法总则所规定的对象有其依据,只不过这些规范必须是节制的。当一部法典充斥着大量的仅具宣示意义而不能成为行为规范或裁判规范的条文时,立法的功能就被大大削弱了,因此简练而全面地列举是目前状况下更为恰切的立法选择。

(二)庞杂交错的规范内容

虽然本章以权利宣示为主线,本应甚为清晰,但是就内容观之,却似乎离清晰甚远。《草案三审稿》第122条规定自然人的私有财产权利(改变了《草案二审稿》列举"收入、储蓄、房屋、生活用品、生产工具、投资及其他财产权利"等财产权利的方式)受法律保护,不知为何只提及自然人,而将法人排除在外。显然,法人也有财产权利,其财产权利亦应受法律保护。一方面,《草案三审稿》在第108条至第111条宣示了民事主体享有人身权利后,于第122条规定私有财产权利受法律保护,其后开始列举物权、债权等财产权利,想必是从该条开启对民事主体享有财产权利的宣示,既如此,此处的"自然人"即应修改为"民事主体"。另一方面,《草案三审稿》自第113条开始,列举了物权、债权、知识产权、继承权、股权和其他投资性权利等各项权利后,由于担心无法穷尽,又在第127条规定"民事主体享有法律规定的其他民事权利和利益",不仅出现了"其他民事权利",更及至"利益",外延不够确切。且人身权利与财产权利已属抽象性概念,即使列举的各项权利不能穷尽,这两个概念本身也可作兜底,此处又规定"其他民事权利和利益",逻辑上应是指人身权利与财产权利以外的其他民事权利或利益,那么,什么样的权利或利益需要通过这样的方式来确认保护,有待进一步明确。

此外,在权利列举中大量插入的权利客体和债权发生原因等内容,以及《草案三审稿》相比《中华人民共和国民法总则(草案)》(二次审议稿)(以下简称《草案二审稿》)增加的物权法定的规定(第115条)、征收征用的规定(第117条)与合法财产可继承的规定(第125条),一

① 安德烈亚斯·冯·图尔.德国民法总论(第1卷)[M]//迪特尔·梅迪库斯.德国民法总论.邵建东,译.北京:法律出版社,2001:62.

方面不当地模糊了权利宣示的主线,另一方面偏离了民法总则的规范内容,使得"民事权利"一章彻底成为权利及其相关制度的"大杂烩"。

当然,这些庞杂交错的规范内容背后的原因之一是社会生活新实践在法律制度上的反应。但是需要注意的是,生产力发展迅猛,社会生活变动不居,新生事物今日因新奇而备受关注,明日则可能因司空见惯而少有人问津。除非既有体系不能涵盖,既有规范不足以调整,才有立法上单独回应之必要。① 在民法典的编纂中,必须警惕对新问题的过度回应,因为在成文法滞后性特征的影响下,此种过度回应在法律适用一段时间之后就可能沦为食之无味的鸡肋,除了所谓的"彰显时代特征",便再无他用。这样的例子在过去的立法中并不少见。因此,这些庞杂交错的规范内容需要以一定的标准进行纯化和简化,并最终实现能够关照变化的社会生活的目标。对于个人信息、数据、网络虚拟财产等热门问题的处理尤其应当遵循这一规律。

(三)民商合一的立法倾向

就目前的《草案三审稿》而言,民商合一的特征已经较为突出。② 但在商事权利方面,规定仍不够全面。《草案三审稿》以"股权和其他投资性权利"进行列举展示,即使辅之以法人的"名称权、名誉权、荣誉权"和"商业秘密"作为知识产权的客体,也并没有穷尽所有商事权利的列举。

在"民商合一"体现得最为明显的第126条中,立法者以"民事主体依法享有股权和其他投资性权利"的方式列举权利。此处,"其他投资性权利"所指为何值得追问。该"投资性权利"系由《民法总则(草案)》(征求意见稿)中的"其他民事权利"修改而来。可见,立法者在此处试图将与股权并列的"其他投资性权利"作出区别于第123条一般意义上的"其他民事权利"的列举。然而"投资性权利"这一称谓恐怕并不科学。储蓄、保险、债券等投资形式则可被第118条所宣示的"债权"所涵盖,在投资方式为实业投资时,第115条的物权也予以保护。因此该"其他投资性权利"之所指实在模糊,宣示股权等社员权的立法功能无法实现,反而与之前的条文造成语言上的繁复和体系上的混乱。

(四)具体规则的变化

第110条对社会普遍关心的个人信息保护问题加以回应。从体系解释的角度来看,该条被置于人身权利规范群之中,立法者似将个人信息作为人身权的一种加以规范。由以往的司法实践将个人信息纳入隐私权进行保护到独立规定个人信息是人们对个人信息性质认识深入的结果。此次《草案三审稿》独立规定个人信息确有必要,但是110条的第二句却有过度回应之嫌。他人不得以诸种方式侵害个人信息权乃自然人个人信息受法律保护的题中应有之意,列举诸种侵害方式并不必要。

第118条第2款相较于《民法总则(草案)》(征求意见稿)删除了"单方允诺"作为债的发

---

① 高质量的法典在社会关系变化之后仍能完成其规范制定的功能,而不需要制定新的法律。曼弗雷德·沃尔夫.民法的法典化[J].丁晓春,译.现代法学,2002(3).
② 李永军.民法总则民事权利章述评[J].法学家,2016(5).

生原因的规定,似直接以立法的方式终结悬赏广告性质的争论,并呼应了司法实践的做法。[①]但由于该条后设"法律的其他规定"作为兜底,而"民事法律行为"一章肯定了基于单方的意思表示成立的法律行为,所以单方行为作为债的发生原因仍有其存在的空间。

第 116 条是自《草案二审稿》以来的新增内容,《草案三审稿》予以延续。该规定源于《物权法》第 4 条。该条在《物权法》中作为平等保护物权的《物权法》立法原则出现。[②]此次将其规定于民法总则之中,并不具有实现此种功能的空间。此外,《草案三审稿》第三条已经规定"民事主体在民事活动中的法律地位一律平等",第 116 条的规定不过是该原则在物权保护领域的重申,恐无继续保留的余地。

相校于《草案二审稿》,《草案三审稿》物权法定的规定(第 115 条)、征收征用的规定(第 117 条)与合法财产可予继承的规定(第 125 条)。相应规定在《物权法》、《继承法》中已有安排,且属于其各自应规范的领域,不应也实在抽象不到总则中。同样,在《草案二审稿》中就有且在《草案三审稿》中延续的合同约束力和侵权责任的相关规定,亦属如此。

此外,《草案三审稿》增设第 130 条,规定民事权利的取得,增设第 131 条,规定民事主体按照自己的意愿依法行使民事权利,不受干涉,将《草案二审稿》第 8 条中权利不得滥用的规定移植本章列为设第 132 条,并将《草案二审稿》第 7 条的规定在表述上作了调整,列为本章第 133 条,规定民事主体行使民事权利,应当节约资源、保护生态环境;并增设后半句,规定民事主体行使民事权利应当弘扬中华优秀文化,践行社会主义核心价值观。从这些规定上,《草案三审稿》用了 4 个条文增加了"民事权利的取得和行使"这方面的规定。笔者认为权利的取得无必要规定,因为取得是变动的一种形态,规定了权利的取得,难道还要继续规定权利的转让、变更和消灭吗?且现有规定无非是列举了民事法律事实的分类,毫无规范的性格。笔者赞同本章规定民事权利的行使,在条文的设置上则有不同看法,详见后述。

二、"民事权利"一章修改建议

(一)宣示条款的简化和补充

前已述及,如果秉承民法典编纂不再是法律漏洞的填补而是体系化立法的理念,那么规定权利宣示条款的目的仅在于确认民事主体的权利以照亮民法的全貌。因此,一方面要简化宣示条款,另一方面则要追求宣示条款尽可能广的覆盖面积。高度抽象和类型化是达成这一目的的重要手段。在未来的立法中,可以采取人身权、财产权的分类方式,分别列举这些民事权利。

需要注意的是,考虑到目前的立法计划不准备单独规定人格权编,而人格权的不断丰富以及对人格的全面保护已经成为当今民法发展的主要趋势,所以笔者建议在"民事权利"一

① 梁慧星.中华人民共和国民法总则(草案):解读、评论和修改建议[J].华东政法大学学报,2016(5).
② 胡康生.中华人民共和国物权法释义[M].北京:法律出版社,2007:29.

章中加重对人格权的规定,使其与侵权责任编一起,承担起人格保护的重任。具体而言,该部分应当在区分自然人与法人的基础之上,对各项具体人格权在法律上作出明确的确认,对引起广泛关注的信用权等新型人格权作出规定,并建构一般人格权以保障人的全面发展。另外,应对人格利益商品化利用的现象予以法律上的回应,规定人格商品化权。① 由于《草案三审稿》第 15 条只是规定"涉及遗产继承、接受赠与等胎儿利益的保护,胎儿视为具有民事权利能力",若对其中的"等"字采同类解释规则,则无法涵盖侵害胎儿人格利益时的损害赔偿,因此,有必要在人格权规定的部分写明胎儿人格利益的保护,并规定死者人格利益的保护。

虽然上述安排会导致人格权部分与其他民事权利的规定相比,在条文数量与内容厚度方面占绝对优势,欠缺体系上的美感,但是在立法者可能并不接受人格权独立成编的安排下,它可以尽最大可能实现保障人的全面发展的时代特征和凸显民法典的人文关怀,实效性上更佳,不失为一个较好的选择。

(二)剔除越界规范和重复规范

虽然体系严谨是民法典的追求目标,但是并非制定民法典的最高价值。若有特别的立法目的或立法技术上的考量时,其应当让位于这些特别考量。② 因此,规范并不会仅因其重复而被否定,而仅在其无价值地重复时才有斟酌删减的必要。那么"民事权利"一章的诸多重复性规定是否存有支持其存在的基础呢?

《草案三审稿》第 119 条和第 120 条分别规定了合同的法律约束力和侵权人的侵权责任。如果保留这两个条文,那么无疑成为今后合同和侵权法部分请求权基础的大本营,所有请求承担违约和侵权责任的请求权基础均源于这两个条文。但是在第 118 条已经对债的发生原因进行列举的情况下,直接将侵权和违约的请求权基础置于总则之中显然不符合公因式提取的特征。同样,《草案三审稿》物权法定的规定(第 115 条)、征收征用的规定(第 117 条)与合法财产可予继承的规定(第 125 条)也不符合总则公因式提取的特征,属于分则各自应规范的领域,不应也实在抽象不到总则中。以上规定均建议删除。

《草案三审稿》第 121 条和 122 条分别规定了无因管理和不当得利。虽有学者认为在把财产法划分为物权、契约和侵权行为的类型中,无因管理和不当得利的归属范畴就无法得以界定,所以将无因管理和不当得利置于总则的安排不仅不会打乱,而且还符合民法典在总则和分则关系上配置的体系格局和次序,③但在设置债法总则或准合同相关规则的情形下,无因管理和不当得利完全可以在分则中找到合适的体系位置,如此简单地在总则中的民事权

---

① 温世扬.析"人格权商品化"与"人格商品化权"[J].法学论坛,2013(5).

② 德国民法典追求极尽严谨、绝不重复的体系所带来的大量迂回参引法条的现象早已为人诟病,由此观之,为方便法律的适用所带来的适度重复未必不可接受。

③ 谢哲胜,等.中国民法典立法研究[M].北京:北京大学出版社,2005:35—36.

利部分加以规定似乎略显草率。① 且不当得利制度纷繁复杂,无因管理亦有不真正无因管理等问题需要处理,仅有的两条规定根本无法满足司法实践的需要,故建议删除这两条规定,在债编中详尽规定。

《草案三审稿》第128条旨在回应社会生活中备受关注的数据和虚拟财产的保护问题。对于该二者的保护可以交由权利客体制度加以解决,不必专门设置条文。《草案二审稿》第129条关于未成年人等特殊民事主体特别保护的规定并不具备民法总则的规范资格,其所揭示的系特别法优于一般法的法理,即使无该条规定亦可通过《立法法》第83条和《草案三审稿》第10条得出同样的结论,故建议删除。

(三)增设权利客体的规定

《草案三审稿》"民事权利"一章以权利列举为主线,并在列举后亦规范该权利之客体。这固然将权利客体的规范纳入其中,但是,民法典之所以需要对权利客体进行规定,原因在于避免民法的结构性缺陷和完成权利客体的类型化工作。② 由是观之,《草案三审稿》分散而详略不得当的权利客体规定无法完成这一任务。例如,《草案三审稿》对于知识产权客体的规定看似整合并完善了《民法通则》有关知识产权客体的规定,但是单独就知识产权一项权利的客体进行如此详细的列举,并将"商业秘密"这一具有争议的客体置于其下,似与民法总则权利客体的功能不符,且在知识产权客体不断发展的现实下与民法典的安定性特征有违。而对于司法实践和人民生活普遍关心的一些特别"物"等权利客体,《草案三审稿》并未给出正面的回应。故有必要统合《草案三审稿》的一些规定,并加以补充,在民事权利下设权利客体一节对权利客体进行专门的规定。

(四)吸收民事责任,增设民事权利的行使和保护

与"民事权利"一章相呼应的是"民事责任"一章。如果说"民事权利"一章是从正面宣示民事主体的具体权利,那么"民事责任"一章则是从反面确立权利的保护与救济,二者关系十分密切。如果将民事责任理解成反面的确权的话,那么学者关于民事责任只是手段,而权利救济才是目的,作为以权利为本位的民法不应舍目的而追求手段的观点应当得到重视。因此,民法典应从如何保护权利的角度而不是从如何使行为人承担责任的角度,重新进行制度设计。③

从宏观角度来看,目前"民事责任"一章的内容有很大一部分与债法总则的内容重合。倘若总则延续《草案三审稿》"民事责任"一章的规定,那么债法总则的生存空间将被大大压缩。然而债的保全、消灭、变更和转让等内容无法交由民法总则、侵权责任法或合同法规定,故债法总则的设立仍有必要,如此,有必要对此种"鸠占鹊巢"的立法模式进行反思。从微观的角度上看,"民事责任"一章中的许多具体制度设计仍有可商榷之处。第187条关于救助

---

① 关于不当得利和无因管理在总则中进行规范模式弊端的详尽论述可参见金可可.对草案体系等若干重大问题的修改意见[J].东方法学,2016(5).

② 温世扬.民法总则中"权利客体"的立法考量——以特别"物"为重点[J].法学,2016(4).

③ 柳经纬.民法总则不应是《民法通则》的"修订版"[J].法学,2016(10).

的规定本是侵权责任法的内容,第 188 条关于见义勇为的规定虽有立法者弘扬传统美德的法政策考量作为支撑,但其与无因管理间的界限颇值追问。在同时成立无因管理和见义勇为的情形下,行为人得向受益人请求的权利范围如何,在此,《草案三审稿》关于无因管理与见义勇为的规定可能产生冲突。综上所述,不如将"民事责任"一章加以简化,属于侵权法的内容回归侵权责任法,其余的内容以权利的行使与保护的形式纳入民事权利章以解决上述问题。结合《草案三审稿》增设了权利行使的规定,这一方案更加具有可行性。

首先,《草案三审稿》将《草案二审稿》第 8 条中权利不得滥用的规定移植至本章列设为第 132 条,值得赞同。《草案二审稿》将禁止权利滥用作为民法基本原则,但其实禁止权利滥用与同样作为民法基本原则的诚实信用原则事实上很难作出泾渭分明的区分。虽然缺乏民法基本原则一般规定的《德国民法典》对此均有规定,但是德国法仅将诚实信用在债编中予以规定,是通过判例学说的发展使其不再局限于债的履行而上升为民法的帝王条款,而禁止权利滥用则是在权利的行使中加以规定。因此,《草案二审稿》并列规定禁止权利滥用和诚实信用原则并不妥当,加之禁止权利滥用原则的适用范围局限,应当将该规定纳入权利的行使与保护之中进行规定,作为诚实信用原则在权利行使中的具体要求的形式加以规范。

其次,就私力救济而言,除正当防卫和紧急避险之外尚有自助行为,而《草案三审稿》并未对自助行为加以规定。私力救济规定的功能不只在于为权利遭受侵害者提供公权力之外的救济方式,更在于划定合法以私力寻求救济的界限,从而确保他人的行为自由。就这一角度而言,三种私力救济方式缺一不可。自助行为制度的构建可以《中华人民共和国民法典·民法总则专家建议稿》(以下简称《总则专家意见稿》)的文本作为基础。但需注意,自助行为设立的目的旨在于公力救济无法及时保护权利时,使自主行为人的自助行为免于承担民事责任。因此在《总则专家意见稿》的基础之上,应当明确自助行为的免责效果。此外,《总则专家意见稿》规定的"上述行为未获得有关国家机关事后认可的,权利人必须立即停止侵害并对受害人承担赔偿责任",将是否承担损害赔偿责任系于国家机关的事后判断,而非系于是否满足自助行为的构成要件,似有违自助行为制度设立的目的,故应予以删除。故本文对自助行为拟采如下表述:"权利人为实现其请求权,在情事紧迫并且不能及时获得国家机关保护时,有权在实现请求权的必要范围内扣押义务人之物,或者限制有逃逸嫌疑的义务人的人身自由,或者制止义务人违反容忍义务的行为,而不承担损害赔偿责任。权利人在实施上述行为后,必须立即向有关国家机关申请援助,请求处理。"

再次,《草案三审稿》将《草案二审稿》第 7 条的规定在表述上作了调整,列为本章第 133 条,规定民事主体行使民事权利,应当节约资源、保护生态环境。这样,相当于将原本作为民法基本原则的保护环境原则或绿色原则,降格为权利行使的界限。笔者赞同将保护环境恢复为原则性的规定,因为保护环境不仅仅涉及权利的行使,而是在民事活动的整个环节均应有所考虑;二是若没有基本原则方面的支撑,要求民事主体行使民事权利时保护环境的依据亦有所欠缺。

最后,《草案三审稿》增设规定,要求民事主体行使民事权利应当弘扬中华优秀文化,践行社会主义核心价值观(第133条)。这个条文的政策意向非常明显,但它不具有规范性,不能作为裁判的依据。事实上,中华优秀文化和社会主义核心价值观,体现在公平、诚信等民法基本原则中,也体现在合同的拘束力、权利不得滥用、救助等各项具体规定中,并不是说没有这一条规定,民法典就没有弘扬中华优秀文化,没有践行社会主义核心价值观。况且,文化或价值观也体现在道德、风俗、习惯等层面,只有能够形成为法律规范、需要以法律调整的部分才可以通过法律渗透。另外,民事主体也包括外国人及无国籍人士,亦不能要求他们在行使民事权利时均弘扬中华优秀文化。因此,笔者建议删除这一规定。

三、建议条文

第五章　民事权利

第一节　一般规定

【人格权】

自然人享有生命权、健康权、身体权、姓名权、肖像权、名誉权、荣誉权、隐私权、婚姻自主权、信用权等权利。

自然人的人身自由、人格尊严受法律保护。

法人、非法人组织享有名称权、名誉权、荣誉权、信用权等权利。

【人格商品化权】

自然人对其享有的具有经济利益内容的人格利益享有支配权,可以依照法律规定自行或授权他人进行商业化利用。

【人格利益的延伸保护】

胎儿和死者的人格利益受法律保护。

【身份权】

自然人因婚姻、家庭关系等产生的身份权利受法律保护。

【财产权】

民事主体依法享有物权、债权、知识产权等财产权。

【其他民事权利】

民事主体享有继承权、社员权等法律规定的其他民事权利。

【个人信息】

自然人的个人信息受法律保护。

第二节　民事权利客体

【民事权利客体】

民事权利客体是民事权利指向的对象,包括财产权利客体和非财产权利客体。

【民事权利客体的范围】

财产权利客体包括物、智力成果、财产权利、信息、给付、法律关系等。

非财产权利客体包括各种非财产利益。

【民事权利客体的融通】

性质上可以融通的民事权利客体,非依法律规定不得禁止或限制其融通。

公用物、公共用物和禁止物为不融通物,禁止物由法律确定。

【数据和虚拟财产】

民事权利客体的保护不因其形式不同而有异,数据和虚拟财产依其性质受本法保护。

【企业财产】

企业财产适用本法关于集合物的规定。

【动物】

动物的利用应当符合动物保护法律的规定,不得违背公序良俗。

【脱离人体的部分】

脱离人体的部分非为保持取出人的身体机能或将来再植入其身体的,可以成为物。对其利用应当符合法律的规定,不得违背公序良俗。

【遗体】

遗体仅在用于医疗或科学研究等领域时,类推适用本法关于物的规定。

对遗体的利用和处理应当符合法律的规定,不得违背公序良俗。

第三节 权利的行使和保护

【权利不得滥用】

民事主体不得滥用民事权利损害他人合法权益,损害社会公共利益。

【正当防卫】

因正当防卫造成损害的,不承担民事责任。正当防卫超过必要的限度,造成不应有的损害的,正当防卫人应当承担适当的民事责任。

【紧急避险】

因紧急避险造成损害的,由引起险情发生的人承担民事责任。如果危险是由自然原因引起的,紧急避险人不承担民事责任或者给予适当补偿。紧急避险采取措施不当或者超过必要的限度,造成不应有的损害的,紧急避险人应当承担适当的民事责任。

【自助行为】

权利人为实现其请求权,在情事紧迫并且不能及时获得国家机关保护时,有权在实现请求权的必要范围内扣押义务人之物,或者限制有逃逸嫌疑的义务人的人身自由,或者制止义务人违反容忍义务的行为,而不承担损害赔偿责任。

权利人在实施上述行为后,必须立即向有关国家机关申请援助,请求处理。

【民事责任】

民事主体应当依照法律规定或者当事人约定履行民事义务。

民事主体不履行或者不完全履行民事义务的,应当依法承担民事责任。

【责任方式】

承担民事责任的方式主要有：

（一）停止侵害；

（二）排除妨碍；

（三）消除危险；

（四）返还财产；

（五）恢复原状；

（六）修理、重作、更换；

（七）继续履行；

（八）赔偿损失；

（九）支付违约金；

（十）消除影响、恢复名誉；

（十一）赔礼道歉。

法律规定惩罚性赔偿的,依照其规定。

【责任聚合】

民事主体因同一行为应当承担民事责任、行政责任和刑事责任的,承担行政责任或者刑事责任不影响承担民事责任;民事主体的财产不足以支付的,先承担民事责任。

第二编

人格权编

略论人格权的类型体系[*]

《侵权责任法》颁行后，我国民法学界对《民法典》的编纂表现了更为热切的期待，对人格权立法的关注与研究也随之升温。近年来，一些学者已对"人格权是自然法上的权利还是实证法上的权利"、"人格权是宪法上的权利还是私法上的权利"、"法人是否具有人格权"等问题开展过讨论，意见虽未统一，但从已发表的官方文本（2002 年民法典草案第四编）及民间文本（梁慧星教授、王利明教授、徐国栋教授等分别主编的民法典建议稿）看，上述问题似乎大局已定。如此，当前人格权立法要解决的主要就是技术层面的人格权的体系构建问题了。

一、人格权类型体系之"前见"："一般人格权"之排除

在我国民法学界，"一般人格权"已是一个耳熟能详的概念。一些学者认为，"一般人格权"是与"具体人格权"（或特别人格权）相区分的人格权的种概念，尽管对其客体认识不一，但其作为人格权的一种类型似乎已成通说。然而，也有少数学者对此持不同观点。如已故民法学家谢怀栻先生早在 10 余年前即对"一般人格权"与"具体人格权"的分类表示反对，^①近年来也有学者对此提出质疑，^②有的学者则认为"一般人格权理论还值得进一步研究"^③。

笔者认为，"一般人格权"与"具体人格权"之间并不存在相容共存关系，我国人格权法不宜采用这一概念：

其一，从其产生来看，"一般人格权"是德国法院为弥补《德国民法典》未设人格保护的一般规定的立法缺陷而创设的概念，^④其本义是"对名誉等各种人格法益的权利"。

---

* 原载于《现代法学》2012 年第 4 期。

① 谢怀栻.论民事权利体系[J].法学研究,1996(2).

② 李永军.民法总论[M].北京:法律出版社,2006:262.

③ 马俊驹.人格和人格权理论讲稿[M].北京:法律出版社,2009:199.

④ 霍尔斯特·埃曼.德国民法中的一般人格权制度[A].邵建东,等译.梁慧星,主编.民商法论丛(第 23 卷)[C].北京:法律出版社,2002:412.("承认一般人格权为《德国民法典》第 823 条第 1 款意义上的其他权利,使得除了对人的生命、身体、健康和自由提供外在的保护外,对内在的、精神的人格也通过一条普遍适用的、侵权法上的一般条款予以保护了")。

虽然有学者将"一般人格权"的历史追溯到罗马法时期，①但是较为可信的结论是，现代民法意义上的"一般人格权"概念滥觞于二战后德国判例。② 对此，德国学者梅迪库斯作了如下描述："民法典有意识地既未将一般人格权，也未将名誉权纳入第 823 条第 1 款保护的法益范围。因此在以前，个人名誉只能由第 826 条以及第 823 条第 2 款结合刑法典第 185 条以下条款提供保护。此外第 824 条也可以用来保护商业信誉。帝国法院虽然在某些方面将这种保护以及特别人格权保护作了扩大，但却没有将这种保护予以一般化；"③于是，在 1954 年，联邦最高法院在审理一件涉及自然人名誉的案件中承认了一般人格权。"在该案中，联邦最高法院仅仅用一句话，援引了《基本法》中的有关规定（第 1 条"人的尊严"，第 2 条"发展人格"），将一般人格权称之为'由宪法保障的基本权利'。联邦最高法院认为，在本案中这一权利受到了损害，因为将原告表达的内容加以变更后予以发表，给人产生'一种不正确的人格形象'。"④从以上论述中，我们可以获得如下信息：(1)德国法院认为，个人名誉虽然不属《民法典》第 823 条第 1 款保护的法益范围，但是属于宪法所保障的基本权利（"人的尊严"和"发展人格"）；(2)德国法院认为，此等由宪法保障的基本权利（包括但不限于名誉权）应受到民法的保护。由此可见，德国法院之所以创设"一般人格权"，是因为在其民法典中并未确立人格权的一般概念，对具体人格法益的保护又不能适应时代需要（民法典仅对姓名的保护作了明确的规定），因而通过这一概念实现对自然人人格法益的总体性承认与保护，"实际上是在法律实证主义影响下，为适应多种不同的并且日益增多的人格保护提供规范层面的支持"⑤。因此，德国民法上的一般人格权并非指特别人格权以外的"某一种"人格权，而是除姓名权外受民法保护的各种人格法益（犹指内在的、精神的人格法益）的总称——所谓"一般人格权"，不过是"人格权"概念在德国民法上正式确立的标志（在"一般人格权"被判例确认之前，德国民法上并无"人格权"这一权利称谓）。⑥

其二，从其构造看，"一般人格权"不能成为与具体人格权共存的民事权利。

国内学者在论述一般人格权时，一般均涉及其权利构造，包括客体和内容。但从现有论述来看，学界关于"一般人格权"的客体和内容或语焉不详，或边界不明，使人产生"雾里看花"之感。

---

① 杨立新.人格权法专论[M].北京：高等教育出版社，2005：115.

② 卡尔·拉伦茨.德国民法通论（上）[M].王晓晔，等译.北京：法律出版社，2003：110.也有学者认为《瑞士民法典》中已确立了一般人格权的概念（杨立新.人格权法专论[M].北京：高等教育出版社，2005：118.）。

③ 迪特尔·梅迪库斯.德国民法总论[M].邵建东，译.北京：法律出版社，2000：805.

④ 迪特尔·梅迪库斯.德国民法总论[M].邵建东，译.北京：法律出版社，2000：806.

⑤ 李永军.民法总论[M].北京：法律出版社，2006：262.

⑥ 由此看来，有学者认为《瑞士民法典》"开辟了一般人格权立法的先声"（因其设立了人格保护的一般规定）也无不当——所谓"开辟了一般人格权立法的先声"，实为现代人格权保护制度（总体性保护）确立的标志（有学者对此提出异议，认为独立的人格权制度的确立是在 1960 年的《埃塞俄比亚民法典》中完成的，参见徐国栋.民法总论[M].北京：高等教育出版社，2007：312－315.）

如有学者认为,一般人格权的法律特征包括"权利客体的高度概括性"和"权利内容的广泛性"。前者是指,作为一般人格权客体的一般人格利益"是对所有具体人格权的客体的概括,任何一种具体人格权的客体,都概括在一般人格利益中";后者是指一般人格权作为概括性权利,在内容上是不易完全确定的,"一般人格权的内容包括具体人格权的内容,但是对于具体人格权所不能包含的人格利益,也都包含在一般人格权之中"①。于是,有的学者一方面认为"人格自由"和"人格尊严"等是一般人格权的基本内容,另一方面又将"人身自由权"、"性自由权"、"婚姻自主权"等作为具体人格权加以论述。

关于一般人格权的客体,学者见解不一,如有的认为其客体为全部人格利益,②有的认为是人格独立、人格自由与人格尊严,③有的认为是人格独立、人格自由、人格平等与人格尊严,④有的认为是自由、安全和人的尊严。⑤ 上述种种观点,均未能确立一般人格权与具体人格权的边界:如果其客体是"全部人格利益",还有必要在一般人格权之外确立各种具体人格权吗?如果人格尊严、人格自由是一般人格权的客体,则关涉人格自由的身体自由权、关涉人格尊严的名誉权还能成为独立的人格权吗?从一般人格权的内容方面看,也存在同样的问题。

内涵的确定性和可甄别性,是民事权利的应有之义,人格权亦复如此。如姓名权乃自然人"对于姓名设定、变更和专用的人格权",其客体和内容皆清晰可辨;生命权与健康权、隐私权与名誉权之所以能够各自独立和相互区分,亦因其客体和内容各异。而所谓"一般人格权",既无确定的权利客体和内容,又与各种具体人格权无清晰边界,故不能成为一种实证法上的人格权形态。

其实,德国学者卡尔·拉伦茨在将"一般人格权"定义为"受尊重的权利、直接言论不受侵犯的权利以及不容他人干预其私生活和隐私的权利"时,就已指出:"这里没有一个明确且无可争议的界限,划界也几乎是不可能的。"⑥梅迪库斯也认为,"一般人格权的(主要)问题在于它的不确定性。……因此菲肯彻(Fikentscher)将一般人格权称为'框架权利'"⑦。有的德国学者甚至直接宣布"不存在一般人格权",理由是一个绝对权利仅是"依附一个具体的权利客体才能存在"⑧。

谢怀栻先生在"论民事权利体系"一文中指出:"关于人格权,常常讲到个别人格权(特殊人格权)和一般人格权,这是德国民法中,特别在德国判例中使用的说法。这种说法说明的

---

① 杨立新.人格权法专论[M].北京:高等教育出版社,2005:123.
② 梁慧星.民法总论[M].北京:法律出版社,1996:105.
③ 王利明,杨立新.侵权行为法[M].北京:法律出版社,1996:161.
④ 魏振瀛,主编.民法[M].北京:北京大学出版社,2000:640—641.
⑤ 尹田.民事主体理论与立法研究[M].北京:法律出版社,2003:109.
⑥ 卡尔·拉伦茨.德国民法通论(上)[M].王晓晔,等译.北京:法律出版社,2003:117.
⑦ 迪特尔·梅迪库斯.德国民法总论[M].邵建东,译.北京:法律出版社,2000:807—808.
⑧ 卡尔·拉伦茨.德国民法通论(上)[M].王晓晔,等译.北京:法律出版社,2003:171.

是德国人格权的发展,并不能作为我们讲人格权时对人格权的分类。所以我们不要这两个概念。"①诚哉斯言。学者的新近研究也表明,"所谓一般人格权和具体人格权,在其原来的语境中,指的就是两种人格权的理论模式。一元模式认为只有一个统一的、以整体的人格利益为客体的人格权,那些具体的人格要素,比如姓名、肖像、名誉等只构成这个具有统一性的人格利益的一个方面,因此也处于这个统一人格权的涵盖之下。多元模式则认为不存在一个以统一的、整体的人格利益为客体的人格权,存在的是一系列的具体的人格权,这一系列的人格权保护的是特定的、具体的人格利益,正是这些作为客体的人格利益的不同构成了不同的人格权存在的基础"②。我国民法既已采取"多元模式"("具体人格权"模式),就不宜采用"一般人格权"的概念(对具体人格权以外的其他人格法益的保护,可通过设立"一般条款"的方式实现)。

二、人格权类型体系之边界:人格权的法律属性

(一)作为私权的人格权

关于人格权的私权属性,近年有的学者提出了质疑,③从而引发了关于"人格权是宪法上的权利还是私法上权利"的讨论。对此问题,马俊驹教授通过引述"宪法不仅仅是一门特殊的公法,而是超越简单公私分界的基本法"、"有些宪法权利,既可以指向国家,也可以指向私人团体,也就是说具有国家与私人的二元取向"等观点,得出了"人格权属于二元性权利"、"人格权本质上属于私权,主要应由民法加以规范和保护"的结论。④ 笔者对此深为赞同。基于这一认识,人格权应涵盖自然人(或法人)维护个人人格要素的所有权利,无论是否在宪法上作出规定。如自然人的生命权、健康权,既是宪法上的基本权利,也是民法上的人格权。同样地,作为自然人重要人格要素的平等(权)、自由(权),也应纳入人格权体系。作为私权的人格权,在宪法中只能作出概括性的确认或原则性的规定,主要应通过民法加以确认和保护。如我国宪法规定"公民的人格尊严不受侵犯",而民法则通过确认名誉权、隐私权、身体权等具体人格权对人格尊严加以保护。此外,民法还可通过专门立法(人格权法)对人格要素作出更细致的区分,构建更完备的人格权保护体系(如姓名权、肖像权、身体权等并未在宪法中得到宣示,但在民法上得到了确认)。

基于人格权的私权属性,宪法规定的受教育权、劳动权、宗教信仰自由权等应不纳入人格权范畴,"因为权利主体实现这样的权利主要不依赖于其他民事主体履行义务(多为不作为的义务),而是依赖于国家、其他社会组织的积极作为行为"⑤。

---

① 谢怀栻.论民事权利体系[J].法学研究,1996(2).
② 薛军.人格权的两种理论模式与中国人格权立法[J].法商研究,2004(4).
③ 尹田.论人格权的本质[J].法学研究,2003(4).
④ 马俊驹.人格和人格权理论讲稿[M].北京:法律出版社,2009:89—96.
⑤ 张新宝.人格权法的内部体系[J].法学论坛,2003(6).

（二）作为专属权和非财产权的人格权

人格权的专属性和非财产性，是其有别于其他民事权利的重要特性。前者是指人格权只能由特定的权利主体终身享有，不得转让、抛弃、继承，因"人格权是保障主体的自然存在和社会存在的权利，让这些权利脱离主体，无异于让他不能成为一个自然的或社会的个体存在，这不符合保障每个自然人以个体方式存在的公共政策"①；后者是指人格权的内容并非财产利益，而是某种精神利益。基于上述属性，我们可以作出以下推论：凡不具有专属性、可以转让或继承的权利，以及凡具有财产内容的权利，均不能成为人格权。但这一推论将面临以下质疑。

其一，法人人格权是否具有专属性？

承认法人人格权的学者一般认为，法人享有名称权、名誉权、荣誉权等人格权。② 在论及法人人格权特点时，有学者指出"法人的某些人格权可以依法出售或转让"，③故法人名称权的内容包括"名称转让权"或"名称处分权"。若如此，人格权的专属性便因在法人人格权领域不能得到贯彻而不能成立了。笔者认为，"法人的某些人格权可以转让"之说是一个误读。法人的名誉权、荣誉权不可转让应无异议，而法人名称（或商号）则具有双重性质，它既是法人名称权的利益载体，也是法人的无形财产，法人在依法转让其名称或商号时，转让的并非名称权，而是该项无形财产。法人名称或商号让与他人后，其名称权也因利益载体的失去而消灭，但此乃法人名称或商号转让的结果，而非法人名称权转让的结果。因此，作为法人人格权的名称权同样具有专属性，"名称转让权"或"名称处分权"并非法人名称权的内容（属法人财产权范畴）。

其二，人格权是否可以具有财产内容？

传统观点认为，人格权是与财产权对应的精神性权利，无直接的财产内容。但在当代经济生活中，出现了姓名、肖像等人格要素的商业利用现象，从而引发了"人格权商品化"的问题。④ 基于这一现象，有学者对人格权的非财产属性提出了质疑，认为"在诸种人身权中，只有个别的权利可以说没有财产内容或财产利益，如名誉权、隐私权、姓名权等。在有些具体的人格权和身份权中，不仅有财产内容，而且有的还具有明显的财产利益，例如肖像权……；"⑤另有学者指出："面对当代人们（特别是某些公众人物）能够支配和利用自己的人格要素，获得重大经济利益的现象出现时，仍然坚持人格权只具有非财产权特征，确已不符合社会发展的现实……人格权之客体的某些人格要素已明显具有双重性质，即兼具非财产权与财产权的属性。"⑥对此见解，笔者不敢苟同。正如有学者指出的那样："非财产性是对人

---

① 徐国栋.民法总论[M].北京:高等教育出版社,2007:299.

② 徐国栋.民法总论[M].北京:高等教育出版社,2007:344.马俊驹.人格和人格权理论讲稿[M].北京:法律出版社,2009:293—302.

③ 马俊驹.人格和人格权理论讲稿[M].北京:法律出版社,2009:235.

④ 杜颖.论商品化权[A]//梁慧星,主编.民商法论丛(第13卷)[C].北京:法律出版社,2000:2.

⑤ 杨立新.人身权法论(修订版)[M].北京:人民法院出版社,2002:65.

⑥ 马俊驹.人格和人格权理论讲稿[M].北京:法律出版社,2009:104.

格权的不可转让属性的逻辑展开,因为构成财产就必须可以转让,不能转让的就不是财产。"①人身权根据他的实质是一种受尊重的权利,一种人身不可侵犯的权利,②非财产性是其本质属性。至于某些人格要素(如姓名、肖像)的商业利用,并非人格权的自身内容,而是由于这些人格要素具有一定商业价值因而成为权利人的一种特殊财产,权利人许可他人利用,并非对其人格权的处分,而是对其财产的处分(由此得出的另一个推论是,人格权不具有支配权属性)。因此,所谓"商品化权"实质为财产权而非人格权。

三、人格权类型体系之构建:以人格法益的区分为依据

在人格权的类型体系问题上,可资借鉴的立法例有限,③学者见解也不尽一致。④ 关于自然人人格权的分类,较有代表性的观点有:(1)物质性人格权和精神性人格权。物质型人格权是指自然人对于物质性人格要素的不可转让的支配权,包括生命权、身体权、健康权和劳动能力权;精神性人格权是指自然人对其精神性(心理性)人格要素的不可转让的支配权的总称,包括标表型人格权(姓名权、肖像权)、自由型人格权(身体自由权、内心自由权)、尊严型人格权(名誉权、荣誉权、隐私权、贞操权、精神纯正权、信用权)。⑤ (2)保障自然人的自然存在的人格权和保障自然人的社会存在的人格权。前者是指为维持自然人作为生命个体的存在所必要的人格权,有生命权、自由权、家庭权等(对应于物质性人格权);后者是指为维持自然人作为社会关系的健全主体所必要的人格权,有平等权、姓名权、肖像声音权、名誉和荣誉权、私生活权、归属权等(对应于精神性人格权)。⑥ (3)人身完整(相当于物质性人格权,包括生命权、身体权、健康权)、人格标识(相当于标表型人格权,包括姓名权、肖像权、形象

---

① 徐国栋.民法总论[M].北京:高等教育出版社,2007:299.

② 卡尔·拉伦茨.德国民法通论(上)[M].王晓晔,等译.北京:法律出版社,2003:379.

③ 如1960年《埃塞俄比亚民法典》规定了住所权、思想自由权、宗教信仰自由权、行动自由权、人身完整权、肖像权、拒绝检查与医疗权、葬礼决定权等人格权;1991年《魁北克民法典》规定了人身完整权、子女的权利、名誉与私生活权、死后身体受尊重权等人格权;2002年《巴西民法典》规定了身体权、姓名权、肖像权、私生活权、病人的拒绝医疗权等人格权。参见徐国栋.民法总论[M].北京:高等教育出版社,2007:314—315.《越南民法典》对人格权的规定与《埃塞俄比亚民法典》大致相同。

④ 除《民法通则》和司法解释已确认的生命健康权、姓名权和名称权、肖像权、名誉权、婚姻自主权、隐私权等人格权外,有的学者认为人格权还包括身体权和贞操权(王利明,杨立新,姚辉.人格权法[M].北京:法律出版社,1997.);有的学者认为还包括信用权、荣誉权、人身自由权、性自由权(杨立新.人格权法专论[M].北京:高等教育出版社,2005.);有的学者认为,自然人人格权包括《民法通则》规定的生命权;健康权;姓名权;肖像权;名誉权;荣誉权;婚姻、合同和遗嘱自由权,以及依宪法规范创制的人格权自由权(人身自由,通信自由住宅自由,言论、出版、集会、结社、游行、示威的自由,宗教信仰自由,文化活动自由)、劳动权和劳动者休息权、受退休保障的权利、社会不幸者受物质帮助和照顾的权利、受教育权、隐私权(龙卫球.民法总论[M].北京:中国法制出版社,2002:280—294.)。

⑤ 张俊浩,主编.民法学原理(上册)[M].北京:中国政法大学出版社,2000:142—158.

⑥ 徐国栋.民法总论[M].北京:高等教育出版社,2007:302.

权、声音权)、人格尊严(相当于精神性人格权,包括名誉权、隐私权、信用权、荣誉权、知情权、环境权、精神纯正权)、人格自由(相当于精神性人格权,包括身体自由权、迁徙自由权与居住自由权、住宅自由权、性自由权、工作自由权、意思决定自由权、通信自由权、表达自由权、创造自由权、信仰自由权、思想自由权)。① 笔者认为,上述第(1)、(2)种分类虽能大体反映自然人人格权的体系构成,但也存在欠谨之处,如前者将姓名权、肖像权等纳入"精神性人格权"范畴就未必妥当(精神性人格权客体应为无形的人格价值因素,在客观上没有实在的外在表象,而标表型人格权则指向一些外在于主体的将自己与他人区别开来的标志符号),②后者将自由权和家庭权一概纳入"保障自然人的自然存在的人格权"也难谓严谨。第(3)种分类系以人格权客体(人格利益或人格价值因素)的类型化为依据,对于人格权立法具有更大的指导意义,唯在具体类型设计上尚有斟酌余地。

笔者认为,受民法保护的自然人的人格利益或人格要素可划分为"内在要素"和"外在要素"两个层次,前者包括安全、自由、尊严三个方面,后者即自然人的人格标识,③其人格权体系亦应由此展开。

(一)安全

安全是自然人作为自然存在和社会存在的基本需要,因而成为一项重要的人格利益或人格要素。人格权法对自然人安全的保护,主要体现为生命权、健康权和身体权。

生命权是自然人的生命不受他人非法侵夺的权利。生命权是否为独立的人格权,尽管在理论上曾有争议,但当代通说和立法均持肯认立场,有疑义的是生命权的内容构造,即生命权是一项仅以生命安全或生命维持为内容的消极性权利,还是一项包含"生命利益支配权"的权利? 笔者认为,"生命利益支配权"虽然存在一定的现实依据(如自杀、安乐死现象),但是因事关社会伦理,立法上对此应持谨慎态度,不宜予以一般性确认。

健康权是以自然人身体的生理机能的完善性和保持持续、稳定、良好的心理状态为内容的权利人格权。④ 关于健康及健康权的内涵,学界有"生理健康说"、"肉体、精神健康说"、"生理、心理健康说"等不同见解。⑤ 笔者认为,生理健康和心理健康是自然人健康不可或缺的两个方面,故心理健康为健康权的应有之义(此亦精神损害赔偿的依据所在)。

身体权是指自然人以其身体及器官的完整性为内容的人格权。关于身体权的独立性,我国学界多持肯定态度,并为司法实践所确认,⑥故将其作为与自然人生命权、健康权并列的

① 马俊驹.人格和人格权理论讲稿[M].北京:法律出版社,2009:249—250.
② 马俊驹.人格和人格权理论讲稿[M].北京:法律出版社,2009:204.
③ 人格独立也是一种人格利益,但在当代社会对其提供民法保护的实益已不显著.
④ 王利明.人格权法新论[M].长春:吉林人民出版社,1994:288.
⑤ 杨立新.人格权法专论[M].北京:高等教育出版社,2005:154—155.
⑥ 杨立新.人格权法专论[M].北京:高等教育出版社,2005:176;马俊驹.人格和人格权理论讲稿[M].北京:法律出版社,2009:253.

一种人格权应属妥当,唯在其内容构造上是否包含"肢体、器官支配权"则不无疑问。① 笔者认为,作为人格权的身体权与生命权、健康权一样均为一种消极意义的、防御性的权利,即身体及器官的完整不受侵害的权利,至于自然人对其器官和身体组织进行合法的捐赠、转让,乃是将其作为特殊的物加以处分,不属于人格权范畴。②

（二）自由

自由作为自然人的基本人格利益毋庸置疑,受到民法保护也理所当然。但在具体人格权模式下,自由应表现为哪些权利则值得探讨。

身体自由权作为一项独立的人格权应无疑义。此处所谓身体自由是指身体行动的自由,人身自由权即身体的行动不受不法拘束或妨碍的权利。③ 至于思想自由、言论自由、信仰自由、迁徙自由等权利,则主要由公法规范,不应纳入人格权体系。

与身体自由相对应的是精神自由,其外在表现为意思决定自由。一些学者认为,婚姻自主权是一项独立的人格权,④有的学者甚至将婚姻、合同和遗嘱自主权作为一项人格权。⑤ 笔者认为,上述权利的实质均为对自然人意思决定自由的保护,故人格权法应对意思决定自由权作出一般性规定。⑥

性自主权是否一项独立的人格权？所谓性自主权,是指"人在遵循法律和公序良俗的前提下,自主表达自己的性意愿和自主决定是否实施性行为和以何种方式实施性行为,实现性欲望而不受他人强迫和干涉的权利"⑦。从内涵上看,性自主权属意思决定自由之范畴,但在社会观念上,对性的自主支配已成为一项特殊的人格利益,故有必要予以专门确认。⑧

（三）尊严

人格尊严是指作为一个人所应有的最起码的社会地位并得到他人最起码的尊重,即"成为一个人,并尊重他人为人"（黑格尔语）。人格尊严既关涉人的主观认知,又关涉人所应得到的社会评价,因而具有丰富的内涵,由此派生的人格权也呈现多种样态。

1.平等权。人格平等是人格尊严的重要内容,无平等即无尊严,故平等权是一项独立的人格权。平等权即同样的人应受同样待遇而不受歧视的权利（法律另有规定的除外）。平等权的确立,对于遏制或消除日常生活中和就业等方面的性别歧视、民族歧视、生理歧视、地区

---

① 有学者甚至将身体权定义为"自然人对其肢体、器官等的支配权"。参见张俊浩,主编.民法学原理（上册）[M].北京:中国政法大学出版社,2000:143.

② 有学者将自然人对自己的物质要素享有的权利称为"身体财产权"。参见徐国栋.民法总论[M].北京:高等教育出版社,2007:189－194.

③ 王泽鉴.侵权行为法（1）[M].北京:中国政法大学出版社,2002:118.

④ 王利明.人格权法新论[M].长春:吉林人民出版社,1994:498;杨立新.人格权法专论[M].北京:高等教育出版社,2005:373;徐国栋.民法总论[M].北京:高等教育出版社,2007:322.

⑤ 龙卫球.民法总论（第2版）[M].北京:中国法制出版社,2002:284.

⑥ 马俊驹.人格和人格权理论讲稿[M].北京:法律出版社,2009:282－283.

⑦ 郭卫华.论性自主权的界定及其私法保护[J].法商研究,2005(1).

⑧ 有学者将性自主权与"贞操权"并用,未必妥当,因"贞操"一词的俗成含义与性自主权并非等同。

歧视等现象,保障基本人权,具有积极意义。

2.名誉权。名誉权是指自然人基于其品德和才能应得的一般社会评价不受不当贬损的权利。名誉与人的尊严关联密切,故对名誉权制度价值(独立性)无论在理论上还是实践上均无争议。值得讨论的是:(1)荣誉权与名誉权是何关系? 有学者认为,荣誉权是一种身份权而非人格权;[1]也有学者认为,荣誉权是一种独立的人格权;[2]还有学者认为,荣誉权具有身份权和人格权双重属性。[3] 笔者认为,荣誉虽然不是自然形成的对自然人的社会评价,而是一种"标签化"的组织评价,但是其实质仍是一种外部评价(社会评价),因而是一种特殊的名誉,对荣誉的保护完全可以纳入名誉权的范畴,无须另立名目(荣誉权与民法上的身份权更是大异其趣,视其为身份权难谓妥当)。(2)名誉感是否应纳入名誉权的保护范围? 对此有学者持否认态度,认为"名誉感是极其脆弱的权利,很容易被他人的侮辱行为所伤害,对其完全予以法律保护是不可能的,也是不必要的"[4],"名誉感作为人的自我评价,没有一个外在的评价标准,很难用名誉权制度去加以保护"[5];有学者则将名誉权定义为"精神完整权",并将主观名誉(自尊心或名誉感)纳入名誉权保护范畴。[6] 笔者认为,主观名誉或自尊心是人格尊严的重要方面,民法不应以其"极其脆弱"为由而不予保护(否则侮辱行为岂非不构成侵权?),但对主观名誉的保护已超出名誉权的保护范围(外部评价),故在实务上只能依据人格权法的一般条款作为一种"其他人格利益"加以保护。

一些学者认为,信用权是一种独立的人格权,主要理由是信用在商品经济社会对于自然人人格具有重要价值,且信用权确有名誉权容纳不下的内容,二者性质又有区别,故有特别予以法律保护的必要。[7] 笔者认为,所谓信用,是民事主体所具有的特别是偿债能力在社会上获得的相应信赖与评价,而名誉作为一种综合性评价,实际上已经涵盖了经济能力与偿债能力等因素的评价,[8]故信用就其本质而言仍属于名誉的范畴,所谓信用权在性质、内容和保护手段上均与名誉权难以区分,故无独立存在之必要。

3.隐私权。隐私权是自然人享有的私人生活安宁与私人信息秘密依法受到保护,不受他人非法侵扰、知悉、搜集、利用和公开的一种人格权。[9] 我国民法对隐私权的保护,经历了由"非独立保护"[最高人民法院《关于贯彻执行〈中华人民共和国民法通则〉若干问题的意见

---

① 王利明.人格权法新论[M].长春:吉林人民出版社,1994:11;杨立新.人格权法专论[M].北京:高等教育出版社,2005:373.

② 马俊驹.人格和人格权理论讲稿[M].北京:法律出版社,2009:263;徐国栋.民法总论[M].北京:高等教育出版社,2007:335.

③ 杨立新.人格权法专论[M].北京:高等教育出版社,2005:305.

④ 杨立新.人格权法专论[M].北京:高等教育出版社,2005:248.

⑤ 马俊驹.人格和人格权理论讲稿[M].北京:法律出版社,2009:259.

⑥ 徐国栋.民法总论[M].北京:高等教育出版社,2007:333-334.

⑦ 张俊浩.民法学原理(上册)[M].北京:中国政法大学出版社,2000:158;杨立新.人格权法专论[M].北京:高等教育出版社,2005:286.

⑧ 马俊驹.人格和人格权理论讲稿[M].北京:法律出版社,2009:262.

⑨ 张新宝.隐私权的法律保护[M].北京:群众出版社,2004:11.

（试行）》将隐私权作为名誉权保护]到"独立保护"（《中华人民共和国侵权责任法》第 2 条）的发展过程，人格权法对隐私权作出规定业已成为共识。

（四）人格标识

自然人的人格标识，主要表现为姓名和肖像。它不但是自然人区别于他人的外部标志，而且关系到人格尊严，因此应受到民法保护。① 姓名权、肖像权是自然人的姓名和肖像排除他人非法干预和不当使用的权利。如上文所述，作为非财产性权利，姓名权、肖像权的本质在于姓名和肖像的"排他性"和"不可侵性"，对姓名和肖像的商业化利用（即所谓"公开权"或"商品化权"）不属于人格权范畴。

---

① 有的学者认为，声音权也应受到保护。参见史尚宽.债法总论[M].台北：荣泰印书馆,1978:151;徐国栋.民法总论[M].北京：高等教育出版社,2007:332;马俊驹.人格和人格权理论讲稿[M].北京：法律出版社,2009:258.

人格权"支配"属性辨析*

在人格权基础理论中,人格权的非财产性、绝对性、专属性为我国学界所共认。在国内一些有关人格权的著述中,支配性也被认为是人格权的重要属性。[①] 但也有少数学者对此提出了异议,认为法律设置人格权的根本目的,不在于赋予自然人对其人格利益进行支配利用的权利,而在于保障决定"人之所以为人"的那些基本要素(生命、健康、名誉等)不受非法侵害;[②]或认为人格权的特点在于其绝对性,人对于自己的身体、健康、生命、尊严等无支配权。[③] 还有学者从事实支配与法律支配的区分角度对这一问题作了分析。[④] 鉴于人格权是否为支配权的问题既关系到对人格权本质的认识,也关系到各种具体人格权的权能构造尤其是对"人格标识商品化"现象的法律定位,故值得进一步探讨。

一、人格权"支配"属性的理论成因

虽然独立的人格权制度直至 20 世纪才得以在民法典中出现(1960 年《埃塞俄比亚民法典》),[⑤]但是现代人格权理论的形成和发展却可追溯至 19 世纪的德国法学,[⑥]相关学术文献可谓卷帙浩繁。不过笔者从中并未发现有关肯认人格权"支配"属性的论述,而否认人格权为"支配权"者却不乏其人。如拉伦茨认为,人格权实质是一种人身不受侵犯的权利,并非一种支配权。[⑦] 福尔克尔·博伊廷认为,人不能在自己身上设立支配权,不可像利用财产一样

---

* 原载于《法学》2013 年第 5 期。

① 张俊浩,主编.《民法学原理》(上册)[M].北京:中国政法大学出版社,2000:137;梁慧星.民法总论[M].北京:法律出版社,2004:113;马俊驹.人格和人格权理论讲稿[M].北京:法律出版社,2009:10;姚辉.人格权法论[M].北京:中国人民大学出版社,2011:50.

② 尹田.自然人具体人格权的法律探讨[J].河南省政法管理干部学院学报,2004(3).

③ 李永军.民法总论[M].北京:法律出版社,2006:247.

④ 李永军,主编.民事权利体系研究[M].北京:中国政法大学出版社,2008:115.

⑤ 徐国栋.民法总论[M].北京:高等教育出版社,2007:315.

⑥ 星野英一.私法中的人[A].王闯,译.//梁慧星,主编.民商法论丛(第 8 卷)[C].北京:法律出版社,1997:177;薛军.人格权的两种理论模式与中国人格权立法[J].法商研究,2004(4).

⑦ 卡尔·拉伦茨.德国民法通论上册[M].王晓晔,等译.北京:法律出版社,2003:379.

利用人格,此为《德国民法典》第253条所禁止,因为它践踏了人的尊严。① 笔者认为,中外学者间的这种分歧的根源在于"人格权"的特殊法律构造。

德国民法对人格权的确认是法律实证主义的表现。② 德国学者在塑造人格权这一权利类型时,一开始就遇到一个法律逻辑上的难题,即人格利益的特殊性质与民法上的权利客体之间的兼容性。其解决方式是扩大传统民法概念中财产范畴的内涵,无论是外在于主体,还是内在地与主体相结合,只要能满足主体的某种需要,都可以被认为是一种财产,并且需要法律的外在保护。所以,人格利益可以采用赋予权利来进行保护的形式,人格利益可以成为权利的客体。③

对此问题,我国学者也作出了自己的解释。如有学者认为,哲学上的"主体—客体"与法律上的"主体—客体"是两种不同的思考维度。从法律关系的角度来看,只要某项利益处于法律加以调整和保护的范围之中,就有承认其为权利的可能与必要,而不论该利益所附着的客体是在人之外,还是在人之内:承认人格为权利,不会造成人既是权利主体又是权利客体的混乱。作为权利主体的人格,此人乃"民法上的人",可能是自然人,也可能是法人;而作为权利客体的人格,专指自然人的伦理构成要素。④ 另有学者指出,人格权概念确立的前提是人的伦理价值的外在化,即将人的伦理价值由"我之所是"改变为"我之所有",在法律观念上从人之本体的保护转向权利保护。⑤

人格权之所以能够成为私法权利,是因为内在于自身的利益(人格利益)或人的伦理价值可以成为受私法保护的权利客体。然而,对人格利益或人的伦理价值的私法保护是否意味着人格权在内容构造上具有支配权属性? 对此德国学者多予以否定,而我国学者则多将支配性作为人格权的重要属性,甚至将人的伦理价值的外在化作为人对自身伦理价值因素享有支配的权利、法律赋予人的伦理价值以交易可能的前提。⑥ 我国学者之所以主张人格权具有支配权属性,主要原因有以下三个方面。

一是传统权利尤其是所有权构造的路径依赖。如上文所述,人格权作为实证法上的权利,是通过证成其客体而获得认可的。德国学者通过扩大传统民法中财产范畴的内涵解决了人格权的构造问题,认为人格权所保护的物就是人本身的生存。⑦ 我国学者也对人格权的客体提出了种种见解,如人格利益、人的伦理价值、人格等。在此基础上,若按照传统民法权利理论对人格权所作的归类分析,便不难得出人格权属于支配权的逻辑推论。其一,根据权利的内容或作用形式,私权一般可以分为支配权、请求权、形成权、抗辩权,人格权显然不具

① 福尔克尔·博伊廷.德国人格权法律保护问题及其最新发展[A]//欧阳芬,译.南京大学法学院中德法学研究所,编.中德法学论坛第1辑[C].南京:南京大学出版社,2003:89.

② 李永军.民法总论[M].北京:法律出版社,2006:244.

③ 薛军.人格权的两种理论模式与中国人格权立法[J].法商研究,2004(4).

④ 姚辉,周云涛.人格权,何以可能[J].法学杂志,2007(5).

⑤ 马俊驹.人格和人格权理论讲稿[M].北京:法律出版社,2009:78—81.

⑥ 马俊驹.人格和人格权理论讲稿[M].北京:法律出版社,2009:81.

⑦ 卡尔·拉伦茨.德国民法通论(上册)[M].王晓晔,等译.北京:法律出版社,2003:282.

有请求权、形成权、抗辩权之属性,而与支配权的特性则有所契合,因为支配权"赋予权利人对特定标的绝对和直接的支配力"①;其二,人格权的客体是一种特殊的"财产"或"物",而财产或物是可支配的,物权即为支配权。故有日本学者指出:"属于人的权利中,除了有对外界事物的支配权之外,还有对于自身的支配权的想法,早在远古就有了。多内鲁斯说,属于我们的东西,有原本就属于我们的东西和我们负有义务的东西。"②及至近代,德国学者终于在"原本就属于我们的东西"上创设了人格权概念,正好契合了"对于自身的支配权"的早期想法。

二是具体人格权的模式效应。对人格的私法保护,存在两种不同的理论模式,即多元模式和一元模式。多元模式是民法传统分析框架下的产物,认为人格权针对的不是一个人的自身身体,而是针对一系列典型的、个别性的、具体的人格利益。它要求建构一系列的、以特定人格利益为保护对象的人格权。这样的保护对象包括姓名、肖像、名誉等,由此构成了各种具体的人格权。一元模式起源于第二次世界大战之后的德国,它仍然借用传统的民事权利的制度构造,认为人格权不是一组以典型的人格利益为客体的权利,而是一个统一的、普遍的权利类型,它被称为一般人格权,它的客体所指向的是无所不包的人格的整体。那些个别的人格利益,如肖像、名誉、姓名等,只是这个整体人格中的一个方面,人格利益的所有方面在这样一个权利范畴中得到完整的、全面的保护。③ 不难看出,在一元模式下,若将一般人格权所指向的人格整体定性为支配权,此种支配仅具有抽象意义,并无实证法上的实益;而在多元模式下,各种具体人格权所指向的是各种典型的人格利益,在这些典型人格利益中,有的是"传统的人的伦理价值",如生命、健康、自由等,有的是现代社会中"扩展了的人的价值",如肖像、名誉、隐私、知情、生活安宁及居住环境等。"比较而言,如果说传统的人的伦理价值,其作为人的不可或缺的属性,可以被视为'人之所以为人'的底线的话,那么现代社会中这些'扩展了的人的价值',事实上已经与人的本体渐行渐远了。"④正是这些"与人的本体渐行渐远"的人格利益,为某些人格权的支配性提供了可能。

三是人格标识商品化现象的"启示"。在当代社会,自然人尤其是公众人物的姓名、肖像、艺术形象等人格标识的商业化利用现象已屡见不鲜,由此在西方国家产生了被称为公开权、形象权或商品化权的新型民事权利。我国一些学者将此现象称为人格权的商品化、人格权(的)商业化利用,以及人格标识商品化,并将其纳入人格权范畴。⑤ 在这些学者看来,所谓人格标识商品化权,就是民事主体对自己的姓名、肖像、声音、形体等人格标识进行支配、

① 汉斯·布洛克斯,沃尔夫·迪特里希·瓦尔克.德国民法总论[M].张艳,杨大可,译.北京:中国人民大学出版社,2012:376.

② 星野英一.现代民法基本问题[M].段匡,杨永庄,译.上海:三联书店,2012:78.

③ 薛军.人格权的两种理论模式与中国人格权立法[J].法商研究,2004(4).

④ 马俊驹.人格和人格权理论讲稿[M].北京:法律出版社,2009:81—82.

⑤ 王利明.试论人格权的新发展[J].法商研究,2006(5);姚辉.关于人格权商业化利用的若干问题[J].法学论坛,2011(6);杨立新,林旭霞.论人格标识商品化权及其民法保护[J].福建师范大学学报(哲学社会科学版),2006(1).

利用的权利,人格权的支配性由此得到充分体现。

但笔者认为,内在于自身的利益(人格利益)或人的伦理价值可以作为权利客体固可证成人格权的存在,但并不意味着其可以或必然成为支配权的客体,谓人格权为支配权也非确当。

二、人格权作为支配权的理论误识

支配权,乃"直接对于权利之标的,得为法律所许范围内之行为之权利也"①。按照被赋予私法主体的权利的内容对支配权、请求权与形成权进行区分,是长久以来最重要的私权分类。支配权赋予权利人对特定标的以绝对和直接的支配力。② "许多权利的首要功能,在于支配某种客体或某种其他的、无体的财产,如所有权旨在支配某物,专利权旨在支配某项发明。在这些情形,权利人可以长久地或暂时地使用其支配的财产,同时,其他人被排除在使用权之外,以确保第三人无法对权利人的支配可能性造成损害。"③在德国民法著述中,支配权的例证包括对物的支配权、对权利的支配权和对智力成果的支配权,人格权被明确地排除在支配权范畴之外。④ 而我国学者在论及支配权时多将人格权作为例证之一。⑤ 笔者认为人格权是否为支配权,可从以下两个方面予以分析,一是私法创设人格权的宗旨,二是权利主体对其人格利益或人的伦理价值实现支配权的可能性。

首先,人格权的根本价值在于人的尊严或人格的不可侵犯性,其目的在于对人格利益的保护而非支配。传统的私权理论是建立在财产基础上的,对于特定财产的支配是财产权的应有之义,物权、知识产权即为典型的支配权,权利人的意思或利益正是通过支配得以实现的;而人格权的创设,乃是将人格利益或人的伦理价值拟制为权利客体的结果。这种拟制的目的,仅在于揭示此类权利的保护对象或成立基础。人格权的创设,旨在人格利益或人的伦理价值保护,从而维护"人之为人"之尊严,而非授予权利人"为法律所许范围内之行为"之权利。因此,有学者指出,人格权应以"受尊重权"的方式得到确认。⑥

---

① 史尚宽.民法总论[M].北京:中国政法大学出版社,2000:25.

② 汉斯·布洛克斯,沃尔夫·迪特里希·瓦尔克.德国民法总论[M].张艳,杨大可,译.北京:中国人民大学出版社,2012:375.

③ 迪特尔·梅迪库斯.德国民法总论[M].邵建东,译.北京:法律出版社,2000:61.

④ 卡尔·拉伦茨.德国民法通论(上册)[M].王晓晔,等译.北京:法律出版社,2003:282-286;汉斯·布洛克斯,沃尔夫·迪特里希·瓦尔克.德国民法总论[M].张艳,杨大可,译.北京:中国人民大学出版社,2012:375-377.

⑤ 张俊浩,主编.民法学原理(上册)[M].北京:中国政法大学出版社,2000:70;梁慧星.民法总论[M].北京:法律出版社,2004:79;王利明.民法总则研究[M].北京:中国人民大学出版社,2003:212;林诚二.民法总则(上册)[M].北京:法律出版社,2008:97;龙卫球.民法总论[M].北京:中国法制出版社,2002:124;徐国栋.民法总论[M].北京:高等教育出版社,2007:168.

⑥ 龙卫球.人格权的立法论思考:困惑与时策[J].法商研究,2012(1).

其次,人格权支配权说缺乏一般化论证。欲使人格权为支配权的命题成立,须证明各种具体人格权均具有支配权属性,从而形成一般化结论。而考诸以下各种典型具体人格权,则不难发现支配并非各种人格权的共有权能。(1)生命权。个人对于生命的"支配",从终极意义上说即自杀。对此,法律固然不可能强加禁止,但也不能将其承认为实证法上的权利,否则即与人类尊重生命的基本伦理相悖。因此,自杀不是一个能够通过法律加以规制的行为,若谓有"自杀权"更是离经叛道。至于安乐死,即使如少数国家那样承认其为合法,也只能表明仅在极其特殊的条件下以不作为方式终止他人生命的行为得免负法律责任,并不能反证出法律承认个人对其生命的支配权。(2)健康权、身体权。与生命一样,个人对其健康确实存在"事实支配"的可能,如自残、自染疾病、吸毒等,但这并非一般人伦所许可,故与自杀一样,实证法不能确认此种支配为权利(否则强制戒毒即为侵权),法律上的处分更无从谈起。身体权也是如此。(3)名誉权。名誉是权利人因其综合表现而获得的一般社会评价,名誉权即此种社会评价不因他人诽谤等而受非法贬损的权利。在名誉权受到侵害时,权利人可以主张权利和寻求法律救济,也可听之任之,不予主张。但无论从何种角度看,个人的名誉或名誉利益都不可能成为支配的对象,而只是一种不受侵害的人格利益。(4)隐私权。隐私权的客体包括自然人的隐私信息和私密生活(空间),其内容即该等信息和生活(空间)不受非法揭示或侵扰,因此也是一种防御权。个人对其隐私信息或私密空间既可主张隐私权,也可不主张权利,甚至为获得经济利益而许可他人公开或介入,此点似乎意味着隐私权具有支配性。其实,在此情形下并非权利人行使隐私权,因为私人信息和个人生活一旦自愿公开,即已不属于隐私了,何来隐私权?(5)姓名权、肖像权。与上述人格权有所不同的是,姓名权、肖像权的利益载体乃作为自然人的人格标识的姓名和肖像,权利人对其固然享有不受非法侵害的权利,同时又可依法许可他人无偿或有偿地使用其姓名或制作、使用其肖像。正是基于此点,一些学者认为姓名权、肖像权不仅是一种防御权,而且具有支配权能,有的学者甚至直接将姓名权定义为"对自己为区别于他人而拥有的姓名进行支配的权利"[①];在法国法上,姓名权也曾被认为是一种所有权。[②] 但从逻辑上说,仅基于权利人有权支配其姓名、肖像,并不能得出姓名权、肖像权本质上为支配权的结论,更不能得出人格权为支配权的一般论断。一些肯认人格权为支配权的学者也意识到"自然人得直接支配并处分自己的姓名、肖像,至为明显。但能否自由处分自由、生命,则不无疑问"[③]。"对于人格权中的姓名权、肖像权,其支配性尚可理解,但对于生命权、身体权、健康权等与自然人身体有关的人格权,以及名誉权、隐私权等社会评价性或纯粹精神性的人格权的支配性质,却很难令人信服。"[④]因此,将人格权一概纳入支配权范畴,实在难谓确当。对此问题,我国台湾地区早有学者指出:"将吾人自然享有之生命、身体、自由与法律保护之生命、身体、自由相混同,将自然的能力与法律上

---

① 马俊驹.人格和人格权理论讲稿[M].北京:法律出版社,2009:254.

② 王泽鉴.人格权法[M].台湾:三民书局,2012:135.

③ 梁慧星.民法总论[M].北京:法律出版社,2004:127.

④ 姚辉.人格权法论[M].北京:中国人民大学出版社,2011:50.

之力相混同,实属错误。生命权、身体权、自由权等人格权,非直接支配自己之生命、身体、自由之全部或一部分之权利,此等权利之内容,在不被他人侵害而享受生命、身体之安全、活动之自由。"①诚哉斯言。

三、"人格标识商品化权"之实质

姓名权、肖像权被称为"标表型人格权",权利人对其"标表符号"(姓名、肖像)享有设定与变更权、专用权。② 这种排他使用的效力,使姓名权、肖像权具有某种物权意义上的支配属性,当代社会层出不穷的人格标识商品化现象则使这种支配属性得到进一步的彰显。因此,姓名权、肖像权的支配权性质似乎至为明显。然而笔者认为,作为人格权的姓名权、肖像权本质上仍是一种受尊重权,③对姓名、肖像的支配乃至人格标识商品化,与其说体现的是姓名权、肖像权的人格权属性,不如说体现了其非人格权特性。

一是自然人的姓名、肖像等"标表符号"或人格标识,既有"人"的属性,又有"物"的属性。在具体人格权模式下,人格权的客体表现为各种具体的人格要素,如生命、健康、自由、名誉、隐私、姓名、肖像等,这些人格要素体现的是自然人的不同人格利益,在具体功能上并不完全相同。有的人格要素是基础性或内在性的,对于自然人人格的维护具有决定性意义,如生命、自由与名誉等是不能成为支配权客体的。而姓名、肖像等符号型(或"标表型")人格要素则有所不同。一方面,姓名、肖像作为自然人的人格符号,与人格独立、人格尊严息息相关,故姓名权、肖像权被视为自然人的固有权利,姓名和肖像的自主设定和排他使用体现了人的尊严。但与前述生命、自由、名誉等人格要素相比,作为人格符号的姓名、肖像又具有自身的特点:(1)外在性。姓名作为自然人的个体代号并非与生俱来,而是后天所赋,姓名的放弃和依法变更甚至有无并不影响人格的独立完整,因此姓名在观念上多被视为外在性人格要素之一,这可能是许多国家于其他人格权之外而加以单独规定的理由。④ 肖像也具有外在性,与人格独立、尊严虽有关联,但非根本的、内在的决定因素。(2)可支配性。姓名、肖像可以成为支配对象,对姓名的支配表现为自主决定、专享使用、依法变更及许可他人以非姓名方式使用,对肖像的支配则表现为禁止或许可他人制作或使用本人肖像。(3)可商业利用性。一方面,在信息化和"眼球经济"时代,某些自然人尤其是公众人物的姓名或肖像具有较高的知名度,从而具有一定的商业价值;另一方面,姓名、肖像的外在性和可支配性使其可以成为商业利用的对象,权利人自主授权他人利用不但不会损及其人格,反而可为自己带来经济利益。姓名、肖像等自然人人格符号的上述特性,使其除具备与其他人格要素相同的精神价值外,在特定条件下还具有一定的市场价值,成为权利人拥有的一项特殊的财产(物),从这一

① 龙显铭.私法上人格权之保护[M].北京:中华书局股份有限公司,1958:2.
② 张俊浩,主编.民法学原理(上册)[M].北京:中国政法大学出版社,2000:146—147.
③ 龙卫球.人格权的立法论思考:困惑与时策[J].法商研究,2012(1).
④ 龙卫球.民法总论[M].北京:中国法制出版社,2002:281—282.

意义上说,姓名权、肖像权确实可称为支配权。

二是"人格标识商品化权"并非人格权的固有内容,而是一种特殊的财产权。商品化权通常亦称形象权。所谓形象包括真人的形象、虚构人的形象、创作出的人和动物形象、人体形象等。人格标识商品化即人格标识的商业化利用,是商品化权的一种表现形态,即通过许可他人将自己的某项人格标识如姓名、肖像等与某项商品或服务相联系,实现其经济价值。人格标识商品化权即人格标识商业化利用之权利,究竟属于人格权还是财产权,对此,国内民法学者多持人格权说。[①] 笔者则认为,人格标识商品化权虽然成立于一定的人格要素之上,但是从其内容构造、制度功能等方面考察,其作为商品化权的一种具体形态,已非人格权范畴所能涵盖,与其说是一种人格权,不如说是一种特殊的财产权。

第一,人格标识商品化权不是人格权的一项权能或组成部分,而是商品化权的一种形态。关于对人格要素的商业化利用是否意味着一项新权利的创设,学者间观点不一。有日本学者认为,商品化权不是独立的权利,而应该是姓名权或肖像权的一个组成部分,进一步讲,可以说是人格权的一个组成部分。[②] 我国也有学者认为,人格权的商品化并非产生一种特殊的权利,其只能被理解为某些人格权的权能特别是利用权能发生扩张,而不是生成了其他的独立权利,更不能说在人格权之外还存在另一项并立的商品化权。[③] 另有学者认为,人格标识商品化权是与具体人格权、一般人格权相并列的一种权利,[④]还有学者认为人格标识商品化权是一种特殊的人格权。[⑤] 笔者赞同后一种观点,即人格标识商品化权是独立于既有人格权的一项民事权利。首先,某项法益是否成为权利并非天然正当或不正当,而是法政策的必要性和法技术的可能性的结合,商品化权原本并不存在,现今却为各国法律及国际公约所普遍确认,正是由于原有权利(人格权或知识产权)体系不能为此项利益提供充分的保护,而其构造(主体、客体及内容)又是清晰的,人格标识商品化权也是如此。其次,基于同一人格要素可以同时存在不同的权利并实现不同的功能。于肖像、姓名等人格要素之上可以在存在肖像权、姓名权等具体人格权的同时存在商品化权。具体人格权的功能重在维护人格独立及人的自由发展的精神利益,同时也保障人格利益中的财产性利益。而商品化权是允许他人使用、开发自己的人格利益并获得报酬的权利,其主要功能是保障、促进人格利益的商业化利用,既促进市场经济发展,又使民事主体从中获益。[⑥]

---

① 杨立新,林旭霞.论人格标识商品化权及其民法保护[J].福建师范大学学报(哲学社会科学版),2006(1);马俊驹.人格和人格权理论讲稿[M].北京:法律出版社,2009:310;姚辉.关于人格权商业化利用的若干问题[J].法学论坛,2011(6).

② 五十岚清.人格权法[M].铃木贤,葛敏,译.北京:北京大学出版社,2009:141.

③ 王利明.人格权法研究[M].北京:法律出版社,2005:282.

④ 杨立新,林旭霞.论人格标识商品化权及其民法保护[J].福建师范大学学报(哲学社会科学版),2006(1).

⑤ 马俊驹.人格和人格权理论讲稿[M].北京:法律出版社,2009:310.

⑥ 杨立新,林旭霞.论人格标识商品化权及其民法保护[J].福建师范大学学报(哲学社会科学版),2006(1).

第二,人格标识商品化权属于财产权范畴。应当承认,人格标识商品化权与某些人格权(姓名权、肖像权)在客体方面存在"叠合",在价值功能上也具有互补性,故无论主张其为人格权的一项特殊权能还是一项特殊的人格权,均不无合理之处。但笔者认为,就其基本属性而言,人格标识商品化权与其他形态的商品化权一样,[1]均属财产权范畴。首先,人格标识商品化权的客体即姓名、肖像等人格符号,不仅承载着主体的精神利益,关涉人格独立与尊严,而且由于其外在性、可支配性和可商业利用性具有一定的商业价值,承载着主体的经济利益,因此成为一种实在的、特殊的"物",而不同于一些学者为了说明人格权客体而拟制的"人格财产"即人自身的精神要素。其次,人格标识商品化权的内容为对人格符号(标识)的商业化利用。权利人既可以是自己将各种人格标识使用于商业领域之中,依靠人格特质对公众的吸引力而在商业经营中直接获取利益,也可以转让、许可他人将人格标识用于相关商品和商业活动中,从而收取转让费或许可费。此外,权利人还享有排除他人擅自将自己的各类人格标识进行商业化利用的权利。[2] 换言之,人格标识商品化权的重心是商业化利用,彰显的是经济利益,强调的是积极支配。此点与姓名权、肖像权等人格权显为不同,后者系以人格保全为重心,彰显的是精神利益,强调的是消极保护。最后,人格标识商品化权可以转让、继承。美国法院认为,公开权可整体有效转让,即不附带其他任何东西的转移,甚至认为,"这种权利的存在理由是其可转移性,没有这一特性,这一权利不产生纽约立法规定以外的任何东西。"[3]关于公开权的可继承性,美国相关司法判例主张不一,但即使是反对者也主张此类权利应像知识产权中的财产权那样在权利人死后的一定期限内由其继承人行使和保护。[4]可见,人格标识商品化权实质上是一种以特定人格标识为客体、以对该客体的商业化利用为内容的特殊财产权,与虚构角色的商品化权具有同质性,均属无形财产权范畴。[5]

---

① 杜颖.论商品化权[A]//梁慧星,主编.民商法论丛(第13卷)[C].北京:法律出版社,2000.

② 杨立新,林旭霞.论人格标识商品化权及其民法保护[J].福建师范大学学报(哲学社会科学版),2006(1).

③ 杜颖.论商品化权[A]//梁慧星,主编.民商法论丛(第13卷)[C].北京:法律出版社,2000.

④ 杨立新,林旭霞.论人格标识商品化权及其民法保护[J].福建师范大学学报(哲学社会科学版),2006(1).

⑤ 吴汉东.形象的商品化与商品化的形象权[J].法学,2004(10).

人格权"财产"属性辨析

——以"人格标识商业化利用"为中心

一、引言

在国内人格权法或民法著述中,"非财产性"作为人格权的基本属性向为通说。较早出版的教材中均指出,人格权具有非财产性。[①] 近年出版的人格权著作中,也多重申"人格权为非财产权"的主张。[②]

我国民法理论通说之所以强调人格权的"非财产性",主要基于两个理由:一是人格权客体的特殊性,即作为人格权客体的人格利益(或人格要素)如生命、健康、名誉、隐私、姓名、肖像等本质上是一种精神利益,并不具有财产价值;二是人格权的不可转让性,"非财产性是对人格权的不可转让属性的逻辑展开,因为构成财产就必须可以转让,不能转让的就不是财产"[③]。

然而,我国学界也有人就"人格权的经济利益"问题作了探讨,认为部分人格权已经逐渐成为经济活动上的重要客体,兼具财产价值和财产上的可转让性;[④]有学者甚至将精神利益提到了人格权一般构造的高度;[⑤]尤其在新近出版的几部人格权著作中,作者对人格权的"非财产性"作了全面检视,继而明确肯认人格权的财产性质,主张将人格权的保护内容由精神利益扩大及于财产利益,从而使人格权成为精神利益与财产利益的统一。[⑥]

无独有偶,在人格权理论的发源地德国,也存在类似的观点。如德国学者克莱维

---

① 王利明,杨立新,姚辉.人格权法[M].北京:法律出版社,1997:8;梁慧星.民法总论[M].北京:法律出版社,2001:126.

② 马俊驹.人格和人格权理论讲稿[M].北京:法律出版社,2009:104;姚辉.人格权法论[M].北京:中国人民大学出版社,2011:51—52.但作者同时指出,人格权是否绝对地为非财产权,而不允许有任何财产权之痕迹,不能如此断言;或曰,人格权是否也兼具财产性质,尚值探讨.

③ 徐国栋.民法总论[M].北京:高等教育出版社,2007:299.

④ 谢铭洋.论人格权之经济利益[A]//固有法制与当代民事法学——戴东雄六轶华诞祝寿论文集[C].台北:三民书局,1997;李开国.民法基本问题研究[M].北京:法律出版社,1997:9—10.

⑤ 王泽鉴.人格权的性质及构造:精神利益与财产利益的保护[J].台湾本土法学杂志,2008(4).

⑥ 王泽鉴.人格权法[M].台北:三民书局,2012:52,301—303;张红.人格权总论[M].北京:北京大学出版社,2012:188—224.

(Magdalene Kläver)在《民法上一般人格权的财产性(*Vermögensrechtliche Aspekte des zivilrechtlichen allgemeinen Persönlichkeitsrechts*)》一文中指出,民法上的一般人格权包括财产方面的内容,正因为如此,权利人才能够在其一般人格权遭受侵害时请求侵权人返还侵权所得。① 德国律师翁泽尔德(Florian Unseld)在《人格权的让与性(*Die Übertragbarkeit von Persönlichkeitsrechten*)》一文中指出,只要人格权的主体与客体的关系与无形财产权的主体与客体之间的关系具有可比性,人格权就能够像无形财产权那样具有让与性。被商业化了的个人信息就符合上述条件,具有让与性。人格权的让与可以准用著作权法关于著作财产权让与的相关规定。②

上述观点的产生,与"人格标识商业化利用"现象的出现息息相关。20世纪以降,随着各国社会、经济及传播、娱乐事业的发展,"名人现象"应运而生,随之出现了将"名人"的姓名、肖像等人格特征作为推销商品或服务之手段的商业行为,此即"人格标识商业化利用"现象。对此,美国法院通过创设"公开权"对权利人的财产利益加以保护,③德国法院也认为,肖像权得经本人授权于他人作商业上的使用,系具有财产价值的排他性权利,继而进一步肯定姓名、声音等人格特征也具有财产价值,构成人格权的财产部分(VermÖgensbestandteil des persÖnlichkeitsrecht)。④ 对"人格标识商业化利用"的司法保护,意味着姓名、肖像等人格标识或人格特征的财产价值得到了法律认可,"作为人格权客体的人格利益(或人格要素)本质上是一种精神利益,并不具有财产价值"及"人格权不可转让"的固有观念似乎不再确当,"人格权是精神利益与财产利益的统一"、"人格权具有让与性"等学说也应运而生。

人格权是否具有财产属性?人格权是否可让与?这是人格权法学理论必须回答的重要问题。笔者认为,"人格权是精神利益与财产利益的统一"、"人格权具有让与性"之说,实乃某些学者基于对"人格标识商业化利用"现象的误读而得出的以偏概全的论断。

二、"人格标识商业化利用"的法律分析

"人格标识的商业化利用",常被一些学者冠以"人格权商品化"之名,由此产生的权利则被称为"人格标识商品化权"⑤或"人格商品化权"⑥。

笔者认为,"人格权商品化"之称谓并不妥当。自然人人格权为固有权、专属权,与权利

---

① Magdalene Kläver: Vermögensrechtliche Aspekte des zivilrechtlichen allgemeinen Persönlichkeitsrechts,ZUM 2002,149.

② Florian Unseld: Die Übertragbarkeit von Persönlichkeitsrechten,GRUR 2011,982 ff.

③ 王泽鉴.人格权法[M].台北:三民书局,2012:305-306.

④ 王泽鉴.人格权法[M].台北:三民书局,2012:331-332.

⑤ 杨立新,林旭霞.论人格标识商品化权及其民法保护[J].福建师范大学学报(哲学社会科学版),2006(1).

⑥ 马俊驹.人格和人格权理论讲稿[M].北京:法律出版社,2009:307.

主体不可分离,不得抛弃、转让、继承。① 此点不但为学界所共识,也是立法政策之需要。而正如有学者所指出的那样,"人格权商品化"意味着人格权可以作为整体(一般人格权)或部分(具体人格权)被有偿转让,其所隐含的"买卖人格权"的深层含义有悖于法律原理,甚至有违公序良俗。②

关于"人格权商品化"的机理,有学者从人格要素的符号功能视角作了分析,认为:虽然就传统人格理论而言,人的姓名、肖像、声音等人格要素是专属于自己的一种精神利益,但是在实际上,这些要素同样是负载或传播信息的基本单元,是有意义的符号系统,具有表达和标识功能符号的功能就在于通过自身而指代另一事物,姓名、肖像、声音等人格要素能够吸收人格价值和形象价值而被赋予独特的第二含义,即不同于其自然属性的具有标志意义的符号意义,此类人格要素就因此成为具有明确指向性、将不同对象区别开来的符号。这个符号运用在商业活动中,其明示意思就承载它的隐含意思进而实现符号的转换,达到表明出处、区分来源、推销商品的目的。③

笔者认为,"人格权商品化"及"商品化权"之所以产生,不但因为自然人的某些人格要素具有符号功能,更是源于这些人格要素(人格符号)的特殊属性。就其本质而言,人格权具有非财产属性,彰显的是自然人的精神利益,人格权客体从总体上说也不具有财产价值(因此不允许"人格权商品化")。但在具体人格权模式下,人格权的客体表现为各种具体的人格要素,如生命、健康、自由、名誉、隐私、姓名、肖像等,这些人格要素体现的是自然人的不同人格利益,其地位虽无优劣之分,但在具体功能上并不完全相同。有的人格要素是基础性或内在性的,对于自然人人格的维护具有决定性意义,如生命是人之为人的物质基础,自由是人的本能,平等及名誉维护是人格尊严要求,故这些人格要素的固有性与专属性不容改变,不允许"商品化"或商业化利用。而姓名、肖像等"符号型"(或"标表型")人格要素则有所不同。诚然,姓名、肖像作为自然人的人格符号,也与人格独立、人格尊严息息相关,故姓名权、肖像权被视为自然人的固有权利。但与前述生命、自由、名誉等人格要素相比,作为人格符号的姓名、肖像又具有自身的特点:(1)外在性。姓名作为自然人的个体代号并非与生俱来的,而是后天所赋,姓名的放弃和依法变更甚至有无并不影响人格的独立完整("无名氏"也有人格),因此姓名在观念上多被视为外在性人格要素之一,这可能是许多国家于其他人格权之外而加以单独规定的理由。④ 肖像乃人的外观形象也具有外在性,与人格独立、尊严虽有关联,但非根本的、内在的决定因素。(2)可支配性。姓名、肖像作为"身外之物",可以成为支配对象,对姓名的支配表现为自主决定、专享使用、依法变更及许可他人以非姓名方式使用,对肖像的支配则表现为禁止或许可他人制作或使用本人肖像。一些学者将人格权描述为

---

① 王利明,杨立新,姚辉.人格权法[M].北京:法律出版社,1997:7.
② 马俊驹.人格和人格权理论讲稿[M].北京:法律出版社,2009:307.
③ 谢晓尧.商品化权:人格符号的利益扩张与衡平[J].法商研究,2005(3).
④ 龙卫球.民法总论[M].北京:中国法制出版社,2002:281-282.

"支配权",主要针对姓名权、肖像权而言。① (3)可商业利用型。一方面,在信息化和"眼球经济"时代,某些自然人(尤其公众人物)的姓名或肖像具有较高的知名度或美誉度,从而具有一定的商业价值,可为市场主体带来经济效益;另一方面,姓名、肖像的外在性和可支配性,使其可以成为商业利用的对象,权利人自主授权他人利用,不但不会损及其人格,反而可为自己带来经济利益。姓名、肖像等自然人人格符号的上述特性,使其除具备与其他人格要素相同的精神价值外,在特定条件下还具有一定的市场价值,成为权利人拥有的一项特殊的财产(物),所谓"人格权的商品化"或"人格权(的)商业化利用,"实质上就是此等特殊财产(物)的"商品化"。从这一意义上说,姓名权、肖像权确实可称为"支配权"。

那么,"人格商品化权"——人格符号商业化利用之权利,究竟属于人格权还是财产权?国内民法学者多持人格权说,其理由略谓:(1)商品化权所保护是能够被商业化开发的人格利益,属于人格利益中的一类。民事主体对自己的姓名、名称、肖像、声音、形体等人格标识进行支配、利用,是以主体的人格的独立性、完整性与不可侵犯性为基础,同时也为了使自身的价值得到充分的发挥。(2)人格权非财产性的理念已被现代民法所突破。传统意义上,人格权都不包含财产因素,进而不能进行积极的利用、转让、继承,甚至于把限制人格利益的商品化作为民法的宗旨之一。现代科学技术的发展、市场经济的深化、新闻媒体的发达,使人格利益转化为商业价值成为现实,现代民法不得不面对人格利益中物质利益因素凸显的现实,进而加快人格权体系扩张的进程,创设更多的人格权,对人格利益包括其中的财产价值进行更完善的保护。姓名、肖像、声音、名称等人格要素所包含的财产利益保护以及商业信誉权、信用权的保护,就是其典型表现。(3)基于同一人格要素,可以同时存在不同的权利并实现不同的功能。肖像、姓名等人格要素之上可以在存在肖像、姓名权等具体人格权的同时,存在商品化权。具体人格权的功能重在于维护人格独立及人的自由发展的精神利益,同时也保障人格利益中的财产性利益。而商品化权是允许他人使用、开发自己的人格利益并获得报酬的权利,其主要功能是保障、促进人格利益的商业化利用,既促进市场经济发展,又使民事主体在其中获益。② (4)人格商品化权虽然与商品有非常密切的联系,但是在本质上却是人的人格要素在商品经济中的延伸,其内涵在于人运用自己的人格要素,使其人格权内容扩张。法律赋予权利人此项权利,就是保障权利人的人格要素在延伸到商品领域时,不被他人非法运用,从而赋予权利人支配或者维护自己人格价值的权利。对于人格权人而言,人格要素是本,而财产利益是末。③ 还有学者从权利的独立性、价值基础、制度功能等方面论证了人格权商业化利用的人格权(非财产权)性质。④

笔者认为,"人格商品化权"虽然成立于一定的人格要素(人格符号)之上,或者说"寄生"

① 王利明,杨立新,姚辉.人格权法[M].北京:法律出版社,1997:8.

② 杨立新,林旭霞.论人格标识商品化权及其民法保护[J].福建师范大学学报(哲学社会科学版),2006(1).

③ 马俊驹.人格和人格权理论讲稿[M].北京:法律出版社,2009:310.

④ 姚辉.关于人格权商业化利用的若干问题[J].法学论坛,2011(6).

于姓名权、肖像权等具体人格权之上，但是从其内容构造、制度功能等方面考察，其作为"商品化权"的一种具体形态，已非人格权范畴所能涵盖，与其说是一种人格权，不如说是一种特殊的财产权。

其一，"人格商品化权"不是人格权的一项权能或组成部分，而是"商品化权"的一种形态。关于对人格要素（符号）的商业化利用是否意味着一项新权利的创设，学者间观点不一。日本学者认为，商品化权不是独立的权利，而应该认为是姓名权或肖像权的各自一个组成部分（进一步讲，可以说是人格权的一个组成部分）。[①] 我国也有学者认为，人格权的商业化并非产生一种特殊的权利，其出现只是包括在人格内，只能理解为某些人格权的权能，特别是利用权能发生扩张，而不是生成了其他的独立的权利，更不能说在人格权之外还存在着另一项并立的商品化权。[②] 另有学者则认为，人格标识商品化权是与具体人格权、一般人格权相并列的一种权利，[③]或认为"人格商品化权"是一种特殊的人格权。[④] 笔者赞同后一种观点，即"人格商品化权"是独立于既有人格权的一项民事权利。首先，某项法益是否成为权利，并非天然正当或不正当，而是法政策的必要性和法技术的可能性的结合，"商品化权"原本并不存在，现今却为各国法律及国际公约所普遍确认，正是由于原有权利（人格权或知识产权）体系不能为此项利益提供充分的保护，而其构造（主体、客体及内容）又是清晰的，"人格商品化权"也是如此。其次，正如有学者所指出的那样，基于同一人格要素，可以同时存在不同的权利并实现不同的功能。肖像、姓名等人格要素之上可以在存在肖像权、姓名权等具体人格权的同时，存在商品化权。具体人格权的功能重在维护人格独立及人的自由发展的精神利益，同时也保障人格利益中的财产性利益。而商品化权是允许他人使用、开发自己的人格利益并获得报酬的权利，其主要功能是保障、促进人格利益的商业化利用，既促进市场经济发展，又使民事主体在其中获益。[⑤]

其二，"人格商品化权"属财产权范畴。应当承认，"人格商品化权"与某些人格权（姓名权、肖像权）在客体方面存在"叠合"，在价值功能上也具有互补性，故无论主张其为人格权（姓名权、肖像权）的一项特殊权能还是一项特殊的人格权，均不无合理之处。但笔者认为，就其基本属性而言，"人格商品化权"与其他形态的"商品化权"一样，[⑥]均属财产权范畴。首先，"人格商品化权"客体——姓名、肖像等人格符号，不但承载着主体的精神利益，关系着人格独立与尊严，同时由于其外在性、可支配性和可商业利用性而具有一定的商业价值，承载

① 五十岚清.人格权法[M].铃木贤，葛敏，译.北京：北京大学出版社，2009：141.
② 王利明.人格权法研究[M].北京：法律出版社，2005：282.
③ 杨立新，林旭霞.论人格标识商品化权及其民法保护[J].福建师范大学学报（哲学社会科学版），2006（1）.
④ 马俊驹.人格和人格权理论讲稿[M].北京：法律出版社，2009：310.
⑤ 杨立新，林旭霞.论人格标识商品化权及其民法保护[J].福建师范大学学报（哲学社会科学版），2006（1）.
⑥ 有学者将商品化权划分为真实人物的商品化权——公开权（right of publicity）和虚构角色的商品化权.参见杜颖.论商品化权[A]//梁慧星，主编.民商法论丛（第13卷）[C].北京：法律出版社，2000：1—31.

着主体的经济利益,因此成为一种实在的、特殊的"物"(不同于一些学者为了说明人格权客体而拟制的"人格财产"——人自身的精神要素)。其次,"人格商品化权"的内容为对人格符号(标识)的商业化利用。权利人既可以是自己将各种人格标识使用于商业领域之中,依靠人格特质对公众的吸引力而在商品经营中直接获取利益,也可以转让、许可他人将人格标识用于相关商品和商业活动中,从而收取转让费或许可费。此外,权利人还享有排除他人擅自将自己的各类人格标识进行商业化利用的权利。^① 换言之,"人格商品化权"的重心是商业化利用,彰显的是经济利益,强调的是积极支配。此点与姓名权、肖像权等人格权显为不同,后者系以人格保全为重心,彰显的是精神利益,强调的是消极保护。再次,"人格商品化权"可以转让、继承。美国法院认为,公开权可整体有效转让,即不附带其他任何东西的转移,甚至认为,"这种权利的存在理由是其可转让性,没有这一特性,这一权利不产生纽约立法规定以外的任何东西"^②。关于公开权的可继承性,美国司法判例主张不一,但即使是反对者也主张此类权利应像知识产权中的财产权那样在权利人死后的一定期限内由其继承人行使和保护。^③

综上所述,"人格商品化权"实质上是一种以特定人格符号(标识)为客体、以对该客体的商品化利用为内容的特殊财产权(与虚构角色的商品化权具有同质性,可归入"无形财产权"范畴)。^④

三、人格权"财产"属性之质疑

除上文对"人格商品化权"的分析与定性外,对于人格权的"财产"属性,还可从以下几个方面加以辨析:

(一)"财产"属性对人格权不具有普适性

在"具体人格权"模式下,欲证成人格权的"财产"属性或人格权是"精神利益与财产利益的统一",需证明这种"财产"属性或"统一"属性对各种人格权具有普适性。然而,当我们将此种属性推及至各种人格权时,则不难发现这一结论是不能成立的。

---

① 杨立新,林旭霞.论人格标识商品化权及其民法保护[J].福建师范大学学报(哲学社会科学版),2006(1).

② David R.Ginsberg:"Transfer of the Right of Publicity:Dracula's progeny and Privacy's Stepchild",ASCAP Copy－right Law Symposium No.25,Columbia University Press,1980.转引自杜颖.论商品化权[A]//梁慧星,主编.民商法论丛(第13卷)[C].北京:法律出版社,2000:1－31.

③ 杨立新,林旭霞.论人格标识商品化权及其民法保护[J].福建师范大学学报(哲学社会科学版),2006(1).

④ 吴汉东.形象的商品化与商品化的形象权[J].法学,2004(10).

关于具体人格权的类型,各国立法不一,①学术主张也各异。② 我国《民法通则》和《侵权责任法》对生命权、健康权、姓名权、名誉权、荣誉权、肖像权、隐私权、婚姻自主权等具体人格权作了宣示性规定。在上述人格权中,稍加分析即不难发现,除姓名权、肖像权由于其载体(非权利本身)得为商业化利用而使权利人获得一定的财产利益外,生命权、健康权、名誉权、荣誉权、隐私权、婚姻自主权均属纯粹的精神性权利,不包含任何财产内容(至于因生命权、健康权、名誉权、荣誉权、隐私权等受侵害而请求财产赔偿或精神抚慰金,或通过主动披露隐私而依约获取商业利益,则并非这些人格权的本体内容,而属债权或侵权责任范畴)。

(二)"财产"属性与人格权的本质相悖

人格权的本质,在于人的尊严或人格的"不可侵性",其目的在于对人格的保护而非对人格利益的"支配"或"利用"。传统的私权理论是建立在"财产"基础上的,对于特定财产的支配是财产权的应有之义,物权、知识产权即为典型的支配权,权利人的"意思"或"利益"正是通过"支配"("为法律所许范围内之行为",如占有、使用、处分)得以实现;而人格权的创设,乃是将"人格利益"或"人的伦理价值""拟制"为权利客体的结果。这种拟制的目的,仅在于揭示此类权利的保护对象或成立基础。人格权的创设,旨在"人格利益"或"人的伦理价值"保护,从而维护"人之为人"之尊严,而非授予权利人"为法律所许范围内之行为"之权利。因此,拉伦茨认为,人格权根据其实质是一种受尊重的权利,一种人身不可侵犯的权利;③我国也有学者指出,人格权应以"受尊重权"的方式得到确认。④

若认可权利人通过生命、健康、名誉、荣誉、隐私等人格要素的支配(如"商业化利用")而获取财产利益,则背离了人格权作为"受尊重权"之根本价值。

(三)将财产因素排除于人格权范畴之外并未弱化人格保护

主张人格权具有"财产"属性的学者认为,传统意义上的人格权不包含财产因素,进而不能进行积极的利用、转让、继承,甚至于把限制人格利益的商品化作为民法的宗旨之一,"这

---

① "如1960年《埃塞俄比亚民法典》规定了住所权、思想自由权、宗教信仰自由权、行动自由权、人身完整权、肖像权、拒绝检查与医疗权、葬礼决定权等人格权;1991年《魁北克民法典》规定了人身完整权、子女的权利、名誉与私生活权、死后身体受尊重权等人格权;2002年《巴西民法典》规定了身体权、姓名权、肖像权、私生活权、病人的拒绝医疗权等人格权。参见徐国栋.民法总论[M].北京:高等教育出版社,2007:314－315.《越南民法典》对人格权的规定与《埃塞俄比亚民法典》大致相同。

② 除《民法通则》和司法解释已确认的生命健康权、姓名权和名称权、肖像权、名誉权、婚姻自主权、隐私权等人格权外,有的学者认为人格权还包括身体权和贞操权(参见王利明、杨立新、姚辉.人格权法[M].北京:法律出版社,1997);有的学者认为还包括信用权、荣誉权、人身自由权、性自由权(参见杨立新.人格权法专论[M].北京:高等教育出版社,2005.);有的学者认为,自然人格权包括《民法通则》规定的生命权;健康权;姓名权;肖像权;名誉权;荣誉权;婚姻、合同和遗嘱自由权,以及依宪法规范创制的人格权自由权(人身自由,通信自由住宅自由,言论、出版、集会、结社、游行、示威的自由,宗教信仰自由,文化活动自由)、劳动权和劳动者休息权、受退休保障的权利、社会不幸者受物质帮助和照顾的权利、受教育权、隐私权(参见龙卫球.民法总论[M].北京:中国法制出版社,2002:280－294.)。

③ 卡尔·拉伦茨.德国民法通论(上)[M].王晓晔,等译.北京:法律出版社,2003:282.

④ 龙卫球.人格权的立法论思考:困惑与对策[J].法商研究,2002(1).

101

极大地限制了'人作为终极目的'在法律上的实现"①。易言之,若将财产因素排除于人格权范畴之外,必将弱化人格(权)的保护。笔者认为,这一论断有失偏颇。从私权保护意义上说,"人作为终极目的"在法律上的实现,并非(也不能)限于"人格权"一途,财产权对于人的独立、尊严和发展同样不可或缺,从而成为"人权"的重要内容。在人格要素类型化的基础上,将某些人格要素(人格符号)所衍生的财产利益排除于人格权范畴之外,通过财产法(权)予以保护,只是一种法技术的安排或要求,与人格(权)保护强化或弱化并无必然联系。既然如有的学者所指出的那样,人格标识的"商品化权"已非任何一种具体人格权(如姓名权、肖像权)所能包容,②则依其内容属性将其纳入财产权范畴就并无不妥——在美国法上,人格标识的"商品化权"或"公开权"就被认为是一种财产权,但并无证据表明此种制度安排弱化了人格(权)的保护。

总之,人格权本质上是一种"受尊重权",而不是对人格要素的"支配权",人格权的内容为"人格受尊重"这样一种精神利益,而不包含财产利益,这是人格权与财产权(物权)的根本区别;"人格标识商业化利用"及对个别人格要素(人格标识)所衍生的财产利益之保护,已超出人格权的范畴。一般性地承认人格权的"财产属性"或"精神利益与财产利益的统一",不但存在论证逻辑上的缺陷,更重要的是可能偏离人格权的根本价值,导致"人格权商品化"泛化、人格权异化之不良后果。

---

① 杨立新,林旭霞.论人格标识商品化权及其民法保护[J].福建师范大学学报(哲学社会科学版),2006(1).

② 杨立新,林旭霞.论人格标识商品化权及其民法保护[J].福建师范大学学报(哲学社会科学版),2006(1).

析"人格权商品化"与"人格商品化权"*

当今社会,对于自然人(尤其是公众人物)的姓名、肖像、艺术形象等人格符号的商业化利用现象屡见不鲜,由此在西方国家产生了被称为"公开权"、"形象权"或"商品化权"的新型民事权利。关于此种权利的性质,我国学界有人格权说、财产权说、商事人格权说、知识产权说等不同见解,而一些持"人格权说"的学者则将此现象描述为"人格权的商品化"或"人格权(的)商业化利用"①,或称为"人格标识商品化权"②或"人格商品化权"③。鉴于对此项权利的解读关系到对人格权本质的认识及具体人格权类型体系的立法设计,故需进一步探讨。

一、"人格权商品化"的意蕴:人格符号的商业化利用

从一般意义上说,商品化权亦称"形象权"。所谓"形象"包括真人的形象(例如在世人的肖像)、虚构人的形象、创作出的人和动物形象、人体形象等等。这些形象被付诸商业性使用的权利,"统称形象权"④。或曰,商品化权是指"将来源于智力劳动的,经传播具有一定声誉,能产生和满足一定消费需求的特定权利要素的各类形象,转借其影响力,异化结合于商品或服务商业化使用的权利",包括虚构角色形象的商品化权、真实人物形象的商品化权、真实人物与虚构角色融合的形象商品化权和真实人物与真实人物角色融合的形象的商品化权(演员扮演作品中的真实人物角色)。⑤ 可见,"人格权商品化"只是商品化权的一种表现形态。

所谓"商品化",是指把原来不属于商业领域的事物转化为商品或商品的一部分。⑥ 若依此文义,所谓"人格权商品化"即把人格权作为商品,使之成为市场交易的一种客体。然而在

---

* 原载于《法学论坛》2013年第5期。

① 王利明.试论人格权的新发展[J].法商研究,2006(5);姚辉.关于人格权商业化利用的若干问题[J].法学论坛,2011(6).

② 杨立新,林旭霞.论人格标识商品化权及其民法保护[J].福建师范大学学报(哲学社会科学版),2006(1).

③ 马俊驹.人格和人格权理论讲稿[M].北京:法律出版社,2009:307.

④ 郑成思.知识产权法[M].北京:法律出版社,1997:32-33.

⑤ 朱与墨.商品化权本质论[J].开封大学学报,2005(4).

⑥ 马俊驹.人格和人格权理论讲稿[M].北京:法律出版社,2009:307.

笔者看来,事实并非如此,"人格权商品化"之说难谓妥当。

其一,人格权不能"商品化"。自然人人格权为固有权、专属权,与权利主体不可分离,不得抛弃、转让、继承。① 此点不但为学界之共识,也是立法政策之需要。而正如有学者所指出的那样,"人格权商品化"意味着人格权可以作为整体(一般人格权)或部分(具体人格权)被有偿转让,其所隐含的"买卖人格权"的深层含义有悖于法律原理,甚至有违公序良俗。②

其二,"人格权商品化"的实质是人格符号的商业化利用。"商品化权"之所以被称为"形象权",是因为其客体常为某一真实人物或虚构角色形象(前者主要指肖像和艺术形象)。但在实践中,"商品化"的客体还包括肖像、艺术形象之外的自然人的其他个体标识,如姓名、声音、举止动作等。以上种种,均属自然人的"人格符号"范畴。所谓"人格权商品化",并非人格权的让渡,而是对此类人格符号的商业化利用,即通过许可他人将自己的某项人格符号与某项商品或服务相联系,实现其经济价值。例如,当权利人许可他人在其产品中有偿使用自己肖像时,其肖像权(人格权)并未让渡或"商品化",只是作为肖像权载体的肖像(人格符号)的"商品化"。正如有的学者所言,(人格商品化权)"是把人格的某些要素运用到商业中,使商品与其人格发生联系,从而提高商品的知名度和影响力,而该民事主体依然享有自己的人格权,他并没有因此而丧失自己的人格权"③。"此时转让的并非有关的人格权本身,而是其(姓名和肖像)的使用权。"④

二、"人格权商品化"的基础:人格符号的可商业利用性

关于"人格权商品化"的基础,有学者从人格要素的符号功能视角作了分析,认为:虽然就传统人格理论而言,人的姓名、肖像、声音等人格要素是专属于自己的一种精神利益,但是在实际上,这些要素同样是负载或传播信息的基本单元,是有意义的符号系统,具有表达和标识功能符号的功能就在于通过自身而指代另一事物,姓名、肖像、声音等人格要素能够吸收人格价值和形象价值而被赋予独特的第二含义,即不同于其自然属性的具有标志意义的符号意义,此类人格要素就因此成为具有明确指向性、将不同对象区别开来的符号。这个符号运用在商业活动中,其明示意思就承载它的隐含意思进而实现符号的转换,达到表明出处、区分来源、推销商品的目的。⑤

笔者认为,"人格权商品化"及"商品化权"之所以产生,不但是因为自然人的某些人格要素具有符号功能,更是源于这些人格要素(人格符号)的特殊属性。就其本质而言,人格权具有非财产属性,彰显的是自然人的精神利益,人格权客体从总体上说也不具有财产价值(因

---

① 王利明,杨立新,姚辉.人格权法[M].北京:法律出版社,1997:7.
② 马俊驹.人格和人格权理论讲稿[M].北京:法律出版社,2009:307.
③ 马俊驹.人格和人格权理论讲稿[M].北京:法律出版社,2009:309.
④ 徐国栋.民法总论[M].北京:高等教育出版社,2007:299—300.
⑤ 谢晓尧.商品化权:人格符号的利益扩张与衡平[J].法商研究,2005(3).

此不允许"人格权商品化")。但在具体人格权模式下,人格权的客体表现为各种具体的人格要素,如生命、健康、自由、名誉、隐私、姓名、肖像等,这些人格要素体现的是自然人的不同人格利益,其地位虽无优劣之分,但在具体功能上并不完全相同。有的人格要素是基础性或内在性的,对于自然人人格的维护具有决定性意义,如生命是人之为人的物质基础,自由是人的本能,平等及名誉维护是人格尊严要求,故这些人格要素的固有性与专属性不容改变,不允许"商品化"或商业化利用。而姓名、肖像等"符号型"(或"标表型")人格要素则有所不同。诚然,姓名、肖像作为自然人的人格符号,也与人格独立、人格尊严息息相关,故姓名权、肖像权被视为自然人的固有权利。但与前述生命、自由、名誉等人格要素相比,作为人格符号的姓名、肖像又具有自身的特点:(1)外在性。姓名作为自然人的个体代号并非与生俱来,而是后天所赋,姓名的放弃和依法变更甚至有无并不影响人格的独立完整("无名氏"也有人格),因此姓名在观念上多被视为外在性人格要素之一,这可能是许多国家于其他人格权之外而加以单独规定的理由。[①] 肖像乃人的外观形象也具有外在性,与人格独立、尊严虽有关联,但非根本的、内在的决定因素。(2)可支配性。姓名、肖像作为"身外之物",可以成为支配对象,对姓名的支配表现为自主决定、专享使用、依法变更及许可他人以非姓名方式使用,对肖像的支配则表现为禁止或许可他人制作或使用本人肖像。一些学者将人格权描述为"支配权",主要针对姓名权、肖像权而言。[②] (3)可商业利用型。一方面,在信息化和"眼球经济"时代,某些自然人(尤其是公众人物)的姓名或肖像具有较高的知名度或美誉度,从而具有一定的商业价值,可为市场主体带来经济效益;另一方面,姓名、肖像的外在性和可支配性,使其可以成为商业利用的对象,权利人自主授权他人利用,不但不会损及其人格,反而可为自己带来经济利益。姓名、肖像等自然人人格符号的上述特性,使其除具备与其他人格要素相同的精神价值外,在特定条件下还具有一定的市场价值,成为权利人拥有的一项特殊的财产(物),所谓"人格权的商品化"或"人格权(的)商业化利用",实质上就是此等特殊财产(物)的"商品化"。从这一意义上说,姓名权、肖像权确实可称为"支配权"。

三、"人格商品化权"的性质:以人格符号为客体的财产权

如上文所述,"商品化权"的客体既包括自然人的真实人格符号,也包括虚构的角色形象,"人格权商品化"只是"商品化权"的一种表现形态,因此,关于"商品化权"性质的一般性分析与结论并不能当然适用于"人格权的商品化"或"人格商品化权"(如以知识产权解释姓名、肖像的商业利用就难免牵强)。那么,这种"人格商品化权"——人格符号商业化利用之权利,究竟属于人格权还是财产权?抑或二者兼具?

对此,国内民法学者多持人格权说,其理由略谓:(1)商品化权所保护的是能够被商业化

---

① 龙卫球.民法总论[M].北京:中国法制出版社,2002:281-282.

② 王利明,杨立新,姚辉.人格权法[M].北京:法律出版社,1997:8.

开发的人格利益,属于人格利益中的一类。民事主体对自己的姓名、名称、肖像、声音、形体等人格标识进行支配、利用,是以主体的人格的独立性、完整性与不可侵犯性为基础的,同时也是为了使自身的价值得到充分的发挥。(2)人格权非财产性的理念已被现代民法所突破。传统意义上,人格权都不包含财产因素,进而不能进行积极的利用、转让、继承,甚至于把限制人格利益的商品化作为民法的宗旨之一。现代科学技术的发展、市场经济的深化、新闻媒体的发达,使人格利益转化为商业价值成为现实,现代民法不得不面对人格利益中物质利益因素凸显的现实,进而加快人格权体系扩张的进程,创设更多的人格权,对人格利益包括其中的财产价值进行更完善的保护。姓名、肖像、声音、名称等人格要素所包含的财产利益保护以及商业信誉权、信用权的保护,就是其典型表现。(3)基于同一人格要素,可以同时存在不同的权利并实现不同的功能。肖像、姓名等人格要素之上可以在存在肖像权、姓名权等具体人格权的同时,存在商品化权。具体人格权的功能重在于维护人格独立及人的自由发展的精神利益,同时也保障人格利益中的财产性利益。而商品化权是允许他人使用、开发自己的人格利益并获得报酬的权利,其主要功能是保障、促进人格利益的商业化利用,既促进市场经济发展,又使民事主体在其中获益。① (4)人格商品化权虽然与商品有非常密切的联系,但是在本质上却是人的人格要素在商品经济中的延伸,其内涵在于人运用自己的人格要素,使其人格权内容扩张。法律赋予权利人此项权利,就是保障权利人的人格要素在延伸到商品领域时,不被他人非法运用,从而赋予权利人支配或者维护自己人格价值的权利。对于人格权人而言,人格要素是本,而财产利益是末。② 还有学者从权利的独立性、价值基础、制度功能等方面论证了人格权商业化利用的人格权(非财产权)性质。③

笔者认为,"人格商品化权"虽然成立于一定的人格要素(人格符号)之上,或者说"寄生"于姓名权、肖像权等具体人格权之上,但是从其内容构造、制度功能等方面考察,其作为"商品化权"的一种具体形态,已非人格权范畴所能涵盖,与其说是一种人格权,不如说是一种特殊的财产权。

其一,"人格商品化权"不是人格权的一项权能或组成部分,而是"商品化权"的一种形态。关于对人格要素(符号)的商业化利用是否意味着一项新权利的创设,学者间观点不一。日本学者认为,商品化不是独立的权利,而应该认为是姓名权或肖像权的各自一个组成部分(进一步讲,可以说是人格权的一个组成部分)。④ 我国也有学者认为,人格权的商业化并非产生一种特殊的权利,其出现只是包括在人格内,只能理解为某些人格权的权能,特别是利用权能发生扩张,而不是生成了其他的独立的权利,更不能说在人格权之外还存在着另一

① 杨立新,林旭霞.论人格标识商品化权及其民法保护[J].福建师范大学学报(哲学社会科学版),2006(1).
② 马俊驹.人格和人格权理论讲稿[M].北京:法律出版社,2009:310.
③ 姚辉.关于人格权商业化利用的若干问题[J].法学论坛,2011(6).
④ 五十岚清.人格权法[M].铃木贤,葛敏,译.北京:北京大学出版社,2009:141.

项并立的商品化权。① 另有学者则认为,人格标识商品化权是与具体人格权、一般人格权相并列的一种权利,②或认为"人格商品化权"是一种特殊的人格权。③ 笔者赞同后一种观点,即"人格商品化权"是独立于既有人格权的一项民事权利。首先,某项法益是否成为权利,并非天然正当或不正当,而是法政策的必要性和法技术的可能性的结合,"商品化权"原本并不存在,现今却为各国法律及国际公约所普遍确认,正是由于原有权利(人格权或知识产权)体系不能为此项利益提供充分的保护,而其构造(主体、客体及内容)又是清晰的,"人格商品化权"也是如此。其次,正如有学者所指出的那样,基于同一人格要素,可以同时存在不同的权利并实现不同的功能。肖像、姓名等人格要素之上可以在存在肖像权、姓名权等具体人格权的同时,存在商品化权。具体人格权的功能重在维护人格独立及人的自由发展的精神利益,同时也保障人格利益中的财产性利益。而商品化权是允许他人使用、开发自己的人格利益并获得报酬的权利,其主要功能是保障、促进人格利益的商业化利用,既促进市场经济发展,又使民事主体在其中获益。④

其二,"人格商品化权"属财产权范畴。应当承认,"人格商品化权"与某些人格权(姓名权、肖像权)在客体方面存在"叠合",在价值功能上也具有互补性,故无论主张其为人格权(姓名权、肖像权)的一项特殊权能还是一项特殊的人格权,均不无合理之处。但笔者认为,就其基本属性而言,"人格商品化权"与其他形态的"商品化权"一样,⑤均属财产权范畴。首先,"人格商品化权"的客体——姓名、肖像等人格符号,不但承载着主体的精神利益,关系着人格独立与尊严,同时由于其外在性、可支配性和可商业利用性而具有一定的商业价值,承载着主体的经济利益,因此成为一种实在的、特殊的"物"(不同于一些学者为了说明人格权客体而拟制的"人格财产"——人自身的精神要素)。其次,"人格商品化权"的内容为对人格符号(标识)的商业化利用。权利人既可以是自己将各种人格标识使用于商业领域之中,依靠人格特质对公众的吸引力而在商品经营中直接获取利益,也可以转让、许可他人将人格标识用于相关商品和商业活动中,从而收取转让费或许可费。此外,权利人还享有排除他人擅自将自己的各类人格标识进行商业化利用的权利。⑥ 换言之,"人格商品化权"的重心是商业化利用,彰显的是经济利益,强调的是积极支配。此点与姓名权、肖像权等人格权显为不同,后者系以人格保全为重心,彰显的是精神利益,强调的是消极保护。再次,"人格商品化权"

---

① 王利明.人格权法研究[M].北京:法律出版社,2005:282.

② 杨立新,林旭霞.论人格标识商品化权及其民法保护[J].福建师范大学学报(哲学社会科学版),2006(1).

③ 马俊驹.人格和人格权理论讲稿[M].北京:法律出版社,2009:310.

④ 杨立新,林旭霞.论人格标识商品化权及其民法保护[J].福建师范大学学报(哲学社会科学版),2006(1).

⑤ 有学者将商品化权划分为真实人物的商品化权——公开权(right of publicity)和虚构角色的商品化权.参见杜颖.论商品化权[A]//梁慧星,主编.民商法论丛(第13卷)[C].北京:法律出版社,2000:1—31.

⑥ 杨立新,林旭霞.论人格标识商品化权及其民法保护[J].福建师范大学学报(哲学社会科学版),2006(1).

可以转让、继承。美国法院认为,公开权可整体有效转让,即不附带其他任何东西的转移,甚至认为,"这种权利的存在理由是其可转让性,没有这一特性,这一权利不产生纽约立法规定以外的任何东西"①。关于公开权的可继承性,美国司法判例主张不一,但即使是反对者也主张此类权利应像知识产权中的财产权那样在权利人死后的一定期限内由其继承人行使和保护。②综上所述,"人格商品化权"实质上是一种以特定人格符号(标识)为客体、以对该客体的商品化利用为内容的特殊财产权(与虚构角色的商品化权具有同质性,可归入"无形财产权"范畴)。③

主张"人格商品化权"为人格权的学者为了回应"财产权"论者基于人格权的非财产性、专属性所提出的诘问,作出了如下回应:(1)人格权可以包含财产利益内容,"人格权非财产性的理念已被现代民法所突破";④(2)"自然人的姓名、肖像等标表型人格权,具有在特定条件下与主体人格相分离,从而具有商业化利用的可能性。"⑤笔者认为,以上观点都不足为"人格权说"提供有力的支持。其一,时至今日,人格权的非财产或精神利益属性仍为各国学术和立法之共识,"人格权非财产性的理念已被现代民法所突破"之说,除了以"人格权商品化"自证外,在实证法上缺乏充分的支持。其二,"传统意义上的人格权不包含财产因素,进而不能进行积极的利用、转让、继承,甚至于把限制人格利益的商品化作为民法的宗旨之一,这极大地限制了'人作为终极目的'在法律上的实现"的问题,通过非人格权路径同样可以得到解决——财产权也是"人作为终极目的"在法律上的实现的工具。其三,如上文所述,自然人的姓名、肖像等人格标识的商业化利用,并未导致姓名权、肖像权等人格权与主体人格相分离,也不能自证为一项独立的人格权。

另有学者从商业化利用的价值基础论证其人格权属性,指出:所谓人格权的商业化利用,其希冀达到的目的不外乎将包含于权利客体当中的使用价值,通过让位使用等方式转化为具有流通性财产利益,进而为权利人现实享有。而对权利属性讨论的价值,则主要体现在不同的权利属性对这一转化过程的限制和影响以及由此带来的差异。从这一取向出发,仅从商业化利用的结果去判断权利属性并无太大的意义,属性之争应该更多地考虑价值来源(基础)的问题。商品化权旨在保护主体的"人格标识"或"人的确定因素"的价值,它的产生以人格特质为前提,以人的情感、声誉、地位为基础,这是区别于任何财产权利的本质特征。人格权商业化利用以人格因素为价值基础,进一步表明了其人格性的基本取向。笔者认为,

---

① David R.Ginsberg:"Transfer of the Right of Publicity:Dracula's progeny and Privacy's Stepchild". ASCAP Copy－right Law Symposium No.25.Columbia University Press,1980.转引自杜颖.论商品化权 [M]//梁慧星,主编.民商法论丛(第13卷)[C].北京:法律出版社,2000:1－31.

② 杨立新,林旭霞.论人格标识商品化权及其民法保护[J].福建师范大学学报(哲学社会科学版), 2006(1).

③ 吴汉东.形象的商品化与商品化的形象权[J].法学,2004(10).

④ 杨立新,林旭霞.论人格标识商品化权及其民法保护[J].福建师范大学学报(哲学社会科学版), 2006(1).

⑤ 王利明.人格权法研究[M].北京:法律出版社,2005:284.

上述观点的论证逻辑是自恰的,但其忽视了作为人格权商业化利用价值基础的人格因素(人格符号)的特殊属性,一味强调其精神价值而忽视其财产价值,故而难免失之偏颇。

四、代结语:"人格商品化权"的立法定位

上文从自然人人格符号的特殊属性入手,对"人格商品化权"的内涵与性质作了概略分析,得出了支持"财产权说"的结论。但是,仅从"财产权"层面上还不能完全解决"人格商品化权"的体系归属与立法定位问题。

"人格商品化权"属支配权范畴,但其与同为支配权的所有权、知识产权在客体形态、取得方式等方面均有显著的差别,故难以将其纳入现有的物权或知识产权体系(虚构角色的商品化权可纳入知识产权体系,肖像作品也受著作权法保护,但将姓名、声音等人格符号纳入知识产权保护范围则属牵强)。换言之,在现有财产法体系中,"人格商品化权"确乎难有恰当的"归宿"。然而,这不应成为对其加以确认和保护的立法障碍。笔者认为,鉴于该权利与相关人格要素及相应的人格权之间的密切联系,仍不妨使其"寄生"于相关的人格权(姓名权、肖像权等)立法之中。①

---

① 如在人格权立法中,除规定"自然人享有肖像权,非经本人同意,不得制作、使用他人肖像"(肖像权)外,另行规定"自然人有权自己或许可他人为商业目的使用本人的肖像,也可将该项权利让与他人行使"(肖像商品化权)。

论"标表型人格权"*

一、引言

人格权概念滥觞于 19 世纪德国法学,但实证法意义上的人格权则在 20 世纪中叶以后方始在一些国家和地区得到判例或立法的确认。在几代民法学者的推动下,以《民法通则》对人格权的规定为先导,中国(内地)在人格权方面取得了后发优势,如今在人格权的学术研究和立法实践上"已成为一个大国"①。

在具体人格权范畴下,我国民法学者结合立法对人格权的类型体系作了梳理。目前民法学界比较通行的观点是,依其权利客体和保护方法的不同,可将人格权分为物质性人格权与精神性人格权。② 有的学者将精神性人格权进一步划分为标表型人格权、自由型人格权、尊严型人格权;所谓"标表型人格权",是指权利人基于其"标表符号"(姓名和肖像)所享有的人格权,即姓名权和肖像权之统称。③ 也有学者将"人格标识(权)"由姓名权、肖像权扩大到形象权、声音权,作为"标表型人格权"的对应概念。④ 此种分类,意味着以姓名权、肖像权为代表的"标表型人格权"具有某些不同于其他人格权的客体属性。在此需要追问的是,"标表型人格权"的特殊性是否仅限于权利客体层面?

笔者由此注意到,我国学者在对人格权的一般理论阐述中,在某些问题上往往以"标表型人格权"作为例证。兹举二例:(1)关于人格权的"支配权"属性。在一些国内人格权著述中,"支配性"被认为是人格权的重要属性,其主要例证就是姓名权和肖像权,⑤因为"自然人

---

* 原载于《政治与法律》2014 年第 4 期。

① 徐国栋.人格权制度历史沿革考[J].法制与社会发展,2008(1).

② 张俊浩,主编.民法学原理(上册)[M].北京:中国政法大学出版社,2000:139;杨立新.人格权法专论[M].北京:高等教育出版社,2005:29;马俊驹.人格和人格权理论讲稿[M].北京:法律出版社,2009:201.

③ 张俊浩,主编.民法学原理(上册)[M].北京:中国政法大学出版社,2000:146—151.

④ 马俊驹.人格和人格权理论讲稿[M].北京:法律出版社,2009:254—259.

⑤ 王利明,杨立新,姚辉.人格权法[M].北京:法律出版社,1997:8;张俊浩,主编.民法学原理(上册)[M].北京:中国政法大学出版社,2000:137;梁慧星.民法总论[M].北京:法律出版社,2004:113;杨立新.人格权法专论[M].北京:高等教育出版社,2005:29;马俊驹.人格和人格权理论讲稿[M].北京:法律出版社,2009:105;姚辉.人格权法论[M].北京:中国人民大学出版社,2011:50;王泽鉴.人格权法[M].台北:三民书局,2012:52.

得直接支配并处分自己的姓名、肖像,至为明显"①。(2)关于人格权的"商品化"。当代社会,自然人(尤其是公众人物)的姓名、肖像、艺术形象等人格标识的商业化利用现象屡见不鲜,由此在西方国家产生了被称为"公开权"、"形象权"或"商品化权"的新型民事权利。我国一些学者将此现象称为"人格权的商品化"或"人格权(的)商业化利用",或"人格标识商品化权"。② 在这些学者看来,所谓"人格标识商品化权",就是"民事主体对自己的姓名、名称、肖像、声音、形体等人格标识进行支配、利用"的权利。③ 此外,在阐述各种具体人格权时,关于姓名权的性质有"所有权说"和"无形财产权说";关于肖像权,有学者也指出其特征之一是"与其他人格权相比,肖像权具有更多的财产利益"④。

无独有偶,日本著名法学家五十岚清在其《人格权法》一书中,虽未采用"标表型人格权"之称谓,但将姓名权、肖像权列于一章,且与"商品化权"一并论述。⑤ 在人格权概念的诞生地德国,姓名权、肖像权均属由民法典或特别法保护的"特别人格权",而未纳入由判例创制的"一般人格权"的保护范围。⑥

缘何我国学者在论及人格权的"支配权"属性和人格权"商品化"现象时总是以"标表型人格权"而非以其他类型的人格权(如自由型人格权、尊严型人格权)作为例证? 缘何有人将姓名权定性为"所有权"? 缘何肖像权"具有更多的财产利益"? 缘何日本学者仅将"商品化权"与姓名权、肖像权一并讨论而不涉及其他人格权? 缘何德国民法未将姓名权、肖像权纳入"一般人格权"的范畴? 看来,对"标表型人格权"作一番分析,以揭示其类型特性,进而辨明此类人格权与其他类型人格权之差异,对于人格权的理论构建和立法设计均不无助益。

二、"标表型人格权"之客体

依民法通说,凡权利必有其客体,客体是权利类型的基础;但对于权利客体究系何指则众说纷纭。⑦ 至于人格权的客体为何,学者间认识也颇不一致,计有"人格利益说"、"人格要

---

① 梁慧星.民法总论[M].北京:法律出版社,2001:127.

② 王利明.试论人格权的新发展[J].法商研究,2006(5);姚辉.关于人格权商业化利用的若干问题[J].法学论坛,2011(6);杨立新,林旭霞.论人格标识商品化权及其民法保护[J].福建师范大学学报(哲学社会科学版),2006(1).

③ 杨立新,林旭霞.论人格标识商品化权及其民法保护[J].福建师范大学学报(哲学社会科学版).2006(1).

④ 姚辉.人格权法论[M].北京:中国人民大学出版社,2011:154,161.

⑤ 五十岚清.人格权法[M].铃木贤,葛敏,译.北京:北京大学出版社,2009:116,117,128.

⑥ 迪特尔·梅迪库斯.德国民法总论[M].邵建东,译.北京:法律出版社,2000:794—803;汉斯·布洛克斯,沃尔夫·迪特里希·瓦尔克.德国民法总论(第33版)[M].张艳,杨大可,译.北京:中国人民大学出版社,2012:424—425.

⑦ 方新军.权利客体论[M].北京:中国政法大学出版社,2012:83—93.

素说"、"人之外在表现形式或者形态说"、"人的内在价值说"等不同见解。① 笔者认为,无论是从"权利所指向的对象"还是从"权利据以设立的基础"意义上来说,将人格权的客体界定为"人格"或"人格要素"(前者适用于抽象意义上的人格权,后者适用于各种具体人格权)均较为允当。② 据此,"标表型人格权"之客体乃作为人格要素之一的人格标识。③

姓名、肖像是人格标识的典型形态,姓名权、肖像权也是在人格权中最早被确立的权利。④ 姓名,就其固有意义而言,是指记载于身份档案(户籍)或证件中的姓氏和名号,但在社会生活中,具有指向特定自然人的标识意义的笔名、艺名、别号、微博名、微信名等符号或称谓,甚至法人及无权利能力社团的名称、商号、域名等,也可纳入姓名权的保护范围(在我国法上尚设有名称权,故将非自然人之称谓排除于姓名权之外)。⑤ 肖像是指再现于一定物质载体上的体现自然人个体特征(主要表现为面部特征)的视觉形象,其要义在于"可识别性",即通过该视觉形象可识别其"主人"。⑥ 因此,肖像的表现形式丰富多样,如照片、绘画(包括素描插图)、雕塑、电视、电影、电脑数码合成、漫画等,均属肖像权的保护范围。此外,有学者还关注到"物的肖像"的保护问题。⑦ 笔者认为,所谓"物的肖像"主要涉及的是所有权或知识产权问题,与人格权概念所蕴含的法律价值尚难契合。

除姓名、肖像外,还有学者将自然人的"形象"和"声音"纳入人格标识范畴并主张通过设立"形象权"和"声音权"予以保护。⑧ 笔者认为,自然人"形象"的商业化利用,确实对传统的肖像权制度提出了挑战,但所谓"形象"既包括自然人的真实形象——肖像,也包括与特定自然人相联系的"角色形象"(如卓别林、杰克逊、赵本山所塑造的舞台艺术形象),还包括受著作权法保护的虚构角色形象(如唐老鸭、哆啦A梦、喜羊羊形象),因此,将"形象"(形象权)一概纳入人格权法的保护范围并不妥当。声音与肖像一样,具有反映表彰自然人个体特征的人格标识意义,故亦应纳入人格权法的保护范围,此点不但已受到一些学者的关注,而且已出现了立法先例(《秘鲁民法典》第15条)。⑨

在具体人格权模式下,人格权的客体被区分为各种具体的人格要素,如生命、健康、自由、名誉、隐私、姓名、肖像等,这些人格要素体现的是自然人的不同人格利益,其地位虽无优

① 李永军.民法总论[M].北京:法律出版社,2006:236—241.
② 李永军.民事权利体系研究[M].北京:法律出版社,2008:112.
③ 也有学者称为人格符号。参见王坤.人格符号财产权制度的建构及其法律意义[J].浙江社会科学,2013(11).
④ 五十岚清.人格权法[M].铃木贤,葛敏,译.北京:北京大学出版社,2009:117,128.
⑤ 五十岚清.人格权法[M].铃木贤,葛敏,译.北京:北京大学出版社,2009:118;王泽鉴.人格权法[M].台北:三民书局,2012:138.
⑥ 姚辉.人格权论[M].北京:中国人民大学出版社,2011:161.
⑦ 五十岚清.人格权法[M].铃木贤,葛敏,译.北京:北京大学出版社,2009:133;王泽鉴.人格权法[M].台北:三民书局,2012:153—155.
⑧ 马俊驹.人格和人格权理论讲稿[M].北京:法律出版社,2009:256—258.
⑨ 史尚宽.债法总论[M].台北:荣泰印书馆,1978:151;徐国栋.绿色民法典草案[M].北京:社会科学文献出版社,2004:92.

劣之分,但在具体功能上并不完全相同。有的人格要素是基础性或内在性的,承载着"人之为人"的根本利益,对于自然人人格的维护具有决定性意义,如生命是人之为人的物质基础,自由是人的本能,平等及名誉维护是人格尊严要求,故这些人格要素的固有性与专属性不容改变。而姓名、肖像等"标表型"人格要素则有所不同。诚然,姓名、肖像作为自然人的人格标识,也与人格独立、人格尊严息息相关,故姓名权、肖像权被视为自然人的固有权利。但与生命、自由、名誉等内在性人格要素相比,作为人格标识的姓名、肖像又具有自身特点:(1)外在性。姓名作为自然人的个体代号并非与生俱来,而是后天所赋予的,姓名的放弃和依法变更甚至有无并不影响人格的独立完整("无名氏"也有人格),因此姓名在观念上多被视为外在性人格要素之一,这可能是许多国家于其他人格权之外而加以单独规定的理由。① 肖像乃人的外观形象的再现,必须依附于一定的物质载体(如纸张、胶片等),相对于自然人本体而言,也是"身外之物"。(2)可支配性。姓名、肖像作为"身外之物",可以成为支配对象,对姓名的支配表现为自主决定、专享使用、依法变更及许可他人以非姓名方式使用,对肖像的支配则表现为自主制作、使用本人肖像或许可他人制作、使用本人肖像。(3)可商业利用型。一方面,在信息化和"眼球经济"时代,某些自然人(尤其是公众人物)的姓名或肖像具有较高的知名度或美誉度,从而具有一定的经济价值,可为市场主体带来经济效益;另一方面,姓名、肖像的外在性和可支配性,使其可以成为商业利用的对象,权利人自主授权他人利用,不但不会损及其人格,反而可为其带来经济利益。姓名、肖像等自然人人格标识的上述特性,使其除具备与其他人格要素相同的精神价值外,在特定条件下还具有一定的市场价值,成为权利人拥有的一项特殊的"财产"。

三、"标表型人格权"之性质:"受尊重权"抑或是"支配权"?

在我国民法理论中,人格权的非财产性、绝对性、专属性为学界所共认。此外,在一些人格权著述中,"支配性"也被认为是人格权的重要属性。② 但也有学者对此提出了异议,认为法律设置人格权的根本目的,不在于赋予自然人对其人格利益进行支配利用的权利,而在于保障决定"人之所以为人"的那些基本要素(生命、健康、名誉等)不受非法侵害。因此,"支

---

① 龙卫球.民法总论[M].北京:中国法制出版社,2002:281-282.实际上,法国早在19世纪中叶就通过判例对姓名权加以保护,德国、瑞士民法对姓名权的保护也早于对"一般人格权"的保护(《德国民法典》第12条,《瑞士民法》第29条).参见五十岚清.人格权法[M].铃木贤,葛敏,译.北京:北京大学出版社,2009:116-117.

② 王利明,杨立新,姚辉.人格权法[M].北京:法律出版社,1997:8;张俊浩,主编.民法学原理(上册)[M].北京:中国政法大学出版社,2000:137;梁慧星.民法总论[M].北京:法律出版社,2004:113;杨立新.人格权法专论[M].北京:高等教育出版社,2005:29;马俊驹.人格和人格权理论讲稿[M].北京:法律出版社,2009:105;姚辉.人格权法论[M].北京:中国人民大学出版社,2011:50;王泽鉴.人格权法[M].台北:三民书局,2012:52.

配"不是人格权的"首要权能"和基本特征；①或认为，人格权的特点在于其绝对性，人对于自己的身体、健康、生命、尊严等无支配权，否则就会使人沦为非人的危险。② 学者间对这一问题的认识分歧，在很大程度上源自对姓名权、肖像权等"标表型人格权"是否为"支配权"的不同见解。

笔者认为，"受尊重权"是人格权的本质属性。人格权的本质或首要价值，在于人的尊严或人格的"不可侵性"，其目的在于对人格的保护而非对人格利益的"支配"或"利用"。传统的私权理论是建立在"财产"基础上的，对于特定财产的支配是财产权的应有之义，物权、知识产权即为典型的支配权，权利人的"意思"或"利益"正是通过"支配"（"为法律所许范围内之行为"，如占有、使用、处分）得以实现的；而人格权的创设，乃是将"人格利益"或"人的伦理价值""拟制"为权利客体的结果。这种拟制的目的，仅在于揭示此类权利的保护对象或成立基础。人格权的创设，旨在"人格利益"或"人的伦理价值"保护，从而维护"人之为人"之尊严，而非授予权利人"为法律所许范围内之行为"之权利。因此，拉伦茨认为，人格权根据其实质是一种受尊重的权利，一种人身不可侵犯的权利；③我国也有学者指出，人格权应以"受尊重权"的方式得到确认。④

"受尊重权"这一本质属性，意味着人格权的一般权能为"防御权能"，即排斥他人侵害的权能，此乃比较法上的一项共识。如拉伦茨认为，人格权根据其实质是一种受尊重的权利，一种人身不可侵犯的权利；⑤德国联邦宪法法院在"摩纳哥公主案（Caroline von Monaco）"中指出，保障一般人格权的目的不是为了使权利人的人格商业化，一般人格权并非对人格的任意支配权；日本学者五十岚清也将人格权定义为"（以）具有人格属性的生命、身体、健康、自由、名誉、隐私等为对象的、为了使其自由发展，必须保障其不受任何第三人侵害的多种利益的总称"，并指出："到目前为止的人格权，基本上都具有被动型这一特征，即在受到第三人侵害时请求保护。"⑥

作为人格权的一种类型，"标表型人格权"同样是一种"受尊重权"或"防御权"。例如，姓名权，"具体地说就是自己在使用自己的姓名时受到他人阻碍或者当某人的姓名被他人擅自使用时，姓名权是作为能够禁止这种行为的权利而出现的"；"所谓肖像权是指未经本人许可，他人擅自将自己的肖像通过绘画、雕塑、相片等形式进行制作和发表时，可以对这种行为加以禁止的权利"。⑦ 与其他具体人格权有所不同的是，姓名权、肖像权的利益载体乃作为自然人的人格标识的姓名和肖像，权利人对其固然享有"不受非法侵害"的权利，同时又对其姓

① 尹田.自然人具体人格权的法律探讨[J].河南省政法管理干部学院学报,2004(3).
② 李永军.民法总论[M].北京:法律出版社,2006:247.
③ 卡尔·拉伦茨.德国民法通论(上).王晓晔,等译.北京:法律出版社,2003:282.
④ 龙卫球.人格权的立法论思考:困惑与对策[J].法商研究,2012(1).
⑤ 卡尔·拉伦茨.德国民法通论(上).王晓晔,等译.北京:法律出版社,2003:379.
⑥ 五十岚清.人格权法[M].铃木贤,葛敏,译.北京:北京大学出版社,2009:9,15.
⑦ 五十岚清.人格权法[M].铃木贤,葛敏,译.北京:北京大学出版社,2009:116,128.

名、肖像享有设定与变更权、专用权。① 这种"排他使用"的效力,使姓名权、肖像权具有某种物权意义上的"支配"属性,当代社会层出不穷的"人格标识商品化"现象则使这种"支配"属性得到进一步彰显。因此有学者指出,姓名权、肖像权的"支配权"性质"至为明显"。然而笔者认为,作为人格权的姓名权、肖像权本质上仍是一种"受尊重权",对姓名、肖像的"支配",乃至"人格标识商品化",与其说体现的是姓名权、肖像权的人格权属性,不如说体现了其"非人格权"特性,"人格标识商品化权"实质上是一种以特定人格标识为客体、以对该客体的商品化利用为内容的特殊财产权(与虚构角色的商品化权具有同质性,可归入"无形财产权"范畴)。②

"受尊重权"这一本质属性,决定了人格权非财产属性,亦即人格权的内容应仅限于"受尊重"之精神利益,而不应涵盖财产内容,"标表型人格权"也不例外。人格权所保障的自然人的人格尊严不是一种物质性或财产性利益(尽管可能与权利人的财产利益存在关联),而是一种精神利益,其圆满状态即"人格尊严不受侵害",实现条件也是"他人不为侵害"(履行消极义务),本身并不包含经济利益之内容;相应地,对人格权所造成的损害属于"非财产损害",亦不适用财产法上的赔偿规则。

然而,我国学界也有人就"人格权的经济利益"问题作了探讨,认为部分人格权已经逐渐成为经济活动上的重要客体,兼具财产价值和财产上的可转让性;③有学者甚至将精神利益提到了人格权一般构造的高度;④尤其在新近出版的几部人格权著作中,作者对人格权的"非财产性"作了全面的检视,继而明确肯认人格权的财产性质,主张将人格权的保护内容由精神利益扩大及于财产利益,从而使人格权成为精神利益与财产利益的统一。⑤

在人格权理论的发源地德国,也存在类似的观点。早在人格权理论初创时代,基尔克就提出了人格权的财产性问题;德国法院在 Paul Dahlke 案(1956)中认为肖像权是一种具有财产价值的专属性权利,后来逐渐承认一般人格权也具有财产价值。⑥ 当代德国学者克莱维(Magdalene Kläver)在《民法上一般人格权的财产性(*Vermögensrechtliche Aspekte des zivilrechtlichen allgemeinen Persönlichkeitsrechts*)》一文中指出,民法上的一般人格权包括财产方面的内容,正因为如此,权利人才能够在其一般人格权遭受侵害时请求侵权人返还侵权所得。⑦ 翁泽尔德(Florian Unseld)在《人格权的让与性(*Die Übertragbarkeit von*

---

① 张俊浩,主编.民法学原理(上册)[M].北京:中国政法大学出版社,2000:146—147.

② 吴汉东.形象的商品化与商品化的形象权[J].法学,2004(10).

③ 谢铭洋.论人格权之经济利益[A]//固有法制与当代民事法学——戴东雄六轶华诞祝寿论文集[C].台北:三民书局,1997;李开国.民法基本问题研究[M].北京:法律出版社,1997:9—10.

④ 王泽鉴.人格权的性质及构造:精神利益与财产利益的保护[J].台湾本土法学杂志,2008(4).

⑤ 王泽鉴.人格权法[M].台北:三民书局,2012:52,301—303;张红.人格权总论[M].北京:北京大学出版社,2012:188—224.

⑥ 张红.人格权总论[M].北京:北京大学出版社,2012:17,192—193.

⑦ Magdalene Kläver: Vermögensrechtliche Aspekte des zivilrechtlichen allgemeinen Persönlichkeitsrechts,ZUM 2002,149.

Persönlichkeitsrechten)》一文中也指出，只要人格权的主体与客体的关系与无形财产权的主体与客体之间的关系具有可比性，人格权就能够像无形财产权那样具有让与性。被商业化了的个人信息就符合上述条件，具有让与性。人格权的让与可以准用著作权法关于著作财产权让与的相关规定。①

笔者认为，人格权"财产属性"之说，乃某些学者基于对"人格标识商业化利用"现象的误读而得出的以偏概全的论断。通过上文对"人格标识商业化利用"的分析可知，所谓"人格标识商品化权"与其说属于人格权范畴，不如说是一项特殊的财产权。肯认人格权的财产属性，不但与人格权的"受尊重权"属性相抵牾，而且与人格权的专属性（不可转让性）相违悖，"非财产性是对人格权的不可转让属性的逻辑展开，因为构成财产就必须可以转让，不能转让的就不是财产"②。

主张人格权具有"财产"属性的学者还认为，传统意义上的人格权不包含财产因素，进而不能进行积极的利用、转让、继承，甚至于把限制人格利益的商品化作为民法的宗旨之一，"这极大地限制了'人作为终极目的'在法律上的实现"③。易言之，若将财产因素排除于人格权范畴之外，必将弱化人格（权）的保护。笔者认为，这一论断有失偏颇。从私权保护意义上说，"人作为终极目的"在法律上的实现，并非（也不能）限于"人格权"一途，财产权对于人的独立、尊严和发展同样不可或缺，从而成为"人权"的重要内容。在人格要素类型化的基础上，将某些人格要素（人格符号）所衍生的财产利益排除于人格权范畴之外，通过财产法（权）予以保护，只是一种法技术的安排或要求，与人格（权）保护强化或弱化并无必然联系。既然如有的学者所指出的那样，人格标识的"商品化权"已非任何一种具体人格权（如姓名权、肖像权）所能包容，④则依其内容属性将其纳入财产权范畴就并无不妥——在美国法上，人格标识的"商品化权"或"公开权"就被认为是一种财产权，但并无证据表明此种制度安排弱化了人格（权）的保护。

四、"标表型人格权"之保护

关于人格权保护的理论模式和制度构建，学界已多有探讨，并在人格权请求权、侵权损害赔偿、赔礼道歉等救济形式上取得了丰富成果。⑤ 此外，针对人格权保护，一些学者还主张

① Florian Unseld：Die Übertragbarkeit von Persönlichkeitsrechten，GRUR 2011，982 ff.
② 徐国栋.民法总论[M].北京：高等教育出版社，2007：299.
③ 杨立新，林旭霞.论人格标识商品化权及其民法保护[J].福建师范大学学报（哲学社会科学版），2006(1).
④ 杨立新，林旭霞.论人格标识商品化权及其民法保护[J].福建师范大学学报（哲学社会科学版），2006(1).
⑤ 五十岚清.人格权法[M].铃木贤，葛敏，译.北京：北京大学出版社，2009：189－217；马俊驹.人格和人格权理论讲稿[M].北京：法律出版社，2009：345－362；姚辉.人格权法论[M].北京：中国人民大学出版社，2011：230－358；王泽鉴.人格权法[M].台北：三民书局，2012：455－528.

适用不当得利制度对受害人予以救济。① 下文仅对此问题略作探析。

通过不当得利制度对人格权加以保护,是以德国为代表的一些国家和地区判例和学术之主张。德国联邦法院于 1956 年在 Paul Dahlke 案中认为,肖像权系具有财产价值的排他性权利,擅自使用他人肖像所受利益构成不当得利。其后,在 1958 年 Herrenreiter 案(骑士案)、1981 年 Carrera 案、1999 年 Marlene 案及 2006 年 Lafontaine 案中,均适用不当得利规则对姓名肖像权加以保护。② 我国台湾地区的"民法典"对此虽无规定,但新近有学者力主将"权益侵害型不当得利"适用于姓名权、肖像权等人格权之保护。③ 但在多数国家和地区,迄今仍未采用这一人格权保护模式。在法国法上,对肖像权、姓名权等人格权受侵害时提供的保护手段是损害赔偿而非不当得利,只不过在计算损害时有时会考虑侵权人得利的情况。如在 1984 年发生的一起姓名权诉讼中,被告海因里希·罗斯才尔德与著名的罗斯才尔德家族同姓,他在自己生产的香水、皮具等奢侈品上使用"罗斯才尔德"商标,但未标注自己的名字以示区别,美国罗氏家族成员遂提起诉讼,要求损害赔偿,一审法院判令被告赔偿象征性的 1 法郎,但巴黎上诉法院改判被告赔偿其销售所得利润。在意大利,虽有学者主张将侵害他人人格权视为一种侵害权利的不当得利,允许去除侵权人所获得的利润,但实务上支持这种观点的判决尚未出现。此外,斯堪的纳维亚半岛各国的法律也都不承认侵害权益的不当得利,对一般人格权和肖像权、姓名权等具体人格权的侵害基本上都是通过侵权损害赔偿来救济的。④

在我国,虽有学者主张通过"权益侵害型不当得利"制度对人格权加以保护以弥补侵权法保护之不足,⑤但并未得到实践的回应。在近年发生的多起因名人肖像权受侵害而引起的诉讼(如王军霞诉昆明卷烟厂侵害肖像权和名誉权案、苗圃诉北京某医院侵害肖像权和名誉权案、姚明诉可口可乐公司侵害肖像权案等)中,均存在被告借由侵权行为获取商业利益的事实,但原告都只寻求侵权损害赔偿的救济,而未见返还"权益侵害型不当得利"的主张。在刘翔诉《精品购物指南》等侵害肖像权一案中,原告认为被告未经其许可在杂志、网页上使用其肖像,并用于商业广告,共同侵犯了其肖像权,要求赔偿经济损失共计 125 万元,包括精神损害抚慰金 25 万元,被告的其他"不当得利"100 万元。本案两审法院都是从被告行为是否构成侵权进行分析,秉承"无损害则无救济"的侵权损害赔偿原则作出裁判,而未从不当得利的角度对原告的诉讼请求进行评价。如二审法院北京市第一中级人民法院认为,原告"没有

---

① 姚辉.人格权法论[M].北京:中国人民大学出版社,2011:354—358;王泽鉴.人格权法[M].台北:三民书局,2012:543—555.

② 王泽鉴.人格权法[M].台北:三民书局,2012:548—551.

③ 王泽鉴.债法原理:不当得利[M].台北:三民书局,1999:156—157.

④ Schlechtriem.Restitution und Bereicherungsausgleich,Band2,Tübingen,S.253f,S.258,S.261ff.转引自傅广宇.侵害权益型不当得利与人格权保护[J].未刊稿。

⑤ 邹海林.我国民法上的不当得利[A]//梁慧星,主编.民商法论丛(第 7 卷)[C].北京:法律出版社,1996.

提供证据证实自己受有经济损失,故对其此项诉讼请求,不应支持"①。

关于"权益侵害不当得利"之基础,即"无法律上原因",学说上有"违法性说"和"权益归属说"两种见解。"违法性说"系由德国学者舒尔茨(F.Schulz)所倡,试图以"违法性"来统一说明不当得利的共同基础,具体到侵害他人权益而获益构成不当得利,是因其侵害行为具有不法性,不当得利请求返还权之发生系基于获利行为的不法性。"权益归属说"由奥地利学者维尔堡(W.Wiburg)所创,认为权利均有一定的利益内容,权益归属指一种权利的使用收益,排他地属于其权利的所有人,违反权益归属而取得其利益,系侵害他人权利范畴,欠缺法律上的原因,应构成不当得利。②

笔者认为,无论是从"违法性说"还是从"权益归属说"立论,"权益侵害型不当得利"对于强化绝对权的保护均有其制度价值(比较而言,以"区分说"为基础的"权益归属说"更具说服力),此点在知识产权领域尤显突出。③ 但就人格权保护而言,"权益侵害型不当得利"制度之适用应以"标表型人格权"为限,而不应扩及于其他具体人格权。换言之,"权益侵害型不当得利"只是"标表型人格权"的一种特殊保护方式,而不是人格权保护的一般手段。这是因为,在具体人格权立法模式下,并非所有人格权都具有财产意义上"权益归属"内容,唯有"标表型人格权"因其客体(人格标识)具有外在性、可支配性和可交易性(Markgängigkeit,即具有被市场利用的可能),得以一定对价提供他人使用。在此等情形,宜认为未经同意使用他人肖像或姓名时,应构成不当得利。④ 而"标表型人格权"之外的生命权、身体权、自由权、名誉权等人格权,因为缺乏可交易性,应排除其适用"权益侵害型不当得利"救济方法的可能性。

在侵害"标表型人格权"场合,如何确定不当得利的返还内容是适用"权益侵害型不当得利"制度的关键。依据不当得利返还的一般法理框架,对此可从以下几个方面加以分析:(1)利益与价额。"权益侵害型不当得利"之"所受利益",并非受领他方之给付,而是对他人之物或权利的占有使用,对于"标表型人格权"而言,侵害人所受利益即对姓名、肖像等人格标识的利用。此类利益,依其性质不能"原物"返还,故应偿还其价额。返还价额的确定,应依该人格标识的市场价值客观地加以计算,即侵害人应返还被侵害该人格标识的通常的许可使用费(其金额得因权利人为名人或一般人而有不同)。如被害人曾经授权他人使用其姓名、肖像为商业用途而收取报酬,其金额可以作为确定返还价额的参考。⑤ (2)善意与恶意。依各国不当得利立法通例,恶意受领人之返还义务应苛于善意受领人,即:善意受领人仅返还现存利益,其所受利益已不存在者,免负返还或偿还价额的责任;恶意受领人则应将受领时

① 北京市第一中级人民法院(2005)一中民中字第8144号民事判决书。
② 洪学军.论侵害他人权益型不当得利[J].中国青年政治学院学报,2003(2).
③ 李琛,汪泽.论侵害他人商标权的不当得利[J].河南社会科学,2005(2).
④ 王泽鉴.债法原理:不当得利[M].台北:三民书局,1999:156—157.
⑤ 王泽鉴.人格权法[M].台北:三民书局,2012:554.

所得利益或知悉无法律上原因时所现存之利益附加利息一并偿还,如有损害,并应赔偿。①但在侵害"标表型人格权"场合,侵害人对他人人格标识的使用多属明知无法律上的原因亦即恶意使用,善意之情形殊难想象(诉讼上可采举证责任倒置规则),因此通常应负恶意受领人的返还及义务。(3)价额与利润。不当得利债务人除返还所得利益或相当价额外,是否须返还所得利润?学界向有不同见解。这一问题同样存在于侵害"标表型人格权"之场合。有学者主张,对于肖像权人而言,不当得利价额之返还,应包括利润始有意义;反对说则认为,(侵害肖像权)不当得利请求权的范围,应限于若有拟制之同意(fiktive Veroeffentlichungserlaubnis)时,原应有之适当补偿。被害人对侵害型不当得利人主张返还不当利益时,应认为其有次拟制之同意;反之,如其不可能为此同意时,必然提起侵权之诉,不会主张不当得利。② 笔者认为,从一般意义上说,主张债务人须返还所获利润,意味着对其行为违法性的强调,从而使不当得利返还具有了制裁性,与不当得利制度的"取除"功能似有不合;但在"权益侵害型不当得利"场合,当债务人为恶意受益人时,若许可其保有利润,则无助于遏制受益人侵害他人权益的行为,③无以体现法律秩序的公正(此点在债务人获利远远超过通常许可使用费的情形下尤其重要)。在德国,对于涉及侵害知识产权得利的纠纷,对于恶意受益人应当返还所得利润已形成共识,法院有时适用不真正无因管理规则使受益人负返还管理他人事务所获收益(包括利润)的义务,但更多的时候还是适用习惯法的规则。④这一做法,对于涉及侵害"标表型人格权"得利纠纷的处理具有借鉴意义。

① 王泽鉴.债法原理:不当得利[M].台北:三民书局,1999:201,209.
② 黄立.民法债编总论[M].北京:中国政法大学出版社,2002:222—223.
③ 邹海林.我国民法上的不当得利[A]//梁慧星,主编.民商法论丛(第7卷)[C].北京:法律出版社,1996.
④ Zweigert/Körz,Einführung in die Rechtsvergleichung,S.546.转引自傅广宇.侵害权益型不当得利与人格权保护[J].未刊稿.

第三编

物权编

物权债权区分理论的再证成[*]

一、物债区分相对性理论的生成

在传统的德国法系民法中,作为财产权的主要构成部分,物权和债权有着严格的界分。但是关于物权债权的区分标准,无论是在学理上还是在各国立法中都存在着不同的解读。对于内容、效力和客体,究竟何者单独构成或者结合起来构成了区分物权债权的标尺,究竟在这些标准之中何者为最为本质和核心的标准,一直众说纷纭。加之随着经济的发展及社会生活的多样化,财产权利关系的法设计日益复杂化,新型权利不断涌现,出现了所谓"权利爆炸"的景象,由此带来了物权、债权逐渐相互渗透,相互融合,物权与债权界区的模糊化。[①]

然而,困境不仅仅源于新型权利不断涌现所带来的对既有解释框架的冲击。在中国的语境中,从更深层次意义上说,是由于在中国这个大规模的实验场上,诸种范式私法体系和民法制度相互碰撞、抵牾而生的难解之局。通过对我国民法制度史的疏证,不难看出民国时期主要效仿德日,[②]新中国成立之后至改革开放初期深受苏俄的影响,因而可以说我国民法的制度体系总体上属于德国法系的范畴。《民法通则》的体系结构即为典型例证。改革开放三十年的恢宏历程,也是中国民法展开胸襟海纳百川,深沐欧风美雨的三十年。丰富多样的法制资源一方面让我们得以优中选优,另一方面也令我们想运用既定的体系框架去涵盖所选取的具体制度时面临着尴尬。比如,《物权法》中诸多条文规定物权登记效力时采登记对抗主义,[③]这就与德国当今的主流观点"物权的最大特征是其绝对性(Absolutheit)"[④]背道而驰,难以进行体系整理。

法学理论的分歧,甚至误导,加之生活事实的日益复杂化,使得一些学者纷纷著书撰文

---

[*] 原载于《法学家》2010 年第 6 期,第二作者武亦文。

① 余能斌,王申义.论物权法的现代化发展趋势[J].中国法学,1998(1);马俊驹,曹治国.守成与创新——对制定我国民法典的几点看法[J].法律科学,2003(5).

② 梅仲协.民法要义[M].北京:中国政法大学出版社,1998:初版序.

③ 《物权法》第 24 条、第 127 条、第 158 条、第 188 条等,皆此适例。固然有人对登记对抗主义大唱"挽歌"[参见黄铭杰."登记对抗主义"的挽歌——评最高法院九十六年度台上字第一六五八号判决[J].月旦法学杂志,2008(3).],不过登记对抗主义绝非该作者所言的形同具文和成为橘越淮成枳之笑柄,详细论述见下文。

④ 鲍尔,施蒂尔纳.德国物权法(上册)[M].张双根,译.北京:法律出版社,2004:12.

对物债区分理论提出了质疑。有人惊呼物债二元财产法体系将要崩溃,物权债权之间不再具有清晰的界线,"以致使人们试图在学说上对二者加以区别已变得毫无意义及根本不可能……物权和债权这一理论上的分野,实已为现代市场经济的实践所打破,而次地趋于合流"①。一些学者把这些现象概括为"债权物权化"和"物权债权化",用以形容物权与债权在概念上的模糊。这便是物权债权区分相对性理论。

就整体框架而言,有学者认为,物债区分理论存在先天不足。在德国,绝对权/相对权的区分论是在自然法论和请求权观念的影响下确立的,在现实的生活事实和法律保护之间设置了抽象的权利概念,将权利关系只视为人与人的意思关系,并由此从权利概念出发,从逻辑上判断法律保护的有无。因而难以产生观察该权利、法益在现实社会生活中的实际作用,并给予与之适应的法律保护的态度,造成了对多姿多彩生活事实法律保护不充分的情况。②另外,这也是因为现实生活中存在的和法律规定的权利,并非都是典型的权利。在权利的色谱中,处于物权和债权两大典型权利的夹缝中的那些权利,就是物权与债权划分的模糊地带。③并且,随着权利公示制度的完善与公示技术的发展,债权公示的可行性正在逐步提高,债权在很多情形中也能产生涉他性效力。另外,物权也并非在任何情形中都具备涉他性效力。支配权与请求权之间也不具有截然的区分,债权与物权在本质上都是支配权。其区别仅仅在于支配的客体不同而已,以是否具有支配为依据区分物权与债权的理由并不充分,由此其能否继续充任未来民法典财产权利体系构建之基础值得深思。④推衍到极致,甚至有学者认为,物权的本质是债权,理由在于物权由债权转换而来,债权的局部也可以转换为物权(不动产租赁权的物权化是契约部分内容的强制),"物权法定是将债权转化为物权的技术手段"。中日两国的立法实际上是在将债权转换为物权。⑤物权和债权的区分只具有形式意义,而没有实质差别。

"物债区分相对性"的支持者还指出,在具体制度方面,"债权物权化"的现象,如租赁关系的涉他性效力(或言买卖不破租赁)、法定优先权、⑥预告登记之下的债权,⑦和"物权债权化"现象,如登记对抗主义下未登记的物权、⑧具有债权属性的担保物权⑨等,都充分说明了物权与债权的区分只具有相对意义。

---

① 陈华彬.物权法原理[M].北京:国家行政学院出版社,1998:20.

② 王茵.不动产物权变动和交易安全——日德法三国物权变动模式的比较研究[M].北京:法律出版社,2004:49.

③ 刘保玉.物权体系论——中国物权法上的物权类型设计[M].北京:人民法院出版社,2004:66.

④ 刘德良,许中缘.物权债权区分理论的质疑[J].河北法学,2007(1).

⑤ 申政武.物权的本质论与物权法定原则——近代日本法与现代中国法的双重视点[A]//渠涛,主编.中日民商法研究(第6卷)[C].北京:北京大学出版社,2007:88—90.

⑥ 刘保玉,秦伟.物权与债权的区分及其相对性问题论纲[J].法学论坛,2002(5).

⑦ 王利明.物权法论[M].北京:中国政法大学出版社,1998:12.

⑧ 梁慧星,陈华彬.物权法[M].北京:法律出版社,1997:22.

⑨ 加贺山茂.论担保物权的性质[A].于敏,译.//梁慧星,主编.民商法论丛(第15卷)[C].北京:法律出版社,2000:476.

基于对物债区分相对化的认识,学者们提出许多所谓的解决之道。较为温和的方案是在认识论意义上保留此分类的同时,必须在实证意义上将其弱化:设定一切权利都具有剩余性,因此权利应该"反向认定",分别按具体标准考察权利的权能,并改变传统意思自治标准,以"当事人的知晓"为标准决定交往秩序的平衡。[①] 有人提出,要将财产权利体系改造为排他性财产权和非排他性财产权的二元划分。[②] 还有人认为,基于现实考量,可以保留传统的所有权(物权)制度,但应引入更高层次的财产权概念,对新型财产权利赋予它与所有权(物权)和债权平等的地位。[③] 最为激进者,认为应当彻底取消物债区分,而改为采纳英美的财产法制度[④]。

果真如此么？笔者认为,物债区分相对性理论是一种失败的理论尝试,因为它缺乏对物权与债权本质的正确认识。

二、学说汇纂体系下的物权债权区分理论

作为大陆法系民法重要分支的德国民法体系,是以罗马法上的《学说汇纂》为基础创设的具有严密逻辑性的法律体系,其主要特征之一就是以物权和债权的严格区分为其基础性构成部分。物权和债权严格区分的财产法体系,源自对物诉讼(action in rem)和对人诉讼(actio in personam)的诉讼格式划分。[⑤] 这种划分纯粹是古罗马裁判官为求便利诉讼所做的技术安排,[⑥]在罗马法的全部立法文献中,立法者始终未提出"物权"一词,只是提出了一些具体的物权类型。[⑦] 但是,这种诉讼程式的划分"以及中世纪日耳曼法为了有效地实现土地控制,将权利束缚在不动产上的多种物权性实践,对于后来物权债权划分的形成,既铺垫了必要的理论和实践基础,也构成了后续思维发展的路径依赖和前见限制"[⑧]。

从罗马法复兴运动到近代自然法学思潮,逐渐明确形成了对物权(jus in re)与对人权(jus in personam)的二元划分。[⑨] 如近代自然法奠基人格劳秀斯,已把权利的类型主要划分

① 冉昊.论"中间型权利"与财产法二元架构——兼论分类的方法论意义[J].中国法学,2005(6).

② 李强.财产权二元体系新论——以排他性财产权与非排他性财产权的区分为视角[J].现代法学,2009(2).

③ 梅夏英.财产权构造的基础分析[M].北京:人民法院出版社,2002:233.

④ 顾培东.法学与经济学的探索[M].北京:中国人民公安大学出版社,1994:136.

⑤ 然亦有人认为,我们一般所理解的区分观念,即以物权和债权为不同逻辑构成,并从这样的权利概念区分中推导出不同法律保护形式的思考方法,与罗马法是没有任何关系的。因为罗马法尚未以权利概念为体系基础,不存在这样的一般性构成。在罗马法这种诉权体系下,区分物的诉权和人的诉权,与其说意味着基础性权利的区分,毋宁说表现的是法律保护和诉讼形态(方式)的区别。王茵.不动产物权变动和交易安全——日德法三国物权变动模式的比较研究[M].北京:法律出版社,2004:38.

⑥ 彼得罗·彭梵得.罗马法教科书[M].黄风,译.北京:中国政法大学出版社,2005:65-67.

⑦ 徐国栋.罗马私法要论——文本与分析[M].北京:科学出版社,2007:121.

⑧ 冉昊.论"中间型权利"与财产法二元架构——兼论分类的方法论意义[J].中国法学,2005(6).

⑨ 冉昊.论"中间型权利"与财产法二元架构——兼论分类的方法论意义[J].中国法学,2005(6).

为 beheering 和 inschuld,即对物权与对人权。① 由 18 世纪后期至 19 世纪中期,在对物权与对人权划分的认识基础上,法国的波蒂埃、德国的萨维尼进一步提出了物权与债权的分类。② 萨维尼主要是通过客体的区别,论证了物权与债权相分立的正当性。③ 从其背后更根本性的社会经济理由来看,个人支配和契约的分化促进了物权和债权分类的形成。而从 19 世纪后半叶至 20 世纪前半叶,二者的区分从对象标准转向了效力标准,即对世生效抑或仅拘束于相对人。④ 德国对罗马法的继受非一朝一夕达成,在长期实务经验的累积过程中,超越了罗马法的个别条文,而继受其法的根本精神。⑤ 德国法学的集大成者温德沙伊德(Windscheid)从罗马法上的 actio 出发提出"请求权"的概念,进一步将物权与债权分别理解为对一切人的请求权和对特定人的请求权。⑥ 温氏的学说对"德国民法典"的制定产生了重大影响。德国民法典对于债法与物法的体系划分,主要建立在绝对权和相对权相互区分的基础之上。⑦ 但是,通过对德国私法学说史的梳理可知,物债区分的基础问题,在学理上始终是一个莫衷一是的问题。⑧ 此外,这一原则,在日本也受到了挑战。日本法在继受潘德克顿的过程中,表面上是采纳了潘德克顿的物权债权区分论,实际上却是吸收了法国法的物权为直接支配物的权利的理论,将物权与债权的本质区别定位为物权为支配权、债权为请求权这一基点。⑨ 日本学界的主流学者几乎一致认同物权债权的区分标准主要是支配权与请求权的划分。⑩ 此

---

① 金可可.对人权与对物权的区分理论的历史渊源[J].易继明,主编.私法研究:第 4 卷[C].北京:中国政法大学出版社,2004:463-466,478-496.

② 濑川信久.物权债权二分论之意义及其适用范围[A]//渠涛,主编.中日民商法研究(第 2 卷)[C].北京:法律出版社,2004:173.

③ 金可可.债权物权区分说的构成要素[J].法学研究,2005(1).萨维尼还认为,虽然不得不承认债权与物权在相对人方面的区别,但是此种区分会混淆家庭权与债之间的本质区别,因此是不可取的;也就是说,他从论证其新法律体系这一中心任务出发,认为不能以绝对权和相对权的区分来作为债权与物权的本质区别.参见金可可.私法体系中的物权债权区分说——萨维尼的理论贡献[J].中国社会科学,2006(2).

④ 冉昊.论"中间型权利"与财产法二元架构——兼论分类的方法论意义[J].中国法学,2005(6).

⑤ 戴东雄.中世纪意大利法学与德国的继受罗马法[M].北京:中国政法大学出版社,2003:337-339.

⑥ 金可可.论温德沙伊德的请求权概念[J].比较法研究,2005(3);金可可.温德沙伊德论债权与物权的区分[A]//王洪亮,张双根,田士永,主编.中德私法研究(第 1 卷)[C].北京:北京大学出版社,2006:165-174.

⑦ 迪特尔·梅迪库斯.德国民法总论[M].邵建东,译.法律出版社,2000:21.德国《民法典》依效力、内容和客体三重标准建立了财产法体系中的物债二元区分结构,但效力是最主要的区分标准.

⑧ 法律的出台并不一定会湮没学术的激辩,许多德国学者就提出了与温特沙伊德不同的观点.依金可可的归纳,对于物权的本质特征或判定物权的标准,在德国学说史上,计有绝对性说、支配性说、长期性说、强制执行效力说、破产效力说等,即便在绝对性说与支配性说内部,也各有不同的见解.金可可.基于债务关系之支配权[J].法学研究,2009(2).

⑨ 王茵.不动产物权变动和交易安全——日德法三国物权变动模式的比较研究[M].北京:法律出版社,2004:50-51.

⑩ 我妻荣.新订物权法[M].有泉亨,补订.罗丽,译.北京:中国法制出版社,2008:9-11;田山辉明.物权法[M].陆庆胜,译.北京:法律出版社,2001:8-9;近江幸治.民法讲义Ⅱ物权法[M].王茵,译.北京:北京大学出版社,2006:4-5.

即依权利的内容所作的划分。

物权债权相互区分的确立,从纵向的维度来看,大致是沿着早期主要依客体区分,过渡到主要依效力区分,到近期出现了主要依内容而区分;[①] 而从横向的维度而言,即存在依客体、效力和内容之间的交集来确定区分,也存在着主要依效力或内容而判定的立法实然,在学说上也多有歧见,这都为之后对物权债权区分理论的质疑埋下了伏笔。但是,这也至少证明了物债区分的基础并非当然的就是绝对权与相对权的区分,对此并没有定见,于是进一步探讨的空间便展现于前。

一般而言,物权的经典表述为"对有体物的绝对支配权",债权就是"请求特定人为或不为某种行为的相对权"。[②] 然而在中国的语境下,物权和债权的区分立法,以及对登记对抗主义和应收账款质押等的承认,已经成为既定的事实。此时,无论是削足适履地去摒除与传统物债区分理论不相契合的具体制度,还是因噎废食地欲从立法上根本取缔物债的区分,都是不切实际的妄想。最为恰当的做法理应是尝试用新思维去解读现状,对物权债权区分理论进行再证成。卡尔·拉伦茨在其《法学方法论》中谈到,法学理论是由多数——彼此具有推论关系,而此种关系本身又可满足起码的一致性及可检验性的要求之——陈述所构成的体系。具备"正当性"的法学理论不仅应在形式逻辑上无矛盾性,而且要有可检验性,即法学理论必须以现行法规范、被承认的法律原则以及部分体系为依据,对之为审查。[③] 据此,下文分两个层面再证成物债区分理论:第三部分侧重于从正反两个方面以形式逻辑推理方式证成物债区分的合理性,第四部分则意在检验是否能用重新诠释过的物债区分理论将一些特殊的具体制度在物债区分的财产法体系中恰当归位。

三、物权债权区分理论的总体性证成

固然由于本身内容的不甚明了,传统物权债权区分理论缺乏对过渡性或边缘性财产权利的解释力和整合力,但是解读方法存在问题,并不当然地表明解读对象本身也存在生存危机,物权债权仍然可能是两种彼此独立的财产权利,是能够将两者明确界分的。只是需要理清方法逻辑,而不必弱化后作为权宜之计,或者彻底否定后推倒重来。

(一)物债区分合理性的立论基础:支配权与请求权的划分

虽然法学理论证成的过程是演绎推理的过程,但是在逻辑推衍之前必须明晰该理论之基础概念的基本内涵,并以此为推理、验证的原点。物债区分理论之中最为根本的问题在于物权和债权究竟以何为标准进行划分。只有厘清了这个基础问题,才可以此为根据,找寻物债区分合理性的根据,并通过批驳"物债区分相对性"理论的种种错谬来论证物债区分的合

① 冉昊.论"中间型权利"与财产法二元架构——兼论分类的方法论意义[J].中国法学,2005(6).
② 金可可.债权物权区分说的构成要素[J].法学研究,2005(1).
③ 卡尔·拉伦茨.法学方法论[M].陈爱娥,译.北京:商务印书馆,2003:326-327.

理性,以及支撑"物债区分相对性"若干例证的重新定位,从而完成物债区分理论的再证成。

物权债权的区分是从对物之诉和对人之诉的区分演化而来的,由于诉永远表征着一种人与人之间的关系,这种背景下的对物权概念也就必然只能在人与人之间的关系上转圈,[①]而极易让我们将绝对权和相对权的划分作为物债区分的基础。但如果将视域放宽至物债区分的理论和立法实践的历史脉络之中,事实并非我们所想当然的那样,而是作为德国法系民法"前见"的物权债权区分理论的区分标准在认识上存在着极大的歧见。一个我们以为很清楚的东西,一直以来就并不明确。所谓的德国法以降,以绝对权和相对权的划分作为物债区分的基础云云,值得商榷。物权债权区分理论的真正基础应是支配权与请求权的划分。以下仅从物权的角度加以论证,债权方面可依相同的道理推出。所谓从物权的角度论证,即是分析物权的本质属性是什么,或者说何者是判定是否是物权的标准。

作为民法典体系基础之一的物债相互区分的财产法体系最初是依形式逻辑规则建构之抽象、一般概念的体系。"物权"这个概念正是通过对生活现象的抽象化所形成的,且涵摄特定领域范围的生活现象。物权的概念自产生以来就长期被作为"抽象一般的概念"理解,而抽象概念是由若干孤立的要素结合起来所构成的。依逻辑法则,"最高"概念可以包含大部分其他(添加了不同要素的)概念,前者的内涵最小,因其仅借少数要素而被描述,反之,其外延最大,拥有最宽广的适用领域;最低概念之内涵最为丰盈,因其具有大部分的要素。[②] 就物权而言,首先,物权必有支配状态,所谓直接支配,是指权利主体依自己的意思对标的物直接行使权利,无须以他人的意思或行为作为中介。例如,土地所有人可耕种其土地,地役权人可使用供役地,抵押权人可依法处分抵押物。物权意义上的直接支配,有的是全面的(如所有权),有的是定限的(如他物权);有的是有形的(如留置权),有的是无形的(如抵押权);有的由权利人任意进行(如地役权),有的须履行法定程序(如抵押权)。在物权当中肯定存在对物的直接支配,这种直接支配的利益实现方式就是支配权的行使。其次,物权不一定都具有绝对性或其客体都是有体物,尽管较为典型的绝大多数的物权都具有这两种特性。物权中意思支配的法律效力,可能具有排他性后果,也可能为否。即使具有排他性后果,又存在排斥一切人和仅仅排斥相对人等种种可能。如果权利在例外情形下不具有绝对性,也不能因之而认定其并非物权。物权的客体既可能是有体物,也可能是无体物。不管是否承认知识产权属于广义物权,至少权利质权属于物权是无由否认的,而且对此也不能以"例外"为借口搪塞过去。何况现代工商社会已非风车磨坊的时代,无形财产支配权甚至已超越有形财产权,而成为市民社会财产权利的主要形态,要想维系物权法作为财产归属和利用基本法的地位,就必须有所应变。由此不难得知,支配权乃是物权的"绝对必要构成要素",缺其不成立物权。而绝对性、客体有体性和优先性等只是物权的"相对必要构成要素"。要成立一项

---

① 金可可.论支配权概念——以德国民法学为背景[J].中国法学,2006(2).

② 卡尔·拉伦茨.法学方法论[M].陈爱娥,译.北京:商务印书馆,2003:318.

物权,在具有支配性的同时,可能再加上相对必要构成要素中的一种、多种或全部。① 在"抽象一般的概念"的意义上,物权作为民法体系的基础性概念,有宽广的涵摄范围,支配权是其唯一根本构成要素。

然而,仅仅这种提取公因式的方法并不足够,因为合并同类项而形成的抽象概念,在帮助提纲挈领的同时,会随着抽象程度的升高而愈发空洞,在某些情形下由作为规整基础的价值标准及法律原则所生的意义脉络不复可见,而其正系理解规整所必要者。② 是故,概念的内容必须可以将作为规整基础的,其与决定性原则之间的意义关联,以浓缩但仍可辨识的方式表达出来。这种意义上的概念被称为"规定功能的概念"③。就此而言,物权的概念并不应仅仅借省略不同物权之间的差异,确认其共同之处而获得的,而更应是借找出物权的特殊意义内涵及其功能而得出的。以绝对性作为物权的判断标准,脱胎于以诉的选取来为权利定性,明显是"倒果为因"。法律建构不应停留于粗糙的直观认知,正常的形式逻辑是先有一项主观权利,再根据此项权利的性质提起相应的诉讼,而不是相反。对于一项权利而言,重要的不在于它可以针对一切人、特定人还是相对人,而在于权利本身的具体构成为何。权利的内容或权利行使的行为特征,而非权利的效力,被作为权利的实质对待。任何民事权利都以一定的利益为内容,权利的实现即意味着利益的实现,但各种权利的利益实现方式并不相同。物权的最大特点在于,它是通过权利主体对物的直接支配而实现其利益的。比如一个农民之所以想要获得一项土地承包经营权,不是为了制止他人进入他的土地,而是为了通过种地获取生活资料。在物权的诸项权能中,占有、使用、收益和处分等体现支配性的积极权能,比体现绝对性的消极权能更能反映物权的特殊意义内涵及其功能。在"规定功能的概念"意义上理解物权,支配权仍是其唯一本质要素。

另者,物权并非支配权或财产支配权的同义语。有学者指出,支配权早已超出了物权的范围,具体而言包括对物的支配权(如物权、基于债务关系的支配权)、对精神产品的支配权(知识产权)、对自身人格的支配权(人格权),以及对财产权利的支配权(如权利质权)。④ 笔者也认为,广义的财产支配权包括物权、知识产权和权利质权。⑤ 如上升至支配状态的概念层次,则除了物权和基于债务关系之非物权的支配权之外,还包括没有基础权源或基础权源不明的支配状态,即事实占有。依其支配状态的基础关系不同,各种支配之排他效力的强度上有所区别。一般而言,物权最强,基于债务关系之非物权的支配权次之(在其范畴内又因

---

① 有学者认为,应将物权和债权分别还原为构成要素的结合,一组构成要素为支配权和请求权,另一组构成要素是绝对权和相对权。然而,本质的不同是,金可可认为,要成立物权或债权,一定必须同时具备两组构成要素中各一项特定要素,且这两组构成要素同等重要{参见金可可.债权物权区分说的构成要素[J].法学研究,2005(1).}。然而笔者认为,第一组构成要素为本质要素,物债成立必具其一,而第二组构成要素则为非本质要素,一般情形物债成立也分别具有某一要素,但并非一概如此。

② 卡尔·拉伦茨.法学方法论[M].陈爱娥,译.北京:商务印书馆,2003:332.

③ 卡尔·拉伦茨.法学方法论[M].陈爱娥,译.北京:商务印书馆,2003:355.

④ 金可可.论支配权概念——以德国民法学为背景[J].中国法学,2006(2).

⑤ 具体论证可参见温世扬.财产支配权论要[J].中国法学,2005(5).

基础关系的不同而有所差异），事实占有最弱。相同的是，无论什么情况下的支配状态都是与其基础关系相分离的。由此可见，物权乃是经由立法者在众多对财产的支配状态中选取某些特定的支配状态改造为物权，其他的支配状态则要么确定为效力弱化的支配权，要么仅是提供临时保护的支配事实。物权的核心内容就是支配权，支配权对于物权而言不可或缺。

综上而言，支配权是物权的唯一本质构成要素。同理可推知，请求权，而不是相对性、平等性或相容性，乃是债权的唯一本质构成要素。

由于所谓的基础，尽管是核心的部分，也仅仅可能只是部分，要证成物债区分的真正基础，关键在于辨析何者才分别是物权和债权的本质属性，或者说某种要素需要符合"有之未必行，无之必不行"的条件，而不需要找到一个权利成立的充分必要条件，因为这是做不到的。无法寻求充分必要条件的理由在于，依据物权法语境中的一个重要原理"物权法定主义"，一种法律关系符合物权的本质属性，且包含其他相应的构成要素，仍然可能由于立法者的无视，而不能成其为物权。比如德国有土地债务，日本有温泉权，这些权利在各自国家都是物权，且契合物权的特征，但在现时中国绝无肯认为物权的余地。因为支配权和请求权分别对于物权和债权而言，符合"有之未必行，无之必不行"的条件，所以皆是对应权利的本质属性。内容（内部关系）上的区分，而不是效力（外部关系）上的分别，构成物权和债权之间最为本质的区别。物债区分的真正基础确实在于支配权和请求权。

另须澄清的是，"相对必要构成要素"是从相应权利人的视角观之，如物权于特定情形可能需要具有绝对性要素，但是从相关权利人的视角来看，则不称其为"特征"，如相较于债权而言，就不能说绝对性是物权的特征，因为债权完全可能具有绝对性，而物权也可能没有绝对性。职是之故，具有绝对性的权利固然不能武断地定性为物权，也同样不能径直推断是所谓的"物权化"。同理，"债权化"云云，也是言之谬矣。

（二）物债区分合理性的根源：物债区分二元结构的不周延性

那么为何物债区分相对性的学说会长期大行其道呢？这源于一个认知上的错误。"由于潘德克顿法学将财产法分为债法与物权法两部分，所以人们往往试图以债权与物权这两种权利形式来涵盖一切财产权利，一旦出现债权与物权的区分模式无法容纳的情形，就称之为'债权物权化'或'物权债权化'。"[①]在新型或者新近引入的财产权利种类之中，固然存在部分财产权利，如知识产权，有可能通过在物债区分二元结构之内加以整合。但是，仍然存在一些财产权利类型难于恰当归位，而容易产生对物债区分二元结构的质疑。

也正是由于对财产权利体系二元结构的单一化认识，造成了我们长期对许多权利的性质判定不清。试举两例说明之。其一，股权的性质。在股份公司中，所有人对其所有物的支配权，转化为对财产权价值形态享有收益权为主的股权。关于股权的性质，理论界主要有股东所有权说和债权说两种观点。对于股东所有权说，无法解释的问题是，股东个人实际上丧失了对公司财产的最终处分权。在传统所有权理论中，这种核心权能的丧失使股东的"所有

---

① 金可可.债权物权区分说的构成要素[J].法学研究,2005(1).

权"至少是很不完整的。对于股权债权说,存在的问题是,股权并不仅仅表现为一种分配股息、红利的请求权,而主要表现为股东的表决权、新股认购权及股份处置权等,这些均超出了债权的范围。其二,信托财产的性质。英美法中信托人将信托财产交给受托人管理或处理,受托人取得该项财产的处分权,信托人或受益人则享有信托利益的收益权。对于受托人和受益第三人享有的权利属何种性质,英美法通过"多重产权"获得了与其传统理论一致的解释,而大陆法系学者则一筹莫展,始终无法自圆其说。有观点认为,受托人享有信托财产的所有权,受益人则享有针对受托人的债权。① 这种解释的不妥之处在于,受托人的权利只限制在财产管理的范围之内,并不能随意处分信托财产,这与民法的"所有权"相差很远。另一种观点认为,受益第三人享有信托财产的所有权,而受托人则仅享有代理权限。② 这种解释又存在新问题。受益人缺乏民法上的所有权,而依委托人的意图,受托人绝非仅仅享有代理权,民法上的代理结构与信托法律结构完全不同。与其将股权和信托财产权利胡乱归位,不如退回原点重新审视,事实上股权、信托财产权等都是区别于物权债权的他种财产权利类型。③

由此而知,生活事实对于概念体系而言,从来就具有剩余性和部分不可化约性。借抽象概念建构一个封闭、无漏洞体系的理想,即使在"概念法学"的鼎盛时期也从未完全实现。④只是一直以来以绝对权和相对权这样一组对偶闭合的概念作为物债区分基础的认识,遮蔽了事实真相。实际上,债权与物权的区分本身并不是对财产权的周延分类,其并不能涵盖一切的财产权利形式,股权等皆属于物债之外的他种财产权利类型。我们将这种现象称为"债权与物权区分的不周延性"。虽然物权与债权无法涵盖整个财产权利体系,但就是两者内部的区分本身而言,则仍然是清晰的。物权债权区分理论合理性的根源恰恰在于物债区分的概念体系是明晰而具有开放性的。

(三)物债区分合理性的反证:"物债区分相对性"诸学说批判

坚持物债区分合理性者,在中国大陆民法学界中仍位居主流。而对此问题的质疑,要么一笔带过,要么避而不答。回应也是简单地说物债基本区分仍在,相对化只是支流,或言基于继受现实,推倒重来成本太高,在论证上都颇为潦草。也就是说,学界对此始终没有给出一个有说服力的证成。不予理睬、自说自话绝非应对良策,直面批评开展反批判、在澄清式和建构式诠释下对物债区分理论予以再证成方为正道。

所谓"色谱论"不能成立,物权债权之间并不存在所谓的"模糊地带"。颜色之间有过渡地带,但却不能由此否认各种基本色之间的区分。谁也不能说,蓝色和黑色之间存在蓝黑的

---

① 周小明.信托制度比较研究[M].北京:法律出版社,1995:30.

② 周小明.信托制度比较研究[M].北京:法律出版社,1995:34.

③ 尚须注意的是,信托财产权是英美法系的产物,而后为一些大陆法系国家所继受,并产生系统性难题。除了将信托财产权定性为物权债权之外的他种财产权利类型之外,解决之道还可能为从根本上否定该项法律移植的合理性。参见李培锋.英美信托财产权难以融入大陆法物权体系的根源[J].环球法律评论,2009(5).

④ 卡尔·拉伦茨.法学方法论[M].陈爱娥,译.北京:商务印书馆,2003:330.

过渡色带,蓝色与黑色就只具有相对性,蓝、黑两色的概念需要弱化或取消。而且所谓过渡性的颜色其实就是原色之外的独立颜色。同理,也不可由物债之外存在他种财产权利而推知物债之间的区分具有相对性。据学者考证,在传统民法作出对物权和对人权二元划分之前,就已经出现"向物权"等过渡性、边缘性权利状态,①何以其后还会创设出物债二元划分的财产法体系? 这是否反证物债二元划分与这些过渡性、边缘性权利状态并不是非此即彼的关系? 另外,通过对物权确立的考古来看,论证物权的本质是债权的若干理由之一,"物权由债权转换而来,债权的局部也可以转换为物权,物权法定是将债权转化为物权的技术手段",其本身就是不正确的。笔者认为,物权可以依法律行为之外的方式取得,比如先占等,并不一定是债之履行的后果。物权也并不是由债权转化而来,而只是于特定情形,依法政策上的考量,将某些债权产生的支配状态改造为支配性财产权利的结果。至于物权的本质是债权的论断,则更为荒谬。即使债权是由物权转化而来的,也绝不能说子体的本质是母体。物权和债权的区分既具有形式意义,也具有实质差别。那种认为债权与物权在本质上都是支配权的说法也是错误的。现代法治的一个重要理念就是人身具有不可支配性,而人身与人的行为是难以区分的。所谓的不支配人身,只支配人的行为的说法,有诡辩之嫌。

由物债区分相对性推衍出来的解决方案,比如废除物债基本区分,而改采排他性财产权和非排他性财产权的区分来划分财产权体系,也是源于误读。物权为什么需要公示,而债权一般无须公示? 不是因为物权是绝对权,债权是相对权,而是因为物权的种类特定,既便于公示且数量有限。并且由于法技术手段的限制和一般只涉及相对双方,债权不可能也不需要进行普遍性公示。可见,先有支配,再有公示,而不是相反。何者需要公示,不是随性而为,而是依性质而定,公示权利和非公示权利的划分难以成为财产权利的基本划分。

四、"物债区分相对性"若干例证的重新审视

既然物权与债权具有明显的区别与差异,那么,如何看待"债权物权化"和"物权债权化"呢? 所谓物权债权化、债权物权化是一些学者在传统物权理论不能充分解释生活现象时所作的一种巧辩。"债权物权化"的逻辑缺陷主要在于将涉他性等同于物权性,在某些特定债权具有涉他效力时,就认为其具有物权属性,这些债权就物权化了。而"物权债权化"则错误地将物权定位为对世权,由此出发,有学者便认为对世性的丧失或降低,会导致物权具有债权属性。这是典型的浅尝辄止与不求甚解:只看重表面现象,缺乏对本质的深刻洞察。德国式的物债二元划分,由于高度的抽象与概括性质,具有非常广泛宽阔的解释空间与适应能力。

（一）"债权物权化"现象的再定位

学界对"债权物权化"现象的论述,多以租赁关系的物权化、所有权让与合意的预告登记

---

① 冉昊.论"中间型权利"与财产法二元架构——兼论分类的方法论意义[J].中国法学,2005(6).

为范例,下文分别研讨之。

1.租赁关系的物权化

"租赁权"常被论者有意无意地当作一项独立的权利。一般认为,租赁权是承租人基于租赁合同而对标的物进行使用、收益的债权。① 但是,租赁权这种说法本身并非一项严格的法律用语。所谓的"物权化"大概有两个意向维度:一为具有物权的某些属性,另为存在向物权转化的趋势,或者说根本就已异化为物权。事实上,"租赁关系物权化"的典型例证"买卖不破租赁"是使租赁契约发生法定的债之承担。在德国法上,租赁关系不需要借助不动产登记手段即可"物权化"(产生对抗效力),不难推想,德国民法仍然是坚守租赁关系的债权性质,认为其并不具有登记能力。且各国法律并未给予承租人对租赁物的用益权利以用益物权的身份,只是赋予债之关系下的支配状态以对抗效力,承租人不可以以租赁权受侵害为由向第三人主张租赁权的效力。由此可见,与优先权一样,所谓的租赁权("买卖不破租赁")也并不能说明债权物权化,因为这些权利都是基于对社会政策的考量而赋予特定债权以特殊强化的效力,并不具有变成物权的趋势,或者具备物权的某些特征。使债权变成物权,那就更不可能。实际上这些权利的效力不仅强过债权,也强过物权。难道说效力强于物权的权利还是物权?这无疑是说不通的。"租赁权"究竟是指租赁债权还是租赁关系下的支配关系呢?事实上,这两者中可能物权化的只有租赁关系下的支配关系。如果不认为它需要物权化,那么显然不存在债权物权化;如果承认它需要物权化,物权化的也只是这种支配状态,而租赁债权仍然没有物权化。这样看来,租赁权物权化的观点根本站不住脚。"'租赁权'与其说是一项独立的权利,不如说是租赁之债的效力,它既非以租赁物为客体,自身亦无独立存在的价值。此亦说明,借助'租赁权'概念而表述的'租赁权物权化'命题,意义实在有限。"②

2.预告登记下的债权

预告登记是指为确保债权在特定当事人之间的实现和未来物权对第三人的排他性效力而进行的提前登记。③ 德国法上的预告登记有多种。④ 在诸种预告登记类型之中,实际上只有所有权让与合意预告登记具有"物权化"的可能。究其制度成因,在于买卖契约签订后至买受人经登记成为所有人之间,常存在一个时间差,在此时间差内,提供给买受人(即所有权让与之请求权人)一项临时性担保手段,限制或禁止物权人的再处分权,以保障其所预期的所有权的取得。可是,预告登记下的债权仍缺乏支配性,既缺乏事实上的支配,也因预告登记权利人对标的不构成间接占有和不具有处分权,而缺乏法律上的支配。⑤ 物权的标的物必须具有现在性、独立性和特定性,而债权的标的,可以由当事人的意思自由决定之,只要其标

---

① 常鹏翱.物权法上的权利冲突规则——中国法律经验的总结和评析[J].政治与法律,2007(5).

② 朱庆育."买卖不破租赁"的正当性[A]//王洪亮,张双根,田士永,主编.中德私法研究(第一卷)[C].北京:北京大学出版社,2006.

③ 于海涌.论不动产登记[M].北京:法律出版社,2007:264.

④ 鲍尔,施蒂尔纳.德国物权法(上册)[M].张双根,译.北京:法律出版社,2004:416.

⑤ 金可可.预告登记之性质——从德国法的有关规定说起[J].法学,2007(7).

的合法、可能、能够确定即可。预告登记的标的物并不以现存、独立和特定的不动产为限,其可以针对尚未建成的不动产进行登记,此点也与债权完全吻合。并且,预告登记还具有从属性。原债权无效,则预告登记无效。[①] 另外,在预告登记中,权利人尚未取得物权,其所处的法律关系根本就不存在原因关系与物权关系的区分。预告登记权利人及其权利本身仍然完全处于该债务关系之中,其权利的实现当然受到此种债务关系的制约,也受到相关债务抗辩的影响,其在此种债务关系中所享有的权利当然只能是债权请求权。

论者往往以预告登记制度为例证,认为其表现了债权的强化,但不可否认的是,预告登记其实是对即将取得的物权所进行的一种期前保护(或者说物权期待权),获得对抗效力的债权只是一个过渡性的手段,存续时间也颇为有限,登记的根本目的仍然是保护将要取得的物权,预告登记不过是物权的预留登记。预告登记本身是对物权的限制,因此预告登记可以被纳入保全登记或限制登记的范围。也就是说,预告登记是"以限制物权人的处分权为手段,以保全债权人的债权为目的的"。预告登记仍然属于物权性质的登记,准确地说,是对物权人的处分权进行的限制登记。

由上可知,预告登记所要保全的是对不动产物权变动的债权请求权(特殊的是具有涉他性效力的债权请求权),预告登记是属于物权性质的登记。但就学界讨论的一般而言,所谓预告登记的性质,更为确切地说,是指经预告登记保障的权利之性质。所以,我们也可以说,预告登记的性质是债权请求权,其并未物权化,或者说转化为物权。

(二)"物权债权化"现象的再审视

所谓物权债权化现象,是指某些物权丧失了一些物权特征,降低了其物权的效力,转而具有债权的特征,具体包括登记对抗主义下未登记的物权、具有债权属性的担保物权等。这里就上述二例略加评析。

1.登记对抗主义下未登记的物权

作为第一部典型的资产阶级民法典,法国《民法典》旗帜鲜明地采纳登记对抗主义模式。公示并非物权变动的生效要件,没有经过登记的不动产物权变动仍然合法生效,只不过不能产生对抗第三人之效力。[②] 我国大陆及台湾的现行法上,对物权的变动虽以登记要件主义为原则,但兼采登记对抗主义。依我国《物权法》的规定,动产抵押权、土地承包经营权和地役权等皆采登记对抗主义。在登记对抗主义效力下,无论标的物的占有是否发生移转,在未为登记之前,这种物权变动仅在当事人之间生效,而对于善意的第三人的物权主张却是毫无对抗力的,从这个意义上讲,当事人之间的物权变动是不完全的或者是受到限制的,受让物权的人取得的物权也是不完全的。故而登记对抗主义下的物权究竟是不是物权,深值思量。

显而易见,登记对抗主义下的物权不属于对世权。可是,对世性涉及的是物权的外部关系,而物权的本质和重点在于其内部关系,即支配性。在德国法上,抵押权等担保物权的实

① 程啸.试论《物权法》中规定的预告登记制度[J].中国房地产,2007(5).
② 于海涌.法国不动产登记对抗主义中的利益平衡——兼论我国物权立法中不动产物权变动模式之选择[J].法学,2006(2).

现只需要一个"物上执行名义",即可强制执行而变价受偿。"物上执行名义"可能是基于法院判决,还可能是基于担保合同中所约定的执行条款(Unterwerfungsklausel),这时只要证明抵押权已经到期,并从法院或公证人处获得可执行证书。[①] 也就是说,担保物权可以不经法院裁决而要求执行,体现了支配性。而债权则需要经过法院判决方可强制执行,表明请求性。这就说明,即使在不涉及(善意或恶意)第三人的情形下,物权同样是有意义的,且是能和债权相互区分的。登记对抗主义下的物权,支配一方面体现在可以不经相对人协助而实现权利,另一方面则表现为排他性,虽然不能排除不特定的第三人,但是排除设定物权的相对方也是排除。如果设定物权的相对方对物权行使进行干涉,物权人可运用物权请求权,要求其返还原物、排除妨害等,而要只是债权的话,则一般只能请求损害赔偿。比如一个未登记的土地承包经营权,发包方在存续期间内无理由而将土地收回。如认为是物权,则土地承包经营权人可以要求返还原物,如认为是债权,则其只能要求发包人赔偿相应的损失。更有甚者,所谓不得对抗,并非不发生效力,而是指未经登记的物权变动在当事人之间业已完全有效成立,在对第三人的关系上亦非绝对无效,仅该受让物权的当事人不得对抗善意第三人主张物权变动的效力而已。并且,虽然登记对抗的是不特定的第三人,但是必须第三人主张物权变动的效力不存在时才发生对抗力问题,而并非因未登记之事实而自然发生。至于对抗恶意第三人,更不待言。[②] 所以,未登记而不具备对抗要件的物权与债权仍然是存在实质性差异的。登记对抗主义下的物权仍然可以在概念法学体系中的物权法中找到自己应有的定位,登记对抗主义下的物权并不是物权债权化的表征。

2.具有债权属性的担保物权

对于担保物权的性质,存在着"物权说"、"债权说"、"中间权利说"、"优先权说"等不同看法。笔者认为,因为担保物权是支配权,所以担保物权属于物权。其一,担保物权性质上究竟属于物权还是债权,主要看担保物权的实现是否需要借助于他人行为的协助。就质权和留置权而言,由于担保物处于担保物权人的控制之下,因而,当被担保债权届期不能清偿时,担保物权人可以径行将之变价,无须征得担保物所有人的同意,也无须担保物所有人的协助,其权利就可以实现,因而显然为支配权。稍有特殊的是,抵押权的行使是在抵押权人不占有抵押物的情况下进行的,抵押权人对抵押物的变价需要法院的强制力协助。但是,这就像我们不能因为撤销权以诉讼为必要而否认其形成权性质一样,变价拍卖、诉讼等程序的必需,乃是立法者为规范权利的行使,衡平当事人利益,防止权利滥用之戕害而设定为例外。民法上所讲的请求权的实现需要得到他人行为的协助,是针对民事关系中的义务人而言的,

---

① 鲍尔,施蒂尔纳.德国物权法(下册)[M].申卫星,王洪亮,译.北京:法律出版社,2006:169—173.而在中国大陆,无论担保物权、债权,都必须通过诉讼才可能获得强制执行。以至于在司法实务中,如果不涉及第三人的情形,物权和债权实现的情形没有太大的区别。但这无法证明无对世性的物权与债权无异,而只能说明我们对此的法律规制,大有问题。比如抵押权的标的物可以由债务人提供,而需要对抗善意第三人的时候毕竟是例外情形,那么不存在第三人时,这种抵押权究竟有何意义?且和债权有何分别?

② 屈茂辉.动产物权登记制度研究[J].河北法学,2006(5).

只有义务人才是相对人。而法院并不是抵押关系的主体,当然也就谈不上相对人的问题。法院应抵押权人的请求,对抵押物实施扣押行为,以帮助抵押权人实现抵押权,完全是国家运用公权力对私权的保护,如果说这种公权力的运用就是他人行为的协助,就可以认定该权利为请求权,那么,在现代社会,任何民事权利的最终救济,均有赖于国家公权力的帮助,支配权与请求权的划分将不复存在。其二,大陆法系国家民法理论的通说将物权分为价值权和实体权,担保物权为价值权而非实体权。担保物权人对标的物的支配,主要指的是对担保物货币价值的支配而非对实体的支配。无论是质权还是留置权,权利人对担保物的占有唯有公示的效力,如果动产担保能找到更好的公示方法的话,权利人对担保物的占有将变得毫无意义。同样,在抵押的场合,只要抵押权人对抵押物的价值进行了控制,那么虽然抵押权人不占有抵押物,也不妨碍对抵押权物权性质的认定。

财产支配权论要*

支配权是民法理论中的一个基本范畴,涵盖所有权、用益物权、担保物权、著作权、专利权、商标权等诸多权利形态,具有高度的抽象性和很强的概括力,在财产权利体系乃至整个民事权利体系中居于重要地位。研究财产支配权的基础理论对于分析相关具体权利的内涵和实质、明晰其间的区别和联系,对于构建科学、完善的民事权利体系和民法典体系均具有重要的指导意义。本文拟对财产支配权的含义、沿革、类别、客体等问题作一初步探讨,并以此为基础,发挥这一概念的制度价值和体系功能,就我国民法典的编纂提出若干设想。

一、财产支配权析义

以客体为标准,民事权利可分为人身权与财产权;以作用为标准,民事权利可分为支配权、请求权、抗辩权与形成权。所谓财产支配权,即属于财产权的支配权或曰属于支配权的财产权,是财产权与支配权的"交集"。具体而言,它是指权利主体直接支配标的物以实现权利内容,并可排斥他人干涉的权利。

财产支配权有以下特征:

一是权利内容的两面性。财产支配权蕴含两个方面的内容:在积极的一面,它意味着权利人可直接对标的物为各种行为,反映人与物的关系,属于"对物权";在消极的一面,它意味着权利人可禁止他人对标的物为某种或某些行为,反映人与人的关系,属于"对世权"。

二是权利变动的公示性。财产支配权为绝对权、对世权,不但在当事人之间存在拘束力,对于第三人也产生排斥力。由于此类权利具有排他效力,它就应以一种公开的方式表现出来,使不特定的一般人能够基于这种表现方式查知财产支配权的存在和状态,以此来维护权利人和第三人的利益,确保交易安全。从各国立法来看,不动产物权、商标权、专利权、著作权一般以登记为公示方法,[1]动产物权多以占有为公示方法。

三是权利保护的双重性。绝对权请求权和侵权损害赔偿请求权是针对财产支配权的两

* 原载于《中国法学》2005 年第 5 期。

[1] 著作权以登记为公示方法是有限的。我国现行法律仅要求著作权在出质时进行登记(《担保法》第79 条),至于著作权的取得、转让、许可使用等均无须办理登记。

种不同的保护手段。前者的目的是恢复对标的物的正常支配状态,后者的目的是补偿权利人遭受的损害;前者的行使不以行为人的过错为要件,后者的行使以侵权人主观上存在故意或过失为原则;前者包括返还原物、除去妨害和预防妨害三种类型,后者仅限于损害赔偿;前者多规定于物权法、知识产权法,后者则规定于侵权行为法。

物权是财产支配权的最初形态和典型代表,并在很长一个时期内是财产支配权的唯一形态。除此之外,知识产权也属于财产支配权。对此可从两个方面加以说明:其一,知识产权为财产权。财产权与人身权的区分标准不在于是否具有金钱价值,而在于客体属性之不同。前者的客体为人身以外的事物,而后者的客体是人身利益。知识产品作为知识产权的客体,虽然可以理解为一种精神产物,但是一旦产生,就可以与主体分离,成为一种客观存在,并非属于人身利益。在知识产品这一客观存在的事物上成立所谓的人身权在逻辑上有不通之处。鉴于知识产权的客体为外在于人身而存在的知识产品,因而将知识产权定性为财产权较为妥当。即使有学者坚持知识产权具有人身权和财产权双重属性,也应当承认与知识产权的财产权属性相比,其人身权属性范围有限、比重很小,总体而言知识产权仍属财产权。其二,知识产权为支配权。权利包括"特定利益"和"法律之力"两个要素,知识产权的"特定利益"是指存在于知识产品上的财产利益,而其"法律之力"为一种支配力,故知识产权属于支配权。在积极的一面,权利人可以直接控制和利用标的物,无须他人行为介入即可实现权利内容,如复制作品、使用商标、实施专利等;在消极的一面,权利人可以排斥他人干涉,具有对世的效力。

考察财产支配权的历史演进,可以发现两个较为清晰的脉络:

一是财产支配权与人身支配权从混合走向分离。奴隶社会、封建社会是典型的身份制社会,人的私法地位依其性别、所属身份、职业团体、宗教共同体的不同而有所差异。处于一定身份的人,通过其身份既支配社会财富,又实现对人的支配和统治,一项支配权往往既为人身支配权,又为财产支配权,是对人支配与对物支配的统一体,纯粹的财产支配权只在很狭窄的范围内存在。在罗马法中居于重要地位的家长权即是指"家长对家属、奴隶、牲畜和其他财产的支配权","是对家庭的所有成员和所有财富所享有的支配权"。[①] 在日耳曼法中,家长无论对内还是对外,都是家族团体唯一的权利人,家长的对内支配权称为"蒙特(munt)",是统一支配构成家族的物的要素及人的要素的权利。[②] 欧洲封建时代,领主通过拥有土地而在某种程度上取得对农奴的人身支配权。农奴对领主的义务数量极多,且种类繁杂,除了纳税、交付收成等经济性的义务外,农奴还负担许多其他义务,如在领主的军队服役、结婚通常应征得准许并付出税金、领主对农奴的新娘可以要求"初夜权"(但在几乎所有情况下,农奴都获准"赎回"他的新娘)等等。[③]

---

① 周枏.罗马法原论(上)[M].北京:商务印书馆,2002:148.

② 我妻荣.债权在近代法中的优越地位[M].王书江,张雷,译.北京:中国大百科全书出版社,1999:156—157.

③ 威尔·杜兰.世界文明史:第4卷[M].幼狮文化公司,译.上海:东方出版社,2002:729—730.

资产阶级革命的胜利埋葬了奴隶社会和封建社会的身份制。法国《人权宣言》第 1 条开宗明义地宣布"人生来并且始终是自由的,在权利上是平等的,社会差别只可以基于共同的利益"。由于人的自由、人与人之间的平等,先前所存在的赤裸裸的压迫人、统治人、使人依附于人的人身支配权由于违背现代法治精神而被抛弃。对财产的支配也不再成为支配他人的基础和手段,财产支配权与人身支配权相脱离,成为纯粹的私的财产权。在经济生活中,资本家与工人在形式上实现了自由和平等,人身依附关系被雇佣合同关系所取代。在家庭内部,以往的夫权、父权也发生了质的变化,夫妻之间形成了相互性、平权性的配偶权,亲子间形成了以保护子女为目的的亲权。妻子、子女在家庭中取得了独立的地位,不仅实现了人身自由,而且可以成为独立的财产权利主体。

二是无体物支配权的出现和发展改变了财产支配权的单一结构。有体物支配权是财产支配权的典型和原型。近代以前的财产支配权,其实为对有体物的支配,其客体仅限于土地、房屋、牲畜、农具等具有实体的物。虽然也存在文学艺术作品、发明创造和商品标记,但是它们尚未成为财产权利的客体。近代以来,随着工商业的发展和科学技术的进步,专利权、著作权、商标权等新型权利形态相继出现并得到迅速的发展。这类权利的突出特征是其客体并非占据一定空间的有体物,而是非物质的知识产品,属于人类精神产品的范畴。无体物支配权出现较晚,但发展迅猛,已成为民事权利体系中的重要组成部分,尤其是随着人类社会生产力的发展和由工业经济向知识经济的转型,技术发明、商标、计算机软件等知识产品在社会经济生活中的地位日益重要,大有取代土地、房屋等传统财产成为社会主要财富形态之势。

二、财产支配权的客体

财产支配权反映人对外界事物的控制和主宰,其客体包括土地、房屋、汽车、作品、发明、商标等等。值得探讨的是,在这些具体而分别存在的特殊客体之上,是否有一个一般的、抽象的范畴用以概括财产支配权的所有客体? 搜寻现有的法律资源,可供我们选择的概念主要有两个:一为"物",一为"财产"。究竟何者更适合作为财产支配权客体的一般范畴,不仅是一个法律语言的问题,更关系到民法基础理论的研究乃至财产支配权体系的建构。笔者拟从物与财产的关系着手对此问题进行分析。

"物"的概念源于罗马法,盖尤斯的《法学阶梯》和优士丁尼的《法学总论》都有关于"物"(res)的详尽规定。虽然其重点在于物的分类,但是从有关规定中可探知"物"的内涵及其与"财产"的关系。兹以《法学阶梯》为例:(1)第二编第 1 条:"现在让我们来看看物;它们有些属于我们的财产,有些则不属于我们的财产";(2)第二编第 12 条—第 14 条:"有些物是有形的,有些物是无形的。有形物是那些可以触摸的物品,例如:土地、人、衣服、金子、银子以及其他无数物品。无形物是那些不能触摸的物品,它们体现为某种权利,比如:遗产继承、用益权、以任何形式缔结的债。……对城市土地和乡村土地的权利同样属于无形物"。^① 据此分析,在罗马法上,物是一个外延极其宽泛的概念,包括"财产物"和"非财产物"、有形物和无形物。这里也使用了"财产"(patrimomium)的概念,但对于"财产"并未作出定义。据学者考证,"一个人的财产既可以表现为财物(bona),也可以表现为债(obligation)。财物与债之间的区别是拥有与应当拥有之间的区别"^②。可见,"财物"又是"财产"的下位概念。对此,周枏先生精辟地指出:"在古代罗马,人们所称的物,是指除自由人外而存在于自然界的一切东西……后来,法律和法学思想不断发展,罗马法逐渐把物限定为一切人力可以支配并能构成人们财产组成部分的事物,在优帝《学术汇编》中,它包括有体物、权利和诉权,又称财物,这是狭义的物。"^③此外,罗马法上还有"物体"(corpus)一词,意指"实体的物","物(res),在具体的和特定的意义上(即与物权相联系),是指外部世界的某一特定部分,它在社会意识中是孤立的并被视为一个自在的经济实体。罗马法物权的标的只能是这种意义上的物"^④。由此,我们可大致归纳出罗马法上的物(res)—财产(patrimomium)—财物(bona)—物体(corpus)之间的逻辑关系:广义的物(res)包括财产和财物,财产和财物又包含狭义的物(corpus),即有体物。

《法国民法典》第二卷"财产及所有权的各种变更"同时使用了"财产"(bien)和"物"(chose)两个术语。依其第一编规定,财产或为动产,或为不动产,既包括有体物,也包括对于有体物的权利,如用益权、地役权、债权、诉权等(《法国民法典》第526条、第529条),可见其内涵与罗马法上的"财产"相当。《法国民法典》第543条规定:"对一项财产,得享有所有权,或者仅有用益权,或者仅有可主张的土地役权。"其后,《法国民法典》在"所有权"编和"用益权"编中,均反复使用"物"这一术语。作为物权的客体,此处的物系指狭义的物。但法国法学家在述及权利客体时,往往对物作扩张解释,如《拉鲁斯大百科全书》认为,凡能构成财产的一部分并可占为己有的财富即为物。这种物可以是有体物,即具有实体存在、可以被人们感知的物,包括一切动产和不动产;也可以是无体物,即没有实体存在,而由人们主观拟制的物,包括与物有关的各种权利(如用益权、债权)和与物无关的其他权利(如著作权、工业产权)。^⑤ 这样,法国民法上的物也就和罗马法一样具有广、狭二义(作为权利客体的物和作为物权客体的物),物与财产之间也似乎存在着一种交叉重叠的关系,无怪乎有的学者作出了以下论断:"总而言之,并非一切物均为财产,同时,并非一切财产均为物。"^⑥

在德国民法中,对物也有不同的用法。《德国民法典》第90条规定:"法律意义上的物,仅指有体物。"于是,有学者得出了德国民法"物必有体"的论断。实际上,该条规定主要是对

① 盖尤斯.法学阶梯[M].黄风,译.北京:中国政法大学出版社,1996:80,82.

② 巴里·尼古拉斯.罗马法概论[M].黄风,译.北京:法律出版社,2000:102.

③ 周枏.罗马法原论(上)[M].北京:商务印书馆,1994:276.

④ 彼德罗·彭梵得.罗马法教科书[M].黄风,译.北京:中国政法大学出版社,1992:185.

⑤ 拉鲁斯大百科全书:第三卷[M].北京:华夏出版社,2004.168.转引自"国外法学译丛"—《民法》[M].北京:知识出版社,1981:168.

⑥ 尹田.法国物权法[M].北京:法律出版社,1998:14.

物权法具有重要意义。① 在德国民法中,除作为物权客体的物(Sache)以外,还有作为一般权利客体的物(Gegenstande),即广义的物。② 德国学者卡尔·拉伦茨在《德国民法通论》一书的"权利客体"一章中,将权利客体划分为两种:第一种是支配权或利用权的标的,这是狭义的权利客体(第一顺位的权利客体);第二种是指权利主体可以通过法律行为予以处分的标的(第二顺位的权利客体)。其中,第一顺位的权利客体包括法律意义上的物(即有体物)和在其上可以有效地成立一个第三人的支配权或利用权的无体物(无形的标的物,例如精神作品和发明),第二顺位的权利客体是权利和法律关系(权利关系),"因此,属于某人所有的物就是一个第一顺位的权利客体,而存在于这个物之上的所有权,作为处分的标的(可以处分的对象)则是一个第二顺位的权利客体"③。由此,我们可以归纳出德国民法关于权利客体(物)的由狭义到广义的三种用法:作为物权标的的物(有体物)——作为支配权或利用权标的的物(有体物和无体物)——作为一般权利客体的物(有体物、无体物和权利)。

与法国民法典不同,"《德国民法典》在它的总论部分既没有规定一个关于财产的概念,也没有规定某种关于财产的一般性规定"④。德国学者认为,原则上,一个人的财产是由这个人所有的具有金钱价值的各种权利的总体构成的。具体而言:(1)财产是一个综合体,即各种权利的总和,并和特定的人相联系,而这个人就是财产的持有人;(2)只有权利属于财产,所有具有金钱价值的权利才属于财产;(3)私法(责任法)意义上的财产概念只是一个人的权利,而不包括一个人的债务;(4)《德国民法典》意义上的财产只是一个对其所有的全部权利的综合标志,它不是一个统一的处分行为的客体。⑤

日本民法典对物作出了与德国民法典同样的定义,即限定为有体物(第85条)。学者认为,其所以如此,"这恐怕是出于下述的顾虑,亦即,如果不将物限定为有体物,就会导致因承认无体物上所有权的结果,而违反物权与债权相区别的近代法之基本原理"⑥。可见,日本民法将物限定为有体物,目的在于维护财产权二元结构的稳定,并将无体物(精神性创造物)排斥于物权(所有权)客体范围之外,以维护传统物权制度的封闭体系。

在英美法上,特定客体的支配关系由财产法调整,并不存在物权这一术语,普遍使用的是"财产"(property)概念。关于财产,英美法上的一般解释是:独立于人身之外、人们可对之享有法律认可的权利的东西,⑦"理解财产含义的最好办法是,看一看一个拥有资产的人在临终时会留下点什么"⑧。学者认为,作为权利客体的财产,既包括有体的物(corporal things),

① 孙宪忠.德国当代物权法[M].北京:法律出版社,1997:1.
② 孙宪忠.德国当代物权法[M].北京:法律出版社,1997:2.
③ 卡尔·拉伦茨.德国民法通论(上册)[M].王晓晔,等译.北京:法律出版社,2003:377-378.
④ 卡尔·拉伦茨.德国民法通论(上册)[M].王晓晔,等译.北京:法律出版社,2003:409.
⑤ 卡尔·拉伦茨.德国民法通论(上册)[M].王晓晔,等译.北京:法律出版社,2003:410-414.
⑥ 四宫和夫.日本民法总则[M].唐晖,钱孟珊,译.台北:五南图书出版公司,1995:126.
⑦ Eric.poole:English property law,Charles Knight &Co.Ltd,1973,p2.
⑧ F.H.劳森.财产法[M].北京:中国大百科全书出版社,1998:14.

也包括无体的权利客体(incorporal objects,如版权、索赔权)。① 由此看来,英美法上的财产与罗马法及法国民法的"财产"含义相近。也有学者将财产区分为有体物和抽象物,前者指"实物意义上的物"(如住宅、汽车),后者指自由继承地产权、信托基金、债券和股票以及诸如提单之类的权利证书等抽象的非实体的东西,"财产法律家之所以将这些权利和利益转化成物,原因是它们具有价值,人们愿意购买它们。而且,作为交易对象的任何有价值的资产均被恰当地当作物,就像将公司股票之类的抽象物当作轮船汽车之类的有体物一样"②。这样,财产的概念也就和"物"的概念重叠在一起了。

行文至此,我们可大致对域外民法中"物"和"财产"的内涵及其相互关系作一个小结了:(1)自罗马法以降,作为权利客体的"物"在各国民法中被赋予多重含义:狭义的物指物权的客体,即有体物;广义的物指支配权或利用权的客体,包括有体物和无体物(精神创造物);最广义的物指作为处分权的客体或交易客体的权利,包括对有体物、无体物的支配权或利用权以及各种债权。(2)"财产"一词通常用以表述一般的权利客体,即"某人合法拥有之物",其内涵与最广义的"物"相当,既包括有体物和无体物,也包括权利。(3)在采取财产法二元结构的大陆法系国家,立法上出于维护物权制度内部逻辑自足的需要而对"物"作出了狭义的界定,对财产仅有学理解释;而其他国家则以"财产"为立足点,构建包括物权制度在内的财产支配和利用制度。

中国现行民法对物未作定义,学理解释与德、日民法大体一致,即认为物是指独立存在于人身之外、能够为人力所支配和利用的物质实体和自然力。③ 财产一词,立法中已有应用,但其意义不一。《民法通则》第五章第一节题为"财产所有权和与财产所有权有关的财产权",将"财产所有权"定义为"所有人依法对自己的财产享有占有、使用、收益和处分的权利"(第 71 条),并规定"财产可以由两个以上的公民、法人共有"(第 78 条第 1 款)。显然,此处的"财产"与狭义的"物"同义,即有体物,同法第 74 条、第 75 条对"集体财产"和"个人财产"的界定也可作印证。在现行立法中,也存在"财产"与"物"混用的现象,如《担保法》第 33 条第 2 款规定:"……提供担保的财产为抵押物";第 41 条规定:"当事人以本法第四十二条规定的财产抵押的,应当办理抵押物登记,抵押合同自登记之日起生效"。学术界也有人将"财产"和"物"视为同一个概念,认为"民法上的物,就是财产"④,"财产(无论动产还是不动产)一般会首先表现为某种'物'"⑤。但在《继承法》、《企业破产法(试行)》、《担保法》等法律中,"财产"超出了"物"的含义,既包括有体物,也包括无体的财产权利(债权、知识产权中的财产权、土地使用权)。可见,"财产"一词在我国立法上虽被广泛使用,但并无确定和统一的含义。

---

① David M.Walker:The Oxford Companion to Law,Clarenden Press,Oxford 1980,p1007.
② F.H.劳森.财产法[M].北京:中国大百科全书出版社,1998:15.
③ 张俊浩,主编.民法学原理(上册)[M].北京:中国政法大学出版社,2000:367;王利明,主编.民法[M].北京:中国人民大学出版社,2000:89;郭明瑞,主编.民法[M].北京:高等教育出版社,2003:87.
④ 彭万林,主编.民法学[M].北京:中国政法大学出版社,1996:49.
⑤ 郑成思.知识产权论[M].北京:法律出版社,1998:36.

笔者认为,财产支配权的客体应定位为"物"而非"财产"。物与财产在汉语中均有十分宽泛的含义,但对概念的界定应尽量不溢出词语本来的意义,否则会增加交流和拓展的困难。在民法中,物是与人相对应的一个范畴,"法律意义上的人相对的概念是物。这个意义上的物是指人以外的、可供人支配和处分的一切东西"①。"物"就其最本质的意义而言,是相对于人的外在事物,是外在于人的客观存在,是与主体相对的客体。物的存在不依法律制度的存在为依托,也不因法律关系的变更而变更,土地、森林在原始社会已经出现,作品、商标在没有知识产权的年代早已产生。至于"财产",其"根本意义在于价值和权利"②,任何有金钱价值的权利即可称为财产,不仅对物的所有权为财产,而且股权、债权均为财产;财产与物并无必然的联系,财产并不是物本身,而是表现为权利形式,是法律制度的产物。物应从事实上理解,财产应从权利上理解;物的本质特征是其客体性,而财产的实质是其价值性。采用"物"作为财产支配权客体的一般概念较"财产"更为妥善,它既可以比较形象、直观地揭示财产支配权客体的客观存在性,又利于宣示财产支配权客体与主体的相对性。倘若以"财产"命名财产支配权的客体,则往往混淆了权利客体与权利本身。因此,财产并非一个适合作为权利客体的范畴,应当选取"物"作为财产支配权客体的一般范畴,用以涵盖土地、房屋、汽车、作品、商标等具体的、特殊的客体,表述各种财产支配权客体的统一性。

作为财产支配权的客体,物是指外在于人和人的行为、能够为人所控制和利用的客观存在。这一意义上的物具有以下特点:

其一,物外在于人和人的行为。财产支配权与人身支配权相比较而存在,人身支配权以人身利益为客体,而财产支配权的客体为人身利益以外的事物。虽然在奴隶社会,奴隶曾被视为物,对奴隶的拥有被认为是一种财产权,但现代社会人格平等、自由且独立,人与物截然对立,不能将人作为具有财产价值的权利客体。人的行为同样不能成为财产支配权的客体,这是支配权与请求权相区分的基本点,支配权的客体为外在于人存在的客观事物,而请求权的客体为被请求权人的行为,若将人的行为也视为财产支配权的客体则模糊了支配权与请求权的界限。

其二,物能够满足人的利益和需要。从广义上看,物是外在于人的一切事物,但并非所有外在事物都能成为财产支配权的客体,民法上的物并非哲学意义上的世界万物。权利是法律保护的特定利益,作为权利载体和指向的物必须对人类具有某种价值或某种利益,亦即应具备有用性。物对人的有用性可以从两个方面加以说明:一是有用性并非个体的判断,而主要应依据一般的社会观念;二是有用性不以金钱价值为限,没有经济价值和用途但能满足人的精神需要的物也是民法上的物。

其三,物能够且适合为人所控制。作为财产支配权客体的物应具有支配的可能性和必要性。判断哪些物能够且适合为人所控制主要有三个标准:一为技术标准。亦即从人类现

---

① 卡尔·拉伦茨.德国民法通论(上册)[M].王晓晔,等译.北京:法律出版社,2004:52.

② 吴清旺,贺丹青.物的概念与财产权立法构造[J].现代法学,2003(6).

有的生产水平和科技水平出发能够取得对哪些物的控制。就现阶段而言,土地、房屋、汽车、商标等均可被人支配,而流星、闪电、其他星球等尚在人类支配范围之外。二为伦理标准。这是指对哪些物的控制和支配不会被认为违背人类基本的伦理道德。如对土地、房屋、汽车的支配通常与伦理道德无关,但神法物在古罗马、动物在德国虽然在技术上可为人所控制,但是由于违背了基本的伦理而被排斥在财产支配权的客体之外。三为经济标准。有体物一般具有天然的排他性,适合作为财产支配权的标的。但对于知识产品而言,由于具有天然的公共性,具有无限复制的可能,可以在同时被多人利用,在很长一个时期它一致被作为人类的公共财产而存在。如何在保护作者的权益和创造的积极性,又不因过度强调保护而妨碍知识的传播和社会的进步之间取得平衡,需要细致的经济分析。决定知识产品在何种情形成为创造者的支配对象,何种情形成为公共财产一直是知识产权法的一个核心问题。[①] 各国在知识产权制度中普遍采取"对象法定主义",哪些知识产品能够成为知识产权的标的,通过何种途径成为知识产权的标的,成为何种知识产权的标的,都取决于法律的具体规定。

基于对物的内涵的不同认识,立法和学说上对物的外延的界定也多有不同,其外延由小及大依次主要有如下用法:(1)物仅为有体物,且不包括自然力。(2)物包括有体物和自然力。(3)物包括有体物和财产性权利。(4)物包括有体物、无体物和财产权利。本文拟从最广义的物(有体物、无体物、财产权利)的概念入手,对各种可能性进行检讨,以寻求财产支配权客体的合理定位。

1.有体物

无论如何界定物的内涵和范围,各国立法和学说均承认有体物属于财产支配权的客体。有体物尤其是土地和房屋等不动产一向是人类社会最主要的财富形式。主体在占有和支配有体物的过程中所形成的财产关系是社会基本的经济关系,是产生社会财富的基础。对有体物的支配,形成各国民法中的物权制度。

2.无体物

无体物的概念古已有之,公元二世纪罗马法学家盖尤斯在其所著的《法学阶梯》里将物划分为有体物和无体物,有体物是可以触摸的物品,如土地、衣服、金银;无体物是不能触摸的物品,它们体现为某种权利,如继承权、债权和用益权等。法国民法继承和发展了罗马法的传统,无体物包括债权、股权、知识产权等财产权利。德国民法典则对物进行了重新界定,物以有体物为限。在德国民法理论中也有无体物的称谓,但无体物指的是知识产品,权利被明确排除在无体物之外。在理论上,也有学者认为无体物是指能源、热、光等。[②] 综合来看,无体物主要在三个意义上使用:一是指能源、热、光等自然力,二是指财产权利,三是指知识产品。

随着科学技术的发展,人们逐渐认识到自然力也是自然界的一种客观存在,占据一定的

---

① Joseph William Singer,Property Law ,Aspen Law&Business ,2002, p1232.

② 黄立.民法总则[M].北京:中国政法大学出版社,2002:164.

空间,将自然力视为无体物并不科学,因此自然力可从无体物中剔出,而直接归属于有体物。至于财产权利,虽然从罗马法到法国民法典都是将具有一定财产内容的权利视为无体物,但是将财产权利视为无体物显然混淆了权利本身与权利客体的界限。为避免这一状况,有必要摒弃罗马法的做法,不再将财产权利视为无体物。

作品、发明、商标等知识产品具有两个特性:一是"物性"。知识产品虽然经常被认为属于精神的产物,但是它一旦产生就与主体的人身脱离,成为社会中的一种客观存在。"知识作为形式,是客观的",[①]知识产品具有客观性,[②]这与物的客观存在性本质是一致的。知识产品符合物的基本属性,是物的一种类型。二是"无体性"。较之于土地、房屋等有体物,知识产品具有无体性,亦即它没有外在的形体,不占据一定的空间。虽然知识产品总是附着于某些物质载体,但这些物质载体绝不是知识产品本身。"物性"是知识产品与有体物的共性,而"无体性"是知识产品与有体物相比所具有的个性。基于知识产品的以上两个特点,采纳德国民法理论以"无体物"指称知识产品是妥当的:"物"是指知识产品本质上是一种外在于人本身的客观存在,是与主体相对的客体;"无体"是指知识产品与土地、房屋等有体物相比具有非物质性,不占据一定的物理空间。

无体物是物的一种,具有交换价值和使用价值,能够为人们进行排他性支配,可以成为财产支配权的客体。财产支配权的客体从有体物扩张到无体物是财产支配权在近代社会的一个重大发展。

3.财产权利

为了回应各国民法所普遍承认的权利质权、权利抵押权等"权利上的权利",我国有学者认为财产支配权的客体不仅包括有体物和无体物,而且包括财产权利,以财产权利为客体的财产支配权属于准物权。有疑问的是,承认"权利上的权利"是否就意味着应一般地承认财产权利可以成为财产支配权的客体呢?

财产支配权反映人对物的控制和利用,这种控制和利用无须他人行为的介入,可以直接实现权利内容。而权利上的权利"总与产生它的那个权利具有同样的结构,如果被设定负担的权利是一个债权,则权利上的权利就有类似债权的特点,如果是一个物权,则具有类似物权的特点"[③]。也就是说,权利上的权利的性质和客体最终取决于被设定负担的权利的性质和客体。以债权质权为例,虽然与动产质权一样属于担保权,具有优先受偿性,但是由于质权的标的为债权,质权人欲实现其权利最终往往要向债务人进行"请求",而不是"支配",自然难谓债权质权属于财产支配权。再以土地使用权抵押为例,土地使用权抵押权在根本意义上其客体为土地这一有体物,是以土地为载体和指向的,属于物权的行列,无须称之为"准物权"。可见,"权利上的权利"或者可以还原为债权、股权等财产支配权以外的权利,或者本身即为对物的支配权,其自身并没有独立的制度价值,财产权利并非财产支配权的客体。

①　刘春田.知识产权解析[J].中国社会科学,2003(4).
②　吴汉东.财产的非物质化革命与革命的非物质财产法[J].中国社会科学,2003(4).
③　卡尔·拉伦茨.德国民法通论(上册)[M].王晓晔,等译.北京:法律出版社,2004:298.

三、财产支配权体系与民法典编纂

(一)物权与知识产权本质的再认识

依通说,物权是对有体物的支配权,知识产权是对无体物(知识产品)的支配权。笔者认为,这一结论只具有大致上的意义,与实际情况并不完全相符。大陆法系民法中物权体系包括所有权、用益物权和担保物权三个部分,从目前各国民法的规定来看,所有权、用益物权的标的物为有体物,属于典型的对有体物的支配权;但就担保物权而言,却并非纯粹的对有体物的支配,各国物权法均承认以作品、发明和商标为标的物的担保物权。可见,各国民法典中确立的物权体系,名为对有体物的支配权,实际上包含了对无体物的支配。具体而言,所有权是对有体物的完全支配,用益物权是对有体物使用价值的支配,而担保物权是对有体物和无体物的交换价值的支配,所谓严格的"有体物主义"并未得到真正的贯彻。

在论及知识产权时,学者多指出知识产权是一种支配权,至于属于完全支配权抑或是限制支配权则语焉不详。实际上,从各国立法关于知识产权的规定来看,所谓专利权、著作权和商标权等知识产权与所有权相同,都是解决物的归属问题,是一种完全支配权。对此可以从以下几个方面加以说明:其一,财产支配权是物的归属关系和物的利用关系的法律表述,完全支配权反映物的归属,而限制支配权反映物的利用。在知识产权法中,著作权、专利权和商标权解决知识产品的归属问题,是无体物归属意义上的财产支配权,无体物的利用则由许可使用、知识产品担保等制度解决。其二,著作权、专利权、商标权等权利形态对无体物的支配具有全面性和充分性。如著作权人享有发行权、复制权、出租权、展览权、表演权、放映权等法律许可的所有权能,专利权人享有独占的、专有的专利实施权,商标权人享有商标专用权。其三,著作权、专利权、商标权等权利形态具有弹力性。虽然知识产权的部分权能可以与权利人相分离,但是并不影响知识产权的全面支配性,那些分离出去的权能尚可复归,使知识产权恢复圆满状态。如著作权人可将作品的出版权转让给他人,当他人放弃其权利时,出版权并非成为无主物,而是重新归属于著作权人。基于以上分析,知识产权是对知识产品"全面支配"的权利,[①]是"与所有权相并行的概念"[②],可以"理解为一种特殊的所有权"[③]。

综上所述,人们习惯性地认为,物权是对有体物的支配,知识产权是对无体物的支配,二者界限清晰、位阶分明。然而分析了各国立法中物权和知识产权的内容,我们发现这一认识并不确切。严格地说,物权既包括对有体物的完全支配和限制支配,也包括对无体物的交换价值的限制支配;而知识产权是对无体物的完全支配,不包括对无体物的限制支配。仅仅以客体的不同并不能完全区分物权和知识产权。明确这一点,对于我们纠正某些观念上的误区,构建科学的财产支配权体系是很有意义的。

---

① 张玉敏.知识产权法学[M].北京:中国检察出版社,2002:21.

② 高富平.物权法原论[M].北京:中国法制出版社,2001:428.

③ 徐国栋.民法典草案的基本结构[J].法学研究,2000(1).

（二）物权法与知识产权法的整合

在民法典编纂的背景之下讨论物权法与知识产权法的关系，可以从密切相关、依次递进的三个问题入手：

1.知识产权是否纳入民法典

知识产权在民法典中"进"与"出"的问题经历了一个发展过程。起初许多学者反对在民法典中规定知识产权，①但经过一系列的争论之后，起初的反对者多调整了自己的态度，民法典应当规定知识产权的观点在学界基本达成了一致。②

民事财产法作为一种自治规范，主要目的不在于改变人们的社会行为，而在于回应社会的规范需求。新世纪民事财产法的面貌，决定于新世纪的社会形态。③ 在知识经济的年代，在知识财富迅速增长的今天，民法典中回避知识产权问题显然是不现实的。因此，笔者赞成在民法典中对知识产权作出规定。

2.知识产权在民法典中作一般规定还是完整规定

民法典应当规定知识产权已经在学界基本达成了一致，但对于如何规定知识产权却存在截然相反的两种观点：一种意见认为对知识产权制度在民法典中作原则规定，同时保留民事特别法；④一种意见认为应将知识产权制度较完整地规定于民法典中，作为民法典独立的一编。⑤

商标、专利、作品等无体物已成为当今社会主要的财富形式之一，知识产权与物权、债权一样同属于基本民事权利。知识产权的核心部分（著作权、专利权、商标权）经过数百年的发展已经比较成熟完善，具有相对稳定性，纳入民法典的时机相对成熟。倘若仅在民法典中作原则性的规定，知识产权的主要内容仍然游离于民法典之外，至多起到一种宣示作用，既违背了编纂民法典系统规范民事关系的初衷，也不符合法律调整现实生活的实际需要。笔者认为，对于知识产权制度中比较稳定的领域（著作权、专利权、商标权）、比较成熟的规则（知识产权的取得、内容、公示、许可使用、保护、转让等）应在民法典中作出规定，对于一些特殊的、新兴的、有争议的领域（如植物新品种权、集成电路布图设计权、反不正当竞争）以及一些程序性较强、公法色彩较强的问题（如专利申请和批准的操作程序）则由特别法予以规定。

---

① 王利明.论中国民法典的体系[A]//徐国栋,主编.中国民法典起草思路论战.北京:中国政法大学出版社,2001:132;吴汉东.知识产权制度不宜编入民法典[N].法制日报,2002—09—29.

② 王利明.关于我国民法典的体系的再思考[A].王利明,郭明瑞,潘维大主编.中国民法典基本理论问题研究.北京:人民法院出版社,2004:12;吴汉东.知识产权立法体例与民法典编纂[J].中国法学,2003(1).

③ 苏永钦.走入新世纪的私法自治[M].北京:中国政法大学出版社,2002:55.

④ 梁慧星.当前关于民法典编纂的三条思路[A]//徐国栋,主编.中国民法典起草思路论战[C].北京:中国政法大学出版社,2001:16;王利明.关于我国民法典的体系的再思考[A]//王利明,郭明瑞,潘维大,主编.中国民法典基本理论问题研究[C].北京:人民法院出版社,2004:17;吴汉东.知识产权立法体例与民法典编纂[J].中国法学,2003(1);马俊驹.对我国民法典制定中几个焦点问题的看法[A]//吴汉东,主编.私法研究(第3卷)[C].北京:中国政法大学出版社,2003:25.

⑤ 徐国栋.民法典草案的基本结构[J].法学研究,2000(1);麻昌华,覃有土.论我国民法典的体系结构[J].法学,2004(2).

因此,与"在民法典中作原则规定,但同时保留民事特别法"的观点不同,笔者的主张是"在民法典中作基本规定,但同时保留民事特别法"。

3.物权法与知识产权法如何构建财产支配权体系

随着物权法和民法典制定工作的展开,民法典的体系问题已成为学界研究的热点,许多学者提出了对民法典体系的设想,其中关于物权法和知识产权法的体系安排,学者间意见并不一致:有的主张知识产权编应紧随物权编之后;[①] 有的主张将知识产权编列于人格、亲属、继承、物权、债总、合同等基本权利之后,侵权行为法之前;[②] 有的主张将知识产权排列在物权、合同、亲属、继承之后,侵权行为之前;[③] 有的将知识产权置于人身权、亲属、继承之后,债权、物权之前;[④] 有的主张知识产权应置于物权、债总、合同之后,亲属、继承之前。[⑤]

物权与知识产权统一于财产支配权之下,二者的客体均为外在于人和人的行为的客观存在,权利主体有权直接支配权利标的,并可排斥他人干涉。对物权和知识产权的结构安排应体现出二者的财产支配权属性,体现民法典中财产支配权体系的建构,但上述学者对物权和知识产权的体系设计大多忽略了这一点。有学者认为应在物权编之外单独设立知识产权编,紧随物权编之后,两者相互结合构成财产支配权体系。[⑥] 这一思路较好地继承了大陆法系的民法传统,有效利用了现有的法律资源,加之已有国外立法例可资参照,因此具有较强的可操作性,立法成本较低,有望被立法机关所采纳。

法典化思维强调系统性、逻辑性和抽象性,将知识产权纳入民法典作为独立的一编、紧随物权编之后未尝不是一种现实的思路,但这一模式仍存在如下缺憾:(1)缺乏抽象性。财产支配权是物权和知识产权的统领,决定了物权和知识产权有许多共同的特征,在法律规则方面两者有许多相同点,如都采纳公示原则、权利法定原则、都是侵权行为法的保护对象、可以采取统一的权利变动模式等等。若采取物权法与知识产权法并列的立法模式,就难以抽象出二者的共同规则,势必导致相同的内容在法典中分别规定,其结果是叠床架屋,徒增法律之烦琐。在请求权领域,债总的设置抽象了合同之债、侵权行为之债、无因管理之债和不当得利之债的共同特征,使债法形成了一个有机联系,紧密统一的整体,若财产支配权只是分别规定于物权法和知识产权法而没有共同适用的规则,也就无法实现财产支配权体系的整合,支配权与请求权二元并立的财产法结构也缺乏工整性和体系美感。(2)缺乏逻辑性。财产支配权统领物权和知识产权,本意是物权作为对有体物的支配,知识产权作为对无体物

---

① 徐国栋.民法典草案的基本结构[J].法学研究,2000(1);王家福.21世纪与中国民法的发展[J].法学家,2003(4).

② 王利明.关于我国民法典的体系的再思考[A].王利明,郭明瑞,潘维大,主编.中国民法典基本理论问题研究[C].北京:人民法院出版社,2004:12.

③ 刘士国.中国民法典制定问题研究[M].济南:山东人民出版社,2003:48.

④ 麻昌华,覃有土.论我国民法典的体系结构[J].法学,2004(2).

⑤ 眭鸿明.权利确认与民法机理[M].北京:法律出版社,2003:440-451.

⑥ 徐国栋.民法典草案的基本结构[J].法学研究,2000(1);王家福.21世纪与中国民法的发展[J].法学家,2003(4).

的支配,两者界限清晰,位阶分明,共同构成财产支配权体系。但是,正如本文所指出的,从内容上看,物权既包括对有体物的完全支配和限制支配,又包括对无体物的交换价值的限制支配;而知识产权只是对无体物的完全支配,不包括对无体物的限制支配。物权法并非仅调整对有体物的支配,知识产权法也无法完全涵盖对无体物的支配,两者有渗透、有交叉,也有所疏漏。物权法与知识产权法相并列的模式不足以构建完整严密的财产支配权体系。(3)缺乏开放性。作为财产支配权客体的无体物,已超出了狭义的"知识产品"范围,扩展到各种创造性成果、经营性标记和经营性资信,[1]传统意义上的知识产权法已不足以调整当今社会所有的无形财产支配关系,因此应在更广阔的空间中寻找其立法定位。

(三)构建财产支配权体系的一种思路

构建财产支配权体系有两条线索可供选择:一是以客体为标准,建立"有体物支配权——无体物支配权"模式;二是以内容为标准,建立"完全支配权——限制支配权"模式。倘若单纯以客体为标准构建财产支配权体系,虽然体系清晰,但是难以体现财产支配权的共同特征,难以形成与请求权相对应的完整体系,而且这一模式也较为烦琐,因为有体物支配下要包括所有权、用益物权、担保物权,而无体物支配权之下也要包括对无体物的完全支配、对无体物使用价值的支配和对无体物交换价值的支配。倘若单纯以内容为标准建立财产支配权体系,则忽略了有体物与无体物的差异,难以体现二者各自特有的规则,有体物与无体物,一个具有实在性,一个具有非实在性;一个天然具有排他力,一个天然具有公共性;[2]一个产生于法律制度形成之初,一个直到近代才成为法权形式。有体物与无体物的以上差异决定了二者在取得、内容、期限等方面存在不同的规则,"完全支配权——限制支配权"模式则难以反映这些区别。由此,笔者认为单纯采纳任一模式均不够妥当,将这两种模式有机结合起来是较为理想的选择。如下图所示:

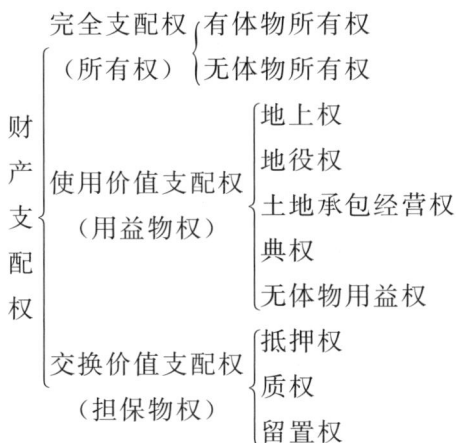

---

① 吴汉东,胡开忠.无形财产权制度研究[M].北京:法律出版社,2001:73-74.

② 实际上,在近代以前,人类社会有关知识的制度一般是将知识作为公共产品的,即使近代以来的知识产权,实际上也是与将知识视为公共物品的制度互相补充、相辅相成的,知识公共性与知识产权制度之间存在动态的均衡。盛洪.在传统的边际上创新[M].上海:三联书店,2003:12.

对这一体系,需作以下说明:

第一,由于将物的范围扩展到无体物,财产支配权即"对物支配权"或"对物权",亦即广义的"物权"。

第二,从立法体系上说,财产支配权应设一总则,确立此类权利的行使、变动和保护的一般规则。

第三,所有权是指对物的完全支配权。有体物所有权部分主要采纳现行各国物权法中的规定。无体物所有权即对知识产品和其他无体物(如互联网域名、网络虚拟物、特许经营权、无线电频道等)的完全支配权。考虑到无体物所有权内容庞杂、程序性强、技术性强,可在民法典中作基本规定,细节问题和程序性较强的问题由特别法规定。[①]

第四,用益物权体系增加了无体物用益权,用以指称知识产权人以外的人对无体物享有的可以对抗第三人的使用权。就无体物而言,由于其非物质性的特点,天然地可以同时满足多人的使用需求,权利人可以将使用权全部或部分授予他人,但并不一定转让自己的知识产权(无体物所有权)。一方面是由于仅授予他人使用权通常已足以满足其需要,另一方面是由于知识产权多是权利人的精神产物,凝结着权利人的心血和智慧,与普通的商品并不完全相同,权利人一般不愿意转让对知识产品的全部权利,更倾向于保留自己的著作权、商标权或专利权而仅将使用权授予他人。知识产权人以外的人对知识产品的使用权或为一种物权(用益物权),或为一种债权,这既取决于当事人的自由意志,也取决于民法所提供的法律制度。根据物权法定原则,倘若民法典物权法中用益物权的客体仅限于不动产,那么对知识产品的使用就不可能成为一种物权,这既无法满足当事人的实际需要,也无法解释在登记后使用权人何以能够享有能够对抗第三人的使用权。因此,笔者主张用益物权的客体也应包括知识产品,对知识产品的用益物权称为"无体物用益权"。

---

① 将知识产权规定于所有权部分也有若干立法例供参照。如《澳门民法典》第三卷"物权"第二编"所有权"第一章"所有权通则"第 1227 条规定:"如本法典之规定与商业企业、著作权及工业产权之性质相合,且与为商业企业及该等权利而制定之特别制度无抵触,则本法典之规定亦补充适用于商业企业、著作权及工业产权。"1960 年《埃塞俄比亚民法典》也规定了"文学和艺术作品的所有权"。1994 年《蒙古民法典》放弃了物权法的概念,其第 86 条把智力成果规定为所有权的客体,其第 76 条列举了所有权的客体为"物、智力成果及法律明文规定的某些财产权",明确了知识产权的所有权性质。

财产支配权演进论

　　财产支配权涵盖所有权、用益物权、担保物权、著作权、专利权、商标权等诸多权利形态，或者简单地说，包括物权和知识产权和其他无形财产权。在法学发展史上，并无"财产支配权"的概念，但作为财产权与支配权的"交集"，财产权中的支配权或支配权中的财产权，尤其是其中的物权，在古罗马时期（甚至古希腊）和中国的奴隶社会便已存在。

　　考察财产支配权的历史演进，可以发现几条较为清晰的脉络，即：从混合走向分离；从单一结构走向二元结构；从完全支配权主导走向限制支配权优位。

一、财产支配权与人身支配权从混合走向分离

　　（一）罗马奴隶社会财产支配权与人身支配权的混合

　　奴隶社会和封建社会是典型的身份制社会，人的私法地位依其性别、所属身份、职业团体、宗教共同体的不同而有所差异。而处于一定身份的人，必然通过其身份地位既支配社会财富，又实现对他人的支配和统治。

　　1.人身支配权在罗马法上的体现

　　在罗马社会，为区别人的身份地位，更好地实现对他人人身的支配，罗马法关于人的概念就有三个：Homo、Caput 和 Persona。① Homo 指生物学上之人，不一定为权利义务的主体，如奴隶原则上只能作为自由人（liberi）②的权利之客体；Caput 才能成为具有权利能力之主体，具有法律上之人格；至于 Persona 则指权利义务主体的各种身份，如一个人可以具有家长、官吏、监护人等不同身份。罗马古时，只有贵族家长是权利义务主体，市民中的家属以及平民都不是。后因战争需要，参军作战的家属和平民可取得部分公权和私权，从而在一定程度上成为权利义务的主体。自《十二表法》以后，在私法上已承认平民是权利义务的主体。至罗马共和国末叶，家长的男性子孙也开始普遍地享有公权和财产权，甚至妇女也逐渐取得了部分公私权利。尽管随着社会的发展，权利义务的主体范围从贵族家长逐步扩展，最后几

---

　　① 周枏.罗马法原论（上）[M].北京：商务印书馆，1994：97—98.
　　② 享有自由权的就是自由人；不享有自由权的就是奴隶以及在罗马的外国人，他们只能成为权利的客体。共和国中叶以后，外国人到罗马来的越来越多，才逐渐获得万民法上的人格而不被作为奴隶对待。

乎全体自由人均享有;但是其实际权利却是极为有限的,家属尤其是奴隶始终未摆脱人身被支配的命运。

在罗马法中,最早的财产概念是 familia 和 pecunia。据考证,前者主要指奴隶,而后者主要指羊群等财产。① 在千年罗马法史上,不仅奴隶,甚至家属也是家长的财产而成为支配的对象。这种人身支配权主要体现在如下方面:

首先是家长权(patria)。它是"家长对家属、奴隶、牲畜和其他财产的支配权","是对家庭的所有成员和所有财富所享有的支配权"。② 这是男性市民中的自权人③在法律上对其家属所享有的支配权。作为家庭中最高和最完全的权利,家属不论年龄、婚否和地位高低,均无独立人格,而处于家长权力支配之下,甚至可当财产任意选择、买卖或杀戮。如家长决定家属的男婚女嫁而不必征求子女的意见,还可随意休妻和赶走儿媳;可决定家庭中出生婴儿的留养或抛弃;享有对家属进行审判、惩戒、体罚、出卖、驱逐和杀戮等生杀予夺的权力(potestas vitae et mortis)。上述权力最初仅限于罗马贵族,至《十二铜表法》时,平民也对其子女取得家长权。如《十二铜表法》第 4 表"家长权"第 1 条便规定:"对奇形怪状的婴儿,应即杀之。"第 2 条还规定:"家属终身在家长权的支配下。家长得监察之、殴打之、使作苦役,甚至出卖之或杀死之;纵使子孙担任了国家高级公职的亦同。"

其次是夫权(manus)。它规定婚后的女性必须接受丈夫的支配,而处于"女儿的地位(filia loco)"。夫权在罗马"最初本属所有权的内容,所以夫可以用'要式买卖'的方式,在证人和司称前买入妇女,和购买奴隶、牛马一样,从而取得对她的完全支配权(夫权)"④。这种婚姻称为买卖婚(coemptio),coemptio 即买卖女子的人身和财产之意。更早期,甚至将女子视为动产,对其"占有使用"一定时间(一年)便取得"所有权",称之为时效婚(usus)。即使到了共和国末叶,无夫权婚姻盛行,妻子可以基本摆脱夫权的支配,但仍处于生父的家长权或监护权之下,家长对出嫁的女儿享有一切支配权,包括财产,可强迫其离婚而返回娘家。

复次为买主权(mancipium)。它规定家属被家长出卖后,或因其侵害他人权益而被委付受害方后,或家长借债以家属为质将之所有权转与债权人后,其在一定期限内将任由买主或受害方的权力支配。

最后是家主权(dominia)。它是奴隶主对奴隶的支配权。其客体是奴隶的人身及其劳动创造活动。在罗马法上,虽然奴隶为人法所调整,但是无人格亦无姓名,只称某某的奴隶,以示为某人所有。奴隶不仅一切活动受主人支配,有生杀之权,就连所得的财物和债权都归主人所有,像动植物等的孳息、产物及其他附属物都属于原物所有人一样。尽管后来奴隶主

---

① Gyorgy Diosdi, Ownership in Ancient and Preclassical Roman Law, Oxford: Oxford University Press, 1971:21.

② 周枏.罗马法原论(上)[M].北京:商务印书馆,1994:136.

③ 罗马法根据人们在家庭中的地位不同,将人分为自权人(拉 sui juris)和他权人(拉 aliana juris)。前者指不受家长权、夫权和买主权支配的人,但女性自权人不享有家长权;后者则指处于上述三种权利支配之下的市民。

④ 周枏.罗马法原论(上)[M].北京:商务印书馆,1994:176—177.

可以解放奴隶,但被解放的奴隶依然在很大程度上须服从于原主。

上述诸权,至共和国末叶,才逐渐受到限制,到优帝一世时(公元527年后)才明显消除,在限制和削弱诸权力的同时规定了其应承担的一定义务。

2.财产支配权的阙如是人身支配权的根源

奴隶和家属受制于人身支配权的根源,是财产支配权的阙如。罗马法上,不必说奴隶,即使对家属而言,纯粹的财产支配权仅在很狭窄的范围内存在;但对家长而言,却是财产支配权与人身支配权集于一身。在罗马早期的自然经济社会,家庭财产集中于家长,一切家庭事务均由家长作主,家属毫无私产,甚至所得的一切财物均归家长所有。而且,家属包括妻子不得以家长的名义为承担义务的行为,也不得以自己之名义做市民法上的债务人,倘若家属因订立契约而负有债务,则不受法律保护。可见家属在财产上既无权利能力,亦无行为能力。不仅如此,据罗马古代法规定,自权人可以享有财产权,他权人则不得享有。所以,"某人被债权人、受害人出卖国外为奴的,其财产即为债权人、受害人所得;自权人被收养或缔结有夫权婚姻时,其财产即为养父或丈夫所有"①。随着手工业和商业的发展,家长需要家属帮助经营家业和事业,家属的法律地位由此逐渐提升,家属可以拥有特有产(peculium)便是其主要体现。共和国末叶,特有产有家长授予的特有产和军役特有产;至帝政末叶,出现了准军役特有产和外来特有产。② 但是,除军役特有产和准军役特有产外,家长授与的特有产和外来特有产均在很大程度上保留着"家属所的财物全部归家长"的古老原则,故家长授与的特有产又称为用益特有产,所有权属于家长。哪怕是在家属特有产制度盛行的帝政后期,自权人不论被收养或是被认领,得将其原有财产带到养父或生父家而成为家长所有,直到优帝一世时这种财产关系才有所减弱,而作为外来特有产处理。由此可见,正因为奴隶和家属在财产支配权上的阙如,致使其不能摆脱对家长的人身依附,从而在人身上受其支配和统治。

诚然,在罗马法上,处于一定身份的人(家长),必然通过对社会财富的支配而实现其对他人人身的支配和统治;反之,也通过对他人人身的支配和统治而更好地实现对社会财富的支配。罗马家庭作为在家长统治下的一个政治(社会)单位,家长对外是家族的唯一权力人,对内享有人和物的支配权,因而,家长实现这种支配权,既为人身支配权,又为财产支配权,是对人支配与对物支配的统一体。可以说,罗马法上的财产支配权,是家长权下的财产支配权,其内涵的权力因素要比权利因素多得多。这种财产支配权是终身的、统一的、广泛的,"它不仅包含对家庭财产——物和其他财产的支配权,而且包括对人(包括妻子、子女、自由人、奴隶等家庭成员的人)的绝对支配权"③。当然,罗马的家长所有不能等同于个人所有,它

①　周枏.罗马法原论(上)[M].北京:商务印书馆,1994:113.
②　家长授予的特有产(peculium profecticium)是家长授予的财产,其所有权归家长,家属仅有用益权;军役特有产(peculium castrense)是家子在服军役中取得的财产,归家子所有;准军役特有产(peculium quasi castrense)是指因公所得的财物,归家属所有;外来特有产(peculium profecticium)是指不属于前三种特有产的财物,原则上归家属所有,家长拥有用益权,但家属先于家长死亡后归家长所有。周枏.罗马法原论(上)[M].北京:商务印书馆,1994:140－144.
③　程萍.财产所有权的保护与限制[M].北京:中国人民公安大学出版社,2006:4.

仅为家族的最高统治者独享的支配权,是财产权利与政治权力的混合,是财产支配权与人身支配权的混合。

直到公元 319 年,帝政时期的君士坦丁皇帝颁布谕令,将母亲的遗产只保留给儿子,从而使家子有了完全属于个人的财产,个人化的财产支配权制度得以形成;同时,随着人身支配权的削弱,财产支配权与人身支配权才开始有了分离的可能。但这一缕曙光,也终究随着罗马帝国的灭亡而烟消云散。

(二)日耳曼社会财产支配权与人身支配权的混合

公元 5 世纪,日耳曼民族入侵,西罗马灭亡,由此揭开了中世纪欧洲漫长的千年封建社会史。与罗马社会不同的是,在日耳曼社会中,个人依赖部族或家族这种高度自治社会实体性团体而生存,而始终未建立统一的国家政权,其政治与社会、政治权力与经济权利也始终未剥离,因此,一旦离开团体,个人权利就得不到保障。个人对团体的依赖关系首先体现在土地属于团体总有,各家长(hausherr)则在此基础上建立起分别权利。正是在这个基础上,形成了日耳曼家长权。

与罗马法类似,日耳曼家长权同样具有强烈的身份支配和财产支配相结合的特征。在日耳曼社会,家族团体(hansgemeinschaft)作为支配的团体(hersschaftlieher verhand),其家属包括妻子弟妹、被监护人、仆婢、受雇人、食客等,均受制于家长权之下。"家族作为社会组织的最小单位,是把物的、人的支配结合在一起的"[①],家长无论对内还是对外,都是家族团体唯一的权利人。家长的对内支配权称之为蒙特(munt),是统一支配构成家族的物的要素及人的要素的权利。[②] 当然,家属的身份不同,蒙特的表现形式也不一样:

首先,家长对其妻以夫之地位行使夫权。日耳曼古时,将妇女视为财产,故有掠夺婚,盛行买卖婚。后逐渐文明,称为家长权之买卖,妇女婚后即服从丈夫的家长权。丈夫可代替妻子行使权利而无须妻子授权;丈夫对妻子有任意惩戒权;妻子与他人通奸时,丈夫则有杀妻之权利;丈夫生活窘迫时,可以卖妻。在财产支配权上,妻子虽有聘金、新婚晨之赠与[③]财产、嫁资、婚姻中取得财产等特有财产,但其管理收益权归属于丈夫。妻子未经丈夫许可,对所有财产均无处分权,哪怕是她自己的财产,其法律行为也无效。这种夫妻财产制度,直到约 10 世纪起,妻子的地位得到提高,丈夫对妻子财产的处分权遂得以明显限制。

其次,家长对其子女以父之地位行使父权。在日耳曼法上,父权是夫权的扩张,即由母而及子,故一般限于服从夫权之妻所生的子女;若妻子服从他人的权力(如妻之父)时,其所生子女则置于他人权利之下。父亲对子女享有任意惩戒权;生活窘迫时可将子女卖为奴婢;

① 我妻荣.债权在近代法中的优越地位[M].王书江,张雷,译.北京:中国大百科全书出版社,1999:160.

② 我妻荣.债权在近代法中的优越地位[M].王书江,张雷,译.北京:中国大百科全书出版社,1999:156—157.

③ 新婚晨之赠与(morgengabe),即丈夫于新婚之竖晨,赠与其妻财产,以作处女性之代价.李宜琛.日耳曼法概说[M].北京:中国政法大学出版社,2003:17.

全权决定子女职业选择;对子女婚姻享有同意权,甚至强制权等等。在财产支配权方面,家子的财产受到家长权之限制,父亲享有家子财产的管理收益权,故家子在服从父权期间一般不得处分自己的财产。但家子原则上享有完全的财产能力,父权消灭时,父亲得返还家子财产,如因过失致家子财产损失,应负赔偿责任,父亲得以任意处分的仅限于动产。

再次,家长对被监护人以监护人的资格行使监护权。在日耳曼法上,凡丧父的未成年男子、未婚女子及寡妇,得置于死者最近男性亲属的监护权下,直至男子成年,而女子则终身不脱监护。监护权既为蒙特的一种,便有家长权之特征,监护人对被监护人享有养育义务和惩戒权利;对被监护人之财产享有管理收益权,并得就被监护人的动产任意处分;被监护人的权利遭受侵害时,监护人得以其家长权受侵害为由提起诉讼。

除此之外,家长对仆婢得以主人的地位行使物权的支配权;对受雇人及食客等得以保护人资格行使保护权等等。

综观上述诸权,日耳曼家长权对家属的人身支配权与罗马家长权并无太大的区别;但在财产支配权上显有差异:在罗马法上,家属在帝政之前并无积极的财产能力,而日耳曼法上,家属尤其是家子一般享有较为完全的财产能力。

在日耳曼社会,财产支配权依然是社会身份关系的反映,它通过对人的人身支配而得以完满实现。在日耳曼家族中,最主要的财产——土地上的权利义务和对人的支配权,与公法上的义务密不可分,财产支配权把公法的支配与公法的义务包含在其概念之中,即财产支配权具有社会性。[①] 也就是说,土地虽专属家长,但包含着团体所有的观念;家族团体行使蒙特有一定的统制权,也有保护家庭成员之作用。可见,蒙特并非仅为家长自身之利益,它为家族成员之存在而存在。而且,蒙特受更高层次的团体监督,形成对生产手段与劳动力的两个层次(家长和家族团体)支配与统制,日耳曼团体精神便主要体现于对蒙特的规范和调整上。[②] 但不能否认的是,这种以家长权力为中心,以家族团体为外围、维持当时农业经济的法律形式,以及家族作为社会组织的最小单位,把物的、人的支配结合在一起,并以此为基础形成服从社会整体的统制,其本质与罗马法并无太大差异。[③]

(三)中世纪欧洲封建社会财产支配权与人身支配权的混合

在日耳曼法统治下的欧洲,庄园体制逐步成熟。[④] 大约在公元 8 世纪以后,庄园逐渐成为欧洲封建社会最典型的社会组织。庄园主(即领主,grundherr)支配广阔的土地,并将其支配下的土地分租予农奴,并对本领地农业经营享有最高的权力。领主正是凭借对土地的支配权,而对依赖土地生存的农奴进行人身支配;同时凭借这种附属于土地的政治权力分

---

① 我妻荣.物权法[M].东京:岩波书店,1995:2.

② 高富平.物权法原论[M].北京:中国法制出版社,2001:87.

③ 我妻荣.债权在近代法中的优越地位[M].王书江,张雷,译.北京:中国大百科全书出版社,1999:160－161.

④ 庄园制度的渊源,可以追溯到公元 3 世纪的罗马时期.高富平.物权法原论[M].北京:中国法制出版,2001:89－90.

配,形成一种稳定的统治秩序。这种被称之为领主权的权力,显然具有政治支配权之内容,是一种对土地与人的概括支配权。在某种程度上看来,它与日耳曼法及罗马法上的家长权极其类似。所不同的是,家长权的基础是血缘关系,而领主权的基础却是契约关系。

领主对农奴享有种种特权,对农奴劳动力具有最高支配力,可要求其耕作租赁地和服其他劳役。在这种制度下,农奴对领主的义务极多,且种类繁杂,除了纳税、交付收成(实物或金钱)等经济性的义务外,农奴还负担诸如不得卖掉土地、不得出售大多数动产、不许作买卖、要在领主的军队服役、结婚通常应征得准许并付出税金等义务,甚至领主对农奴的新娘可以要求"初夜权"(但几乎在所有的情况下,农奴都获准"赎回"他的新娘)。① 这样,农奴全家就被牢牢地束缚于领主的土地上。不过,领主也应尽对农奴提供生活必需品、保障其生存避免其饿死的义务。再者,领主权也并不完全否定家庭的独立经营主体的地位。

正是在这个意义上,我妻荣指出:"这种契约是一方面产生对当事人支配与庇护的权利义务,另一方面产生要求当事人服务及保护的权利义务,一种身份关系上的贯穿于全部生活范围的契约。"②在这种制度下,对农奴的支配成为与土地支配相结合的对身份的一般支配权。可见,庄园制度是人的支配与土地支配的恰当的结合,是将人的支配建立在与土地相结合的封建制度的特殊性之上的制度。③ 我们还应看到,在领主权下,家长依然支配着家族内的成员。因此,"这种统制,明显是前一时代的家长权力的存续。当然,家族已失去小国家的实质,家长的广泛的权利中的公法部分,也多被领主的权力所吸收。但是,在支配其家族及奴隶、仆人以及经营农业的范围内,仍然保持着概括的身份支配力,这一点当无疑义。不仅如此,在前一时代中成为家族团体的外围的种族团体,在领主权力所不限制的范围内,也仍然继续存在,成为家族团体之上的统治团体"④。因此,在庄园体制下,家庭虽然已丧失其政治色彩而成为一个经济经营主体,但是家长的权力在很大程度上转移到领主手中,而成为领主权的一部分。领主则凭借对土地的支配权而对他人人身进行支配,从而形成了封建的财产支配权与人身支配权的又一次巧妙结合。

欧洲封建社会末期,封建制度大大阻碍了社会生产力的发展,从而引发了社会的种种变革。约13世纪之后,随着封土制(庄园制)的衰落、公地制的废除、农奴制的瓦解,土地权利逐步私有化,所有权人对土地逐渐拥有了自由处分权;城市商业的发展,作为新生力量的城市市民,也有建立个人化、自由化所有权制度的强烈要求;自由的所有权和契约的发展,更为瓦解封建制度提供了制度工具。于是,农奴积极抵制领主的奴役和压迫,逐步取得人身自由,并用圈地的方法获得财产所有权;封臣则违背君臣之契约,将本属于他与封君共享所有

① 威尔·杜兰.世界文明史:第四卷[M].幼狮文化公司,译.上海:东方出版社,2002:729—730.

② 我妻荣.债权在近代法中的优越地位[M].王书江,张雷,译.北京:中国大百科全书出版社,1999:163.

③ 我妻荣.债权在近代法中的优越地位[M].王书江,张雷,译.北京:中国大百科全书出版社,1999:162.

④ 我妻荣.债权在近代法中的优越地位[M].王书江,张雷,译.北京:中国大百科全书出版社,1999:163.

权的土地据为己有;很多私人甚至背信弃义去破坏公地制度,以求获得土地所有权……凡此等等,急迫地叩响了财产支配权与人身支配权分离的大门。

(四)资本主义法上财产支配权与人身支配权的分离

资产阶级革命的胜利,埋葬了奴隶社会和封建社会的身份制。1789 年,法国《人权宣言》第 1 条开宗明义地宣布:"人生来并且始终是自由的,在权利上是平等的,社会差别只可以基于共同的利益。"1804 年的《法国民法典》更是以财产为中心构造了一部"财产的圣经",而且私的所有权被法学家们推崇为自由的本质要素,"倘使财产没有安全,倘使公民为自己的最大利益而利用财产的自由缺乏保障,则国家难以兴旺繁荣。财产使我们的存在富于生气,能拓展我们的生存空间并提升生存境界。经由财产,将激发一个人的勤劳,于是创造的精神与生命活力将撒播于大地,那是财富的源泉"①。

在美国,杰弗逊的《独立宣言》更宣称"人人生而平等,他们都从他们的造物主那里被赋予了某些不可转让的权利,其中包括生命权、自由权和追求幸福的权利"②,并大胆指控"国王掠夺我们的海洋、践踏我们的海岸、焚烧我们的城镇、戕害人民的生命"③。此言意味着财产犹如我们的生命一般珍贵,政府的唯一目标就是保障人民的自由和财产,而人身自由是人们取得财产支配权的前提;反之,财产支配权是人们获得人身自由的基础。

在英国,上述观念和实践来得更早。1215 年的《大宪章》是一份针对王权侵犯私有财产的历史性文献,它规定了财产权利与人身权利的神圣性,第一次用宪法的形式表述了私有财产不可侵犯原则,将财产问题与政治问题紧密结合起来。1628 年的《权利请愿书》则宣称自由不能被剥夺,而英国革命取消封建所有权的实践大大地推进了私人所有权的绝对化进程。而 1689 年《权利法案》更声明,未经国会同意,不得以王室利益为虚假的理由或特权为借口聚敛金钱,以国会认可以外的方式聚敛金钱的为非法。④

自由、平等的思想催生了资产阶级革命,资产阶级革命弘扬了自由、平等。正是由于人的自由、人与人之间的平等,先前所存在的赤裸裸的压迫人、统治人、使人依附于人的人身支配权,因违背现代法治精神而被抛弃。对财产的支配也不再成为支配他人的基础和手段,财产支配权与人身支配权相脱离,成为纯粹的私的财产权。在经济生活中,资本家与工人在形式上实现了自由和平等,人身依附关系被雇佣合同关系所取代。在家庭内部,以往的夫权、父权也发生了质的变化,夫妻之间形成了相互性、平权性的配偶权,亲子间形成了以保护子女为目的的亲权。妻子、子女在家庭中取得了独立的地位,不仅实现了人身自由,而且可以成为独立的财产权利主体。

(五)我国财产支配权与人身支配权的混合与分离

在中国,夏商周与春秋时期是以奴隶宗法制度为指导的奴隶制法律,被统治者包括被称

① Gottfried Dietze, In Defense of Property, Baltimore:The Johns Hopkins Press,1971:89.
② 路易斯·亨金.权利的时代[M].信春鹰,吴玉章,李林,译.北京:知识出版社,1997:107.
③ Gottfried Dietze, In Defense of Property, Baltimore: The Johns Hopkins Press,1971:60.
④ 肖厚国.所有权的兴起与衰落[M].济南:山东人民出版社,2003:173—174.

为"小人"的平民和因劳作不同而分别被称为"众"、"工"、"皀"、"奚"、"仆"的奴隶。奴隶数量巨大,且境遇极为悲惨,他们"不算是人",而是"一种物品",①本身被视为奴隶主私有财产的代表而被任意支配。奴隶不仅与土地一道被上级奴隶主分封给下级奴隶主,而且常被用于赏赐、馈赠、买卖,还像牲畜一样被奴役驱使,更常被用于殉葬和祭祀的"牺牲",其多者一次可达数百、上千人。② 奴隶不仅无半点人身自由,也无丝毫财产权,其劳动所得被奴隶主盘剥一空,其人身乃至生命完全被操控在奴隶主手中。至于"小人",亦不脱被统治压迫的支配地位,缺乏人身自由和财产自由,生活贫苦艰难。而族长、家长则对族人、家属的人身和财产享有至上的支配权。可以说,自上而下等级森严的宗族组织,作为宗族系统和政权系统的统一体,其体系的严密完整性及其对人人身及财产的支配力,实为罗马法和日耳曼法上的家长权所远不能及。

自战国起,古代中国进入了封建制时期,依然是一个等级森严的身份制社会,奴婢、农民成为封建主的主要统治支配对象。封建早期(战国与秦),在法家"法治"思想指导下,尚存在大量丧失人身自由、受其主人控制的奴婢,地位比奴隶社会要高,一般分为国家奴隶和私人奴隶。但这些官私奴婢仍受主人任意支配、虐待,甚至被处以各种刑罚;他们从事繁重的劳役,但生活待遇却低得难以糊口。他们既身为国家或私人之财产,又有极其有限的自己财产,还会有平民亲属;既受到法律的一定保护,又没有人身自由。而平民,由于土地被地主所支配而完全依附于地主,而一旦触犯刑律,则常被罚为奴隶。

至两汉魏晋南北朝,儒家思想抬头,封建官僚、贵族的等级特权得到了法律的全面肯定,奴隶制残余明显减少,大部分奴婢逐渐得以释放而免奴为民。即便如此,奴隶和平民也绝不可能摆脱对封建主、贵族的人身依附关系,其人身和财产在封建"礼治"原则下,仍然遭受支配。

至隋唐,儒家思想已占主导地位,封建制法律也发展至巅峰。在君权、族权之下,个人权利纯属附庸,私人的人身及财产权利,则分别以臣之于君、下之于上、卑之于尊、妻之于夫、奴之于主的格局处于被支配之下。

至两宋元明清,以儒学为中心,揉儒、佛、道三家为一的新儒学占据支配地位,以玄妙深奥的哲理说教,以伦理纲常和森严的等级制度竭力维护封建家族统治秩序,封建法律逐步走向衰落。在高压政策下,族长、家长的权力极大。族长对违规族人有惩罚权,对族人立嗣有决定权等;家长享有"教令权",子孙违反教令科以重大罪名等。同时封建主、贵族雇佣的长工或短工,劳动所得极为微薄,且带有极强的人身依附性;手工业工人同样遭受统治管理和残酷的剥削镇压,被统治者严密控制和野蛮奴役,"日则做工,夜则关闭在坊",却报酬极低。

当历史进入20世纪,资产阶级旧民主主义革命迅速崛起。1905年8月,力主自由平等博爱思想的孙中山提出了民族、民权、民生的旧三民主义革命纲领,顺应了中国民族资产阶

① 列宁选集:第四卷[M].北京:人民出版社,1995:49—50.
② 张铭新.中国法制史纲[M].武汉:武汉大学出版社,1992:15.

级和广大人民的愿望。随着中华民国的诞生，1912 年 3 月颁布了《中华民国临时约法》，详细地规定人民享有平等的人身权，人民保有财产及营业之自由。这无疑是一个巨大的进步，但广大劳动人民的权利并没有得以实现的物质基础和实际保障。1919 年，"五四运动"掀开了新民主主义革命的篇章，人身自由和财产自由思想席卷中国大地，并在民国时期的立法中得到了一定程度的体现。1949 年新中国成立，彻底废除了封建等级制度和各种人身依附关系，标志着人身支配权与财产支配权的彻底分离。

二、无体物支配权的产生和发展突破了财产支配权的单一结构

有体物和无体物的划分始于罗马法，它是以物是否有实体存在进行的分类。罗马法学家盖尤斯认为，有体物（res corporales）是具有实体存在，并可由触觉而认知的物体，[1]如土地、奴隶、金钱、衣物等。但是，诸如瓦斯、电力此类物质并不为罗马人所知，至少罗马人丝毫不知其可为经济客体并因而成为权利之标的，[2]可见罗马法上的有体物实为有形物，罗马法亦称之为"物体（corpus）"[3]。而无体物（res incorporales）则指无实体存在，仅由人们拟制的物，即权利，如债权、用益权、地役权等。[4] 这一划分显然已不合时宜，这在第一章已有论及。我们认为，有体物应扩展到能源、热、光、电、无线电频道、磁场等无形却占据一定空间（即有体）并能被度、量、衡的自然力，但不包括无体物所有权[5]；而无体物则主要为具有客观物性的无形无体也不占据空间且具有独立性的知识产品，但不包括财产权利。

（一）有体物成为古代法财产支配权的唯一客体

有体物支配权不仅是财产支配权的典型，而且是其原型。近代以前的财产支配权，其实为对有体物的支配，其客体仅限于土地、房屋、牲畜、农具等具有实体的物。虽然也存在文学艺术作品，但是他们尚未成为财产权利的客体。

1.罗马法上的有体物支配权

尽管罗马时期提出了有体物与无体物的划分，财产支配权的客体却仅为有体物。而且，并非一切有体物均可成为财产支配权之客体，它必须同时具备几个条件：

首先，必须是除自由人以外的有体物。在罗马法上，自由人才能成为权利义务的主体，奴隶是不自由人，非为法律上之人，其不能成为权利义务的主体而是客体，属于有体物。除此之外，还包括存在于自然界的客观实在的东西。

其次，必须可作为个人财产之有体物。罗马法将物分为可有物（res in nostro patrimonio）和不可有物（res extra nostrum patrimonium），前者指能为个人财产所有权客体

① 周枏.罗马法原论（上）[M].北京：商务印书馆，1994：281.
② 彼德罗·彭梵得.罗马法教科书[M].黄风，译.北京：中国政法大学出版社，1992：185.
③ 彼德罗·彭梵得.罗马法教科书[M].黄风，译.北京：中国政法大学出版社，1992：185.
④ 周枏.罗马法原论（上）[M].北京：商务印书馆，1994：281.
⑤ 罗马法将无体物的所有权视为有体物。周枏.罗马法原论（上）[M].北京：商务印书馆，1994：281.

之物,后者指不可为个人财产构成部分的物。不可有物包括神法物和人法物。罗马时期,日月星辰、雷电风雨、山岳河川、土地疆界、寺庙神器、棺坟城墙等,或为神灵、或为神灵所用、或为神灵所保护,不为人们所有,均为神法物①;而人法物则是供公众使用之物,包括人类共享之共用物、罗马市民共享的公有物、供本市人共享的公法人物,诸如空气、阳光、海洋、海岸,牧场、公路、河川,斗兽场、浴场、剧场等等。上述之物均不得为财产支配权之客体。

再次,必须能为人所支配的有体物。就当时的生产力水平而言,太阳、海洋等不能为人所支配,故非法律上之物,更未进入财产支配权的客体范畴。

显然,同时满足上述三个条件的有体物,范围是比较狭小的。

最初,罗马法上的财产支配权客体主要限于人们视为家庭中的贵重财产,如奴隶、妻子、子女、能驮物拉车的牲畜(即牛马驴骡)以及世袭住宅等"罗马物(res romanus)",②并受到市民法的保护。因为家庭贵重财产也是社会重要财富,故这些有体物被列为要式转移物,其所有权转移必须用要式买卖或拟诉弃权的方式,否则不发生法律效力。

随着文化、手工业和商业的发展,家属不再被视为财产支配权之客体,但其客体范围却在不断扩大。譬如土地,起初为氏族、部落和宗联公有,后分公、私两个部分,每个宗族受地一片,一部分分配与各家长建住宅和菜圃,为私地;另一部分作为公地(位于市郊),以供全宗族共同种植、共同享用,但由于公有制阻碍了生产力的发展,故至公元前 6 世纪中叶,公地也由公有变为私有,划给各家长独自用益。

到了公元前 2 世纪中叶,由于经济的发展,过去在经济上视为无足轻重的动产有些逐渐占有重要的地位,譬如船舶、珠宝、艺术品等,其交换价值已远远超过了意大利土地和牛马等,因此动产所有权的客体也不得不迅速扩大。

罗马法以有体物为法律的保护对象,财产支配权之客体也限于有体物,并未涉及知识产品(或精神产品)这一无体物。③ 但据学者研究,罗马法时期也曾有关于知识产品所有权的观念,并得到不同方式的承认,譬如在某种程度上存在"文学产权"的思想,古罗马的西塞罗等人也曾从其演讲或创作中获取过报酬,而"剽窃"一词也是创造于公元一世纪的罗马。④ 其实,从本质上说,这种观念仅为法律制度之先导,观念本身并非法律制度。事实上,文学剽窃行为在当时也仅受到道义上的谴责,并不产生法律的后果。⑤ 故墨西哥罗马法教授马哥丹特在其著作《罗马私法》中指出,罗马法并不承认无实体的文化物的存在,亦未发展出知识或工业产权的理论。⑥

---

① 神法物可细分为神用物(供奉给神灵所用之物)、安魂物或宗教物(安葬亡魂所用之物)和神护物(受神灵保户之物)。

② 周枏.罗马法原论(上)[M].北京:商务印书馆,1994:305.

③ 罗马法将财产权利视为无体物,得为所有权之客体,混淆了权利本身与权利客体的界限,故我们不将之视为无体物。

④ 吴汉东,胡开忠.无形财产权制度研究(修订版)[M].北京:法律出版社,2005:6.

⑤ 吴汉东,胡开忠.无形财产权制度研究(修订版)[M].北京:法律出版社,2005:6.

⑥ 马哥丹特.罗马私法[M]//高富平.物权法原论[M].北京:中国法制出版社,2001:423.

2.日耳曼法上的有体物支配权

日耳曼的一切法律观念,均基于具体的事实关系,并不像罗马法而将一切权利之客体抽象为物。后来受罗马法影响,日耳曼法也将一切权利之客体概括为物。日耳曼法并以是否有转移性和是否易灭失为标准,将物分为动产和不动产,故木造的房屋也被视为动产。

日耳曼早期,人们以狩猎牧畜为主、农耕为辅,财产权利的客体限于家畜、奴隶[①]、武器、衣服、耕耘狩猎之用具以及日常衣食住等有关之物。[②] 可见,此时的物仅为后者,即一般意义上的动产,这正如马克思所言:"无论在古代或现代民族中,真正的私有制只是随着动产的出现才出现的。"[③]而且最重要、最普通的动产是家畜。由于家畜的存在极其普遍,往往也将之作为交换之等价物,起到货币之效能。因此,日耳曼人所钟爱的唯一财富就是家畜,他们多以畜群的多寡相夸耀,并常以之作为馈赠酋帅的主要礼物。[④] 在日耳曼王国,还普遍存在奴隶,而且普通的奴隶大多是主人的财产,主人可以买卖奴隶,对于奴隶甚至有生死之权。奴隶的主要来源为战俘、罪犯,还有自己或被他人出卖为奴。

约公元 5 世纪起,即侵入罗马之后,日耳曼进入农业社会,此时之物则扩及土地。其后,石造之房屋等大建筑亦被列入不动产范畴,唯构造简单之小屋,因其可自由破坏或转移,故仍归属动产之列。随着封建制度的日益发达,土地成了财富与权力之渊源,土地拥有者不仅在经济上有优势,而且在政治与法律方面均具有重大意义,土地遂逐步发展成为私人所有权之客体。

从罗马法的角度来看,不难发现,日耳曼法财产支配权之客体依然是有体物。依日耳曼人的习惯,人对物之支配关系,以物的性质、形状为标准。物之性状不同,其支配之形态相异。故日耳曼法上,关于土地与关于家畜、农具、武器等财产的规则迥然不同。

3.我国古代法上的有体物支配权

纵观中国奴隶社会和封建社会,也未曾出现无体物支配权,亦未有无体物或无形物之概念,财产支配权之客体也仅为有体物。当然,中国古代法既未能将形形色色的财产形态概括为"物",也未能根据财产的不同形态归纳出动产、不动产或可分物、不可分物等抽象概念。在规定财产的转移、处分等程序时,一般地将财产简单地区分为田宅、奴婢、牲畜和一般财物。

首先为田宅。在以土地立国的中国古代,耕地无疑是最重要的生产资料;房宅是具有重要使用价值的财产,在古代很长一段时期内,朝廷向房宅主人直接征收房屋税,甚至以房宅大小与质量定"户等"而征"户税"。中国历代一般均有颁布《田令》,且一般将耕地、房宅合称

---

① 日耳曼王国时期,奴隶没有人身自由,他们一定程度地被认为是私人的动产,可以被其主人出卖或者转让。当时的奴隶买卖非常盛行,奴隶的价格大约为女奴半镑、男奴 1 镑,1 个男奴相当于 8 头牛的价值。参见 H.P.R.Finberg,The agrarian history of England and Wales,Cambridge:Cambridge University Press,1971:507.

② 李宜琛.日耳曼法概说[M].北京:中国政法大学出版社,2003:50—51.

③ 马克思恩格斯全集(第 1 卷)[M].北京:人民出版社,1972:68—69.

④ 塔西佗.阿古利可拉传·日耳曼尼亚志[M].马雍,傅正元,译.北京:商务印书馆,1985:57—63.

"田宅"而成为财产权支配的客体,一并加以规范。夏商周盛行井田制,自君主而下以"井田"①为单位分封土地,封土不得自由转让,得定期向上级封主及君主上贡土特产。天下土地归属君主,土地的占有者均为君主的臣属。正所谓"溥天之下,莫非王土;率土之滨,莫非王臣"。至西周中叶,井田制逐步瓦解;至春秋,铁具及牛耕普及,小农经济形成,土地通过分封或争夺而逐渐私有化。与井田制之分封不同的是,授封土者(或土地占有者)拥有完整的私有权利,得自由转让,但须承担纳税义务。诚然,土地私化,并未形成纯粹的私有制,历代田宅法令均试图以国有形式包容田宅私有制或直接对田宅之取得、占有之规模、田宅之转移等加以限制。如秦汉按爵位限定田宅私有规模,西汉"限民名田"并推"王田制",西晋以"占田制"限制私有土地面积,北朝隋唐以"均田制"限制私有土地,两宋数代皇帝均有发布限田法令,唯元明清不立田制。② 然民间对于田宅,更珍爱田产,被称为最保险的"恒产"。③

其次为奴婢。奴婢是受其主人奴役而丧失人身自由的奴隶,男为奴、女为婢,又有官奴婢与私奴婢之分。官奴婢一般源于战俘、罪犯及其被连坐之家属;私奴婢一般源于因债卖身为奴的平民及奴婢之后代。奴婢作为财产支配权之客体,必然受到法律的保护。明代以前,法律均视奴婢为官府或其主人的具有代表性之财产,其子女被视为主人财产之孳息,身份仍为奴婢。《唐律疏议•名例律》疏曰:"奴婢同于资财",故民间亦以奴婢之多而彰显财富,奴隶社会甚至用于殉葬或祭祀之"牺牲"。也正因为奴婢是一类特殊的财产,所以古代法律一般均规定买卖奴婢要履行特别程序;④奴婢若逃跑,将要受到官府的追捕并处于严厉的惩罚。

复次为牲畜。牲畜成为财产支配权客体的原因,在于它不仅可以用于祭祀、食用,还可以用于耕作。故牲畜的私有远早于田宅,并成为私有财富与社会地位的象征。牲畜之大者为牛马,牛被用于最重要的祭祀活动,平时也仅为贵族及出征之士兵可享用,此外主要用于耕作;马则被用于战争。故牛马成为国家的战略物资,作为特殊财产而受控于国家,私人不得随意处置,其严者可谓"盗马者死,盗牛者加",哪怕是致牛马伤害,亦与盗者同罪。⑤ 同时,对牛马之类的大牲畜,律例亦严格控制其转让,一般须于官府市场管理部门之监管下订立书面契约,方为有效。

其后为财物。除却前三者,其他财产统称资财或财物。在古代,一般经加工或得为人所控制之物件,方得为私有财产权支配之客体。譬如《唐律疏议•贼盗律》"山野之物"疏曰:"山野之物,谓草、木、药、石之类,有人已加工力,或刈伐,或积聚。而辄取者,各以盗论。"显然,经加工之物得为财产而受法律保护。另有一种特殊之财产为货币。然历代之货币形式

---

① 所谓"井田",即将耕地用灌溉及排水的沟渠划分为若干方块地,九块为一井、四井为一邑,四邑为一丘。并以此组织社会单位。参见《周礼•考工记》。

② 郭建.中国财产法史稿[M].北京:中国政法大学出版社,2005:32—61.

③ 元末有民谣曰:"富汉莫起楼,富汉莫起屋,但看羊儿年,便是吴王国。"见《坚瓠集》。

④ 唐律规定,买卖奴婢须订立书面契约,并经官府确认奴婢身份、市场管理部门盖印,方为有效。郭建.中国财产法史稿[M].北京:中国政法大学出版社,2005:36.

⑤ 张家山二四七号汉墓竹简整理小组.张家山汉墓竹简[M].北京:文物出版社,2001:167.

略有差异,西周之前以贝壳作货币;西周以青铜为货币;春秋战国仿工具以青铜铸货币;秦汉以金、钱为货币,黄金为"上币"、铜钱为"下币";魏晋隋唐以钱、帛为货币,绢帛、铜钱为主,银钱、谷物之类的生活必需品亦有所用;宋元明以铜钱、纸币为货币;明中至清末,以白银为主要货币。

但是,在中国古代,并非所有的有体物都可以成为财产支配权之客体,往往严格禁止私人拥有下列物品:一是朝廷及礼仪用品。先秦以来,祭祀用的牺牲、玉器仅为承担主持祭祀的"宗子"保有,尤其是圭、璧、璋之类玉器为贵族身份之象征,平民不得拥有;皇帝御用之物他人不得仿造和拥有;还有涉及宗教、测命等"玄象器物"亦禁止私人拥有。二是重要武器。如汉律禁止私人持有毒箭;唐律禁止私人拥有弩、长矛和盔甲;明清则禁止私人拥有作战用的火器,如大炮、甚至鸟枪。违者轻则入狱,重则处死。三是朝廷禁书。禁止私人拥有书籍的法令以秦朝"焚书令"和"挟书律"为最,此后历代皆禁止私人收藏被认为有碍朝廷统治之书籍。四是朝廷专卖物资。为缓解国家财政紧张,中国历代长期实行盐、铁、酒、茶等大宗日用品的官府专卖政策,私人严禁生产或销售。

(二)无体物成为近现代法财产支配权的新客体

1.无体物作为财产支配权新客体的出现

近代以来,随着工商业的发展和科学技术的进步,大大地扩张了财产支配权客体的范围,其中一个显著的特征就是知识产品财产化。专利权、著作权、商标权等新型权利形态相继出现并得到迅速发展。这类权利的突出特征是其客体并非占据一定空间的有体物,而是非物质的知识产品,属于人类精神产品的范畴。

知识产品成为财产支配权之客体,取决于三个条件:一是科学技术成为社会生产力的重要因素。科学技术的进步,使智力因素渗透到劳动产品并占据主导地位,并创造了比资产阶级在它最初的 100 年还要巨大的生产力,智力创造由此被提高到前所未有的重视程度。二是科技成果或知识产品得为商品,并成为财产的一部分。商品经济的发展,冲破了自然经济中技术部门之间、科学技术与经济社会之间的坚实壁垒,让知识产品走向了市场,成为商品,由此产生了财产的意义。三是知识产品财产利益保护的法律制度化。正如马克思、恩格斯所言:"每当工业和商业的发展创造出新的交往形式……法便不得不承认它们是获得财产的新方式。"[①]于是,一种不同于有体物支配权的无体物支配权(知识产权)应运而生。

在与商品生产直接有关的技术发明领域,技术创新在 13 世纪的英国得到英王特许令而获得一定期限的垄断权,特许令给当事人颁发的诏书叫"letters patent"成为英文"专利"(patent)的词源,钦赐特权制度便是专利制度之萌芽。[②] 至 1474 年,威尼斯颁布了世界上第一部专利法,虽然不完备,但是素有专利法鼻祖之称。至 16、17 世纪,英国钦赐特权制度因被英王滥用而阻碍了技术进步,于是,在资产阶级的推动下于 1624 年颁发了世界上第一部

---

① 马克思恩格斯全集(第 3 卷)[M].北京:人民出版社,1972:72.
② 刘春田.知识产权法[M].北京:北京大学出版社,2000:117.

具有现代意义的专利法——《垄断法案》。随之,美、法、俄、西班牙、德国等也相继建立了专利制度。至于在文学创作以商品形式进入交换市场过程中的权益保护,则源于文学艺术作品的商业性利用给出版商和作者带来的利益。但大量的翻版和盗印,直接损害了当事人的利益,于是英国在 1709 年颁布了世界上第一部著作权法——《安娜女王法令》[①]。随后,法、美、日等国也相继颁布了各自的著作权法。而在与商品销售相关的商品标记范畴,13 世纪的欧洲已流行商品标记,17、18 世纪,商标已被广泛使用,但商标制度却仍未建立。直至 19 世纪,商标在市场竞争中的地位日显重要,于是法国率先在 1803 年颁布了世界上第一部保护商标的法律——《关于工厂、制造场和作坊的法律》,并于 1857 年颁布了全国性的《关于以使用原则和不审查原则为内容的制造标记和商标的法律》。随后,各主要资本主义国家先后于 19 世纪后期颁布了各自的商标法。至此,财产支配权之客体已扩展到了专利、著作和商标等无体物。

与资本主义国家相比,无体物支配权在中国出现较晚。尽管我国东周便已出现酒的标记"杜康",但时至 1904 年,方由清政府颁布第一个商标法令《商标注册试办章程》。其后,北洋政府和国民党政府也先后于 1923 年和 1930 年分别颁布过商标法。而新中国的第一部商标法则于 1982 年颁布。至于著作权,中国古代并无该语词,亦无"版权"概念。直至晚清(1910 年),为履行 1903 年中美条约中关于版权的义务[②],清政府才颁布了我国历史上第一部著作权法——《大清著作权律》。其后,北洋政府和国民党政府曾相继于 1915 年和 1928 年分别颁布过著作权法。新中国成立后,有关著作权的保护散见于单行法规。直到 1986 年的《中华人民共和国民法通则》才规定著作权保护问题,1990 年正式颁布《中华人民共和国著作权法》。而首次主张建立专利制度的是太平天国时期的洪仁玕[③],但终因革命失败而建议未成。至 1898 年,清光绪帝颁布了我国近代史上第一个专利法规——《振兴工艺给奖章程》,却因戊戌变法失败而夭折。1944 年,民国政府颁布了我国历史上第一部正式的专利法。新中国成立后,专利的保护散见于一些法规,直到 1984 年才颁布《中华人民共和国专利法》。

专利权、著作权、商标权在资本主义国家以及我国的相继建立(后统称为知识产权),使专利、商标、著作等无体物成为财产支配权的客体,突破了财产支配权客体仅为有体物的单

---

① 该法原名《为鼓励知识创作而授予作者及购买者就其已印刷成册的图书在一定时期内之权利的法》,此谓"购买者",是指印刷商与书商。

② 1903 年,中美在上海签订《中美续议通商行船条约》,第 11 条规定:"无论何国,若以所给本国人民版权之利益,一律施诸美国人民者,美国政府亦允将美国版权律例之利益给与该国之人民。中国政府今欲中国人民在美国境内得获版权之利益,是以允许凡专备为中国人民所用之书籍、地图、印件、刻件者,或译成华文之书籍,系经美国人民所著作或为美国人民之物业者,由中国政府援照所允保护商标之办法及章程极力保护 10 年,以注册之日为始,俾其在中国境内,有印售此等书籍、地图刻书或译本之专利。"此为中国历史上第一部涉及著作权的条约,亦为现代著作权法律制度引入中国之发端。

③ 1859 年,洪仁玕在其著名之《资政新篇》中指出:"倘若能造如外邦火轮车,一日夜能行七八千里,准以自专其利,限准他人仿效。""兴舟楫之利,以坚固轻便捷巧为妙,或用火用力用风,任乎智者自创。""兴器皿技艺,又能造精奇信者,准其自售;他人仿造,罪而罚之。"

一结构。

2.无体物作为财产支配权客体的新发展

20世纪以来,以电子计算机为代表的微电子技术,以及光导纤维、新材料、新能源、生物技术、空间技术、海洋技术等新技术群的产生与发展,迎来了知识经济时代,知识所创造的财富远远超越了过去。而商业的发展,已从有形商品市场延伸到了无形商品市场,一切得以财产看待的物质或非物质对象均被商品化。正是在这种背景下,无体物支配权在著作权、专利权与商标权的基础上发生着剧烈变革,无体物支配权乃至财产支配权之客体范围因之不得不扩展。这场发展与变革主要体现为:

首先,传统知识产权保护范围迅速拓展。著作权的客体范围至19世纪末已由早期的书籍、地图等印刷作品,扩充至音乐作品、戏剧作品、摄影作品、美术作品等非印刷作品;至20世纪,出现了电子版权并迅猛发展,电子作品一般包括:电影、电视、影像、音像等视听作品,还有通过卫星或光电技术传输之影视节目、广播节目,以及计算机软件等。另外,民间文学的各种表现形式也成了著作权的客体。至于专利权的客体,时至19世纪,已从早期仅保护技术创新,发展到对外观设计和实用新型的保护,发明专利权的客体也由产品发明扩充至方法发明,并由保护少数领域的产品发明扩充至食品、饮料、调味料、化学物质和药品等等。而商标权之客体,虽然变化相对较小,但是也从保护制造商标、销售商标延伸到了服务商标,并不断扩展到集体商标、证明商标、联合商标、防御商标、驰名商标等等。另外,商业秘密也由被知识产权法排斥走向被接纳为保护对象。

其次,新型知识产品不断涌现。从20世纪中叶起,随着各类新技术的应用和商品经济的高度发达,不断涌现出与传统知识产品迥异的新作品、新专利、新标记等:一是新型作品,如二进制数字编码形式(或称信息产品)。数字化技术的应用,突破了知识产品以书籍、报刊、音像、绘画等为载体的传统形式,把知识产品载入计算机软件、CD-Rom、Internet等而成为二进制数字编码形式的数字化财产,而这种知识产品的二进制数字编码形式便是新型知识产品,应成为著作权之客体。二是新型专利,譬如生物工程技术领域的动植物新品种、微生物新制法等,也进入专利权客体范畴。三是新型经营性标记,[①]以商标为核心逐步形成的诸如商号、行业标记、产地标记、质量等级标记、质量表彰标记等标记族群,[②]于是商号、商业名称、原产地名称(货源标记)等均进入知识产权之客体范畴。四是独立新型知识产品,如集成电路布图设计。它涵括布图设计和工艺设计,但这种布图设计既不同于外观设计、又与图形作品或造型艺术作品迥异,故不能列入专利权或著作权的客体范围,各国多予以单行立法而以独立知识产权客体作保护。

再次,其他无体物的层出不穷。新型的无体物诸如互联网域名、网络虚拟物、特许经营资格等非知识产品。其中,域名是接入互联网的用户在网络上的名称,也是信息市场和网络

---

① 吴汉东教授将商标、原产地名称(货源标记)、商号以及域名等统称为经营性标记。吴汉东,胡开忠.无形财产权制度研究[M].北京:法律出版社,2005:361.

② 吴汉东,胡开忠.无形财产权制度研究[M].北京:法律出版社,2005:21.

环境中的标记,具有识别作用和财产利益。域名在互联网上具有唯一性、专用性和不可复制性,不若知识产品易于消逝、易被复制而使用、具有地域性。故域名权独立于知识产权之外,然各国尚未明确规定域名的有力保护方式。而网络虚拟物是指在网络环境下,模拟现实事物,以数字化形式存在的、既相对独立又具独占性的信息资源。① 网络虚拟物可以通过网络使用而积累、直接向网络运营商购买、与他人交易②等三种途径取得。当前,虚拟物主要存在于网络游戏中,并呈扩充至整个网络环境之态势。其形式一般有:(1)虚拟金币(货币);(2)虚拟日常物件(房屋、汽车、珠宝等);(3)虚拟装备(武器、装甲、药剂等);(4)虚拟动植物(宠物、盆景等);(5)虚拟角色(虚拟人、ID账号等)。网络虚拟物得被特定人独占专用,而不若知识产品具有公开性与社会性并可能被无数人复制和使用。故有必要建立网络虚拟物财产权,然各国对虚拟物财产利益的法律保护几乎空白。至于特许经营资格,是受权人从特许权人处取得从事某种商业或服务经营的资格或能力,一般分为行政特许经营资格与商业特许经营资格,它显然不是"行为",也不是"知识产品"。以特许经营资格或能力为客体的民事权利,称之为特许经营权。上述三种无体物的共同特点是,具有客观物性(但非有体)、能独立于主体之外、无体无形、权利可转让③,且具有财产利益的非知识产品。

最后,其他无形财产的不断扩展。新型的无形财产有形象、信用、商誉等,以之为客体的权利称之为形象权、信用权、商誉权等。④ 形象包括真实人物形象和虚构角色形象⑤,其财产利益源于主体对其整体形象之知名度的商业利用,即形象商品化,其典型者为明星人物(或虚构角色)作形象代言人、拍宣传广告、搞促销等。至于信用,是社会公众对一般民事主体经济信赖程度的客观评价,其财产利益源于人们可通过信用交换而获得相应的交换价值。再说商誉,作为商业主体在生产、产品、经营、服务、信用等诸方面获得的积极的综合性社会评价,它兼具人身性与财产性双重属性,其财产利益源于良好的商誉给企业带来超出一般企业收益的收益,即创造更大的剩余价值。上述三种无形财产与知识产品及其他无体物的最大区别是,不具客观物性、不具创造性、具有人身性、不能独立于主体之外(而与主体融为一体)、权利不能转让⑥。

上述可见,虽然无体物支配权出现较晚,但是发展迅猛,已成为民事权利体系中的重要组成部分。尤其是随着科学技术和商业的飞速发展,传统知识产品、新型知识产品,以及其他无体物与无形财产,在社会经济生活中的地位日益重要,大有取代土地、房屋等传统财产

---

① 林旭霞.虚拟财产解析——以虚拟有形财产为主要研究对象[J].东南学术,2006(6).
② 目前国内已出现了专门从事网络虚拟物交易的网络运营商,如"我有网"(网址:http://www.uoyoo.com)。进行虚拟物交易者一般需用真实货币交易。
③ 以特许经营资格为客体的特许经营权之转让受到一定的限制,一般需经特许权人同意。
④ 此三者以及特许经营资格,吴汉东教授将之统称为经营性资信。吴汉东,胡开忠.无形财产权制度研究[M].北京:法律出版社,2005:433.
⑤ 虚拟角色形象包括虚拟的人物形象和虚拟的动植物形象等。
⑥ 当然,有学者认为商誉可以转让。我们认为,所谓的商誉的转让必须连同其所依附的企业整体转让,否则不可能发生。故就本质而言,并非商誉的转让,而是企业转让。

地位而成为社会主要财富形态之势。

三、财产支配权制度的演进史实质是限制支配权制度的发展史

财产支配权可分为完全支配权(所有权)、使用价值支配权(用益物权)和交换价值支配权(担保物权)三大内容体系,而后两者可合称为限制支配权。然纵观历史,财产支配权制度的演变史实质上是限制支配权制度的发展史。完全支配权作为所有人对物排他支配的权利,在每个历史阶段几乎没有多少差异;而每个社会在每个历史阶段围绕财产的多极利用设计出来的限制支配权制度,则呈现多样性和不断变化发展的特性。①

(一)从个人本位到社会本位:完全支配权的衰落史

从罗马法到当代法,财产权制度观念经历了从个人本位主义到社会(团体)本位主义的两个轮回,但社会本位主义一直成为贯穿其中的主线并最终倾向于此。从而导致了完全支配权在现当代法上的衰落。

1.古代法从个人本位到社会本位的发展与完全支配权的衰微

罗马法一直视所有权为完全支配权,强调个人对物的绝对而全面的支配力,俨然是以个人为中心的个人本位之权利法。由此,可以想象出完全支配权在罗马法上的自由:个人意志不被他人意志左右,自由人凭自我意志即能取得欲取得之权利。其成因在于,罗马建邦伊始,简单商品经济已促使罗马将财产尤其是土地划清了公有与私有的界限,在版图不断扩大、土地资源极其丰富的同时,又较早地分离出个人权利与国家(公共)权力以及公法与私法,为个人本位法的建立提供了条件。正是在此基础上,罗马法所有权经历了由部族、库利亚、氏族所有权到家庭(家长为代表)所有权,再到家庭成员(个人)所有权的二度演变。② 当然,这种个人本位的所有权是受限制的,它主要来自限制支配权(他物权)③。同时为维护社会统治之稳定,基于社会本位角度的考虑,所有权主体也局限于家长一人,还要受相邻利益、社会利益、宗教礼仪、人道主义、道德等方面的限制。

与罗马法迥异,马尔克(mark)公社制度是日耳曼法形成的决定性因素。作为日耳曼氏族制度解体时期形成的农村公社组织,马尔克不以血缘亲属关系而以地域关系为基础,其成员联系密切,耕地牧场、森林河川等均属马尔克所有,成员共同使用(耕地则分配给家庭使用)。由此,形成了日耳曼民族特有的集体主义生活方式和团体本位思想,团体生存利益高于个人生存利益的观念根深蒂固。所以,日耳曼法从具体事实关系出发,对物的各种利用均承认其权利,既无抽象的所有权观念,亦无所有权与他物权之区别,各种权利除了内容不同

---

① 高富平.从实物本位到价值本位——对物权客体的历史考察和法理分析[J].华东政法学院学报,2003(5).

② 程萍.财产所有权的保护与限制[M].北京:中国人民公安大学出版社,2006:5.

③ 罗马法认为,他物权是所有权权能分离的结果,其设立目的就是要使所有权人在行使所有权时暂时受到一定的限制,待他物权消灭后便消除限制而归于完满。

之外均具有同样的效力。故日耳曼法的所谓所有权,仅为罗马法上所有权内容(占有、使用、收益、处分等)的分割,从而形成不同层级的相对所有权,同时长期保留着土地共同所有权(总有)。这就是团体本位在日耳曼财产支配权中的体现。当然,同样基于统治阶级利益和社会本位之考虑,日尔曼法及随后的封建制法律,在财产的继承、转让方面均有严格的限制,并限制农奴和不自由农成为所有权人。不可否认,团体主义阻碍了绝对所有权在欧洲封建社会的发展。

2.近现代法从个人本位到社会本位的发展与完全支配权的衰落

自近代所有权诞生后,早期资产阶级民法已将所有权绝对或私的所有列为民法三大基本原则之一,所有权地位神圣不可侵犯,所有权内容宽泛无边,保护私人所有权(财产权)成为"一个自由政府的基本准则"和法律"赖以存在的基础"及"主要目标"。[①] 在大陆法系各国,罗马法法谚"行使自己之权利者,对任何人均不会构成不法"长期被奉为圭臬。其中以《奥地利民法典》第 362 条对所有权的个人本位主义表述得最为淋漓尽致:"作为可以自由处分其财产的权利,所有权人完全可以凭其意愿对物使用或不作任何使用,可以毁坏它,全部或部分转让给他人,或者销毁它,抛弃它。"[②]在英美法系,所有权的行使也几乎是不受限制的。在英国,正如霍斯沃斯所言:"普通法已经承认所有权不仅仅是原告针对被告占有权的一种更有优势的权利,而且是一种针对整个世界的绝对权利。"[③]而美国,联邦权利法案第 4 修正案则给予财产与人身一样的保护,规定"财产免于搜查和没收,社会中的每一个成员享有与生命和自由一样重要的财产权利"。可见,"所有者被赋予了实际上不受控制的对财产的使用和处置的支配权"[④]。

不难推知,个人本位主义的所有权必然对社会产生过度支配,加剧了个人利益与社会利益之间的矛盾冲突,严重阻碍了生产的社会化及规模化,甚至常因所有权之滥用而损害他人及社会的利益。因此,一些国家在制定法律之初,就考虑到了这个问题并有所限制。譬如1804 年的《法国民法典》第 554 条便规定:"所有权是以绝对的方式对物享用和处分的权利,但不得为法律禁止的使用。"以"最绝对之方法"来对所有权定义的《秘鲁民法典》也用了"以符合社会利益的方式"的字眼;而《古巴民法典》则以"依据社会经济目的"加以限制。

时至 19 世纪下半叶 20 世纪初,一种与个人本位反差巨大的社会化所有权观念逐步形成。最早批判个人本位所有权的当属政治经济学家,阿道夫·瓦格纳就是其一,他在《一般的或理论的政治经济学》一书中,批判了个人本位的绝对所有权,认为共同体生活是法律的源泉,故所有权应为公共利益所限制。[⑤] 当然,在这场观念的批判中,法学家才是撼动个人本位绝对所有权根基的重要力量。作为社会化所有权思想的首倡者,德国法学家耶林认为,所

---

① 伯纳德·施瓦茨.美国法律史[M].北京:中国政法大学出版社,1989:160.

② 高富平.物权法原论[M].北京:中国法制出版社,2001:130.

③ 肖厚国.所有权的兴起与衰落[M].济南:山东人民出版社,2003:174.

④ 施瓦茨.美国法律史[M].王军,洪德,杨静辉,译.北京:中国政法大学出版社,1990:142—143.

⑤ 肖厚国.所有权的兴起与衰落[M].济南:山东人民出版社,2003:198—199.

有权人在为自己利益的同时,必须顾及社会利益;而当所有权的理念与社会理念相冲突时,到底还得让路给社会利益。① 同时代的德国学者基尔克则发展了"禁止权利滥用"法理并逐渐为各国所接受。而且,"迄今为止,一直存在着一种不可动摇的趋势,这就是对所有人随心所欲处分其财产的自由加强法律上的限制"②。法学家的社会化思想逐渐得到了立法的确定。③

在法国,倡导所有权社会化思想的急先锋为狄骥,他否认所有权为一种权利,宣称人在社会中并无自由,为尽一己之职责,只有依社会利益而行为的义务。④ 在日本,所有权社会化思想的产生与法、德有所不同。它首先不是缘起于学说,而是发端于司法判例。大正8年(公元1919年)3月3日,日本大审院关于"信玄公旗挂松事件"之判决是所有权社会化在日本产生的标志。在此判决后不久,受当时"大正民主"思潮与欧陆流行的所有权社会化思想的影响,权利尤其是所有权负有社会义务的思想,在民法学者中传播开来。⑤

在美国,社会法学派也倡导一种财产的新价值。大法官霍姆斯宣称:"法律的灵魂从来不是逻辑,而始终是经验","法律从人类本性的需要中找到了它的哲学"。⑥ 当霍姆斯如此断言之时,他正吹响了20世纪法理学的号角。法律已感觉到了这个世纪的时代需要,而这些需要则决定了法律应该是什么。其结果是,个人本位的绝对所有权观念渐渐地褪去,财产所有人的权利日益服从于公共利益的调整规则,法院便通过适用禁止权利滥用原则而限制人对财产的自由支配,财产权的滥用将导致财产权的终止,一切对财产的浪费使用和反社会使用都将受到重大限制。

3.现当代法上完全支配权的衰落与限制中的发展

由上述可见,进入20世纪后,完全支配权(所有权)社会化学说与立法发展,远远超出了倡导者的想象。它大力地推动了其内涵的扩张及限制范围的不断拓展,从而使私有财产经历了由思想到立法、由私法到公法的改变和清洗过程。"如果说在19世纪末是最大限度地放任获取和使用财产,那么,随着新世纪的到来,它的范围开始逐渐缩小了。"⑦而且,"在今日

① 刘得宽.民法诸问题与新展望[M].台北市:三民书局出版社,1980:60.
② 罗伯特·霍恩.德国民商法导论[M].楚建,译.北京:中国大百科全书出版社,1996:189.
③ 1919年德国《魏玛宪法》第153条规定,所有权负有义务,其行使应同时有益于公共福利。二战后的《德国基本法》第14条也有类似的规定。值得注意的是,德国学者区分了宪法上的所有权与民法意义上的所有权。民法上的所有权,仅为对有体物的绝对支配权利,宪法意义上的所有权则包括更为广泛的范围,除民法所有权、期待权、限制物权之外,还包括承租人的占有权、价金请求权之类的债权或者租赁合同的请求权。此外,有价证券、公司股份、著作权、商标权、专利权、营业权、从业艺术家保护权等。因此,宪法上的所有权保护的广泛意义上的财产。曼弗雷德·沃尔夫.物权法[M].吴越,李大雪,译.北京:法律出版社,2002:25.
④ 梁慧星.中国物权法研究(上)[M].北京:法律出版社,1998:250.
⑤ 梁慧星,主编.中国物权法研究(上)[M].北京:法律出版社,1998:251-252.
⑥ 施瓦茨.美国法律史[M].王军,洪德,杨静辉,译.北京:中国政法大学出版社,1990:173.
⑦ 施瓦茨.美国法律史[M].王军,洪德,杨静辉,译.北京:中国政法大学出版社,1990:213.

的法律价值等级中,财产权已降为较低的等级"①。逐渐地,"个人主义财产概念遂被社会化概念无可挽回地取代,于是,自由财产便衰落了"②。

财产所有权是受公法渗透最为显著的私权利。各国基于环境、交通、人口、资源,甚至经济建设、财政收入等方面面临的困境,无一例外地通过公法而限制私人财产权,甚至将一些重要的财产通过国有化途径被排除出个人所有权的客体范围。在法国,法律施加于私人所有权的限制不断增加,在公共利用的地役权之设定上国家干预主义表现得尤为突出。《法国民法典》第544条—第545条对所有权基于公共利益而消灭以及强制转让的情形,③基于同样理由,对私人所有权予以暂时剥夺也是合法的。1946年宪法的序言中甚至规定:"一切其经营活动具有社会公用或事实上垄断特点的企业,均须成立集体所有权。"直至1981年,国有化之风仍有吹拂。④ 在德国,公法对私有不动产所有权的限制和剥夺表现为:⑤一是对私有不动产所有权的限制,如在自己土地上建筑房屋,须服从国家规划并获批准;对处于自然纪念地、保护区和风景区的所有权之行使要符合国家计划;利用私有土地不得妨害公共交通,为公共交通需要,国家对其征用或设地役权。二是剥夺土地所有权,《德国基本法》第14条⑥之规定和解释,国家根据对社会所承担的责任,可对私人土地所有权予以剥夺。在美国,财产所有人不再有完全由他自由决定如何使用其财产的不受限制的权利,法律逐渐承认,可以禁止所有者以浪费或反社会的方式使用其财产。美国最高法院甚至声明:限制财产支配权的政府权力包括"精神和物质的,审美和金钱的……如果那些管理哥伦比亚特区的人决定,合众国的首都应该是美丽的、卫生的,那么,没有任何东西能妨碍他们"⑦。另外,意大利、西班牙、哥伦比亚、阿根廷、智利、委内瑞拉、厄瓜多尔、墨西哥等国的宪法均有类似的规定。⑧

于是,个人所有权作为一个坚固的堡垒,已经被现代尤其是当代的公权力所打破。这一切正如伯尔曼所言:"在所有西方国家,包括房屋在内的社团、商业的和工业的财产,正日益受行政法的调整,而个人所有者未经政府的许可,则几乎不能种植一棵树或扩建他的厨

---

① 施瓦茨.美国法律史[M].王军,洪德,杨静辉,译.北京:中国政法大学出版社,1990:308.

② 肖厚国.所有权的兴起与衰落[M].济南:山东人民出版社,2003:220.

③ 《法国民法典》第544条规定:"所有权是对于物有绝对无限制地使用、收益及处分的权利,但法令所禁止的使用不在此限。"第545条规定:"任何人不得被强制出让其所有权,但因公用,且受公正并事前的补偿时,不在此限。"

④ 尹田.法国物权法[M].北京:法律出版社,1998:121—126.

⑤ 孙宪忠.德国当代物权法[M].北京:法律出版社,1997:206—209.

⑥ 《德国基本法》第14条规定:"所有权和继承权受保护。其内容和限制由法律规定。所有权承担义务。它的行使应当同时为公共利益服务。剥夺所有权只有为公共福利的目的才能被允许。剥夺所有权只有依照法律或者根据法律的原因进行,而且该法律对损害赔偿的力一式和措施有所规定。该损害赔偿必须在对公共利益和当事人的利益进行公平的衡量之后确定。对损害赔偿的高低有争议时可以向地方法院提起诉讼。"

⑦ 施瓦茨.美国法律史[M].王军,洪德,杨静辉,译.北京:中国政法大学出版社,1990:215.

⑧ 程萍.财产所有权的保护与限制[M].北京:中国人民公安大学出版社,2006:151—154.

房。"①当然,伯尔曼所言或许有些夸张,但不可否认的事实是,私法的公法化和公法的私法化,致使"到处都是以公共利益之名对个体在私法下的自由之侵扰,到处可以看到公法对私法的取代和渗透"②。因此,狄厄茨教授不无感慨地说:"经历了无数世纪而成长起来的自由财产在 20 世纪无可挽回地衰落了。"③

当然,所有权的限制与衰落,④并不意味着完全否认个人权利而对私人所有权不予保护,各国依然强调对私人所有权之保护,只不过在多大程度上对这种所有权予以公法限制而已⑤。而且,所有权的社会化限制也并不意味着没有发展,只不过是在多大的范围内发展,而且某些限制从另外一个角度来看却是一种发展,譬如相邻权;还出现了无体物支配权(知识产权)和无形财产权,以及共有制度、物权取得制度以及所有权与其他权利的整合⑥都得到了不同程度的发展。所以,王泽鉴先生认为,在物权法的发展过程中,所有权一方面受到公法上的限制,但他方面所有权在基本权及权利程序保护上亦更臻周全。⑦

(二)从单极利用到多极利用:限制支配权的扩张

自罗马以来,已突破了财产单极利用的局限,逐步建立了以财产多极利用为目标的限制支配权。近代以降,财产支配权的重心从"所有"转移到"利用"的趋势则更为明显和迫切,如何最大化物之经济效用,遂成为各个国家和地区物权立法与修法的重点。于是,包括使用价值支配权和交换价值支配权在内的限制支配权制度,便得以蓬勃发展。

1.单极利用之局限:古代法上限制支配权的兴起与发展

早在罗马时期,特定的经济和文化条件造就了以所有权为中心、强调所有人对物的终极支配的财产支配权制度。所有权已成为人们实现对物之利用的最基本的法律工具。倘若人类社会永远处于生产力落后的状态,物的利用制度或许简单得只需要所有权——谁所有,谁利用。而张三若想利用李四之物,则可以买卖方式取得所有权而利用之。因此,至多在所有权之外加上简单的合同制度,即可解决人类一切物之利用问题。然而,"'谁所有,谁利用'的财产利用安排是一种财产的单极利用,即一个物上只有一个利用人(即所有权人),这种利用方

---

① 伯尔曼.法律与革命[M].贺卫方,译.北京:中国大百科全书出版社,1996:40.

② 程萍.财产所有权的保护与限制[M].北京:中国人民公安大学出版社,2006:149-155.

③ Gottfried Dietze, In Defense of Property, Baltimore:The Johns Hopkins Press,1971:127.

④ 对我国而言,完全支配权(所有权)从历史的角度来看,更多的是体现为一种发展。在奴隶社会,奴隶没有财产权,土地所有权归天子。在漫长的封建社会,土地所有权归国家及封建主所有,封建主获得的土地(尤其是开垦的私田)为私有,可转让;农民对牲畜、生活资料也享有所有权。但是,历代均有限田令,官府也经常依法剥夺私人的财产。宋代以后,官田出现减慢的私化倾向,对动产所有权的限制减少;至明代,地主的土地所有权分化出了佃农对土地的永佃权;至清代,国有土地也逐渐出现了开垦者个人私产的倾向。1949 年后,出现了财产国有化,私人财产保护极其薄弱;十一届三中全会后的今天,私人财产所有权得到了前所未有的保护(当然也有社会化限制),所有权在基本权及权利程序保护上日臻完善。

⑤ 事实上,国家所有权或集体所有权在行使时,也可能因损害社会整体利益而受到公法的必要限制。

⑥ 在商法上,这类现象尤为突出,整合出来的权利有公司股权、公司法人财产权、信托财产权、期待权等,这类权利不能简单地归于任何现有的权利类型。

⑦ 王泽鉴.民法物权(1)[M].北京:中国政法大学出版社,2001:29.

式在经济上只能表现为自给自足的小生产方式"①。随着奴隶制经济尤其是简单商品经济的发展,仅有所有权已不能满足人们日益复杂的社会需要。人们除了对自己的物享有权利之外,往往还需要利用他人之物。因此,在人类社会发展过程中,财产支配权制度发展,并未固步于单极利用,而一直在建立一种允许在一个物上存在多个利用主体的多极的物之利用秩序而努力。

罗马法限制支配权的形成,源于所有权权能的分离,并对非所有人获得的由所有权分离出去的权能赋予支配权(物权)的效力。于是,渐次地,"为了便利土地的耕种而有地役权;为了维持一人的生活而有了人役权;为了获得借款而又可不出让担保物,乃有典质权和抵押权;为了充分利用土地,增加收益,而有地上权和永租权"②。其中,地役权是最早的使用价值支配权(用益物权),后在此基础上产生了人役权(包括用益权、使用权、居住权和奴畜使用权),③到共和国末叶,又出现了地上权和永佃权。④ 为规范物的多级利用关系,罗马法上的交换价值支配权(担保物权),在弥补人的担保之不足的基础上逐渐发展起来,并经历了从信托到质权再到抵押权的过程,后者均在克服前者的缺陷中发展起来,最终消灭了信托,形成了质权与抵押权共存的局面。

较之罗马法,日耳曼法素来重视对物的利用,承认各种物的利用之权利。人们基于对物之占有而获得对物之支配,并获得法律所认可的权利防御、权利实现与权利转移之功能。但是,日耳曼法缺乏抽象的所有权概念,所有权并不具有相对于其他利用权优越的地位。其不动产之支配(即占有)须为物之使用收益(即用益),而这种用益又包括事实上之支配力和法律上之支配力,即既可直接实际利用,也可间接利用收益。⑤ 于是,日耳曼法不动产所有权以物之用益权为重心而发达,⑥但没有独立的用益物权体系,采邑土地"所有权"和农奴份地使用权均具有用益物权性质。而交换价值支配权制度的发展,与罗马法类似,也经历了由所有质(转移质物的所有权)——占有质(转移质物的占有权)——非占有质(质物的所有权和占有权均不发生转移)的漫长演变史,最终诸权得以共存。

2.资源配置之优化:近代法以来限制支配权的扩张与发达

自工业革命以来,随着大工业的发展、科学技术的进步和市场经济的日益繁荣,人们对物的认识发生了重大变化。显然,对物的单纯占有和单极利用观念已成明日黄花,充分实现物的价值的观念迅速增强,意识到更为重要的是将之无投入流通领域,最大限度地利用资源、合理配置财产,以获取增值的价值。于是,从古代最简单的有偿借用、租赁、合伙,到近现

---

① 高富平.从实物本位到价值本位——对物权客体的历史考察和法理分析[J].华东政法学院学报,2003(5).

② 周枏.罗马法原论(上)[M].北京:商务印书馆,1994:359.关于永租权,学者多译为永佃权——作者注。

③ 周枏.罗马法原论(上)[M].北京:商务印书馆,1994:360—390.

④ 彼得罗·彭梵得.罗马法教科书[M].黄风,译.北京:中国政法大学出版社,1992:264.

⑤ 日耳曼法上动产之支配(或占有)则不同,它仅以其物之事实保持为形式.李宜琛.日耳曼法概说[M].北京:中国政法大学出版社,2003:54—55,90.

⑥ 李宜琛.日耳曼法概说[M].北京:中国政法大学出版社,2003:68.

代复杂的担保融资、投资设立公司等,众多非所有人共同分享所有人同一物之价值的制度安排,全面推开了物的多极利用之大门。实现物之多极利用和社会化利用由此成为财产支配权演进的历史方向,整个私法制度无疑在寻求物的多极化和社会化利用而努力。在限制性地保护财产所有权的基础上,私法的精力几乎集中在创制多极利用和社会化利用人类财产的多样化规则,并保障这种利用关系的秩序和安全。于是,限制支配权突破了古代法上的束缚,各种权利形态如雨后春笋般地涌现出来。

首先,是使用价值支配权(用益物权)的发展。用益物权的发展体现为:一是用益物权的地位迅速提升。人类社会发展和市场经济的发达,导致了资源短缺,如何物尽其用一跃成为社会的重大课题,用益物权在财产支配权中的地位因之不断提升。在现代法中,无论是大陆法系的民法还是英美法系的财产法,都强调"物"的利用。二是用益物权客体和种类推陈出新。用益物权客体与种类之间的关系是相互的,权利客体扩展促使新权利出现,而权利种类多样化其客体也随之延展。随着人们认识和改造世界能力的增强,可供使用之物不断扩展。从传统以土地地表为中心,至今发展到地上空间和地下领域的立体化利用,于是突破役权、地上权、永佃权等传统权利种类,出现了地下与空间地上权[①]、空间地役权[②]、采矿权、水权,以及宅基地使用权、农村土地承包经营权等用益物权。当然,随着社会的发展,一些客体不再为人们所利用[③],遂为立法所剔除,这可能导致一些权利种类的式微,如我国台湾地区的永佃权[④],但废止永佃权的同时,又开创新型农用权以资因应。另外,一些某个历史时期已停止使用的用益权,如今又有了使用之必要,如典权。[⑤] 而且,现代法上的用益物权并不以土地、建筑物等不动产为限,已扩展到动产等有体物、无体物,甚至权利之上,出现了丰富的有体物用益权、无体物(知识产品)用益权。西方国家的用益权甚至得在可让与的权利上设立,这些权利包括给付请求权、终身定期金、债权、土地债务、无记名证券或者批示证券等。

---

① 《日本民法典》于 1966 年依第 93 号法律在地上权一章的第 269 条中追加了"地下、空中的地上权"的内容,规定:"地下或空间,固定上下范围及有工作物,可以以之作为地上权的标的。于此情形,为行使地上权,可以以设定行为对土地的使用加以限制。""前款的地上权,即使在第三人有土地使用或收益权利情形,在得到该权利者或有以该权利为标的的权利者全体承诺后,仍可予以设定。于此情形,有土地收益、使用权利者,不得妨碍前款地上权的行使。"台湾地区的"大众捷运法"亦规定了空间地上权。该法第 19 条规定:"捷运系统主管机关因线路工程上之必要,得穿越公、私土地之上空或地下,其土地所有人、占有人或使用人不得拒绝,必要时就其需要之空间范围协议取得地上权,协议不成时,准用征收之规定取得之,并支付相当之补偿。"

② 空间地役权,即为行使空间地上权或空间所有权而对其周围的特定空间享有权利。如在高压电线通过的一定空间范围内,为避免危险,禁止有工作或建筑物的存在。刘得宽.民法诸问题与新展望[M].北京:中国政法大学出版社,2002:77.

③ 如台湾地区民法物权编修正草案将其地上权仅限定为建筑物或者其他工作物,而不适用于竹木。王泽鉴.民法物权(2)[M].北京:中国政法大学出版社,2001:14.

④ 在我国的台湾省,永佃权因台湾当局实施耕者有其田政策而消失,固有法上的典权已趋式微,设定地役权也甚为少见。王泽鉴.台湾的民法与市场经济[J].法学研究,1993(2).

⑤ 王利明.物权法论[M].北京:中国政法大学出版社,2003:514—517.

其次,是交换价值支配权(担保物权)的突破。20世纪以来,为适应经济发展之融资需要,担保物权制度甚为发达,其重要性甚至远超用益物权,[①]而成为财产支配权中最活跃的部分。这种发展体现为:一是独立性的增强。从罗马法到日耳曼法,甚至到近代法,担保物权与主债权的附随性极强[②],各国几乎将其定位于保全债权的功能上[③]。自现代以来,包括英、美、日等在内的国家均对债权与担保物权之间的附随关系作了较为缓和的解释,即担保物权之设定,无须主债权的成立为前提,同时允许抵押权的单独转让,并允许主债务无效时抵押权亦可继续存在。而一些国家如瑞士,则直接继受德国法的理论,赋予担保物权独立性和流通性。二是担保物权权利种类不断涌现。而今,一切财产得为担保物权之客体,新型权利种类和方式日益增多。一方面,对特定性原则的否定而率先在英美法上出现了浮动担保制度,如浮动抵押,大陆法国家则借鉴浮动抵押而设立了财团抵押或企业抵押或最高额抵押。另一方面,在判例和特别法上发展出来的以让与担保、所有权保留、假登记担保为代表的"权利移转型担保"[④](或称非典型性担保)在社会生活中的应用也极其普遍。再一方面新型担保方式的异军突起,既有组合原有担保方式混合而成者,如一系列的动产抵押制度即是;也有通过新的制度设计而达成者,方兴未艾的资产证券化即属之。最后,客体范围均不同程度地扩及无体财产,权利抵押、权利质押已得到许多国家立法的肯认,德国法更是明确了"权利物权"的制度。

3.衰微停顿与谨慎发展:我国限制支配权的复兴与突破

我国限制支配权的发展显然不可与其他国家同日而论。先就用益物权制度而言,其发展经历了建国初期(1952年—1957年)的衰微和集体所有制(1957—1981年)时期的消失。至土地使用制度改革后,用益物权制度开始形成,初现土地承包经营权。1990年5月19日国务院发布实施的《城镇国有土地使用权出让和转让暂行条例》,第一次较为全面具体地规定了国有土地使用权制度,标志着用益物权制度的复兴。随之,各类用益物权杂乱无章地散见于《民法通则》、有关司法解释及相应的特别法中,诸如国有土地使用权、农村土地承包经营权、国有自然资源使用权、采矿权、农村自然资源承包经营权、全民所有制企业经营权、相邻权,以及放牧权、打草权、野生经济植物收获权、草地使用权、林木采伐权、水产养殖权、捕捞权、狩猎权等等。2007年3月16日经第十届全国人大第五次会议审议通过的《中华人民共和国物权法》(下称《物权法》),建构了"土地承包经营权—建设用地使用权—宅基地使用权—地役权"的用益物权体系,并在"一般规定"中确立了海域使用权(第122条)、探矿权、采矿权、取水权、水产养殖权、捕捞权(第123条)等用益物权。

至于担保物权,在我国的起源甚早,西周以来便有以转移占有为担保的质,至春秋战国、秦汉隋唐,用途广泛;至汉唐,始以典代质或典质并用,典因作用广而成为古代最为发达又颇

---

① 王泽鉴.动产担保交易法30年[A]//王泽鉴.民法学说与判例研究(第8册)[C].北京:中国政法大学出版社,1998:279.

② 所谓附随性,即担保物权是为担保主债权的实现而存在,从属于债权,其成立以债权成立为前提,并因债权的移转而移转,因债权的消灭而消灭,二者具有不可分性和并存性。

③ 唯以1898年《德国民法典》为例外,将担保物权的立法中心定位于投资功能,保全债权功能退而居其次。

④ 川井健.担保物权法[M].东京:青林书院新社,1981:183.

具特色的财产制度;六朝始有抵押(押),起初押不及典常见,至明清方有大发展。此三者功能各异,先后出现而并存发展,对债之担保曾起过重要作用,但制度本身是粗糙而落后的,亦未形成独立的物的担保体系。新中国成立以后,在改革开放以前,担保物权制度处于停顿状态。此后,随着商品交换和市场机制的提倡和发展,担保问题遂被重视。于是先后建立了留置权、抵押权、质押权,抵押权后来出现了动产抵押权、最高额抵押权、集合抵押等。新《物权法》则新规定了浮动抵押权,将权利客体扩展至原材料、半成品、产品。同时将正在建造的建筑物、船舶、航空器也纳入了抵押权客体范畴。

(三)物尽其用:一个权利爆炸的时代

限制支配权的发展如此繁荣,使之一直成为财产支配权中极其活跃的部分,也使财产支配权的演变史俨然成为限制支配权的发展史。

进入 20 世纪,权利的形式及种类的多样化,被美国学者称为"权利的爆炸",它是法律史上一种绝无仅有的自发的衍生现象……法律秩序的任务是,调和在任何社会中迫切要求认可的权益,并且决定其中哪些应被确认为通过法律加以推行的权利。① 这些权利给了财产支配权尤其是限制支配权制度以挑战和机遇,从而促进了它的内生发展。这种展示法律自发衍生的内生发展性,虽然呈现出被动、零星而消极的渐慢态势,但是显然与查士丁尼《法学阶梯》中的著名定义相符合:"正义是给与每一个人他应得的部分的这种坚定而恒久的愿望。"② 不过,限制支配权的发展仅靠自发衍生不仅远远不够,而且是不可行的,对于诸多权利的地位法律尚须通过政府行为作出积极的正面回答。

社会的进步和经济的发展,必然以权利的不断扩展为标志。20 世纪下半叶,"新的利益几乎前所未有的逼迫着法律,要求以法律权利的形式得到确认。相应地法律也越来越多地确认其存在,将空前大量的权利提高到受法律保护的地位"③。在此背景下,法律必须通过政府的立法行为从根本上改变态度,积极地促进自身、社会的发展和正义与公平的实现。制度内生与外生的变化一方面提出了当代法律对于财产支配权的功能与任务,另一方面也提供了如何改进的立法思路。就权利整合而言,一些不同类型的权利紧密结合在一起,或者有些权利说集诸多权利功能于一身,自身形成一个权利集合(束),其解决办法是单独立法,从而避免对其性质的无谓论争。而对于新型权利的发展,实务中已普遍存在的,就不能回避,而应该积极借鉴国外经验,确立起法律地位。除了有必要对其中的无形财产单独立法外,还可以求助于物权法原则,将物权法定之法作扩大解释,不能将此法等同于法律,而应该是法律、习惯、判例以及诚信原则的集合。④

(原载于《珞珈法学评论》第七卷,武汉大学出版社 2008 年 12 月出版,第二作者李晓春)

---

① 施瓦茨.美国法律史[M].王军,洪德,杨静辉,译.北京:中国政法大学出版社,1990:272-273.

② 查士丁尼.法学总论[M].张企泰,译.北京:商务印书馆,1989:5.

③ 施瓦茨.美国法律史[M].王军,洪德,杨静辉,译.北京:中国政法大学出版社,1990:273.

④ 将法等同于法律是违背罗马法和日耳曼法的传统的。这一谬误是由实证主义带给我们的,无论从历史还是现实的角度考察,我们都应该把法的渊源置于更为广阔的领域加以讨论。勒内·达维德.当代主要法律体系[M].漆竹生,译.上海:上海译文出版社,1984:95-100.

共有"两分法"之检讨

共有分为按份共有(又称"分别共有")与共同共有(又称"公同共有"或"合有")在我国早已形成共识,不仅在理论上居于通说地位,①更是成了共有的法定分类。② 然而,笔者在研习物权法的过程中,却对这一分类心存疑惑,尤其是在研析了《物权法》有关共有的规定以后,愈觉此种划分不合理、不必要,有必要予以摒弃。

一、区分按份共有与共同共有并非物权立法的不二选择

数人共同享有一个所有权的现象古已有之,至今仍不少见,各国和地区的民事立法莫不承认共有制度。大陆法系通常将共有规定于民法典中,至于是否区分按份共有与共同共有则存在不同的做法。有的是将共有分为按份共有与共同共有分别予以规范,如瑞士、俄罗斯和我国台湾地区;有的则仅规定按份共有,而无所谓共同共有。从笔者所掌握的资料来看,大陆法系多数国家和地区的立法属于后者,亦即不区分按份共有与共同共有,民法中所规定的共有即为按份共有,法国、日本、意大利、阿尔及利亚、我国澳门地区、美国路易斯安那州均是如此。③ 这里我们可以《日本民法典》和《意大利民法典》为例对

---

① 这从梁慧星先生组织起草的"物权法草案学者建议稿"和王利明先生组织起草的"物权法草案学者建议稿"均将共有分为按份共有与共同共有就可见一斑。中国物权法研究课题组.中国物权法草案建议稿[M].北京:社会科学文献出版社,2000:38;王利明.中国物权法草案建议稿及说明[M].北京:中国法制出版社,2001:43.

② 《中华人民共和国民法通则》第78条明确规定"共有分为按份共有与共同共有";《中华人民共和国物权法》第93条也规定"共有包括按份共有和共同共有",并对其分别予以规定。公布于1929年的《中华民国民法物权编》也将共有区分为按份共有(当时称为"分别共有")与共同共有(当时称为"公同共有")分别予以规范。

③ 德国的情况则较为特殊,其民法典物权编中的共有仅为按份共有,法典中并无关于共同共有的一般规定,而只是在物权法之外承认合伙财产共有(第718条、第719条)、夫妻财产共有(第1416条)和共同继承遗产(第2032条)属于共同共有。德国在制定民法典时针对是采用罗马法的共有制度还是采取日耳曼法的共有制度曾有激烈的争论。德国民法典第一草案基本上全面放弃了日耳曼法,没有共同共有的地位。而第二次民法典草案中仍然无共同共有的一般规定,只是承认了几种属于共同共有的特殊情况。陈棋炎.亲属、继承法基本问题[M].台北:三民书局,1980:366.

这种做法予以说明。①

　　《日本民法典》认为共有是所有权的一种特殊形式,因而将共有规定于所有权中(第249条－第264条),此点与瑞士立法例相同。② 但日本并未如瑞士一样,将共有分为按份共有与共同共有,而是仅仅规定了按份共有一种类型。根据《日本民法典》的规定,各共有人可以按其应有部分,使用全部共有物,各共有人的应有部分不明的,推定为均等,而且各共有人可以随时请求分割共有物。③ 此外,该法还在债权、亲属、继承等部分规定了合伙共有财产(第668条)、夫妻共同财产(第762条第2款)、共同继承财产(第898条)等较为特殊的共有形态,但并不认为这些共有属于所谓的共同共有。根据民法法理,《日本民法典》中债权编、亲属编、继承编中对共有的规定与物权编对共有的规定属于特别法和普通法的关系,合伙财产共有、夫妻财产共有、遗产共有在性质上仍然属于按份共有。

　　《意大利民法典》将共有主要规定于第三编第七章(第1100条－第1139条),该章共分为两节,一是"一般规定"(第1100条－第1116条),二是"建筑物的共有"(第1117条－第1139条)。从对共有的一般规定来看,《意大利民法典》中的共有仅为狭义的共有,亦即按份共有。共有人可以根据各自份额按比例享有利益、承担负担(第1101条),每个共有人均可在其份额内处分自己的权利(第1103条),且任何共有人均可随时请求解除共有关系(第1111条)。此外,民法典还在人与家庭编和继承编对夫妻财产共有(第177条)、遗产共有(第713条)等作了特别规定,但均不否认它们仍然属于按份共有,在法律无另外规定的情况下,即使夫妻财产共有和遗产共有也仍然适用民法典第1100条至第1116条之规定。

二、各种共有形态归根结底都是按份共有

　　草案第99条、第100条分别对按份共有与共同共有的内涵作了说明,第99条规定"按份共有人按照其份额对共有的不动产或者动产享有占有、使用、收益和处分的权利",第100条规定"共同共有人对共有的不动产或者动产共同享有占有、使用、收益和处分的权利"。换言之,按份共有人按照其份额享有权利,而共同共有人则无份额可言。以此为基础,草案第103条、第107条进一步规定,对共有物的管理费用和其他负担,以及因共有物产生的债权债务,除共有人另有约定外,按份共有人按照其份额享有债权、承担债务,而共同共有人共同享有债权、承担债务。问题是,"不分份额地共同享有权利、承担义务"在现实生活中有存在的必要和可能吗?

---

　　① 这种做法可以说源于罗马法。在罗马法中,共有关系可以基于当事人的合意、第三人的意思、法律规定等多种原因而发生。但无论基于何种原因产生的共有均不区分按份共有与共同共有,罗马法认为各种共有实际上都是按份共有,其份额可依契约等确定,契约等未确定的,法律就推定各共有人的份额相等。周枏.罗马法原论(上册)[M].北京:商务印书馆,2001:334.

　　② 温世扬,廖焕国.物权法通论[M].北京:人民法院出版社,2004:248.

　　③ 参见《日本民法典》第249条、第250条、第256条。

民法中的共同共有制度成形于日耳曼法，这与当时的社会经济环境和所有权理念是密不可分的。与古罗马高度发达的简单商品经济和个人主义的所有权观念相对照，中世纪的欧洲处于封建社会，经济上是以各种庄园和村落共同体为特征，封建的身份关系渗透到政治、经济等各个领域，其所有权具有浓烈的团体主义和身份关系的色彩，①其对物之支配皆由于家族、亲族、村落等团体生活。② 与此相适应，日耳曼法中不存在与单独所有最为接近的按份共有制度，而只存在具有团体性、身份性的共同共有和总有。无论共同共有还是总有皆是多数人基于身份关系，结合成一个团体，形成共有关系。"财产属于构成员的全体，其团员对财产之关系为其身份之反映，与其身份关系，同其命运。"③共有财产更多的是为某一共同体而存在，至于共有人相互之间的权利义务则并非该制度关注的重点。

及至近现代社会，商品经济、市场经济日益发达，各国讲求以人为本，强调权利本位，人与人之间具有独立、自由、平等的人格，每个人均为独立的利益主体，单独所有权成为所有权的常态，共有制度逐渐式微、不断萎缩乃是不争的事实。即使存在共有关系，共有人相互之间的责、权、利也应有清楚的界分。为了厘清共有人的内部关系，共有人享有权利、承担义务必定是有份额的。"不分份额共同享有权利、承担义务"的观念与社会现实格格不入，明显不合时宜，倘若将此观念化为法律规则的话，势必成为纷争之源，要么是无休止的争权夺利，要么是相互推诿扯皮。

草案中出现"共同享有占有、使用、收益和处分的权利"（草案第100条）、"共同负担"（草案第103条）、"共同享有债权，承担债务"（草案第107条）这样的字眼，却又没有对"共同"作进一步的界定，着实令人费解，既不规范，也不科学。笔者揣度，之所以立法者欲言又止，对如何"共同"享有权利、承担义务不作进一步的界定，实属无奈之举。因为一旦要界定何为"共同"，无非是规定"除法律另有规定或当事人另有约定外，共有人应平均分享权利、负担义务"，而所谓"平均分享权利、负担义务"就表明共有人是按份额地享有权利、承担义务，只不过各共有人的份额均等罢了，如此一来，按份共有与共同共有的区别就不复存在了。为了在物权法中继续固守共有的"两分法"，立法者就只好采取诸如"共同"之类的模糊字眼以显示按份共有与共同共有的区别——而按份共有的共有人难道不是"共同享有占有、使用、收益和处分的权利"、"共同负担"、"共同享有债权，承担债务"吗？究其实质，共同共有就是一种份额均等但不可任意解除的按份共有。

如今，我国的民事立法和民法理论比较注重吸收我国台湾地区的相关成果，物权法的制定自然也不例外。但当初《中华民国物权法编》之所以效仿瑞士立法例规定共同共有，主要是考虑到"吾国习惯，于祀产、茔地、祭田等均为供一定用途设置的公产，其有维持悠久之用意，实是公同共有制之精神，故民法于分别共有外，仍设公同共有之规定也"④。经过近一个世纪的时代变迁，所谓的"祀产、茔地、祭田"在我国几近绝迹，即使零星存在，也可以通过按份共有制度和财团法人制度加以解决，为其在物权法中单独设立一项共同共有制度并不符

---

① 梁慧星，陈华彬.物权法[M].北京：法律出版社，2003：107.

② 李宜琛.日耳曼法概说[M].北京：中国政法大学出版社，2003：74.

③ 李宜琛.日耳曼法概说[M].北京：中国政法大学出版社，2003：77.

④ 曹杰.中国民法物权论[M].北京：中国方正出版社，2004：94.

合立法科学性的要求。我国台湾也有学者认为，"在立法政策上，如要采取合有制度，则由平稳合有人间之权利关系及为图谋社会交易安全之理想言，非慎重不可"，在鼓励经济流通的现代社会，采取合有制度，"自非无加以慎重考虑之必要"①。

三、被认为属于共同共有典型形式的合伙财产共有、遗产共有和夫妻财产共有并不具备共同共有的一般特征

根据草案的规定，相对于按份共有，共同共有具有以下特征：(1)共有人不分份额地共同享有权利、承担义务(草案第 100 条、第 103 条、第 107 条)；(2)共有物的处分和重大修缮须经全体共有人同意(草案第 102 条)；(3)共有人不得随时请求分割共有物(草案第 104 条)；(4)无所谓份额的转让和其他共有人的优先购买权问题(草案第 106 条)。这也是共同共有的理论通说。然而，在我国被认为属于共同共有典型形式的合伙财产共有、遗产共有和夫妻财产共有其实并不完全具备这些特征。②

1.共有人的份额。实际上，无论是合伙财产共有、遗产共有还是夫妻财产共有，共有人均是按份额享有权利、承担义务的。具体而言：(1)合伙财产共有。我国《合伙企业法》在第 21 条、第 22 条、第 23 条、第 24 条、第 43 条、第 49 条、第 51 条、第 52 条、第 53 条等多处均提及合伙人在合伙企业中的"财产份额"。对于合伙企业的利润、亏损以及合伙企业的债务，也绝非笼统地规定由合伙人共同分配和承担，而是应根据合伙协议约定的比例处理，合伙协议未约定的，则由合伙人平均分配和承担。(2)遗产共有。各国继承法大都承认继承人对于遗产拥有一定的份额，这一份额，学理上常称之为"应继份"，指的是共同继承时，各继承人对于遗产所能够继承的比率。我国《继承法》也在第 11 条、第 13 条、第 15 条、第 19 条、第 28 条中规定了继承人继承遗产的"份额"。若是法定继承，则同一顺序的继承人的应继份一般应当均等；若是遗嘱继承，则根据遗嘱确定应继份的多少。(3)夫妻财产共有。夫妻之间存在最为紧密的人身联系，但所谓的"夫妻一体主义"业已成为过去，配偶双方均有各自的利益诉求，夫妻之间对共同财产的管理、处分以及债务清偿等问题发生纠纷也十分常见，为预防和妥善解决这些纠纷，必须对夫妻双方对共同财产享有权利、承担义务的份额有所界定。如今奉行男女平等，夫妻双方原则上对于共同财产有均等的份额，夫妻财产的分割也以各取一半为原则。

2.共有物的处分和重大修缮。无论何种形态的共有，各个共有人的权利都不是仅仅局限于共有物的某一具体部分，而是及于共有物的全部。凡是对共有物进行法律上的处分或事实上的处分，均牵涉到全体共有人的利益，"原本应以共有人全体同意为佳，但在考虑现实

---

① 陈棋炎.亲属、继承法基本问题[M].台北：三民书局，1980：417.

② 我国有不少学者认为家庭共有财产也属于共同共有，但考虑到各国民法典很少对家庭共有财产作出规定，我国的相关规范也极为少见，因此将其作为一个制度加以谈论还不够成熟。

的层面,欲寻求共有人全体的同意,自有其困难之处"①;假如采取"多数决"原则,虽然可能实现决策机制的高效率,但是却以无视少数共有人的意见为代价。可以说,无论是"全体一致"原则还是"多数决"原则均是利弊互见,各国立法往往斟酌具体情事予以处理,即使是合伙财产共有、遗产共有和夫妻财产共有也不可能一律要求必须得到全体共有人的同意才能对共有物进行处分和重大修缮。例如,我国《合伙企业法》第 31 条规定:"合伙企业的下列事务必须经全体合伙人同意:(一)处分合伙企业的不动产;(二)改变合伙企业名称;(三)转让或者处分合伙企业的知识产权和其他财产权利;(四)向企业登记机关申请办理变更登记手续;(五)以合伙企业名义为他人提供担保;(六)聘任合伙人以外的人担任合伙企业的经营管理人员;(七)依照合伙协议约定的有关事项。"言下之意,若是处分合伙企业的动产则无须全体共有人的同意。还比如,《最高人民法院关于适用〈中华人民共和国婚姻法〉若干问题的解释(一)》第 17 条规定:"因日常生活需要而处理夫妻共同财产的,任何一方均有权决定。"

3.共有物的分割。由于共有制度容易滋生纠纷,缺乏效率,因此,除非有法律的例外规定或共有人之间另有约定,原则上任一共有人均有权随时要求分割共有物,以结束共有关系,恢复到单独所有的状态。合伙财产共有、遗产共有、夫妻财产共有等共有形态虽然具有某种特殊性,但是共有人在一定程度上仍然享有分割共有物的自由。最为典型的当属遗产共有,各国立法一般都确认各个继承人均有权随时要求分割遗产,即使认为遗产共有属于共同共有的国家也是如此,例如《瑞士民法典》第 604 条第 1 款规定"各共同继承人可随时请求分割遗产",我国台湾地区民法典也在第 1164 条规定"继承人得随时请求分割遗产"。就合伙财产共有而言,根据我国《合伙企业法》第 47 条、第 52 条之规定,倘若合伙协议未约定合伙企业的经营期限,则合伙人通常可以随时要求退伙,其他合伙人应当与该退伙人按照退伙时的合伙企业的财产状况进行结算,退还退伙人的财产份额。即使是夫妻财产共有,夫妻任何一方也可以随时单方面要求分割夫妻共同财产,只不过一般要通过离婚的途径予以实现。尤其是在夫妻双方约定一部分财产为各自所有,一部分财产为共同所有的情况下,共有关系与夫妻关系并无必然联系,限制共有财产的分割更是毫无必要。

4.共有份额的转让和其他共有人的优先受让权。共有人对共有物享有的份额也属于一种财产权利(日本学者称之为"持分权"),应当以可以处分为原则。实际上,除了十分特殊的夫妻共同财产外,遗产共有与合伙财产共有均会发生份额的转让和优先购买权的问题。例如,《德国民法典》第 2033 条规定:"各共同继承人均得处分遗产中自己的应有部分",第 2044 条规定:"共同继承人之一人将其份额出卖给第三人的,其余的共同继承人有优先购买的权利"。至于合伙共有财产,我国的《合伙企业法》规定,合伙企业存续期间,合伙人之间可以自由转让其在合伙企业中的财产份额,在一定条件下,合伙人也可以向外转让其在合伙企业中的财产份额。② 不仅如此,合伙人依法转让其财产份额的,在同等条件下,其他合伙人有优先

---

① 郑冠宇.大陆物权法草案关于共有规定之评析(初稿)[A]//海峡两岸民法典研讨会暨中国法学会民法学研究会 2005 年年会论文集(中卷)[C].2005:481.

② 中华人民共和国《合伙企业法》第 21 条。

受让的权利。①

可见,即使是合伙财产共有、遗产共有、夫妻财产共有也很难说就属于共同共有。如果坚持共同共有的内涵是"共有人不分份额地享有权利、承担义务,共有物的处分和重大修缮应由全体共有人同意,共有人不得随意要求分割共有物"的话,那么共同共有制度就有可能仅仅是停留在法律规则的层面,在现实法律生活中则并不存在,从而成为逻辑学上所说的外延为空类的"空概念"②。

四、我国物权法宜对共有进行统一规制

民法典的编纂为我们提供了重新思考共有划分方法的契机。究竟是沿袭传统,继续采用按份共有与共同共有的分类,还是考虑其他更为可行的模式,值得深思。对此问题,可从以下三个方面加以分析:

其一,两分法不可取。目前占主导地位的观点是将共有分为按份共有与共同共有分别予以规范,从梁慧星先生、王利明先生组织起草的学者建议稿,到《物权法》的最终规定,皆是如此。不过,正如本文前面所分析的,共同共有制度在现代社会已经缺乏生命力,只是一个历史的存在,所有形态的共有本质上都是按份共有,物权法中无须保留共同共有制度。

此外,两分法是一种非此即彼的"公式化"思维模式,依据两分法,无论何种共有,要么属于按份共有,要么属于共同共有,如此一来,一方面,容易引发诸多关于共有性质的无谓争论,③徒增法律适用和理解的困难;另一方面,又缺乏包容性,对调整新型的共有形态往往无

---

① 中华人民共和国《合伙企业法》第 22 条。

② 尚需说明的是,法律应当禁止当事人自由创设共同共有关系,理由如下:(1)共同共有以共同关系为基础,共有人之间通常具有某种身份关系,而一般的共有人之间不存在这种关系。(2)共同共有"不分份额地共同享有权利、承担义务"的特征已经明显不合时宜,容易滋生纠纷,应当尽量予以避免。(3)按份共有虽然以"共有人可以随时请求分割共有物、可以自由处分其份额"为原则,但是法律也并不禁止按份共有人通过约定对分割共有物和处分份额的自由进行限制。也就是说,当事人可以根据需要对按份共有关系进行灵活约定,而无须采用共同共有制度。(4)即使是承认共同共有制度的德国、俄罗斯、蒙古等国,也仅仅规定了夫妻共同财产等少数几种共同共有关系,而不允许当事人通过法律行为设立新的其他形式的共同共有关系。

③ 以合伙财产共有为例,关于其性质,我国学者主要有五种观点:(1)共同共有说。该说认为合伙财产共有属于共同共有,多数学者持此种观点。(2)按份共有说。该说认为合伙财产共有属于按份共有[参见高富平.物权法原论(下)[M].北京:中国法制出版社,2001:1001.]。(3)具体分析说。该说认为,对合伙财产共有的性质不可一概而论,而应作具体分析。在多数情况下,如营利性商业合伙的合伙财产属于共同共有,而少数情况下和非营利性合伙的合伙财产属于按份共有{戴锋隆,等.论合伙[J].法学研究,1986(5).}。(4)双重属性说。该说一方面认为承认合伙财产为共同共有是有必要的,另一方面又认为合伙财产尤其是合伙的出资财产具有一定的按份共有的特征(王利明.民法总则研究[M].北京:中国人民大学出版社,2003:467.)。(5)合有说。该说认为,合伙财产共有既非共同共有,也非按份共有,而是属于合有。而所谓合有,是指两个以上的主体对财产虽然按确定的份额享受权利,但是因共同目的的束缚,权利人对自己的份额不得随意处分和请求分割的共有(孙宪忠.物权法[M].北京:社会科学文献出版社,2005:236.)。

能为力。

其二,多分法不可行。为了克服两分法的局限,有学者认为应完善我国民法中共有的类型,①有的主张共有包括按份共有、共同共有和建筑物区分所有;②有的主张共有包括按份共有、共同共有和总有;③有的主张共有包括按份共有、共同共有、总有、合有和公有。④ 与两分法相比,多分法显得更为细致,但其弊端也较为明显:(1)无论何种形式的多分法均承认共同共有制度的存在,承认共同共有与按份共有是对共有权的基本分类,⑤自然也就无法完全克服两分法固有的缺陷。(2)任何形态的共有,其共有人均是按照一定的份额享有权利、承担义务的,各种共有归根结底仍然属于按份共有。虽然一些共有形态具有某些特殊性,但是它们只不过是较为特殊的按份共有罢了,并不足以成为与按份共有相并列的独立的共有类型。(3)将任何具有一定特殊性的共有都作为独立的共有类型,会面临两个问题:一是划分太细,显得过于烦琐;二是划分不全,极可能挂一漏万。

其三,统一规制比较妥当。我国物权法应放弃将共有分为按份共有与共同共有的两分法,也应拒绝采纳以两分法为基础的三分法、四分法、五分法……比较稳妥的做法是将各种形态的共有集中于按份共有之下,进行统一的规范。之所以如此,主要有两个理由:(1)各种形态的共有归根结底都是按份共有,可以统一在按份共有之下;(2)按份共有中权利义务关系较为明晰,最为接近单独所有,在现代社会仍有生存的土壤和发展的空间。

需要指出的是,虽然我们主张物权法中对共有应进行统一规制,但是并不意味着一概否认某些共有形态的特殊性。实际上,合伙财产共有、夫妻财产共有、遗产共有、建筑物区分所有权人的共有、船舶共有等均属于较为特殊的共有形态,在某些问题上应当进行特殊规定。只不过这些共有形态与按份共有属于特殊和一般的关系,如果法律没有例外规定,它们仍然应适用按份共有的一般规则。

综上所述,我国应效仿日本和意大利等国,在物权法中单列一章规定共有的一般规则,主要包括共有人份额的确定、共有物的管理及费用负担、共有物的处分、共有份额的处分、共有人对第三人的权利和义务、共有物的分割等内容。至于较为特殊的合伙财产共有、遗产共有、夫妻财产共有、建筑物区分所有权人的共有、船舶共有等则可以相应地在合伙企业法、继承法、亲属法、建筑物区分所有权法、海商法中进行某些特殊规定,没有特殊规定的,适用物权法中共有一章的有关规定。

---

① 需要说明的是,不少学者将准共有作为共有的一种类型,我们认为这是欠妥的。因为共有与准共有在逻辑上属于并列关系,而不是包含关系。

② 杨立新,程啸,梅夏英,朱呈义.物权法[M].北京:中国人民大学出版社,2004:87;杨立新.共有权研究[M].北京:高等教育出版社,2003:19.

③ 孟勤国.物权二元结构论[M].北京:人民法院出版社,2004:272.

④ 孙宪忠.物权法[M].北京:社会科学文献出版社,2005:235.

⑤ 杨立新.共有权研究[M].北京:高等教育出版社,2003:17.

抵押与质押之区分及中国的立法选择*

意定担保物权划分为抵押与质押是多数大陆法系国家通行的做法,科学界定和区分抵押与质押不仅直接关系到当事人之间的权利义务关系,也在很大程度上影响到担保物权体系结构的安排。较之于《民法通则》,我国《担保法》和《物权法》在抵押与质押区分的问题上无疑有很大的进步,但仍存在若干不足之处,有待进一步完善。本文拟从考察大陆法系区分抵押与质押的不同立法例入手,分析我国现行立法区分抵押与质押的基本状况,进而对我国物权法在此问题上的选择提出若干建言。

一、大陆法系区分抵押与质押的三种立法例[①]

论及抵押与质押的区分,主要牵涉到两个问题:一是在立法中对抵押与质押是否作区分;二是如何选取抵押与质押的区分标准。围绕着这两个问题,大陆法系不同国家在不同时期作出了不同的回答,由此形成了三种主要的立法例。

1.以占有方式标准区分抵押与质押

依据这一标准,凡是由担保物提供人继续占有标的物的为抵押,标的物转由债权人占有的为质押。无论动产、不动产均既可设立抵押,也可设立质押。罗马法、日耳曼法采取这一标准。

在罗马法的历史上,先后产生了信托质、质权和抵押权三种物的担保方式,但至优帝时期信托质归于消灭,法律上只承认质权和抵押权。质押以转移标的物的占有为特征,从词义上看,质押(pignus)一词源于"拳头"(pugnus),意味着用于质押之物要被亲手交付。抵押的出现要晚于质押,它是在克服质押必须转移质物的占有而带来的诸多不便的基础上发展起来的,抵押的成立无须转移标的物的占有。"抵押权与质权的区别,在罗马法上是视债权人是否占有提供担保的物件,占有的为质权,不占有的为抵押,而不在于担保物是动产还是不

---

* 原载于《当代法学》2005 年第 1 期,第二作者周珺。

[①] 英美法系的担保制度与大陆法系迥然不同,英美法系中不存在与抵押、质押完全对应的概念,因此本文的讨论将不涉及英美法系。

动产"①,动产可以用于设定抵押,不动产也可用于设定质押。

在日耳曼法中,担保物权的种类仅限于质权,其质权制度的发展经历了古质和新质两个阶段。古质包括所有质与占有质两种形态,所有质类似于罗马法中的信托质,而占有质与罗马法中的质权相似。新质,又称为非占有质,它以不转移质物的占有为主要特征。新质虽名为"质",但在功能上与抵押无异,被认为是日耳曼法中的抵押制度。显然,在日耳曼法中,是否转移标的物的占有是抵押(新质)与质押(占有质)的区别所在,设立抵押无须转移标的物的占有,而质押以转移质物的占有为要件。与罗马法相同,占有质与新质在标的物上没有根本的区别,占有质可分为动产占有质与不动产占有质,而新质也包括动产新质与不动产新质两种。②

在近现代民法中,法国和日本民法基本上也是采取占有方式标准区分抵押与质押的。

2.以标的物属性标准区分抵押与质押

根据这种区分方法,凡是以不动产为标的的担保物权均为抵押,以动产为标的的则为质押,抵押是不动产担保物权,质押是动产担保物权,不承认动产抵押和不动产质押。德国民法、瑞士民法采取这一标准。

在德国民法中,抵押权的标的限于不动产及某些不动产物权,质权的标的则为动产及不动产物权以外的其他财产权利,动产抵押和不动产质押均为德国民法典所抛弃,从而形成了"质权＝动产担保制度,抵押权＝不动产担保制度"的教条。③ 即使在现代社会,随着工商业的发展与繁荣,已经产生了在质权之外增设不转移占有的动产担保的巨大现实需求的情况下,德国民法仍然固守标的物属性标准,宁可选用缺乏有效公示方法的让与担保和所有权保留,也拒不采纳动产抵押制度。④ 在德国民法严格坚持标的物属性标准的情况下,是否转移标的物的占有已经不再是抵押与质押的根本区别。有些担保物权虽以占有的移转为要件,但由于标的物为不动产,因此仍然被归入抵押权,如证券式抵押;有些担保物权虽然无须转移占有,但由于其标的不属于不动产,而被定性为质权,如海底电缆质权、航空器质权、农业用动产质权、营业人的库存商品质权等。

瑞士民法在抵押与质押区分上的做法与德国民法大致相同。《瑞士民法典》将抵押规定于该法典第22章"不动产担保",将质押规定于该法典第23章"动产担保",其以标的物的不同区分抵押与质押的意图十分明显。正因为如此,《瑞士民法典》第885条规定的"家畜的出质",虽然可以不移转占有而代之以在证书登记簿上登记,但仍然被定性为质权,也就不难理解了。

① 周枏.罗马法原论(上册)[M].北京:商务印书馆,2001:427.
② 郑玉波.民法物权[M].台北:三民书局,1992:204.
③ 近江幸治.担保物权法[M].祝娅,王卫军,房兆融,译.北京:法律出版社,2000:61.
④ 德国1940年的《有关已登记船舶及建造中船舶权利之法律》承认了船舶抵押(schiffshypotheck),但德国民法理论将以登记进行管理的船舶视为不动产,船舶抵押也被视为不动产抵押。

3.对抵押与质押不作区分,合而为一统称为"抵押"

大陆法系的传统是对抵押与质押加以区分,视之为两种独立的担保方式分别加以规范。但是 1994 年通过的《俄罗斯联邦民法典》(第一部分)中却不再区分抵押与质押,凡是以财产作为标的的担保债权实现的,无论标的物是否为不动产,无论是否转移标的物的占有,均称之为抵押。俄罗斯民法中的所谓"抵押"实际上包含了传统民法中的抵押和质押两种制度(参见《俄罗斯民法典》第 23 章第 3 节)。

抵押与质押是差异很大的两种担保形态,二者在功能、结构、法律效果、规则等方面均有不同。将抵押与质押合而为一加以规定,使两种不同的物的担保方式失去了各自的特性,不适于担保实践的客观需要,违反了民事立法科学性和严谨性的要求。俄罗斯民法的这种规定显然是受到苏联民法的影响,因为 1961 年颁布的《苏联和各加盟共和国民事立法纲要》及 1964 年颁布的《俄罗斯苏维埃社会主义共和国民法典》中均未区分抵押和质押,而是将二者统称为抵押加以规范。

受苏联民法影响较深的国家,如蒙古,也对抵押与质押不作区分(参见《蒙古国民法典》第 181 条)。

二、我国现行立法在区分抵押与质押上的基本态度

新中国成立后相当长一个时期内,我国民事法律中未见对抵押和质押的规定,直至 1986 年通过的《民法通则》才将抵押确定为债权担保的一种方式。由于受到苏联民法中抵押概念的影响,《民法通则》没有区分抵押与质押,而是在该法第 89 条第 2 项将二者统一规定为"抵押"。《民法通则》的这一做法受到了许多学者的质疑,要求区分抵押与质押的观点逐渐占据了主导地位,并最终影响到担保法的制定。1995 年颁布的《担保法》中规定了保证、抵押、质押、留置和定金五种担保方式,抵押规定于该法第三章,质押规定于第四章,从而明确了抵押与质押的界限,重新界定了抵押的内涵,确立了质押的独立地位。

如前所述,大陆法系区分抵押与质押主要有两个标准:一是占有方式标准;一是标的物属性标准。就我国担保法而言,无论立法说明还是理论解读均认为我国在抵押与质押的区分上采取了占有方式标准。例如,1995 年 2 月 21 日在第八届全国人民代表大会常务会员会第十二次会议上,时任全国人大常委会法制工作委员会主任的顾昂然同志在《关于〈中华人民共和国担保法〉(草案)的说明》中指出"民法通则对物的担保方式,未区分抵押和质押,通称为抵押。由于抵押和质押在是否转移占有上不同,抵押物不转移占有,而出质的财产要转移为债权人占有,因而在管理上有很大的区别。为了完善物的担保制度,借鉴国外经验,草案将抵押与质押分开,对质押专门作了规定"。孔祥俊先生也认为"既然我国担保法对抵押物没有限制,抵押的最基本特性也就成为不转移占有。这是抵押与质权的基本区别所在,或

者说是其区别的基本标志"①。然而,遗憾的是,担保法并没有将占有方式标准贯彻到底,标的物属性标准同样被担保法所采纳,这突出地表现在两个方面:

其一,不动产质权在担保法中未得到反映。如果采取纯粹的占有方式标准,那么无论动产、不动产均可设定抵押和质押,罗马法、日耳曼法、法国法、日本法莫不如此。如果采取纯粹的标的物属性标准,那么只承认不动产抵押和动产质押,不承认动产抵押和不动产质押,德国、瑞士采此种模式。我国既未如法国、日本,在不动产抵押、动产抵押、动产质权之外承认不动产质权,也未如德国、瑞士只承认不动产抵押和动产质押,不承认动产抵押。认定我国担保法在区分抵押与质押时采取的是占有方式标准或标的物属性标准恐怕均不确切。

其二,不动产物权以外的权利担保一律被定性为质押。如果说我国担保法在区分抵押与质押上采取了占有方式标准,那么我国目前许多被称为"权利质权"的担保方式是否真属于质权就不无疑问了。譬如著作权出质、商标权出质、专利权出质等并不以占有的移转为要件,而是应办理登记,从性质上说,它们更应纳入抵押权的范畴。可见,在权利担保领域所谓的占有方式标准是不存在的。

考察担保法的具体规定,可以发现,我国担保法中区分抵押与质押的标准不是一元的,而是多元的,实际上是依据担保标的性质的不同而采取了不同的标准。

首先,就动产担保而言,采取占有方式标准区分抵押与质押。以转移占有为要件的属于质押,无须转移占有的为抵押。

其次,就权利担保而言,采取标的物属性标准区分抵押与质押。国有土地使用权、"四荒"土地使用权、乡镇企业厂房占用范围内的集体土地使用权等不动产物权担保属于抵押;不动产物权以外的财产权利担保属于质押,如股权质押、知识产权质押。

最后,就不动产担保而言,采取占有方式和标的物属性双重标准。不动产上只能设定抵押权,且以不转移占有为要件,不承认不动产质权。

担保法制定之际,立法者与多数学者的本意是以占有方式标准区分抵押与质押。不过,由于立法技术、理论认识等方面的因素最终导致担保法未将占有方式标准贯彻到底,而是依据担保标的的不同采取不同的区分标准:对动产担保采取占有方式标准,权利担保采取标的物属性标准,而不动产担保采取占有方式和标的物属性双重标准。然而,担保法在设置抵押、质押中当事人的权利义务关系时又未能充分意识到这种区分标准的多元化,通篇是以占有方式的不同为基点设计抵押、质押各自的调整规范的:

(1)在《担保法》第46条规定的抵押所担保的债权的范围中未列入所谓抵押物的保管费用,而第67条规定的质押所担保的债权范围中明确将质物保管费用列入其中。

(2)《担保法》第49条规定了抵押人可以转让抵押物,而第78条、第80条规定股票质押和知识产权质押中出质人无权转让担保标的。

(3)《担保法》第54条规定了在同一财产上的多重抵押及其顺位,而质押中无此问题。

---

① 孔祥俊.担保法及其司法解释的理解与适用[M].北京:法律出版社,2001:205.

（4）《担保法》第 68 条规定了质权人在担保期间对质物的孳息收取权，而抵押中无相关规定。

（5）《担保法》第 69 条规定了质权人对质物的保管义务，而抵押中无类似的规定。

担保法一方面采取多元化的标准区分抵押与质押，另一方面又以"抵押无须转移标的的占有，质押中标的转由债权人占有"作为设置抵押、质押的各项规则的逻辑前提，由此也就产生了抵押、质押区分标准的多元化结构（占有方式标准、标的物属性标准以及双重标准）与抵押、质押法律规则设置的一元化基础（占有方式标准）之间的矛盾，造成了理论上的困惑和实践中的不便。以专利权担保为例，若按照我国现行立法将其定性为质权，适用担保法关于质权的规范，就会得出一些明显不合理的结论。《担保法》第 68 条规定了质权人对质物的孳息收取权，但专利权质权中专利权仍处于专利权人的实际控制之下，仍由专利权人对专利进行使用收益，规定质权人的孳息收取权有多少可操作性呢？《担保法》第 69 条规定，质权人承担妥善保管质物的义务，但专利权质权中并不转移标的的占有，只是办理了担保登记，何来质权人的保管义务？《担保法》第 80 条规定，专利权的出质人无权转让专利权，然而，在专利有完整的登记制度、担保物权具有追及性的情况下，专利权人处分专利权不会直接影响专利权的交换价值，也不会妨害质权人的权益，担保法的这一规定是否必要颇值怀疑。

2007 年 3 月，《中华人民共和国物权法》通过。在抵押与质押的区分这一问题上，仍然基本上沿袭了担保法的做法，专利权、商标权等以登记为公示方法的权利担保仍然归入质权制度，不动产质权的规定仍付阙如。[①]

三、我国物权法中抵押与质押区分标准的选取

我国现行立法在区分抵押与质押时采取了多元化的标准，违反了"每一次划分必须按同一标准进行"的逻辑规则，已经暴露出明显的弊端，当前应以民法典的编纂与《物权法》的修订为契机，对这一问题进行重新思考和抉择。综合各方面的情况，在坚持对抵押与质押分别规范的前提下，我国物权法中以占有方式为标准区分抵押与质押较为妥当。其理由有四：

其一，选取占有方式标准符合抵押与质押区分的历史传统。大陆法系各国的物权制度有两个渊源：一为罗马法，一为日耳曼法。无论是罗马法，还是日耳曼法均是以占有方式标准区分抵押与质押的。这是担保物权由信托质到占有质（质押），再到非占有质（抵押）的历史发展轨迹的必然结果和客观反映。

其二，选取占有方式标准符合抵押与质押分开立法的初衷。抵押与质押同为典型的担保物权，均具有从属性、不可分性、物上代位性和优先受偿性。之所以绝大多数大陆法系国

---

① 有关内容可参见全国人大法工委提交审议的"中华人民共和国民法（草案）"第 2 编第 23 章、第 24 章；梁慧星先生组织编写的《中国物权法草案建议稿》第 7 章、第 8 章；王利明先生组织编写的《中国物权法草案建议稿》第 4 章第 1 节、第 2 节；徐国栋先生组织编写的《绿色民法典草案》第 2 编第 3 题第 2 章、第 3 章、第 4 章。

家将抵押与质押作为两种相互独立的担保方式分开立法,其最主要的理由是二者的标的物的占有方式不同。"用于担保他人债权的财产是否转移占有的不同,必然在当事人之间产生不同的权利义务","当事人权利义务关系上的差别,就是来自于是否移转占有"。① 正因为抵押权以不转移标的物的占有为特征,才会产生诸如抵押权的保全、多重抵押权及其顺位等问题;质权以标的物占有的转移为要件,才导致质权人对质物的保管义务、一物之上不得同时设定多项质权、出质人在出质期间无权使用质物等规则。

其三,选取占有方式标准有利于发挥抵押与质押各自的效用。抵押权被认为是担保物权最理想的状态,享有"担保之王"的美誉。一方面,抵押人可以继续对抵押物为使用、收益,不至于影响物的经济效用;另一方面,抵押权人无须对抵押物负保管义务。而这两个方面的效果均取决于抵押权不转移标的物占有的特征。质押在现代社会的运用虽略逊于抵押,但也有自己的独特之处,一是质押具有留置效力,可以造成债务人心理上的压迫,迫使其从速清偿债务,二是质物由质权人掌管,无须担心出质人任意使用处分质物侵害质权,三是在现代社会,质押的公示方法简便,可避免抵押所要求的登记程序,节约时间和成本。无疑,质权的这三个优点也是源于转移质物的占有这一特征的。

其四,选取占有方式标准更加符合担保物权的价值权属性。担保物权不在于对标的物的实体利用,而是以其交换价值的取得为目的,担保标的为物或为财产权利已不具有决定性的意义。从担保物权的发展来看,其标的物的范围早已突破了有体物的范畴,财产权利乃至动产、不动产与财产权利的结合体均可成为担保物权的标的。在这一背景下,若以标的物的属性为标准区分抵押与质押就显得不合时宜了,因为动产——不动产的划分无法涵盖财产权利和财产集合体,选取占有方式标准则可有效避免这一难题。

为贯彻占有方式标准,我国在现有立法的基础上可作如下补正:

第一,具体分析权利担保的归属。担保法对于动产担保和不动产担保均在一定程度上采纳了占有方式标准,唯独对于权利担保系纯粹以标的物属性标准区分抵押与质押,从而导致了我国现行立法在抵押与质押区分标准上的多元化格局,这种状况理当予以纠正,以彻底贯彻占有方式标准。目前,基于司法的现实状况和公示方法的要求,可以出质的财产权限于有权利凭证的财产权和有特定管理机构进行登记管理的财产权,对于前者,可通过交付权利凭证的方式实现占有的转移来设定质押,如票据担保,对于后者可通过担保登记以设定抵押,如知识产权担保。

第二,认真思考不动产质权的取舍。观察各国法制,在抵押与质押的区分上采取占有方式标准的国家多是既承认不动产抵押、动产质押,又承认动产抵押和不动产质押。我国物权法如果采取占有方式标准,那么在不动产质权的取舍上就应相当慎重,不能简单地予以否定。我国学者在论及不动产质权时,多认为其已不合时宜,无存在之必要。但就结构和功能而言,不动产质权与典权十分相似,缘何在物权法中规定典权已渐成学界通说,而对不动产

---

① 孔祥俊.担保法及其司法解释的理解与适用[M].北京:法律出版社,2001:271.

质权的现实意义却是几乎众口一词的反对和批评,如此厚此薄彼着实令人费解。虽然不动产质权的适用范围有限,但是并非说这种制度已无存在的必要,客观地讲,它仍然有自身独特的价值,例如,可以使债权人获得比抵押更可靠的担保,或者满足债权人的用益需求。[①] 尤其是在坚持物权法定主义的情况下,若断然抛弃该项制度可能会造成实践中的某些需求无法在物权法中找到依托,减少了当事人对融资方式的选择机会。

第三,正确看待动产抵押权、权利抵押权、权利质权和不动产质权(如果在物权法中规定的话)的地位。动产抵押权、权利抵押权、权利质权和不动产质权不应再被视为准担保物权或特殊担保物权,而应与不动产抵押权、动产质权一视同仁,均为普通担保物权。近代民法确立了抵押权的标的物以不动产为原则,质权的标的物以动产为原则的基本格局,但及至现代社会,这种传统观念已经受到理论界和实务界的双重挑战,担保物权的价值权属性得以彰显,各种物、权利乃至财产集合体均可成为担保标的,不动产抵押不是抵押的全部内容,动产质押也并非质押的唯一表现。从效力和性质上看,动产抵押权、权利抵押权与不动产抵押权具有一致性,权利质权、不动产质权与动产质权也无本质区别。从实际功用看,动产抵押、权利抵押、权利质押、不动产质押也毫不逊色。以质押为例,传统民法以动产质押为原型,权利质押被认为属于“准质权”或“质权的例外”,但发展到现代社会,动产质押与权利质押呈现出此消彼长的态势,动产质押逐渐式微,而权利质押则被广泛运用,在现代金融界足与抵押权相媲美。据介绍,在整个担保法中,实践中用得最多的是四种担保方式,即保证、抵押、权利质押和定金。“质押中虽有动产质押和权利质押,而实际发挥作用的往往是权利质押”[②]。权利质押“现在在担保债权实现上的作用已经与抵押不相上下了”[③]。

---

① 费安玲.比较担保法[M].北京:中国政法大学出版社,2004:241.

② 曹士兵.担保法司法解释的若干问题[A]//王利明,主编.民商法前沿论坛(第2辑)[C].北京:人民法院出版社,2004:172.

③ 曹士兵.担保法司法解释的若干问题[A]//王利明,主编.民商法前沿论坛(第2辑)[C].北京:人民法院出版社,2004:175.

农地物权制度的完善

中国共产党第十七届中央委员会第三次全体会议作出的《中共中央关于推进农村改革发展若干重大问题的决定》(下文简称《决定》)指出：到 2020 年,农村改革发展基本目标任务之一是：农村经济体制更加健全,城乡经济社会发展一体化体制机制基本建立。为此,《决定》从六个方面就"大力推进改革创新,加强农村制度建设"作出了部署。其中,"稳定和完善农村基本经营制度"和"健全严格规范的农村土地管理制度"均涉及农地物权制度的改革和完善问题。

土地制度是农村的基础制度,而农地(集体土地)物权制度则是农村土地制度的基石。土地集体所有权是我国土地公有制的法权形式,是一切农村土地制度的民法基础；以家庭承包经营为基础、统分结合的双层经营体制,是适应社会主义市场经济体制、符合农业生产特点的农村基本经营制度,其法律形式即表现为作为一种用益物权的土地承包经营权；"产权明晰"是农村土地管理制度的首要原则,而"产权"的法律解释即土地所有权和用益物权。因此,改革和完善农地物权制度,是稳定和完善农村基本经营制度、健全严格规范的农村土地管理制度的题中应有之义,也是推进农村改革发展的必要手段。

一、我国现阶段农地物权制度概述

我国现行的农地物权制度,是经过《民法通则》、《土地管理法》、《农村土地承包法》等法律逐步构建起来的,至《物权法》集其大成。其基本构造为由集体土地所有权、土地承包经营权、宅基使用权所组成的制度整体。

土地所有权制度是最为基本的土地制度,也常常是牵一发而动全身,对经济、社会往往能产生重大影响,故而也是一个政治问题。也正因为土地所有权问题的高度敏感性、牵连广泛性和极度复杂性,理论研究难以取得实质性突破,制度改革也一直踯躅不前。我国的土地所有权制度依地域范围不同而区分为国家土地所有权和集体土地所有权。农村和城市郊区的土地(包括宅基地、自留山和自留地)属于集体所有(法律规定属于国家所有的除外),具体表现为村农民集体所有、村内集体经济组织农民集体所有和乡镇农民集体所有,这是在我国宪法、土地管理法和物权法中均得到宣示的重要法律规则,也是我国农地物权制度的基础,农村改革发展和农地物权制度的改革完善,也是以此为起点的。

由于农地所有状态的公共性质,使得农地用益的安排对于农民个体的意义得以极大的凸显。在物权法的视域中,这种需要体现为诸种农地用益物权制度的法定。一则为土地承包经营权。土地承包经营权肇始于 20 世纪 70 年代末我国改革开放之初在农村推行联产承包责任制的伟大实践,直到 1986 年《民法通则》颁布以前,农地的土地利用问题纯粹是政策问题、经济问题,在国家对农民反复的收权放权之间,国家追求着社会主义经济体制在农村中的建设,着力于恰当配置利益关系以实现农民生活温饱和农村经济繁荣。在这里,私法的调整存在着缺位的状态,农民也从未享有过对土地的民事权利。这之后,随着各项法律的相继出台,土地承包经营权作为一项私权出现,并不断地在与公权力的博弈过程中取得更多本属于它的领域范围。土地承包经营权在《物权法》中的专章规定可以看作是一个标志性的胜利。经过不断发展与完善,由《民法通则》、《农村土地承包法》到《物权法》,土地承包经营权已成为极具中国特色的一项新型用益物权,《物权法》对客体、内容、期限、设立、流转等均作了规定。此项物权,常被论者用以同大陆法系母国德国法中的"永佃权"做比较,认为永佃权是土地承包经营权的改制方向。但笔者认为,这两项权利所需解决的问题相似,却不完全相同,根源在于土地公有和私有下的不同利用状况。更何况两者具体的制度安排迥然不同,都是与各自不同的政治社会经济状况所相适应的,实质上具备较少的制度迁移空间。二则为宅基地使用权。宅基地使用权也是我国特有的一种用益物权,它是专为解决农民的居住问题而设的。在我国,农村土地归集体所有,即便是集体成员也不得擅自使用集体所有的土地,为了提供农民在集体所有的土地上建造住房的权利依据,我国设置了宅基地使用权这一用益物权。在农村土地集体所有的体制下,农民集体成员(农户)基于居住生活的需要而申请批地建房,因而取得宅基地的占有、使用权,《物权法》将其纳入用益物权体系,赋予其物权效力,并对其取得、行使、转让、消灭等作了引致性或原则性规定。"比较起来,在农民的三种土地权利中,对宅基地使用权流转的限制最严格:禁止买卖、出租、抵押和继承。"①

二、我国农地物权制度所存在问题的反思

《物权法》的颁行,标志着我国农地物权制度的正式确立,为农村和农业的稳定、发展提供了有力的制度保障。但是我们也必须看到,以党的十七届三中全会提出的推进农村改革发展的指导思想和目标任务衡量,我国现行的农地物权制度无论在体系还是在内容方面均存在不适应之处,有待充实和完善,这体现在农地物权制度的诸多方面。

① 李学永.农民土地权利流转制度研究——兼评《物权法》的用益物权制度[J].政法论丛,2008(2).

（一）在农地所有权归属方面，集体土地所有权存在不少缺陷

1.所有权主体事实上虚位。^① 我国《宪法》和《土地管理法》都明确规定了农村土地归农民集体所有，但是该规定实质上是模糊的，"农民集体"的含义并不明确。从学理上讲，"集体所有权的主体是集体范围的成员集体。农民集体所有权的成员集体是指农村一定的集体所有的社区范围的人的整体"^②。但是，根据我国《村民委员会组织法》等立法的规定，无论是村民小组还是村委会都不可能成为农村集体土地的所有者。再者，由于基层民主制度，无论是在公共生活领域还是经济利益分配方面，皆流于形式，且在可预期的相当长的时间内，很难得到本质上的改善。"在实践之中，村民小组、村委会、乡政府，甚至一些集体经济组织都成为集体土地的实际支配者，行使着所有人的权利。由此导致现实中的后果是，村干部和乡干部成了农村集体土地的实际支配者和最大受益者，集体土地所有权实际已被虚化，乡村干部'寻租'成为一种较为突出的现象。"^③另外，村集体和乡集体组织的存在，"其真正职能并不是拥有所有权，而是'经营、管理'，或者说，以所有权的名义'经营、管理'，指导着'经营、管理'的，当然不是村民的意志，而是国家的行政意志，后者才是乡里中间层权力的真正来源。于是，在农民利益与公权力发生冲突时，他们当然选择后者。这是权力逻辑的必然结果"^④。虚位导致僭越，主体问题让集体所有权的神圣理想遭遇到了现实瓶颈。

2.所有权效力的相对性和权利内容的不完全性。^⑤ 与国家土地所有权相比，集体土地所有权在法律上受到相对的保护。且从我国立法规定及其运作来看，由于只存在集体土地所有权向国家土地所有权的单向流动，农民集体土地所有权还是一种受到严格限制的所有权，国家对其用途、流转、处置进行严格的管制。故而可以说，集体土地所有权相较于国家土地所有权而言，要低其一筹。此外，农民集体对土地的占有、使用、经营和处置权利极其有限，对照所有权的权能构成，农民集体土地所有权的权能则表现残缺不全。我国农村土地的法律所有权与实际所有权完全不一致。这些规定都违背了所有权平等的要求。更有甚者，这样一种被剔除了处分权、规定了具体用途、连盖房建厂都需要上级批准的地权无法被称为"对物的最高权利"，这种被归在"集体"名下的权利也很难被称为"所有权"。

（二）现行农地用益物权制度不足的主要表现

1.物权体系未臻完整严密。根据土地管理法的规定，集体土地分为农用地、建设用地和未利用地。其中，农用地已基本纳入土地承包经营权制度的调整范围；建设用地既包括宅基

---

① 王卫国.中国土地权利研究[M].北京:中国政法大学出版社,1997:99—100.当然,亦有学者认为,集体土地的所有者没有虚位,只是被遮蔽了。在集体土地上,各项法律条文都向我们提示着某种更高、更强有力的权利,它属于一个真正的主宰者、一个从来没有虚位的最高意志,那就是国家。参见吴向红,吴向东.传统地权秩序对土地承包权的挑战[J].法学,2007(5).但不管是"虚位"还是"被遮蔽",都说明集体所有权的主体设置是存在问题的。

② 韩松.论成员集体与集体成员[J].法学,2005(8).

③ 黄爱学.我国农村土地权利制度的立法思考[J].甘肃社会科学,2008(2).

④ 吴向红,吴向东.传统地权秩序对土地承包权的挑战[J].法学,2007(5).

⑤ 江平.土地民事立法研究[M].北京:中国政法大学出版社,1999:247,254.

地,也包括乡镇企业、公共设施等建设用地,前者已纳入物权法的调整范围,而后者则尚处于物权体系之外(《物权法》第151条规定:"集体所有的土地作为建设用地的,应当依照土地管理法等法律规定办理。"),这样,此类集体建设用地的使用者对土地享有何种民事权利便无从判定,其使用权的流转也缺乏物权法依据,这与此类建设用地大量存在、土地使用权流转的需求和行为(如所谓"小产权房"现象)方兴未艾、相关纠纷层出不穷的现实形成了强烈的反差,不能不说是物权立法中的一个重大缺陷。

2.物权效力未得到充分体现。物权是权利人依法对标的物享有直接支配和排他的权利。就用益物权而言,完整意义上的支配权,意味着权利人不但有权对标的物直接加以占有、使用、收益,也有权将标的物为法律上的处分,即许可他人占有、使用、收益,或者将此项权利彻底让渡于他人。然而,脱胎于权力深度介入的土地利用制度、生长在权利意识淡漠的土壤中的土地承包经营权和宅基地使用权有着先天性的不足,其质态具有多样性、不稳定性和临界性。它从来都不仅仅是单纯的用益物权,甚至在某种意义上,徒具物权之名,而无物权之实。考诸我国现行立法,虽从一般意义上赋予了土地承包经营权、宅基地使用权人对承包地或宅基地享有占有、使用等权利,但其处分权能却被弱化,物权效力未能得到应有的体现。依物权法,土地承包经营权人依照农村土地承包法的规定,有权将土地承包经营权采取转包、互换、转让等方式流转;通过招标、拍卖、公开协商等方式承包荒地等农村土地,依照农村土地承包法等法律和国务院的有关规定,其土地承包经营权可以转让、入股、抵押或者以其他方式流转。而农村土地承包法则规定:土地承包经营权转让,应当经发包方同意(第37条);土地承包经营权转让,要求承包方有稳定的非农职业或者稳定的收入来源,受让方须为从事农业生产经营的农户(第41条);土地承包经营权互换只能在同一集体经济组织内部进行(第40条)。此外,物权法仅规定通过招标、拍卖、公开协商等方式承包荒地等农村土地取得的土地承包经营权可以抵押,明文禁止耕地、宅基地、自留山、自留地等集体所有的土地使用权(包括耕地承包经营权)抵押(《物权法》第184条)。上述规定,构成了对土地承包经营权转让、互换的重重限制,使其物权效力严重弱化,与物权法原理和现实的要求均有所抵牾。就宅基地使用权而言,物权法仅规定权利人对宅基地享有占有和使用的权利,而未正面确认其收益、处分权能(如依法出租、转让、抵押),从而使其成为一种徒具外表而内容缺失的用益物权。

3.物权保护缺乏刚性规范。物权法确立了物权保护的一般规则,明确了确认物权、返还原物、排除妨害、恢复原状、赔偿损失等保护方法,它们对于各种农地用益物权的保护无疑是必要的和有效的。但从现实情况来看,农地用益物权或农民权益保护中存在的一个突出问题是来自公权力的"合法"侵害——农地征收。农地征收不仅导致土地所有权的变更,被征收土地上的承包经营权、宅基使用权也随之丧失,因而事关农民的安身立命之本,在实施中不可不慎之又慎。对此项制度,《土地管理法》作了较为系统的规定,《物权法》也作了原则性规定,但在现实中,征收失范现象却普遍存在,"公共利益"往往被泛化甚至成为商业性房地产开发的借口,征收补偿的象征意义大于实质意义,在被滥用的征收权力下,农地物权成为任人宰割的羔羊。

三、完善我国农地物权制度的路径

一旦某种制度安排作为社会工具得以确立,它就必然作为一个重要的约束条件,深刻影响着农民的生产、投资等行为,影响着农业生产资源配置的效率。[1] 在中央推进农村改革发展战略思想的指导下,农地物权制度获得了进一步改革完善的动力和机遇。我们理应抓住这一契机,革新农地权利的制度安排,使其真正适应中国农村的社会现实,为"三农"问题的解决和农村和谐社会的建立提供重要的助推力。

由于乡土社会文化传统的掣肘以及农民公共参与能力的制约,我国农村集体财产所有权制度改良的潜力是有限的。把农村集体财产所有权从权力网络中完全解脱出来使其成为真正意义上的民事权利并非易事。[2] 这时,变土地的集体所有为国家所有,统一地权,简化移转程序,剪除双轨制下权力寻租的空间,是最涉及根本的改造办法。但由于关系到经济体制改革及宪法修改的问题,产权界定和制度变革的成本大于收益,在相对稳定的产权结构下,对具体的政策措施进行调整或者对产权束中部分权利作出清晰的界定,可能是更为明智的选择。[3] 集体土地所有权的"私有化"也是一种可能的选项,不过此举不仅触及了意识形态上的"禁区",而且也并非一种较优的选择,因为分配公平上存在着操作难题,也不符合农地社会化义务渐增的国际性趋势。再者,最大限度地维护农民利益的纠结点并不在于赋予其土地权利的名字是"土地所有权"还是"土地用益物权"(土地承包经营权),而是使其获得不受公权力和其他私人非法干涉的真正意义上的物权。有学者提出,在土地实物形态上建立"集体法人所有权"制度,变农民集体组织为集体法人组织。[4] 但笔者认为,要防止集体及其执行机构利用所有权压制农民的个体性权利,在法律上不应当赋予集体的执行机构过多的职权,这种欠缺有效制衡的职权往往对农民个体性权利造成巨大的威胁。即使是集体成员大会也不应当拥有可能危及农民个体性财产权的权利,比如以集体成员大会决议的形式无偿收回农民的土地用益物权的权利。从目前我国农民的整体素质来看,个体理性似乎比集体理性更有实效,因此也更为可欲。[5] 相较而言,更为可行的路径是彻底将集体土地所有权虚化,同时强化农民对承包土地的使用、收益和处分权在内的"私用"权。

结合前文分析,对农地用益物权制度应从以下几个方面加以完善:

---

① 王小映.重要的是重塑核心产权[N].经济学消息报,2001-10-5.
② 杨代雄.乡土生活场域中的集体财产:从权力到权利[J].当代法学,2005(4).
③ 赵阳.共有与私用:中国农地产权制度的经济学分析[M].北京:生活·读书·新知三联书店,2007:24.
④ 李国英,刘旺洪.论转型社会中的中国农村集体土地权利制度变革——兼评《物权法》的相关规定[J].法律科学,2007(4).
⑤ 杨代雄.乡土生活场域中的集体财产:从权力到权利[J].当代法学,2005(4).

（一）将非住宅集体建设用地使用权纳入物权体系

宅基地以外的集体建设用地是集体土地的重要组成部分,其规模甚至大于城镇国有建设用地,物权立法对此不应采取回避态度,而应直面现实,承认集体建设用地使用权与国有建设用地使用权的同质性,将其作为用益物权的一种形态,并对其取得、转让、抵押等作出专门规定,从而充分发挥其财产效用,促进农村经济的发展。具体而言,在《物权法》实施后,对于公共利益目的范围内的建设土地使用,由国家依法定权限和程序征收农民集体土地所有权,并给予农民足额补偿,然后以国有土地出让给用地者。而公共利益目的范围外的建设用地,应当允许集体建设用地直接通过市场进行配置。应当对《土地管理法》第43条进行修改,同时建立由国家严格控制的集体建设用地使用权市场化流转制度。随着集体建设用地使用权的流转,原集体村庄已经完全城市化以后,原集体建设用地所有权应当由国家所有。①

（二）强化土地承包经营权、宅基地使用权的收益、处分权能

土地承包经营权不完全是物权,但需要构造为真正意义上的物权。土地承包经营权的转让受到非常多的限制,甚至可以说具有相当低的可转让性,现行立法中对于土地承包经营权流转的不合理限制应予废止,使承包经营权利由死水一潭变成汩汩活水。应当将"转让"与"转包、出租、互换"等行为同等对待,采取向发包人通知并备案即可,而无须获得发包人的同意。这样既不是断然地完全禁止土地承包经营权的转让,也不是土地承包经营权在转让之后自动变为非农的土地用益权。此外,立法应不将土地承包经营权的主体仅仅限定为农户,而可能是取得该项权利的任何人。非农权利人可以自己耕种或者租给他人耕种。同时,可以由法律明确规定一定年限内闲置或是用于非农事业的,由国家予以收回。在取消土地承包经营权转让诸多限制的同时,还应当在法律中规定,在以转让或出租方式流转土地时,本集体经济组织成员应在同等条件下享有优先权,以确保集体成员的相关利益。② 可见,政府稳定农村和保护农民利益的政策目的可以通过赋予农民集体内部成员一定的优先权而不应通过直接对农民土地权利的剥夺来实现。③ 在严格实行耕地保护、控制土地用途的前提下,应允许土地承包经营权自由流转。对于宅基地使用权,也应允许其在一定条件下转让（包括内部转让和对外转让）和抵押。《决定》中谈到,要"逐步建立城乡统一的公共服务制度,扩大农民工工伤、医疗、养老保险覆盖面",既然将来会将社保覆盖至农村,则宅基地使用权将慢慢卸去其早已不堪其重的社会保障功能。当然,"从保障农民居住权和弱势群体倾斜保护的原则出发,农民申请宅基地依然要以具有本集体成员身份为前提,并且免费取得,同时必须仍然坚持一户一宅、转让以后禁止二次申请的原则"④。

（三）严格限定征收条件,提高补偿标准

农地征收的首要条件是"公共利益的需要",但现行立法对"公共利益"的内涵和外延均

① 韩松.集体建设用地市场配置的法律问题研究[J].中国法学,2008(3).
② 黄爱学.我国农村土地权利制度的立法思考[J].甘肃社会科学,2008(2).
③ 袁铖.二元结构转型过程中的中国农地法律制度创新——一个产权的视角[J].法商研究,2007(3).
④ 李学永.农民土地权利流转制度研究——兼评《物权法》的用益物权制度[J].政法论丛,2008(2).

没有作出明确的界定,从而造成了实践中泛化公共利益、侵害农民土地权益现象的大量存在。为此,应通过专门立法、采取列举或排除方法严格限定"公共利益"的范围,并确立严格的征收决策程序(包括征收权限、公示与听证、决定与复议等方面),从而最大限度地防止征收权力的滥用。于此而外,还需深化征地制度改革,探索符合国情和市场经济规律的征地办法。建立健全我国的土地市场,完善征地法律法规和具体的配套措施,尤其是完善征地补偿机制,提高征地补偿标准和安置补助费标准。今后应当主要通过市场机制实现公平补偿的原则,切实保护农民的财产权益。规范集体土地的征地审批权限和程序,严格实行耕地保护制度。改进征地补偿费的分配方法,为失地农民提供必要的社会保障。[①] 关于征收补偿,要确立多样化的征收补偿方式。[②] 还应废弃现行的限额补偿模式,着眼于被征收土地的市场价值和失地农民的长久利益,确立更为公正的补偿机制。并且加强对征地行为和征地补偿的监督规范,完善补偿款管理机制。

---

① 莫于川.土地征收征用与财产法治发展——兼谈对待当下行政管理革新举措的态度[J].法学家,2008(3).

② 吉朝珑.农民权益保障视野下的农村土地征收制度重构[J].河北法学,2008(9).

土地承包经营权流转中的利益冲突与立法选择[*]

我国农村土地上多种利益并存,土地承包经营权制度的发展过程正是这些利益冲突协调与选择的过程。如果说 80 年代初的包产到户改革是通过抽离国家对人民公社的控制权而在实质上肯定集体对农村土地的所有权,^①90 年代农业部有关建立土地承包经营权流转机制的决定开始强化农民对土地使用权的处分权的话,^②那么 2007 年《物权法》的颁布则最终以法律形式确认了土地承包经营权的物权属性,农民得以以用益物权人身份与所有权人之集体相抗衡。国家、集体、农户三者近 30 年来的利益冲突、妥协与选择成就了如今的土地承包经营权流转制度。难怪有人说"中国的农民问题归根到底是平权问题,是公平与公正的问题"^③。然而,经过如此漫长的制度演进后,附于我国农村土地之上的多方利益冲突并未消逝,如代表公共利益的土地公有制的坚持与农地资源的保护、代表集体利益的集体土地所有权、代表农户利益的土地承包经营权自由流转权以及代表非农户利益的土地承包经营权公平受让权之间的冲突仍然存在。面对利益冲突,协调固然是最佳对策,但真正的利益冲突是不可能实现彻底协调的,否则也就无所谓"冲突"。"立法是一种集体性的选择与合意的过程,由于存在个体选择的差异,法律无法完全符合所有人的心意,因此,在立法过程中各方利益博弈在所难免。"^④于是,理性的立法者不得不对诸多主体间的利益冲突作出选择。

一、公共利益与个人利益的冲突与选择

公共利益概念极为抽象和模糊,时至今日,国内外学者仍众说纷纭。我国《物权法》对什么是公共利益并未界定,国外有人将公共利益定义为"公众和社团普遍享有的包含某种金钱

---

* 载于《法学评论》2010 年第 1 期,第二作者兰晓为。

① 徐钢,钱涛.契约、农民利益与法治秩序——以农村土地权利现状为例[J].法学,2001(8).

② 参见国务院批转农业部《关于稳定和完善土地承包关系意见的通知》,国发[1995]7 号,1995 年 3 月 28 日,第 4 条.

③ 田成有.功能与变迁:中国乡土社会的法治实践[J].学习与探索,1999(6).

④ 张舫.利益冲突中的和谐——对我国立法中各方博弈的分析[J].国家行政学院学报,2008(4).

利益,或者社团的权利和义务因之受到影响的某种利益"①。元照法律字典认为"公共利益是指应予认可和保护的公众普遍利益;或者是与作为整体的公众休戚相关的事项,尤其是证明政府管制正当性的利益"。可见,公共利益至少是公众普遍享有的或与公众休戚相关的利益。公共利益外延甚广,甚至包括社会利益。美国社会法学的创始人罗斯科·庞德虽把利益分为个人利益、公共利益与社会利益,但同时指出,公共利益包括两个方面的具体内容,即国家作为法人的利益和国家作为保卫者而拥有的利益,②这就使得社会利益被实质上纳入了公共利益的范畴。因此,笔者认为公共利益包括双层含义:一是指公众普遍享有的或与公众休戚相关的利益;二是指一个国家在特定历史时期内重大或根本利益所在。就土地承包经营权流转涉及的公共利益而言,贯彻我国基本经济制度即坚持土地资源公有制属于后者,农地资源保护则属于前者,而它们均无可避免地与农民个人利益存在冲突。

(一)土地资源公有制与农民地权的强化

我国的根本经济制度是社会主义生产资料公有制,这实质上是公共选择的结果,是经过历史洗礼的中国人民针对特殊国情最终选择的共同行为规则。如诺斯所言,制度是一个社会的游戏规则,即人们相互作用,为争取实现各自的往往是相互冲突的利益目标时结成的一种相互关系,旨在约束追求主体福利或效用最大化的个人行为。③ 制度又为一种行为规则,这些规则涉及社会、政治及经济行为。④ 在经济发展、国家兴衰方面,制度起着至关重要的作用,故一国根本经济制度的稳定本身即为公共利益范畴。我国是社会主义国家,社会主义经济制度的基础是生产资料公有制。土地作为宝贵的自然资源、最基本的生产资料,其公有制是我国社会主义制度的重要经济基础,可谓社会主义所有制度的基石,不容动摇。"社会主义国家,当然不能搞土地私有制,我们实行的是土地集体所有基础上的家庭承包经营。一条是不搞土地私有,一条是不改变家庭承包经营,这就是有中国特色社会主义的农业。"⑤"然而,随着市场经济制度的建立和发展,意识形态色彩的淡化,不断有学者将土地资源公有制与农民土地权利的保护相对立,认为只有土地私有化才能从根本上赋予农民处分土地承包经营权的自由","人民公社不是通向共产主义的金桥,农业集体化并没有使全体农民走向共同富裕"。⑥ 虽然法律再三强调农民手中的土地承包经营权可以流转,党的十七大也提出"按照依法自愿有偿原则,健全土地承包经营权流转市场",但身为土地所有权人的集体仍然可以随时堂而皇之地对农民处分土地承包经营权的自由施加诸多限制,如转让土地承包经营

---

① Campbell C.J.: R.v.Bedfordshire,24 L.J.Q.B.84, in Michael Hantke－Domas (2003), The Public Interest Theory of Regulation: Non － Existence or Misinterpretation? European Journal of Law and Economics 15: p167.

② 庞德.通过法律的社会控制——法律的任务[M].沈宗灵,董世忠,译,北京:商务印书馆,1984:37.

③ 道格拉斯·C·诺斯.经济史中的结构与变迁[M].陈郁,等译,上海:上海人民出版社,1994:225.

④ R·科斯,等.财产权利与制度变迁[M].上海:三联书店,1991:253.

⑤ 江泽民.全面推进农村改革,开创我国农业和农村工作新局面——在安徽考察工作时的讲话[M].北京:人民出版社,1998(6).

⑥ 陈躬林,林章兵.重建农地自耕农所有制[J].求是学刊,2003(1).

权时必须通过发包方同意等。而土地私有化可以使农民获得最强大的财产权利，如此绝对权、支配权可使农民处分土地的自由无限扩张，土地之上的农民利益甚至可能实现最大化。在稳定经济制度与强化农民权利之间，我们应该如何选择？

在民法的慈母般的目光里，每一个个人就是整个国家。"公共利益优于私人利益"在私法中从来不是亘古不变的真理，即使在一些学者已将民法精神定义为"社会本位"[①]的今天。事实上，民法为私法，永远须以调整与保护私权为使命，对契约自由和所有权绝对原则施以限制只是对权利的自由行使加以限制或增加了较多的社会注意义务罢了。[②] 然而，基于社会成本的考量，笔者仍倾向于选择公共利益——稳定经济制度。倘若变革土地制度，实行土地私有化：一是会产生新制度代替旧制度的替代成本，即"学习新制度以对新的和从未有过的事情作出恰当反映的成本"[③]；二是改革的摩擦成本，即布罗姆所说的"制度创新还受到达成社会一致的成本的巨大影响"[④]。新旧利益主体之间以及新利益主体之间将会出现认识上或利益上的摩擦，从而增加摩擦成本，而不难预见的是，土地私有化必然会遇到极大的政治风险和阻力，社会成本远远高于社会收益的巨大负效应在当前集中精力发展经济的国情下是我国无法承受也非必须承受的风险。其实，强化农民处分土地承包经营权自由仅借助具体法律规则的完善即可实现，如取消转让权利时的发包方同意要件以及延长土地承包经营权期限等，"把土地承包权这一物权的期限用法律的形式固定下来，30年之后如果农民还要求延长，可以再延长30年，60年之后就是几代人了，几代人延续下来就不变了，永久化了"[⑤]。较之农民个人利益，立法最终选择了公共利益——社会基本经济制度的稳定，暂不言个人服从社会的小我牺牲精神，仅制度变革高昂的社会成本已足以解释于此。

（二）农地资源保护与个人行使土地承包经营权的自由

国以民为本，民以食为天，食以农为源，农以地为根。农地保护与国家粮食安全密切相关，中国作为人口大国必须从国家安全的高度重视粮食问题。但农地保护的意义绝非囿于此，禁止农地掠夺性开发也是对盲目建设、粗放用地的约束，国家通过控制土地"闸门"可以防止经济过热，克服粗放型增长方式，所以农地保护实质上也是对国家经济安全的保护。同时，农地资源作为地球生命支配系统的基本组成单元，除具有生产粮食、蔬菜、水果、木材等农产品的生产功能外，还具有诸如调节气候、净化环境、营养物质贮存与循环、维持生物多样性等不可替代的生态功能。难怪罗斯福曾告诫各州州长：毁坏自己土地的国家就是在毁坏着自身。虽说农民作为土地承包经营权的权利主体，享有流转权利的自由，但在如此重大的公共利益面前，我国法律斩钉截铁地选择了保护公共利益——农地资源。显然，在这对公共

① 梁慧星.民法总论[M].北京:法律出版社,1996(34).
② 马俊驹,余延满.民法原论[M].北京:法律出版社,2005:9.
③ D·W·布罗姆利.经济利益与经济制度[M]//蒋青.世界一流经济学名著精缩[M].乌鲁木齐:新疆人民出版社,2000:407.
④ D·W·布罗姆利.经济利益与经济制度[M]//蒋青.世界一流经济学名著精缩[M].乌鲁木齐:新疆人民出版社,2000:407.
⑤ 周原.农民!农民![M].广东:花城出版社,2004:65.

利益与个人利益冲突中作出选择并非难事,以限制农民私权自由来保护稀缺、不可再生的农地资源似乎也无可厚非,但如何适度限制却值得商榷。

《物权法》的沉默似乎是对其前法的肯定,《农村土地承包法》第33条规定:"土地承包经营权流转应当遵循以下原则:……(二)不得改变土地所有权的性质和土地的农业用途;……(四)受让方须有农业经营能力……"即法律通过限制受让主体资格及土地用途来保护农地资源。然而,究竟何谓"农业经营能力",何谓"农业用途"? 现行法律规范均仅有原则性规定,而对具体的评判标准和违反标准之后的法律后果均未规定,因而有必要予以探讨。

限制受让主体资格,规定"受让方须有农业经营能力",目的在于防止无意或无能力从事农业耕作的人利用土地流转手段炒卖渔利,该立法初衷值得肯定,但仍有几点需要追问。一是"农业经营能力"标准何在? 我国法律尚未涉及,有学者参考日本《农地法》后认为:"在具体设计自然人的农业经营能力评判标准时应着重从'长期在承租土地上进行耕作经营'和'具备利用承租土地的条件'两方面入手。"①但农业经营不等于亲自耕作,即使某受让人从未在承租土地上进行耕作,没有耕作经营所需的设施设备,甚至毫无农业生产知识与经验,他仍然可以委托或雇佣他人耕作。二是保证受让人具有农业经营能力是否即保护了农地资源? 具备农业经营能力的受让人并不一定必然用心经营土地,他们也有可能利用这一优势参与流转,将受让的土地再次流转从中渔利。而不具备农业经营能力的人却有可能通过投资、代理、信托等方式从事农业经营、充分发挥土地效益。三是受让人不具有农业经营能力的法律后果如何? 法律对此仍未言明。但《农村土地承包法》第33条用语中既有"应当"二字,当为强制性条款,而违反法律强制性规定的民事行为亦当无效。如此看来,倘若受让人不具有农业经营能力,那么土地承包经营权流转合同归于无效。由此,法律对受让主体资格毫无标准、可有可无的限制却有可能使一份合理、合法利用农地资源的承包经营权流转合同自始无效! 农民只能选择具有农业经营能力的对象流转土地承包经营权,而对农民处分权利自由的牺牲并非公共利益——农地资源保护所必需时,归还这种自由就应被立法者考虑。因此笔者建议取消受让方资格的限制,因为仅要求"不得改变土地的农业用途"已足以实现立法者保护农地资源的初衷。

"不得改变土地的农业用途"是选择公共利益、限制私人权利自由的体现。其中"农业用途"存在与前述"农业经营能力"相同的问题,即何谓"农业用途",改变土地农业用途的法律后果如何? "农业用途"换言之为用于农业目的,然农业目的又当何解? 用于从事种植、养殖或畜牧业固然属于农业目的,那么用于加工农产品、甚至信用合作社的建设用地是否属于农业目的? 有学者指出"农业目的应当作更广泛的解释,只要为农业服务,就是符合农业用地"。②果真如此,在农地之上进行任何非农业活动后,只要对当地村委会做少许赞助,是否就符合了农业目的? 对"农业目的"或"农业用途"的扩大解释将使土地用途限制原则沦为空

① 黄河,等.农业法视野中的土地承包经营权流转法制保障研究[M].北京:中国政法大学出版社,2007:61.

② 江平,莫于川.土地流转制度创新六人谈[J].河南省政法管理干部学院学报,2008(6).

文,最终公共利益——农地资源保护将湮没于泛滥的私权中。笔者主张"农业用途"须作限制解释,即地权人只能利用土地从事直接的农业生产活动,"即以种植、养殖、畜牧等方式获取农产品的农业生产经营活动过程。承包土地上进行的是直接的农业生产,而不是加工生产或其他非农业的活动,是一个持续和稳定的生产过程,而不是临时性的生产活动,由此决定了土地承包经营权不同于其他土地使用权。这是长期占有土地并自主经营农业生产的权利"①。至于改变土地农业用途的法律后果,违反法律强制性规定的土地承包经营权流转合同当为无效,受让人返还土地,结束占有。需要注意的是,此时集体作为所有权人无权直接收回发包的基本农田,流转前原土地承包经营权权利人仍享有该权利。但考虑到防止农地弃耕抛荒现象,提高土地利用率,2009年初福建省的做法值得借鉴。福建省《关于防止耕地抛荒的意见》规定"禁止任何单位和个人闲置、荒芜耕地。……承包经营基本农田(耕地)的单位或者个人连续2年弃耕抛荒的,原发包单位应当终止承包合同,收回发包的基本农田(耕地)"。

二、集体利益与成员利益的冲突与选择

洛厚德将"公共利益"界定为"一个相关空间内关系人数的大多数人的利益"②,该观点所包含的地域性要求遭到批评。纽曼在洛厚德观点基础上去掉了地域性因素,将"公共利益"界定为"一个不确定之多数成员所涉及的利益"。笔者采纳纽曼的观点,对社会利益与集体利益作以区分。虽然社会利益严格意义上也是一种集体利益,但是二者所涉及利益主体的广度毕竟存在明显的差异。公共利益享有者是不确定多数人,而所谓"集体"是指一个确定的人群,集体利益的享有者当能确定,如农村土地所有权利益主体是村落范围内可确定的全体村民。如果说国家要求严守18亿亩耕地红线不动摇是维护公共利益的话,那么集体组织维持全村农户已承包或可承包农地总量及价值则为对集体利益的维护。与该集体利益相对应,农户享有其土地承包经营权自由处分利益及生活保障利益,是为成员利益。

有学者认为"家庭承包"方式实质上是对农村集体土地所有权的"质的分割",农户转让土地承包经营权是对权利最彻底的处分,必然将影响到所有权人的根本利益。③ 于是,农户对土地承包经营权的转让自由又与集体利益存在了冲突。笔者不禁要问:转让土地承包经营权如何影响集体作为所有人的利益?法律明确规定土地承包经营权流转不得改变土地所有权性质,那么土地仍为集体所有;土地并非消耗物,正常耕作土地并不改变土地形态和基本价值,法律又规定土地承包经营权流转不得改变土地的农业用途,那么受让人在土地之上继续耕作也不会导致土地价值的减损。而如前所述,"不得改变土地所有权性质"、"不得改

---

① 孟勤国.物权二元结构论[M].北京:人民法院出版社,2004:230.

② 陈新民.德国公法学理论基础(上册)[M].济南:山东人民出版社,2001:18.

③ 黄河,等.农业法视野中的土地承包经营权流转法制保障研究[M].北京:中国政法大学出版社,2007:66.

变土地的农业用途"均是立法者选择公共利益后对个人利益所作的限制。可见,当集体利益与成员利益的冲突体现为维持农地总量及价值与农户处分权利自由的矛盾时,选择公共利益等于选择集体利益,仅为公共利益让渡的私权已足以保证集体利益的实现。

限制个人利益、限制成员利益作为法律对公共利益、集体利益的选择有其正当性,而以保护成员利益为出发点限制农户私权则难以令人信服。《农村土地承包法》第37条规定采取转让方式流转土地承包经营权的,应当经发包方同意。法律以集体组织的意志限制其成员处分权利自由,确立了所谓发包方的"同意权"。有学者理解立法者的良苦用心,认为农地承包权涉及农民的生存利益,其赖以产生的所有权主体是集体,作为具有一定公共管理职能的集体经济组织,对农地承包权的转让予以必要的限制是必要的和可行的。① 诚然,土地对中国农民而言的确具有生活保障利益。在中国,土地不仅仅是生产资料,而且具有社会保障功能,农民的生老病死主要依赖于土地。农民离开了土地,将丧失基本的生活保障。农村土地承包经营权转让使得原承包方全部或部分丧失农村承包土地的经营权,并在承包期内无权向发包方要求以家庭承包方式再承包农村土地。所以立法者和部分学者均认为只有在农户可以完全不依靠土地生活的时候,才可允许农户转让土地承包经营权。"土地承包经营权人在转移土地承包经营权时取得土地所有人的同意避免了土地承包经营权人对处分权的滥用,维护了土地所有权的利益,保障了农民的生存安全,稳定农村社会。"②

事实上,当成员利益表现为农民生存保障利益时,成员利益与集体利益并不存在冲突,甚至二者一致,集体保持已承包或可承包农地总量与价值不变归根结底是为了保证其成员的生存利益。但笔者认为,为了这一共同利益设置的发包方"同意权"实为多此一举。"不得改变土地所有权性质""不得改变土地的农业用途"两条禁止性规定如前分析已足以保障土地所有人集体组织的集体利益,又何须发包方"同意权"来维护土地所有人的利益、保障农民的生存安全?"同意权"只会为集体组织不当干预农户私权利设置冠冕堂皇的借口,"实践中如果承包方与发包方的人际关系不良,他所提出的流转申请发包方就不会同意(因为法律并未规定何种情形下应同意转让流转),为此,土地承包经营权正常合理流转将障碍重生"③。《农村土地承包法》第41条规定"承包方有稳定的非农职业或者有稳定的收入来源"仅是发包方同意承包方转让土地承包经营权的必要条件,并非充分条件。换言之,发包方还可以除此之外找寻很多理由来阻碍农地承包经营权的转让。更何况"准确判断承包人是否有稳定的非农职业或者有稳定的收入来源是困难的,在现实中缺乏可操作性。其结果只是使发包方可以以承包人没有稳定的非农职业或者稳定的收入来源为正当理由,干预土地承包经营权的流转"④。所谓"稳定"是指何类非农职业,又是指多少收入来源以及该状态维持多久方

① 马新彦,李国强.土地承包经营权流转的物权法思考[J].法商研究,2005(5).
② 胡吕银.土地承包经营权的物权法分析[M].上海:复旦大学出版社,2004:165.
③ 陈小君,等.农村土地法律制度研究——田野调查解读[M].北京:中国政法大学出版社,2004:333.
④ 彭真明,陆剑.《物权法》视野中的农地问题——农地立法价值取向的多元与一元[J].江汉论坛,2008(9).

为"稳定",法律很难给出令众人信服的答案。民法上,确有通过他人意志对行为人的干预来保护行为人的,如无行为能力人、限制行为能力人的法定代理人之追认权制度,但也仅存在于民事行为主体行为能力欠缺的情况下。倘若转让土地承包经营权的集体组织成员为完全行为能力人,何须集体为其判断某项行为后果是否将危及其生存安全?"每个人都是自己利益的最佳判断者和维护者。农民作为一个理性的经济人,能够通过理性判断趋利避害,实现利益的最大化。"[1]土地承包经营权制度本就源自农民的智慧,立法者不应低估农民的智慧,在私人利益的选择上为其设定"法定代理人"。

与集体利益相对应的成员利益包括两层含义:一指农民处分其土地承包经营权的自由;二指土地为农民所承载的生存保障利益。当成员利益表现为农民处分私权自由时,集体利益与成员利益存在冲突,此时立法者选择了集体利益,以"不得改变土地所有权性质""不得改变土地的农业用途"两条禁止性规定来保障集体利益——所有土地总量及价值不变;当成员利益表现为农民生存保障利益时,成员利益与集体利益既不存在冲突,就没必要继续让渡成员利益,发包人"同意权"实有蛇足之嫌。

三、集体组织成员利益与非成员利益的冲突与选择

城乡二元结构将城乡两部分居民分成了两种不同的社会身份和身价的社群,进而在一系列现实制度安排上均有差别。以社会保障为例,较之国家为城镇人口提供的上千亿元各类保障,农民的生老病死几乎没有任何实质性保障。"工人和农民、城市人和农村人具有不同的身份和待遇,从而具有不同的社会地位,而且存在着这种身份和地位的不可转换性。"[2]在此情况下,农民不得不隶属于村级的集体经济组织,不得不依附于集体组织分配的土地终生从事农业劳动。土地不仅是农民的基本生产资料,同时也成为农民最重要的生活保障。于是,作为制度上的弥补,法律赋予了村集体成员取得土地承包经营权的优先权,而集体组织成员优先于非集体组织成员取得农村土地承包经营权正是法律在集体成员利益与非成员利益的冲突中作出的选择,即在集体组织成员的生活保障利益与非集体组织成员平等取得土地承包经营权的机会利益之间,法律选择了前者。

我国法律分别于土地承包经营权设立与流转两个阶段确立了村集体组织成员的优先权。在发包阶段,依据《农村土地承包法》第15条、第47条、第48条的规定,非"四荒"农地的承包经营权人只能是本集体经济组织的农户,"四荒"农地的承包经营权人虽无身份限制,但在同等条件下,本集体经济组织成员享有优先承包权。发包方将农村土地发包给本集体经济组织以外的单位或者个人承包,应当事先经本集体经济组织成员的村民会议2/3以上成员或者2/3以上村民代表的同意,并报乡(镇)人民政府批准。在土地承包经营权流转阶

---

① 金祥荣.转型期农村制度变迁与创新[M].北京:中国农业出版社,2002:145.
② 袁方,等.中国社会结构转型[M].北京:中国社会出版社,1998:267.

段,《农村土地承包法》第33条规定,在同等条件下,本集体经济组织成员享有优先权。可见,无论土地承包经营权设立阶段还是流转阶段,法律的天平均偏向于集体组织成员,宁可牺牲非集体组织成员平等取得土地权利的机会利益,也自始至终选择了保护集体组织成员的生活保障利益。然而,考虑到土地承包经营权的财产权本质,考虑到市场主体的平等性,要如此彻底地牺牲一方利益似乎需要更加谨慎的考量。

在发包阶段,即土地承包经营权设立阶段,确立村集体成员优先承包权无可非议且实有必要。一方面中国有9亿多农民,农村社会保障制度的全面建立因政府财政力量有限绝非一朝一夕之功,土地承载的社会保障功能仍不容忽视。"赋予农民土地承包权是提供给农民就业自下而上的保障,保障农民有饭吃、保障农民有基本的自下而上条件,尤其是在当前我国农村还没有建立健全完整的社会保障制度的条件下,稳定农民承包土地的政策,正是保证每个农民都利用土地获得基本的生存条件。"[1]因此现行耕地利用制度采用"均田制","均田制"以土地承包经营权设立的身份性为基础,集体农地的承包经营与村集体成员的身份紧密不可分,每一个农民作为集体经济组织的成员均享有与生俱来的、与其他成员平等地承包集体耕地的权利。另一方面,农地发包多为无偿,无法引入市场经济平等竞争手段,以身份性作为发包对象标准实为必然。可见,基于农地的社会保障意义及耕地发包的无偿性,在土地承包经营权设立阶段强调集体组织成员利益的优先性确系情理之中,然而,集体组织成员的这种优先性是否应该延续至土地承包经营权的流转阶段?换言之,在土地承包经营权流转阶段,是否仍有必要牺牲非集体成员利益而强调其成员利益?

笔者对现行法律就此所作的利益选择不敢苟同。首先,从学理上说,土地承包经营权设立具有身份性并不等于土地承包经营权本身是身份权,在此可借继承权性质的分析方法对此加以阐释。继承权的取得也以身份性为前提,但仍为财产权。"因为,虽然继承权主要发生在婚姻、血缘和收养而产生的有一定身份关系的亲属之间,继承权一般以一定的人身关系为前提,但该前提并非权利本身,亦不能决定权利的性质。……实际上,由于继承权的客体仅限于被继承人的财产,且继承权并非亲属关系的当然效力,故其应为财产权,而非身份权。"[2]耕地承包经营权的取得以集体成员身份为前提,即使是荒地承包经营权的取得也以集体成员身份为优先,但该身份性仅是权利设立的前提,并非权利本身,恰如继承权性质,土地承包经营权亦为财产权,而非人身权。既然土地承包经营权系财产权,从学理上说,财产权利可以流转且一般不受身份关系的限制。其次,现行法律对土地承包经营权流转的身份性限制——集体组织成员"优先权"设置的实践意义也有待商榷,疑问至少有三:一是"同等条件"如何把握?法律规定土地承包经营权流转原则之一是同等条件下,本集体经济组织成员享有优先权。在实践中,"同等条件"颇难操作。法律没有规定承包农户就拟受让的非集体成员出价及时告知其他集体成员的通知义务,没有规定集体成员行使优先权的期限,没有规

---

① 张广伟.对农村承包土地流转问题的思考[J].中国社会科学院研究生院学报,2003(6).

② 马俊驹,余延满.民法原论[M].北京:法律出版社,2005(908).

定拟受让的非集体成员是否可以再次出价对抗集体成员的优先权,也没有规定"同等条件"的标准,如一分钱之差是否仍属"同等条件"。区区二十字只能使"优先权"条文沦为空文或者导致权利滥用。二是何谓"建立健全土地承包经营权流转市场"。党的十七届三中全会的决定提出,"加强土地承包经营权流转管理和服务,建立健全土地承包经营权流转市场,……"既谓"市场",其中主体就不应该也不可能有严格的身份限定,否则无真正流转可言。对受让主体的身份要求会阻碍土地的流转,使那些有受让意愿的非集体经济组织成员不能平等地参与土地流转市场,进而承包经营权也不能真正作为交易的财产进入市场、自由转让或者真正按市场价格转让。[①] 要建立健全该市场,法律须公平合理地对待本集体经济组织成员以及非集体经济组织成员,给他们提供同样的竞争机会与平台。三是取消集体组织成员"优先权"会有怎样的后果?即使取消了"优先权",使土地承包经营权可轻易流转至非集体组织成员之手,集体组织成员的生存利益也不会受到威胁。因为发包时已对土地承包经营权设定期限,在该期限内,农地只承载承包权人的生存利益,与其他集体成员的生活保障无关。其他集体成员在已设定的承包期内本就无法利用已发包予他人的土地保障其生存利益,非集体组织成员在承包期内受让土地虽然排除了其他集体成员利用该农地的可能,但是也并未因此影响集体成员的预期利益。因此,非集体组织成员受让承包经营权不会损害集体组织成员的利益,只是阻碍了集体组织成员获得额外的利益,而这种额外的利益在笔者看来难排不当得利之嫌,不应加以保护。既然优先权制度规定得过于简单、难以操作,又有悖于党的政策,甚至保护的是不当得利,那么取消集体组织成员的优先权就在情理之中了。

因此,对集体组织成员——农民的倾向性保护主要在发包阶段,至于土地承包经营权流转阶段,既然存在土地承包经营权流转市场,法律就应该充分发挥市场机制的作用,使有限的土地资源自由流转到高效率使用者手中,实现土地流转的真正意义,而非一味牺牲非集体组织成员利益以保护集体组织成员的利益,甚至是其预期外的利益。

我国的特殊国情使农地之上交汇了比任何国家都复杂的公共利益、集体利益、集体成员利益以及非成员利益。经过半个多世纪的探索,现行农村土地承包经营权制度已经对这几方面的利益进行了相对合理的分配,并在一定历史时期产生过令人叹服的积极意义。但中国社会发展至今,原有的利益选择机制逐渐暴露出其不尽如人意之处,其中有的具体规则设计有欠妥当,有的选择结论过于偏颇,还有的权利配置严重脱离实际。正处于构建和谐社会进程中的立法者对此不应视而不见,因为土地承包经营权流转中的利益选择机制完善与否将直接影响和谐社会的成败。和谐社会固然不可能是一个没有利益冲突的社会,但它一定是一个能够容纳多方矛盾与冲突并理性应对的社会。

---

① 王利明.农村土地承包经营权的若干问题探讨[J].中国人民大学学报,2001(6).

土地承包经营权入股农民专业合作社法律问题[*]

2013 年中央一号文件指出,农民合作社是带动农户进入市场的基本主体,是发展农村集体经济的新型实体,是创新农村社会管理的有效载体。农民创办农民专业合作社的一大难题便是资本的欠缺,而土地承包经营权入股可以激活大量的"沉睡的"土地资本,[①]农民以土地承包经营权作价出资成立农民专业合作社,"组团"参与激烈的市场竞争,增强自身的风险防范能力,降低经营风险和交易成本。全国性立法之缺位与地方性立法之差异以及对土地承包经营权入股农民专业合作社法律属性之不同认识,导致学者们在土地承包经营权入股农民专业合作社的诸多问题上难有一致的看法。本文从土地承包经营权入股农民专业合作社的立法现状出发,通过对土地承包经营权入股农民专业合作社法律属性的探讨,进而对土地承包经营权入股农民专业合作社的诸多问题进行讨论和分析。

一、土地承包经营权入股农民专业合作社的立法现状

(一)全国性立法之规定隐晦含糊

《中华人民共和国物权法》(以下简称《物权法》)并未将入股作为一种流转方式加以明确规定。[②]《中华人民共和国农村土地承包法》(以下简称《农村土地承包法》)和《农村土地承包经营权流转管理办法》(以下简称《流转管理办法》)虽有入股之规定,但也没有明确使用土地承包经营权入股合作社之词语,[③]以致"入股"一词之含义颇具争议。《中华人民共和国农民专业合作社法》(以下简称《农民专业合作社法》)并未对土地承包经营权入股农民专业合作社之出资形式作出规定。《农民专业合作社登记管理条例》第 8 条也只笼统地规定,农民专业合作社成员可以用实物、知识产权等能够用货币估价并可以依法转让的非货币财产作价

---

* 载于《河南财经政法大学学报》2013 年第 1 期,第二作者张永兵。

① 如未特别说明,本文仅探讨家庭承包方式的土地承包经营权入股农民专业合作社之

② 《物权法》第 128 条规定:"土地承包经营权人依照农村土地承包法的规定,有权将土地承包经营权采取转包、互换、转让等方式流转。"

③ 《农村土地承包法》第 42 条规定:"承包方之间为发展农业经济,可以自愿联合将土地承包经营权入股,从事农业合作生产。"《农村土地承包经营权流转管理办法》第 19 条规定,承包方之间可以自愿将承包土地入股发展农业合作生产。

出资。

（二）地方性立法虽对全国立法有所突破但相互间存有差异

最近几年的地方立法突破了全国立法隐晦含糊之规定，明确规定土地承包经营权可入股农民专业合作社，但各地在具体做法上存有差异：

1.以土地承包经营权入股农民专业合作社。《浙江省农村土地承包经营权作价出资农民专业合作社登记暂行办法》，明确允许农民以土地承包经营权入股成立农民专业合作社。其第 3 条规定，以家庭承包或通过招标、拍卖、公开协商等其他方式承包农村土地，经依法登记取得农村土地承包经营权证的，其农村土地承包经营权均可以依法向农民专业合作社作价出资。山西、天津、湖北、福建南平、安徽、山东、江苏、辽宁、新疆等地方性法律文件均有相似之规定。

2.以土地承包经营权收益入股农民专业合作社。《黑龙江省农民专业合作社条例》第 6 条规定，农民在土地承包期内未改变土地用途的，可以用其土地承包经营权的预期收益作价出资加入农民专业合作社。陕西省亦有相似之规定。①

3.土地承包经营权或其收益均可入股农民专业合作社。《山西省农民专业合作社条例》第 7 条规定，农民专业合作社成员可以用货币出资，也可以用实物、知识产权、土地承包经营权或者其预期收益以及其他能够用货币估价并可以依法转让的非货币财产作价出资。

4.所有权、承包权、经营权"三权"分离。《浙江省嘉兴市平湖市人民政府关于加快推进农村土地承包经营权股份化流转的指导意见》规定，在不改变土地所有权和承包权的前提下，把农民的土地承包经营权转化为股权，入股到土地股份合作组织，农民依股权从经营收益中按一定比例获得分配的一种土地经营模式。积极推行农村承包土地的所有权、承包权、经营权"三权"分离。海南经济特区亦有相似之规定。②

二、土地承包经营权入股农民专业合作社之法律属性

从《流转管理办法》第 16 条与第 19 条来看，承包方依法采取入股方式将农村土地承包经营权部分或者全部流转的，承包方与发包方的承包关系不变，双方享有的权利和承担的义务不变，股份合作解散时入股土地应当退回原承包农户。债权流转说据此认为，入股不发生物权性质的土地承包经营权移转，否则入股后土地便无法退回原承包农户，故其属债权性流转。物权流转说则认为，《农民专业合作社法》确立了农民专业合作社的独立法人资格和社

---

① 《陕西省工商行政管理局关于进一步支持和促进农民专业合作社发展的意见》在第二部分规定，在承包期限内和不改变生产用途的前提下，农民可以其土地承包经营权的收益作价，出资加入农民专业合作社。

② 《海南经济特区农民专业合作社条例》第 7 条规定，农民可以用其家庭承包的耕地经营权作价入股，以合作方式加入或者设立农民专业合作社。

员的有限责任,①进而确立了农民专业合作社的独立责任。②"法人的独立财产和法人的独立责任其实是同一个问题,有了独立财产才有独立责任,而承担独立责任必须拥有独立财产。"③因此,农民专业合作社确立了独立财产制度当属无疑。《农民专业合作社登记管理条例》第8条规定,社员可以能够用货币估价并可依法转让的非货币财产作价出资。土地承包经营权的转让虽然受有一定的限制,④但是其属于能用货币估价并可依法转让之非货币财产应无太大争议。因此,家庭承包的土地承包经营权出资入股农民专业合作社发生物权性质的土地承包经营权移转,农民专业合作社依法成立时取得物权性质的土地承包经营权;否则,不发生物权性质的土地承包经营权移转就是"出资"不到位或不称出资。⑤ 笔者更赞同物权流转说,理由如下。

(一)物权流转说更符合土地承包经营权用益物权的本质属性

首先,作为独立财产权类型的用益物权的土地承包经营权,权利人有权自行决定其流转形式,现有立法未规定入股之方式之原因,不在于法理上存在障碍,而是"法律家父主义"泛滥之结果。其次,允许转让不允许入股,在逻辑上也自相矛盾。转让是出让方在土地承包经营权剩余期限内完全脱离农地,而入股换取的是企业法人的份额或股份,出让方和农地仍然还有间接的联系,既然转让在立法上是被允许的,入股又有何障碍呢? 再次,其他承包方式的土地承包经营权入股合作社或入股公司是物权性流转,家庭承包方式的土地承包经营权入股合作社为什么就变成债权性流转了呢? 如果立法要对家庭承包方式下土地承包经营权之入股作特殊的、更为完善的规定的话,也不应该是通过随意地改变其法律性质来实现。

(二)将土地承包经营权拆分为承包权与经营权并不合理

债权性流转说多主张让农民保有一个承包权,而流转经营权,一方面是为了避免农民失地,进而失去农地的社会保障,另一方面,是为了使以支配农地使用价值的土地使用权入股的社员,有权通过适时请求调高农地出资额,提高盈余分配比例,⑥实现农地增值收益。笔者认为,这种拆分表面上平衡兼顾了各方之利益,似乎是合理之选择,实际上这一观点难以成立。首先,农民因自身的成员身份而取得土地承包经营权,农民移转土地承包经营权并不会

---

① 《农民专业合作社法》第4条第1款规定:"农民专业合作社依照本法登记,取得法人资格。"《农民专业合作社法》第5条规定:"农民专业合作社成员以其账户内记载的出资额和公积金份额为限对农民专业合作社承担责任。"

② 《农民专业合作社法》第4条第2款规定:"农民专业合作社对由成员出资、公积金、国家财政直接补助、他人捐赠以及合法取得的其他资产所形成的财产,享有占有、使用和处分的权利,并以上述财产对债务承担责任。"

③ 刘凯湘.民法总论[M].北京:北京大学出版社,2011:170—171.

④ 《农村土地承包法》第41条规定,承包方有稳定的非农职业或者有稳定的收入来源的,经发包方同意,可以将全部或者部分土地承包经营权转让给其他从事农业生产经营的农户。

⑤ 丁关良,蒋莉.土地承包经营权入股农民专业合作社有关法律问题研究——以浙江省为例[J].山东农业大学学报(社会科学版),2010(3).

⑥ 高海.土地承包经营权流转的法律性质探析[J].法学论坛,2011(8).

改变和丧失其成员身份,即使是在转让的情形下,农民也仍然是集体经济组织的成员,仍然有权享有其他因成员身份而产生的权利,如宅基地使用权、集体经济组织分配的红利等,以及在下一轮农地发包中获得农地的承包经营权(一个新的有期限的用益物权)的权利。这一身份的存在与保持并不需要通过保留一个承包权来证明,所以保留一个所谓的承包权并无现实意义。其次,土地承包经营权是单一的独立的用益物权,不是承包权和经营权两者简单相加,承包资格因身份而存在,无论在何种理论下,承包资格也不可能移转,故并不存在债权流转说所谓的保留承包权、流转经营权之解读。受让人获得土地承包经营权并不是同时获取了在下一轮土地发包中的承包之资格。再次,认为农民有失地风险亦存有认识上的误区。农民以土地承包经营权投资入股换取份额或股权,这是其财产权利形态发生了变化,并不意味着其丧失财产权利。正常的市场风险,不是立法所能排除的,也不是通过将入股之性质改为债权性流转就能避免的。假社会保障之名、为防止农民丧失土地而对入股之性质加以改变,是说不通的。最后,实现农地增值收益的理由也难以成立。赋予农民通过适时请求调高农地出资额来提高盈余分配比例之权利,是给合作社的发展埋下风险的种子,导致合作社存续和经营不稳定,也给一些农民无理取闹、阻挠合作社正常经营以借口,这也是不少合作社不愿采用租赁方式获得土地的重要原因。事实上,如果担心农民因流转之后农地升值而在当初过少计算了出资额的话,这也是价值评估和合理的市场预期问题,这一问题应该通过建立一套合理地、准确地对农地承包经营权价值的评估体系来解决,而不是赋予农民适时请求调高农地出资额来提高盈余分配比例,既违反市场经济本质又违背公平原则之方式,来实现农民的农地增值收益。

(三)正确理解承包方与发包方的“承包关系不变”

债权性流转说的其中一个理由便是《农村土地承包法》第 39 条及《流转管理办法》第 16 条涉及的“承包关系不变”的规定。前者涉及转包和出租两种流转方式,并规定承包方与发包方的承包关系不变。后者涉及转包、出租和入股三种流转方式,亦规定承包方与发包方的承包关系不变,双方享有的权利和承担的义务不变。债权流转说认为,在债权性流转之情形下,农民是保留物权性的土地承包经营权,而将债权性的土地经营权进行流转,立法将转包、出租和入股三种流转方式并列规定,可见其流转性质相同,转包和出租属于债权性流转并无疑问,因此,入股也应该属于债权性流转。

笔者认为,这一理由难以成立。首先,《农村土地承包法》作为全国人民代表大会常务委员会通过的法律,其在第 39 条仅对转包和出租两种债权性流转方式进行了规定,并无入股的相关内容,且并未使用“等”字表示非穷尽列举,而《流转管理办法》第 16 条作为部门规章,对《农村土地承包法》做了扩大解释,其在第 16 条增加规定了入股的流转方式,这显然超出了《农村土地承包法》之立法内容。其次,《农村土地承包法》第五节“土地承包经营权的流转”中“入股”之含义与《流转管理办法》第 34 条对家庭承包方式的土地承包经营权“入股”之规定相一致,均不包含入股合作社或公司之情形,仅仅是一种联合从事农业合作生产经营的一种合作方式与内部安排,并不是指入股组成合作社等独立法人的组织形式,自然不存在土地承包经营权的实质性流转,故而也不会引起承包关系之变动,双方享有的权利和承担的义务不变自属当然。

(四)如何理解"股份合作终止时入股土地应当退回原承包农户"?

《流转管理办法》第19条、《浙江省实施〈农村土地承包法〉办法》第24条、《重庆市实施〈农村土地承包法〉办法》第37条均规定,承包方可以自愿将土地承包经营权入股发展农业合作经营,合作各方的权利义务由协议约定,但股份合作终止时入股的土地承包经营权应当退回原承包方。《重庆市农业委员会重庆市工商局关于以农村土地承包经营权入股发展农民专业合作社注册登记有关问题的通知》还对将土地承包经营权入股合作社问题设有具体的规定,即合作社终止时,应将入股土地退回原承包农户。笔者认为,需从以下几个方面来认识所谓的"退回"问题。

1.《农村土地承包法》与《流转管理办法》所规定的土地承包经营权"入股"只是一种合作方式与内部安排,甚至不能算是一种真正意义上的流转,不会引起承包关系之变动,股份合作终止时入股土地自当退回原承包农户。

2.立法规定股份合作终止时入股的土地承包经营权应当退回原承包方是证明"入股"为债权性流转的理由并不成立。重庆市针对在试点过程中已经组建的具有农民专业合作社性质的有限责任公司(简称"以地入股"公司)进行分类指导,对自愿保留原有公司组织形式的,引导农民股东以符合《公司法》规定的财产形式置换其已出资的土地承包经营权,对原作价入股公司的农村土地,应改"入股"为"出租"形式流转经营。如果说改为债权性流转方式的"出租"形式是为了避免入股的农地成为公司的责任财产,导致农民失地,进而失去农地的社会保障的话,那是不是更能证明"入股"属于物权性流转呢?同样是土地承包经营权入股到具有独立主体资格的法人中去,入股公司是物权性流转,而入股合作社却变成债权性流转了吗?

3.入股的土地承包经营权是否可以退回原承包方并非取决于"入股"的性质,而是取决于立法者基于法政策目的而作出的制度安排。"退回"并非不可,只是需要进行合理的制度设计,以平衡各方之利益,而非简单规定一个"退回"了事。即使将家庭承包方式的土地承包经营权入股合作社认定为物权性流转,也仍然可以构建"退回"制度,土地承包经营权毕竟是一项特殊的用益物权,在不损害其他利害关系人利益之情形,设定特别的交易规则,使农地回到农民手中,如原土地承包经营权人可以通过置换或回购方式来实现农地的"退回",应当得到支持。但如果像现行立法那样,在未平衡各方利益的前提下,简单规定一个"退回",恐怕不仅会侵犯到他方的利益,同时也有违公平、正义之基本法理。

三、土地承包经营权入股农民专业合作社存在的问题与立法完善

(一)土地承包经营权入股农民专业合作社价值评估机制之优化

《农民专业合作社登记管理条例》第8条和《农民专业合作社示范章程》第38条均规定,

成员以非货币财产出资的,由全体成员评估作价。浙江、海南等地方规范性法律文件多有类似之规定。据此,全体社员可以自行评估,也可以决定评估的方式,这样可能会出现有些价值评估方式不够客观、准确之情形。为何立法会作此宽松之选择?笔者认为,这里体现了农民专业合作社在资本制度上对公司制度的借鉴,但又并未理顺两者之间的关系和制度衔接。

合作社体现着伦理价值与经济价值的结合。前者是指其伦理理念"在社员、社区及社会的政治文明及精神文明建设中的功能或作用"[①]。"社员继承合作社创始人的传统,信奉诚信、开放、社会责任与关怀他人的伦理价值。"[②]后者是指为了降低经营风险和交易成本,抵制垄断之强势,自由竞争中的弱势方必须联合起来"以提高自身的谈判和要价能力,分享更多的经济利益"[③]。因此,经济学上将合作社称为"弱者的组织"、"穷人联合体"。合作社从其产生之初,其伦理价值便占据着主导地位,经济价值则未得彰显。在具体规则上,合作社的伦理价值体现在诸如入社、退社自由、"一人一票"的表决机制、不可分割的公共积累、严格限制资本报酬率、社员直接参与管理等方面。"合作社的经济效率目标被作为依附于成员公平目标的次要目标,以至于将其降为实现成员公平目标的手段。"[④]基于入社自愿、退社自由、不可分割的公共积累、严格限制的资本报酬率等基本原则,客观准确的价值评估在合作社难以凸显其应有的制度优越性与现实意义。另外传统合作社较少涉及外来资本的参与、资本的证券化以及外部市场交易等问题,自行确定非货币财产的价值还可以降低合作社的设立成本,故传统合作社并未严格要求由法定的资产评估机构进行价值评估。

随着农业产业市场化水平的提高,市场竞争加剧,传统的严守罗奇代尔原则的合作社难以适应变化的社会经济形态,不得不在一些原则上进行变革与调整,"投资—利润"的价值取向得到强化,经济价值上升到主导地位,从而引起了合作社基本原则的调整和改变,主要体现在封闭的社员制和社员份额或股份可交易化。入社、退社并不自由,合作社存续过程中不允许他人加入,退社时社员股份也只能转给合作社社员或者在合作社允许的情况下转让给其他非合作社社员,合作社股金具有永久性和稳定性,从而构成了合作社长久发展的基础。有的合作社在身份股之外创立可上市交易的投资股,投资股任何人都可以拥有,持有者既不享有经营决策的投票权,也不能卖回给合作社,但可以在股票市场上交易。有些合作社还根据自身需要对外发行优先股,优先股没有投票权,但可以享受合作社的分红。外来资本按股分红、合作社股份交易市场和交易制度的建立,有助于合作社减少负债融资,增加权益融资和权益资本比例,"可以缓解在资金紧缺期,融资风险和经营风险同时带来的风险,有利于合作社的稳步发展"[⑤]。这些资本化、证券化和外部交易市场的建立必然要求合作社采用更加客观准确的资本评估方式和更加健全的资本管理制度。

① 蒋玉珉.当代合作社原则是中国合作社的立法基础[J].学术界,2006(3).
② 唐宗焜.合作社真谛[M].北京:知识产权出版社,2012:327.
③ 孔德春.对合作社理论的再思考[J].中国合作经济,2010(12).
④ 郭富青.西方国家合作社公司化趋向与我国农民专业合作社法的回应[J].农业经济问题,2007(6).
⑤ 何琳,冯彤,廖东声.从美国农业合作社的融资特征看我国农村融资现状[J].农业经济,2007(4).

我国《农民专业合作社法》一方面借鉴了法人独立人格、社员有限责任,进而衍生出法人独立财产和独立责任等适于公司的制度规范,另一方面由于社员的入社自愿、退社自由等制度,使得公司资本制度无法得到贯彻,我国《农民专业合作社法》甚至避开了资本一词。首先,农民专业合作社资本无须客观准确地确定。全体社员可以自行评估农民专业合作社的非货币财产出资金额,从而确定出资总额。其次,农民专业合作社资本可变。社员享有退社自由,并且退社时合作社需要退还记载在该成员账户内的出资额和公积金份额,对成员资格终止前的可分配盈余,依照《农民专业合作社法》第 37 条第 2 款的规定向其返还。再次,农民专业合作社资本无需确定和资本可变,导致资本维持原则也丧失了其应有之制度价值。这种自行确定的价值评估机制在农民专业合作社发展初期也许不会暴露太多的弊端,但从长远来看,当合作社需要进一步融资或引入外部资本,设立投资股、优先股从而更加彻底的股份化、证券化,以及建立外部交易市场时,这种非客观准确的价值评估机制和粗糙的财产法律制度将会使得合作社真实的法人财产难以确定,信用无法评估,难以获得金融或融资支持,从而成为农民专业合作社质的提升的障碍。

(二)土地承包经营权是否列入农民专业合作社责任财产

债权流转说主张者认为土地承包经营权入股并不改变发包方与承包方的承包关系,土地承包经营权并不发生移转。有的地方立法规定,农民以土地承包经营权出资入社的,不丧失其土地承包经营权。[①] 据此,土地承包经营权并非农民专业合作社的责任财产。在以土地承包经营权的预期收益作价出资加入农民专业合作社之情形,[②]土地承包经营权也不构成合作社的责任财产,笔者认为,此种情形甚至不能称之为土地承包经营权入股。

而《农民专业合作社法》第 4 条规定,农民专业合作社对由成员出资、公积金、国家财政直接补助、他人捐赠以及合法取得的其他资产所形成的财产,享有占有、使用和处分的权利,并以上述财产对债务承担责任。《福建省"十二五"农民专业合作组织发展专项规划》规定,支持合作社成员将土地承包经营权或林木所有权交付合作社经营。此外,地方立法往往要求在相关材料中明确以农村土地承包经营权出资以及成员出资总额中农村土地承包经营权作价出资的数额,如天津、湖北、浙江、福建、重庆等地,其立法之规定更倾向于将土地承包经营权列入合作社责任财产。安徽省则明确要求以可以依法转让的非货币财产作价出资的,应当办理其财产权的转移手续。[③] 这里有两个问题值得进一步探讨:首先,土地承包经营权作为物权法规定的一项特殊的用益物权,其物权之变动采意思主义立法模式,有效的债权行为即可引起物权之变动,登记仅具对抗效力。[④] 是否办理权利移转手续,对土地承包经营权

---

① 《新疆维吾尔自治区实施〈中华人民共和国农民专业合作社法〉办法》第 11 条。

② 《黑龙江省农民专业合作社条例》第 6 条规定:"农民在土地承包期内未改变土地用途的,可以用其土地承包经营权的预期收益作价出资加入农民专业合作社。"

③ 《安徽省实施〈中华人民共和国农民专业合作社法〉办法》第 13 条。

④ 《中华人民共和国物权法》第 129 条规定:"土地承包经营权人将土地承包经营权互换、转让,当事人要求登记的,应当向县级以上地方人民政府申请土地承包经营权变更登记;未经登记,不得对抗善意第三人。"

之变动并无影响,只是受让人办理权利移转手续,取得土地承包经营权证后,才可以再次流转。① 其次,《农村土地承包法》第41条对土地承包经营权转让条件作出了规定,要求承包方有稳定的非农职业或者有稳定的收入来源的,必须经发包方同意,应当转让给其他从事农业生产经营的农户等。土地承包经营权入股实质上也是一种转让,然而却无法满足上述条件。笔者认为,要求"承包方有稳定的非农职业或者有稳定的收入来源",存在着私权缺位、公权越位的情况;②"必须经发包方同意"容易产生集体及其执行机构利用所有权压制农民的个体性权利之后果;"应当转让给其他从事农业生产经营的农户"之要求也明显不合理,非农权利人可以自己耕种或者租给他人耕种,土地的农业用途不会因非农权利人获得土地承包经营权而改变。在这几处对转让的限制应当被取消之情形下,土地承包经营权入股也无须在此基础上进行理论分析和制度构建。

(三)农民专业合作社是否可以将社员入股的土地承包经营权再次流转?

首先,农民专业合作社能否将社员入股的土地承包经营权以转让方式流转?对此现有立法并无明确的规定。笔者认为,土地承包经营权作为具有可转让性的非货币财产,其入股属于物权性流转,农民专业合作社取得土地承包经营权证后,应当允许其将社员入股的土地承包经营权再次流转,包括转让土地承包经营权。实践中也有类似之做法,上海市首例合作社非货币出资入股的"李杰联益"公司由崇明联益村的种植专业合作联社,与从事农业经济的李杰农业科技公司共同出资设立,合作社以农业生产资料,包括土地,作为非货币资本入股公司,成为公司股东。

其次,农民专业合作社能否以社员入股的土地承包经营权设定抵押?从《农村土地承包法》之规定来看,现行立法对家庭承包的土地承包经营权之抵押采否定态度。但有学者主张,应当允许合作社以农民作为出资的土地承包经营权设定抵押,充分发挥其融资功能,抵押并不会使土地所有权主体发生变化,也不会改变土地的用途,其权利行使的期限控制在原承包经营合同履行的剩余时间范围内,失地等风险可以通过完善相关社会保障制度等多种途径予以化解。③ 实践中,土地承包经营权抵押也在多地进行尝试。高陵县农民可以自己的土地承包经营权作为抵押向金融机构贷款。④ 湖南省在长沙、株洲、湘潭三个城市开展农村土地承包经营权抵押试点工作。⑤ 齐齐哈尔市依安县国民村镇银行与依安县上游乡建明村农民刘光荣、李江签订了以两人承包的1505.1亩耕地作为抵押的贷款合同,期限3年,共计68万元。⑥ 成都的模式是由政府出资成立担保公司,担保公司为农民(或农业企业)从银行

① 《农村土地承包经营权流转管理办法》第20条规定:"通过转让、互换方式取得的土地承包经营权经依法登记获得土地承包经营权证后,可以依法采取转包、出租、互换、转让或者其他符合法律和国家政策规定的方式流转。"
② 温世扬,武亦文.土地承包经营权转让刍议[J].浙江社会科学,2009(2).
③ 刘俊,周春华.土地承包经营权入股农民专业合作社的三个法律疑难解析[J].学术论坛,2009(4).
④ 肖杨.高陵农民用土地承包权抵押贷款[N].陕西日报,2010-5-29.
⑤ 丁文杰.湖南:在长株潭开展土地承包权抵押试点[N].新华每日电讯,2009-2-15.
⑥ 董建华,李婷婷,李播.首笔农村土地承包权抵押贷款发放[N].黑龙江日报,2010-6-25.

贷款提供担保,农民(或农业企业)将土地承包经营权作为反担保物抵押给担保公司,即银行直接对应的是担保公司的担保而不是接受农民(或农业企业)将土地承包经营权作为抵押物。湖北省天门市的试验则更为大胆,当地农村信用社直接接受农民的土地承包经营权作为抵押物。① 广东将在有条件的县试点农村宅基地使用权和土地承包经营权抵押工作。将尽快让农村集体资产运转起来,实现"由虚变实"的突破。② 笔者认为,随着土地承包经营权抵押的"开禁",农民专业合作社对社员入股的土地承包经营权也应该可以设定抵押,以此来满足合作社的融资需求和实现合作社财产的更大收益。

(四)应否为土地承包经营权作价入社的成员设定保底收益

《海南经济特区农民专业合作社条例》第 27 条规定,农民专业合作社应当向以土地承包经营权作价入社的成员签发承包地经营权入股或者出资证明书并设定保底收益。其他多数地方性规范性法律文件则并无保底收益之规定。但各地在农民专业合作社的实际运行中,为土地承包经营权入股的成员设定保底收益的则不在少数,如沛县张庄镇潘庄村土地股份合作社、渡船村土地股份合作社、乐源农业专业合作社、山东枣庄桑村土地合作社等均有保底收益之制度安排。

对此"保底分红",有学者指出,农民以土地承包经营权入股取得合作社成员资格后没有享受合作社所提供的服务,也不与合作社进行交易。从法律科学的角度观之,上述号称"土地承包经营权入股农民专业合作社"流转模式,既与"入股"在法律上的特定含义不符,也难以体现农民专业合作社的"所有者与惠顾者同一"法律特性,实属"名实难符"。③ 笔者认为,此种观点甚可赞同。入股农民专业合作社的土地承包经营权是以资本的形式出现的,是社员的一种出资形式,并成为农民专业合作社的责任财产,因此,不应再针对入股之土地承包经营权设定所谓的"保底分红"。如果土地承包经营权并非入股到农民专业合作社,而是社员以租赁的形式与合作社进行交易,由合作社对所获得的土地进行经营管理,则合作社可以支付给社员特定的租金作为所谓"保底",并可依盈利之状况,根据惠顾返还原则,对合作社收益以"分红"形式进行盈余分配,不过,此种情形已与土地承包经营权入股制度无关。

(五)社员退社或合作社解散时,其所入股的土地承包经营权如何处置?

1.社员退社之情形。《农民专业合作社法》明确规定社员有退社之自由。其第 21 条规定,成员资格终止的,农民专业合作社应当按照章程规定的方式和期限,退还记载在该成员账户内的出资额和公积金份额。那么,以土地承包经营权入股的社员退社是否受到限制?应当如何退还?如果社员退社时,其所入股土地承包经营权已经被农民专业合作社再次流转,应作何处理?

以土地承包经营权入股的社员可以退回记载在该成员账户内的出资额和公积金份额确定无疑。但"出资额"和"出资"是两个不同的概念,由于农民专业合作社对其财产的"处分

① 马宏建.专家呼吁土地承包权抵押合法化[N].中国改革报,2010－6－8.
② 王凯蕾.粤将试点农村宅基地和土地承包权抵押[N].新华每日电讯,2012－8－16.
③ 吴义茂.土地承包经营权入股与农民专业合作社的法律兼容性[J].中国土地科学,2011(7).

权"的存在及其经济合理性的考虑,法律仅仅规定了退社时退回成员的"出资额"而非其原始"出资"。所以,社员的"退社自由"难以保证入股农民随时收回其所入股的土地承包经营权。山东、江苏等地方立法规定,农民专业合作社应当在章程中规定以土地承包经营权作价入社的成员的退社条件。① 笔者认为,如果章程没有约定或约定不明,且入股的土地承包经营权未被再次流转的,立法上可以允许社员请求退还该土地承包经营权,但土地承包经营权价值超出应当退还给该社员的总金额的,该社员应当向合作社补交差价。如果社员所入股的土地承包经营权已被农民专业合作社再次流转,则土地承包经营权不能当然退还。

2.农民专业合作社解散之情形。对这个问题,《农民专业合作社法》与《流转管理办法》以及某些地方立法存在明显冲突。《农民专业合作社法》第48条明确规定,农民专业合作社破产适用企业破产法的有关规定。而《流转管理办法》第19条却规定,股份合作解散时入股土地应当退回原承包农户。但又并未说明这里的股份合作是否包括入股农民专业合作社之情形。《四川省〈农民专业合作社法〉实施办法》第14条规定,农民专业合作社在解散、破产清算时,土地承包经营权不得用于清偿农民专业合作社的债务,不得作为剩余资产进行分配。《海南经济特区农民专业合作社条例》第30条规定,农民专业合作社清算时,作价入股的家庭承包的耕地经营权应当退还原承包人。笔者认为,土地承包经营权入股后即成为农民专业合作社的责任财产,在合作社解散或破产清算时,其应当用于清偿合作社之债务。入股农民专业合作社的土地承包经营权纳入破产财产以供清偿合作社债务之用是合作社成员享受有限责任必须付出的代价。如果立法者希望农民在合作社破产时能够重新获得所入股的土地承包经营权,那么可以设立合理的、有条件的回购、置换等制度,既能避免农民失去农地之局面,又能充分保障债权人之合法权利,而不是简单粗暴地直接规定合作社解散时应当将土地承包经营权退还给原承包人。

(六)农地在土地承包经营权入股期间被征收时征地补偿款如何分配?

农地被征收涉及的补偿费用包括土地补偿费、安置补助费、地上附着物及青苗补偿费四项。首先,对于土地补偿费的分配办法,《最高人民法院关于审理涉及农村土地承包纠纷案件适用法律问题的解释》第24条规定,农村集体经济组织或者村民委员会、村民小组,可以依照法律规定的民主议定程序,决定在本集体经济组织内部分配已经收到的土地补偿费,但已报全国人大常委会、国务院备案的地方性法规、自治条例和单行条例、地方政府规章对土地补偿费在农村集体经济组织内部的分配办法另有规定的除外。地方性法律文件对此也有规定,如《山东省土地征收管理办法》第22条规定:"农民集体所有的土地全部被征收或者征收土地后没有条件调整承包土地的,土地征收补偿安置费的80%支付给土地承包户,主要用

---

① 《山东省农民专业合作社条例》第21条规定,以土地承包经营权出资的成员资格终止的,其出资的退还,按照章程规定执行;章程未规定的,可以通过平等协商,退还土地承包经营权或者采取转包、出租、互换、转让等方式流转其土地承包经营权。《江苏省农民专业合作社条例》第18条规定,农地股份合作社应当根据生产经营的需要,在章程中明确规定成员退社的条件。农地股份合作社成员退社的,鼓励其依法向本社其他成员流转该承包地的经营权。

于被征收土地农民的社会保障、生产生活安置,其余的20%支付给被征收土地的农村集体经济组织,用于兴办公益事业或者进行公共设施、基础设施建设。"辽宁、陕西等地已对此有类似之规定。① 其次,对青苗补偿费和地上附着物补偿费的分配办法,前述司法解释第22条规定,承包地被依法征收,承包方请求发包方给付已经收到的地上附着物和青苗的补偿费的,应予支持。承包方已将土地承包经营权以转包、出租等方式流转给第三人的,除当事人另有约定外,青苗补偿费归实际投入人所有,地上附着物补偿费归附着物所有人所有。再次,对安置补助费应当区分不同的安置途径规定不同的分配办法,进行统一安置的,支付给负责安置的农村集体经济组织或单位;不需要统一安置的,全部发放给被安置人。前述司法解释第23条也规定,放弃统一安置的家庭承包方,请求发包方给付已经收到的安置补助费的,应予支持。在土地承包经营权入股流转情形下,依物权流转说,土地承包经营权入股时农民须让渡其物权性质的土地承包经营权,而由农民专业合作社取得土地承包经营权。青苗补偿费应归实际投入人所有,而地上附着物补偿费应归附着物所有人所有。安置补助费是针对集体经济组织成员身份而分配的,也不会因对入股的性质认识的差异而不同。对土地补偿费中的土地承包经营权补偿,应当由农民专业合作社取得。

---

① 《辽宁省人民政府关于做好征地补偿安置工作切实维护农民合法权益的通知》第5条规定:"土地被征用后,应当将不少于80%的土地补偿费支付给被征地农民,集体经济组织留用的土地补偿费不得超过被征土地补偿费总额的20%。地上附着物及青苗补偿费应全部支付给其所有者。安置补助费根据不同的安置途径处理:进行统一安置的,支付给负责安置的农村集体经济组织或单位;不需要统一安置的,全部发放给被安置人。"《山西省征收征用农民集体所有土地征地补偿费分配使用办法》第13条规定:"已确权确地到户的土地被部分征收或征用的,其土地补偿费以不低于80%的比例支付给被征地农户;其余20%留给村集体经济组织。"

农地流转：困境与出路 *

人民公社制度尝试的失败，使得我国农业经济的发展难以为继。于是，农民自发产生的未改变公有制基础的家庭联产承包责任制便成为当时最优之选择。但家庭承包经营方式整体上仍然属于小农经济模式，并没有改变"低投入—低产出"的特点。其所取得之巨大成功，仅能证明小农经济在当下之合理性，并未证明其优越性与先进性。[①] 当前，农业之生产仍被锁定在超小规模经营的低水平运行上，切断了土地与资本、技术、人才等新的生产要素的"市场联姻"，严重阻碍了农村生产要素市场的培育和发展，[②]制约农业产业化和规模化经营，阻碍"三农"问题的有效解决，阻碍工业化和城镇化的发展。在国内市场上，小农面对的是以价值增殖为目的的现代公司；在国际市场上，小农面对的是资本主义性质的大农场，小农经济在国际市场竞争中陷于衰败境地。于是，农地流转应运而生。《农村土地承包法》第一次在立法层面使用了"流转"一词，用以涵摄农地利用与变动的各种具体形式。十多年过去了，农地流转依然存在着种种观念上的牵绊和制度上的困境，难以顺畅运行。中共十八届三中全会提出，要从广度和深度上推进市场化改革，让资本迸发活力，坚持农村土地集体所有权，依法维护农民土地承包经营权，赋予农民对承包地占有、使用、收益、流转及承包经营权抵押、担保权能，允许农民以承包经营权入股发展农业产业化经营，鼓励承包经营权在公开市场上向专业大户、家庭农场、农民合作社、农业企业流转，发展多种形式的规模经营。中国正处于大规模非农就业、人口自然增长减慢和农业生产结构转型三大历史性变迁的交汇之中。[③] 面对全面深化改革之契机，我们应当重新系统地审视这一"旧"问题，深度剖析农地流转依然面临的困境，解放思想，更新观念，完善规则，促进农地流转更加多样化、顺畅化，探寻农业产业化和现代化之出路。[④]

---

* 载于《法商研究》2014年第2期。

① 戎向平，许倩.改造小农经济建设现代农业[J].农业经济，2010(1).

② 张新光.论马克思小农经济理论的现实意义[J].现代经济探讨，2008(3).

③ 黄宗智.三大历史性变迁的交汇与中国小规模农业的前景[J].中国社会科学，2007(4).

④ 本文所称农地，系指农民集体所有的农业用地，讨论范围则由农地承包经营权流转扩及于农地所有权的流转问题。

一、农地流转之困境

(一)农地流转观念之羁绊

在"家父主义"的立法与理论思维下,农地的流转现状是,要么允许某种方式流转但附加诸多限制,要么直接禁止某种方式的流转,要么对不同的承包方式进行差别规定。农地流转之困境,首先表现为下述观念之羁绊:

1.农地保障论

长期以来,农地被认为是农民的"保命田"、"保险田",既是农民生老病死之依赖,又可以抵御失业之风险。有人认为,倘若允许农地不受限制地流转,则丧失了土地承包经营权之农民,在社会救济不能时,将丧失基本的生活保障。[①] 笔者认为,一方面,农民的社会保障制度的建立和完善属国家责任,完全没有理由将国家责任个人化,然后冠冕堂皇地以剥夺或限制农民的土地承包经营权之合理流转为条件,以体现所谓的土地保障功能而将农民牢牢地束缚在土地上,还美其名曰"保护农民的利益";另一方面,社会保障之重担岂是农地屡弱之身躯所能承受的? 现实是,农地的社会保障功能如此迅速地弱化,大部分家庭都是靠外出打工,靠自己的劳动力生存,而不是靠农村的土地,即使是通过在农地里劳作来养活自己,也跟所谓保障的"社会性"相距甚远。此外,对农地流转多加限制,使本已稀缺的农村土地低效率地使用,这究竟是保护农民的利益还是损害农民的利益? 显然,赋予农民一个没有多少效率却有诸多限制的土地承包经营权,并不能构成对农村社会的保障。[②]

2.耕地保护和粮食安全论

此说认为,耕地的保护是关系到国家粮食安全的重大问题,为此国家划定了 18 亿亩的红线对其进行限制。若放开农地流转的限制,可能引起大量农用地转化为商业开发用地,不利于耕地的保护,[③]不利于自给自足的粮食安全。笔者认为,耕地保护与粮食安全对我国而言的确极其重要,但农地流转会减少耕地之担心实属多余,因为,对于土地承包经营权的受让人来说,不得改变土地的用途是其法定义务,[④]因此不可能引起"大量农用地转化为商业开发用地"的情形。真正需要担心的是农地被政府随意征收转化为工业用地或商业用地,从而导致耕地减少之情形,而这种政府的"私心萌动"显非限制农地流转所能解决的。

3.农村社会稳定论

有学者认为,如允许农地设定抵押或继承,将可能会导致土地承包经营权落入集体经济组织之外的主体手中,进而瓦解集体经济组织,[⑤]不利于农村社会稳定。笔者认为,农民移转土地承包经营权并不会改变其社员身份,即使是在转让的情形下,农民也仍是集体之成员,

---

① 梁慧星,陈华彬.物权法[M].北京:法律出版社,1997:251.
② 秦晖."优化配置"? "土地福利"? ——关于农村土地制度的思考[J].新财经,2001(8).
③ 韦福.论农村土地承包经营权抵押的必要性和可行性[J].河池学院学报,2007(6).
④ 《中华人民共和国土地管理法》第 4 条。
⑤ 江平,主编.中国物权法教程[M].北京:知识产权出版社,2007:315.

仍有权享有因成员身份而产生的其他权利,如宅基地使用权、集体红利分配等。土地承包经营权是单一的独立的用益物权形态,不是承包权和经营权两者相加,并不存在所谓的保留承包权、流转经营权之分离现象。农民保留的实际上是其集体经济组织成员身份,以期在下一轮农地发包中获得农地的承包经营权(一个新的有期限的用益物权)以及继续保有其宅基地使用权和其他因成员身份可以享有的权利。转出方失去的仅为有期限的土地承包经营权,而非其成员身份。虽然土地承包经营权有落入非集体成员手中之可能,但是这种"脱离"是在土地承包经营权期限之内的,且转让的仅仅为土地使用权而非所有权,而所有权人仍然可对土地承包经营权之行使进行监督,在承包期满之后土地依然回归于集体经济组织,绝不可能改变土地的集体所有性质。[①]

(二)农地权利构造之缺陷

1.权能残缺的农地所有权

人民公社时期,农地从公社一级所有变更为"三级所有,队为基础"的所有制形式。其所有权根本就没有处分权能,很难称得上是自主性的所有权。[②] 其后,随着家庭承包经营制度的实行,农地所有与农地使用分离,土地承包经营权作为一项权利开始形成,农地所有权逐步形成了归属主体和经营管理主体分离的二元结构。从其权利构造看,农地所有权存在主体不明和权能残缺两大缺陷。首先,农地所有权主体不明。农地存在乡(镇)农民集体、村农民集体和村内农民集体三个主体,同时还有集体经济组织等组织形式掺杂其中。无论是农民集体,还是集体经济组织,我国现行的法律都没有给予明确的界定。其次,农地所有权权能残缺。农地所有权既不是一种共有的、合作的私人产权,也不是一种纯粹的国家所有权,它是由国家控制但由集体来承受其控制结果的一种农村产权制度安排。[③] 尤其是在处分权能欠缺之情形下,农地所有权有所有权之名,无所有权之实,蜷缩在国家所有权和国家行政权力的强大阴影之下,任其处分。

2.先天不足的土地承包经营权

脱胎于权力深度介入的土地利用制度、生长在权利意识淡漠的土壤中的土地承包经营权有着先天性的不足,它从来都不仅仅是单纯的用益物权,甚至可以说徒具物权之名,而无物权之实。首先,其并未被定位为农民纯粹的、独立的财产权,仅具残缺之处分权能,支配力受到极大的限制。其次,土地承包经营权作为私法之物权,被赋予公法之生存保障之性质,自相矛盾与冲突。现行立法时而以保障性为基础制定规则,时而依据物权属性设计权利的运行模式,使现行各种政策、法律规定频频产生明的或暗的、直接或间接的混乱与冲突。[④] 再次,土地承包中的权利外衣上难以洗褪的行政干预烙印,中国当代农村的承包合同更像是地方政府和乡村干部对农民进行全方位治理的一种手段。

---

① 2008 年 10 月 12 日《中共中央关于推进农村改革发展若干重大问题的决定》。

② 小川竹一.中国集体土地所有权论[J].牟宪魁,高庆凯,译.比较法研究,2007(5).

③ 周其仁.农地征用垄断不经济[J].中国改革,2001(12).

④ 刘俊.土地承包经营权性质[J].现代法学,2007(2).

(三)农地流转形式不完备,流转规则不合理

现行立法对于土地承包经营权债权性流转基本放开,对物权性流转则多有限制或禁止。

1.农地所有权流转形式之缺失

征收是目前农地所有权发生变动之唯一情形,且属于农地所有权之强制被动流转,并且由于国家(各级政府为其代表)垄断土地(包括农地和非农地)的一级市场,赚取由市场决定的土地出让金和非市场决定的土地补偿费(主要是农地补偿费)之间的巨额价差,剥夺了所有人转让其土地所有权的可能性,有违平等之法理。[①]

2.土地承包经营权转让受到不合理限制

对转让之流转形式,现行立法要求转让方须有稳定的非农职业或者有稳定的收入来源,须经发包方同意,受让方须为有农业经营能力的农户。而在笔者看来,以上限制均不合理。转让方的职业或收入来源之要件,潜在之意仍是将社会保障功能强加于农地之上。发包方同意之条件,实质为否定土地承包经营权之物权支配性与绝对性,为农地流转人为地设定障碍。笔者认为,向发包人通知备案即可。受让方须为从事农业生产经营的农户之要件,一方面,会造成流转封闭,不利于农村土地资源的优化配置;另一方面,无法真正按照市场价格转让,不利于转让方转让收益的真正实现。改革的方向绝不是要把农民限制于土地之上,而是尽可能地促成农民向城市居民的转化,破除身份的禁锢,取消该项限制,将更有利于农村土地资源的优化配置,真正实现转让方转让收益的最大化。能否受让不在于使用人是否具备集体成员资格,而在于土地是否用作农业生产,立法只需明确规定一定年限内闲置或是用于非农事业的,由土地所有人予以收回即可。

3.土地承包经营权抵押未获肯认

现行立法与司法实践对土地承包经营权抵押均持否定态度。[②] 究其原因,大抵是出于前述之土地保障、耕地保护、粮食安全、社会稳定等理由。还有学者担心会出现两极分化、农民失地和农民破产的问题。笔者认为,土地买卖导致两极分化并造成土地兼并之说纯属臆断。我国历史上的"土地兼并",主要是由享有特权的权贵吞并不堪赋役负担的农民的土地等政治原因造成的。[③] 事实上,对农民土地权利的戕害,主要不在于经济上强势者对弱势群体的掠夺,而在于公权力的滥用。另外,是否允许抵押也取决于我们究竟"重视土地的社会保障功能还是重视土地的融资功能。"[④]面对这个土地价值取向的选择问题,笔者认为,抵押只是一个融资方式,不是兼并的方式,是为未来债权的实现提供担保,抵押权的行使只是一种可能性,并不是伴随着每一个抵押权而当然发生的。允许将之抵押融资,并不在大力鼓励农民不顾自身条件而跟风无序地去抵押融资,而是给农民多一种融资渠道可选择。至于该不该抵押融资,抵押融多少资,完全取决于农民个人的自身实际和风险承担能力。我们应相信农

---

① 吴春燕,郜永昌.试论新型农地关系的法律构造[J].现代法学,2005(1).

② 参见《最高人民法院关于审理涉及农村土地承包纠纷案件适用法律问题的解释》第15条。

③ 赵冈,陈钟毅.中国土地制度史[M].北京:新星出版社,2006:47—50.

④ 孟勤国.中国农村土地流转问题研究[M].北京:法律出版社,2009:66—67.

民是完全有智慧判别自己的偿债能力和风险承担能力,并能理性地决定是否抵押融资的。在没有较大把握的前提下绝不会去抵押贷款。至于以土地抵押贷款挥霍的情况纯属个案,绝不能因噎废食。当然,基于农业生产的风险而导致农民甚至农业大户无力偿债的情况也会发生,这在城市居民也不能例外,有多少城市居民抵押贷款后倾家荡产甚至无栖身之处,难道抵押制度因此就要禁行了吗?

4.土地承包经营权继承未获承认

《继承法》只肯定了"承包收益"的继承权,并未明确继承人对个人"土地承包经营权"享有"继承权"。对于"个人承包"其使用语词为允许"继续承包"而非"继承"。继承乃将被继承人之遗产转移与继承人;而继续承包仅为原土地承包经营权之继续行使。[1] 从本质上看这不是继承,充其量是对该土地承包经营上的一种优先权,继续承包的法律性质应当为合同主体之变更。[2]《农村土地承包法》亦未承认其可继承性。《物权法》悉数条文并未提及土地承包经营权的继承问题。综上所述,在现行立法上,土地承包经营权是禁止继承的。

有学者认为,农地并非承包人之私有财产,其并无所有权,不发生继承问题。[3] 或认为,允许继承将导致土地细碎化,且会导致新增农村人口得不到这份农村集体成员的基本社会保障,引起社会混乱。[4] 笔者认为,上述理由实难成立。由于土地承包经营权被立法者和学者们赋予了太多其本身并不具有或无法承受之功能,土地承包经营权和太多社会因素纠缠在一起,被披上层层外衣,担负起重重使命,使我们无法拨开团团迷雾和种种牵绊,从而对其财产权属性作出更为科学的认定。《物权法》使人们对土地承包经营权有了物权认知和实践,其作为一项独立的合法的财产权,显然是可以继承的。退一步说,《物权法》既然允许其被转让,又有什么理由禁止其被继承呢? 否则,被继承人完全可以通过转让的方式以实现继承之目的,从而对法律的严肃性与权威性予以公然挑衅。土地承包经营权,无论其取得形式为家庭承包还是其他方式承包,均具有可继承性。[5]

还有学者因其具有身份属性而认为其不可继承。笔者认为,这种观点混淆了权利取得原因上的身份性和权利本身具有专属于人身的身份属性。因身份而取得土地承包经营权,只是决定了什么人可以取得该权利,并不意味着该权利不能流转。[6] 农民拥有的应是一项完整的有期限的财产权,其独立的纯粹财产权属性决定了其应当允许继承。

---

① "继续承包"一词显然容易让人产生"土地承包经营权得以继承"的误读。艾建国.论土地承包经营权如何真正成为农民的财产权[J].华中师范大学学报,2005(4);韩志才.土地承包经营权继承问题的若干探究[J].科学社会主义,2007(3).

② 江平,主编.中国土地立法研究[M].北京:法律出版社,1999:306.

③ 刘春茂,主编.中国民法学·财产继承[M].北京:中国人民公安大学出版社,1990:101.

④ 刘信业.农村土地承包经营权流转法律问题研究[J].河南省政法管理干部学院学报,2005(5).

⑤ 梁慧星,陈华彬.物权法[M].北京:法律出版社,2007:265;韩洪今.我国农村土地承包经营权的缺陷与完善[J].黑龙江社会科学,2005(1);姜梅.审理农村土地承包案件的几个问题[J].法学杂志,2005(1);王利明.中国民法典学者建议稿及立法理由(物权编)[M].北京:法律出版社,2005:268.

⑥ 张昕.论土地承包经营权的继承[J].合肥师范学院学报,2009(5).

5.土地承包经营权入股规则不明

其他承包方式的土地承包经营权入股的组织形式在现行立法上有明确的规定,可以是入股股份公司,也可以入股合作社。家庭承包方式的土地承包经营权是否可以入股以及入股的组织形式是学者间分歧之所在,其根源即在于对"入股"一词的不同理解。现行立法在两种承包方式下之农地流转均使用了"入股"一词,^①但笔者认为两者含义相去甚远。首先,从逻辑结构来看,如果两者所指相同,则立法上显然不需要分别处理。其次,立法者出于对家庭承包方式的土地承包经营权之社会保障功能之重视,与其他承包方式的土地承包经营权入股相比,自然采取了更为保守之立法规定,故而前者入股之外延显然要小于后者所界定的合作社或公司。那么,前者入股之规定是否适用于入股组成公司呢?2007年,中央政府在到重庆实地调研后,一定程度上叫停了重庆的土地承包经营权入股公司的突破性尝试。有学者也认为,在农村社会保障体系建立之前,土地承包经营权入股须慎行。^② 若以此来印证现行立法之规定,则前者之入股显然不包含入股公司。同时,前者入股之规定亦非指入股组成合作社。原因在于,如果在入股合作社的形式上,两种土地承包经营权发生重合,那么其定义方式应和后者相同,而不应该是采用联合从事农业合作生产经营这样的既不简练又不精准之语词。因此,前者之"入股"仅是联合从事农业生产的一种合作方式与内部安排,并非指入股组成合作社等独立法人的组织形式。其所谓股权只是参与农户之间内部的计算份额方式,并未经过工商等行政机关的注册登记,没有外部法律效力,只能作为内部出资之证明,这种"入股"甚至不能算是一种真正意义上的土地承包经营权流转形式,因其并未发生权利变动之效力,与其说是入股,不如说是一种互助合作方式。后者则是入股组成更为规范的公司或合作社等独立法人组织形式。《物权法》针对家庭承包方式的土地承包经营权流转,仍然没有列举"入股"之方式。其后,浙江和重庆等地方的规范性法律文件明确规定了家庭承包方式的土地承包经营权入股合作社这一流转形式。^③ 土地承包经营权"入股"在这里才有了新的含义,才是一种真正意义上的土地承包经营权流转,实则是对早前立法的突破。但此时的土地承包经营权出资"入股"只限于组建农民专业合作社,并不包括组建公司、非公司企业法人、合伙企业等其他经济组织。^④

笔者认为,土地承包经营权入股农民专业合作社或公司均具有合理性。首先,土地承包经营权入股公司或合作社并不存在理论上的障碍。我国在立法上对土地承包经营权入股公司并无明确的禁止性规定,只是中央有关部门基于政策之考量而对入股公司之做法予以限制和约束。允许土地承包经营权转让却不允许入股,在逻辑上也自相矛盾。转让是出让方

---

① 参见《农村土地承包经营权流转管理办法》第34条。

② 刘小华.土地承包经营权入股应慎行[N].人民法院报,2007－9－6.

③ 参见《浙江省农村土地承包经营权作价出资农民专业合作社登记暂行办法》第3条和《重庆市农业委员会重庆市工商局关于以农村土地承包经营权入股发展农民专业合作社注册登记有关问题的通知》第3条。

④ 《重庆市农业委员会、重庆市工商局关于以农村土地承包经营权入股发展农民专业合作社注册登记有关问题的通知》第3条。

在土地承包经营权剩余期限内完全离开农地,而入股换取的是企业法人的份额或股份,出让方和农地仍然还有间接的联系,既然转让在立法上是被允许的,入股又有何制度障碍呢?其次,应当正确认识农民失地之风险。如前所述,农民以土地承包经营权作价出资入股公司换取公司股份,这是其财产权利形态发生了变化,并不意味着其丧失了财产权利。正如早期国有企业改革时候,人们误以为国家本来拥有所有权的国有资产,入股后变成了性质争论不休的股权,会导致国有资产流失,其实只是财产形态变动而已,国有资产流失的原因在于管理机构的不作为和贱卖,和入股行为没有必然的联系。立法者过于强化土地承包经营权的社会保障职能,尽可能防范任何失地之风险,对土地承包经营权入股心怀畏惧。实际上,在走出减免农业税的"反哺农业"第一步之后,理应寻求国家社会保障对农村的覆盖。当农民希望利用自己所拥有的为数不多的财产权进行投资以期获取更多的经济利益时,又受到在稳定作为保障手段的承包关系名义下法律对入股之限制,这事实上存在剥夺或限制农民私人权利之虞。再次,有学者担心,土地承包期的剩余期限与公司的长期存续有明显的冲突。笔者认为,此种担心实属多余。一定期限的土地承包经营权出资入股公司,就其出资价值而言,和现金出资没有区别,只是出资形式不同而已,公司的存续期限并不需要受土地承包经营权剩余的承包期限限制,公司并非成立在农地中央,生长在土地里,公司是一种民事主体的组织形式,具有抽象之人格,即使土地承包经营权之承包期届满,土地被发包方收回进行新一轮的重新发包,对公司之存续也无实质性的影响。就好像股东出资到公司中的房屋、汽车等实物之灭失并不会导致公司人格消灭一样。同理,农民的股东资格也绝对不会因土地承包经营权之期限届满而丧失,因为农民股东之身份显然不会随出资财产之灭失而丧失。最后,即使土地承包经营权入股的公司面临破产清算,也没什么好担心的。笔者认为,动辄祭出农地是农民最后的社会保障和担心农民失地之大旗并不值得赞同,应该重塑土地承包经营权真正意义上的独立用益物权属性,使其作为真正的独立的财产权入股到公司中去。当公司资不抵债,宣告破产时,土地承包经营权应用于偿还公司债务。这并不是在侵犯农民股东的利益,而是土地承包经营权入股的正常的市场风险。国家虽保护农民权益之政策,但不能使当事人之间权利义务之严重失衡。当然,设计相应的制度来平衡农民股东与公司债权人之利益并非不可。如在公司存续过程中或者在公司破产清算过程中允许以土地承包经营权入股之农民股东以合理市场价格以货币或其他实物之形式来置换其入股之土地承包经营权,^①或者在公司非破产清算分配剩余财产时农民股东有权请求将其入股之土地承包经营权退还给自己(如果退还土地承包经营权之价值超出其应分得之剩余财产价值,该农民股东须向公司补交其差额),既保护了公司债权人之利益,又尽可能使土地回到原入股农民股东手里,也不违反法律之公平正义原则。

---

① 李东侠,郝磊.土地承包经营权入股公司问题的法律分析[J].法学论坛,2009(4).笔者认为,以与出资时评估金额等值的货币、知识产权、实物等其他财产替换并不合理,应当以置换时的市场评估价值为置换之标准,这样才能更好地平衡农民股东、公司其他股东以及公司债权人之利益。

6.土地承包经营权流转登记制度不合理

依现行之立法,土地承包经营权转让自转让合同生效时发生移转,未经登记,不得对抗善意第三人。笔者认为,现行"登记对抗主义"立法模式并非法逻辑分析结果,而是考虑到我国农村"熟人社会"之情况和采行登记要件主义的实际困难之变通妥协的方案。随着土地承包经营权转让的日益活跃,包括转让次数的增加和转让情形的复杂化,这样就逐渐改变了"熟人社会"的背景形态,此时的不动产物权变动已经开始逐渐超越所谓集体经济组织这种封闭环境,如果没有严格的公示方式,将会对当事人之间的权利保护产生不利影响。在适当的时候,土地承包经营权流转之登记制度可以统一到不动产物权变动的一般规则下,即土地承包经营权的设立、变更、转让和消灭,经依法登记,发生效力;未经登记,不发生效力。

二、农地流转之出路

(一)更新理论观念与立法理念

如前所述,无论是农地保障论,还是耕地保护和粮食安全论,又或是农村社会稳定论均难以成立。农地难以也不应当肩负社会保障之重任,耕地保护与粮食安全的确重要,但限制农地流转显然找错了问题之根源,并非对症下药。城市化之进程已然使得农村难以平静,小农经济面临全面衰败,传统乡土社会在城市化和现代化进程下逐渐瓦解,农村社会结构也将发生深刻的变革,但这种不稳定显非农地流转使然。在这一背景下,不应畏首畏尾、踌躇不前。应当摆脱"家父主义"的理论思维与立法理念,放弃过多的与现实不符的法政策考量因素,回归农地所有权与农地使用权之私权本质,确立其独立财产权属性,改变用立法规定之方式来替农民规避市场风险之模式,承认农民之经济理性与判断选择能力,承认市场对农地资源配置的作用,更多地通过市场来实现对农地流转的调整,要敢于让农民走入市场,从市场竞争中成长和获利,而不是躲在法政策庇护之温室内从而永远柔弱和不堪一击。事实上,合理、有序的农地流转有助于加快城市化进程,从而尽早形成新的稳定的农村社会结构与秩序。

(二)构建完整的农地权利

1.构建地位平等的农地所有权

应当开放土地的一级市场,赋予农地所有权与国家所有权平等之地位,赋予农地所有权人完整的权能。在不违反法律关于农地用途变更规定之情形下,应当承认农地所有人之发展权,允许农地所有人通过出让的方式实现其对农地的收益权能。

2.塑造独立完整的农地使用权

在主体方面,农地是以户为单位获得的,但不能认为农户是权利主体,农户只是方便管理而设置的一个农村单位,并不属于独立的民事主体形态。我们认为,其权利主体应为农村集体经济组织的成员,即"成员"通过"农户"这一特殊形式取得土地承包经营权。首先,农户只是土地承包经营权的形式主体,实质主体是本集体经济组织成员。① 其次,土地承包经营权最初因成员身份而取得,而这种成员身份是以集体经济组织成员个体作为权利享有者的。再次,农户实际取得的从事承包经营的农地面积与农户的成员人数有关,并非每个农户都平等地取得相同面积的农地。此外,村内重大事项之表决和同意标准都是以村集体经济组织成员作为计算单位,不是以户为计算单位的,也并非一户一票。在内容方面,权利人可以占有、使用、收益以及处分其土地承包经营权。

(三)丰富农地流转形式,完善农地流转规则

各种流转形式,在理论上均无障碍,有的只是人们观念之禁锢与立法思维之束缚。

1.农地所有权流转形式之突破

在不改变农地公有之性质和农地用途之规定下,应当允许农地所有权的流转,当然,这种流转应当限制在特定主体之间,笔者认为,农民集体之间和农民集体与国家之间的农地所有权流转应当进行有益的尝试。换言之,农地所有权可以存在三种流转之形式:一是农民集体之间的农地所有权自愿流转,这种流转必须建立在自愿、公平之基础上;二是农民集体与国家之间的农地所有权自愿流转,这种流转同样必须建立在自愿、公平之基础上;三是农民集体与国家之间的农地所有权强制流转,这种强制流转之方式仅限于国家基于公共利益之目的需要取得农地之情形,而鉴于公共利益之模糊性与不确定性,有学者建议对这里的公共利益采用穷尽列举的方式,除法律有明确列举的情形之外,国家都必须通过协商的方式,基于农民集体自愿流转而取得农地所有权,笔者对此深表赞同。同时,即使是在基于公共利益的强制流转情形下,仍然要依照公平之原则和市场价格来完成农地所有权之流转。另外,国家公权力仍然应当发挥应有的作用,比如控制耕地的数量、土地的用途等。

2.农地使用权流转形式与规则之完善

塑造土地承包经营权为独立完整的用益物权,取消不合理的限制性与禁止性条款,放开土地承包经营权流转中不当的束缚和障碍,创造城市与农村社会资源的双向顺畅流动,用市场的方式来实现资源的最优化配置。在土地承包经营权转让形式中,取消出让方须有稳定的非农职业或者有稳定的收入来源的规定,取消受让方须为有农业经营能力的农户之规定,取消发包方同意之规定,立法只要规定应向发包人通知备案即可。土地承包经营权的转让,经依法登记,发生效力。将土地承包经营权纳入可抵押财产之范围,当事人以土地承包经营权抵押的,应当办理抵押登记,抵押权自登记时设立。土地承包经营权之继承应当得到立法之认可,土地承包经营权在个别成员死亡时发生继承,继承人范围不受集体经济组织成员之限制。土地承包经营权入股农民专业合作社或公司均具有相当之可行性,土地承包经营权应当作为合作社或公司的责任财产。土地承包经营权发生转让、继承、入股流转后农地被征收的,青苗补偿费应归实际投入人所有,而地上附着物补偿费应归附着物所有人所有,安置补助费应归最初的土地承包经营权人所有,土地补偿费中的土地承包经营权补偿,应当由征

———————

① 韩志才,袁敏殊.土地承包经营权主体辨析[J].安徽大学学报(哲学社会科学版),2007(4).

收时的土地承包经营权人取得。

（四）农地流转市场之构建

要强调市场在资源配置中的决定性作用，鼓励承包经营权在公开市场上进行流转，发展多种形式的规模经营。现有的农地流转多为农民自发、分散和无序流转，转出方和转入方信息不对称、不畅通，流转层次低、规模小，流转市场的欠缺是一个重要原因。构建农地流转市场需要综合多种流转要素。首先，要搭建农地流转载体和平台，如建立农村产权交易所或交易中心，为交易信息的汇集和发布提供一个有效载体，为流转双方提供一个公开透明的接触和对话的平台，既可以结束农民自发、分散、盲目流转的无序状态，又可以有效防止政府行政权力之不当干预。其次，要完善农地价值评估机制，如培育并建立土地资产评估机构，构建农地价格体系、价格依据与评估标准。在评估的基础上，考虑土地的用途、区位和预期价值，通过招标、挂牌等市场竞争手段使土地资源流转入最有效率的使用者手中，同时也可以实现农地权利人收益的最大化。再次，完善相关的法律咨询服务、信息收集和处理服务，以及融资和保险等金融服务。

（五）农村社会保障制度之完善

建立更加公平可持续的社会保障制度和构建多层次社会保障体系，对推动农地流转和农村人口转移以及城市化进程都有重要意义。要打破以牺牲农民利益为代价的国家工业化之非均衡发展战略所造成的城乡二元社会保障制度。实现城乡社保制度有效衔接，实现农村和城镇基本养老关系的转移与续接，建立健全覆盖城乡居民的社会养老保险体系。[1] 由于各地经济发展和物价水平不一样，这里所说的统一主要是统一的机构、统一的险种、统一的管理和监督等，即要把城乡纳入同一个社会保障体系。[2] 各项农村社会保障制度应平衡协调发展，认真做好农村低保、新型农村合作医疗、自然灾害生活救助、社会福利、农村五保供养、农村医疗救助等工作，切实加快新型农村社会养老保险、农民工社会保险、被征地农民社会保障工作的推进步伐。

---

① 邓仁根,余艳锋.现行我国农村社会保障制度存在的问题根源及反思[J].江西农业学报,2011(8).

② 沙占华.新农村建设中农村社会保障制度存在的问题及对策[J].安徽农业科学,2009(10).

农民专业合作社财产权法律属性研究*

一、合作社财产之产权经济学解读

（一）产权经济学视角下的财产制度

市场机制的外部性缺陷使得资源并不一定能得到最优化配置，而这一外部性之根源在于产权界定不清晰，因此，明晰的产权界定成为整个经济活动和经济运行的根本基础。[①] 科斯认为，产权不仅表现为财产归属关系，而且确定了人们因财产的存在和使用而引起的互相认可的行为规范。[②] 产权是一种社会工具，帮助人们形成与他人进行交易时的合理预期，确定不同民事主体的权利和义务。[③] "产权"这一概念在被法学研究者从经济学援用时，并未将其法律化。产权是在对资源进行配置和交易时形成的各种权利之总和，既可用来泛指所有权、使用权、经营权、无形财产权甚至债权等财产权，又可以用来特指某种财产权的概念，[④]其外延比所有权和财产权宽泛。

各国法律对所有权这一概念的理解不完全相同。大陆法系国家物权法多秉承罗马法的抽象所有权观念，认为所有权是"对所有物的完全支配权"，具有绝对性、排他性和永续性等特征；[⑤]而英美法系则认为所有权是对各种财产实际享有的排他性使用、收益和处分权。前者强调对标的物的抽象支配，后者则注重于对特定财产的实际控制和利用。产权与所有权关系密切，差别明显。现代产权制度是诸多经济权利的配置和组合。[⑥] 产权理论，主要是研究不同的产权权利束的配置与效率的关系，探讨如何进行产权制度的设计，让资源配置最优。[⑦] 所有权是权利人对特定的物享有的直接支配和排他的权利，是构成产权的基础和核心

---

  * 原载于《当代法学》2014年第3期，第一作者张永兵。

① 王莉.关于产权概念的比较分析[J].山西大同大学学报(社会科学版),2009(2).

② 科斯等.财产权利与制度变迁[M].上海:上海三联书店,1991:204.

③ 科斯等.财产权利与制度变迁[M].上海:上海三联书店,1991:82.

④ 何黎清.产权、法人财产权及合作社立法[J].农村经营管理,2006(5).

⑤ 周枏.罗马法原论(上册)[M].北京:商务印书馆,1994:299.

⑥ 这里所说的经济权利包括收入分配权、支配权、转让权、使用权、剩余索取权、经营决策权、经营监督权等。

⑦ 白暴力,杨波.产权理论与产权制度改革的思考[N].中国企业报,2008-12-18.

内容,因此也被看作狭义的产权。① 产权以所有权为基础,对归属于特定主体的所有权权能进行重新安排。在外延上,产权比所有权要宽泛得多,是若干权利的集合体。所有权具有静态确认权利归属的意义;而产权则从动态上对所有权进行配置。②

财产权并非大陆法系法定的权利类型,只是在理论上对财产权利体系中各种具体权利类型的一种归类与统称。产权与财产权之关系却值得我们加以探讨。有观点认为,产权即财产权,是财产权之简称。但实际上,两者并不相同。产权之概念,只存在于市场经济的历史条件下,而财产权存在的历史更早、更久远,也将持续更长的时间。在人类产生了私有制,有了"你的"和"我的"之分后,便有了财产权意识。③ 事实上,有些财产权并不属于产权之范围,如继承权;有些产权也不属于财产权之范畴,如涉及人自身且体现为经济利益的对象都可以成为产权客体,譬如人力资本是与人身不能分离的,且体现为经济利益,因而有"人力资本产权"的说法,但我们不能把它说成"人力资本财产权",更不能说成"人力资本人身权"。

(二)合作社财产之企业所有权理论解读

企业所有权之实质为对企业收益的占有权和分配权,亦即对企业的剩余索取权和剩余控制权,企业所有权安排追求的是剩余索取权与剩余控制权尽可能的对应状态,或说"风险承担者和风险控制者对应"。④ 企业所有权与物权法中的法人所有权(或称企业法人所有权,又称企业法人财产所有权)完全不同,物权法规定的企业法人所有权是法人享有的物权之一,⑤出资人(包括国家)一旦以财产所有权向法人出资,即失去了对该项财产的所有权,其所有权自然转至法人名下。⑥

不少学者从产权的角度来认识合作社财产,并形成了以下两种观点:第一,私有产权说。合作社的产权结构以个人所有为核心,实质是私人产权。对加入农业合作社的农户,必须承认其资产所有权,承认农户仍是一个独立的经营主体,这显然是合作制最基本也是最必要的原则。⑦ 社员的出资及其增值始终归出资的社员个人所有,是不可剥夺的。⑧ 第二,复合产权说。又称为多元所有、一元经营说,该说认为,一方面,合作社的产权是由众多数量大体均等的个人产权复合而成;另一方面,合作社的产权由已经集合的个人产权和集体产权复合而

---

① 张明龙.论产权与所有权的关系[J].浙江学刊,2001(2).
② 王莉.关于产权概念的比较分析[J].山西大同大学学报(社会科学版),2009(2).
③ 杨卫国,程承坪.所有权、财产权新辨[J]经济问题,2007(1).
④ 操仲春,张河壮.产权、所有权安排与融资偏好[J].中央财经大学学报,2004(4).
⑤ 对国家机关、军事机构等公法人而言,其财产权构成中则不含所有权,它们只是使用或消耗着国家的财产,正是因为这些法人对其财产不享有所有权,因而不可能完全独立的对外承担责任,即使是国家划拨的经费,也只能在其有限的范围内承担责任,国家还须对其国家机关的行为承担最后的法律后果。马俊驹.法人制度的基本理论和立法问题探讨[M]//马俊驹.民法典探索与展望[C].北京:中国民主法制出版社,2005:457.
⑥ 马俊驹.法人制度的基本理论和立法问题之探讨(下)[J].法学评论,2004(6).
⑦ 应瑞瑶.合作社的异化与异化的合作社——兼论中国农业合作社的定位[J].江海学刊,2002(6).
⑧ 唐宗焜.合作社真谛[M].北京:知识产权出版社,2012:17.

成。它是同一类主体按一定原则,将各自所有的资源和共同所有的资源集中到一起所形成的特殊产权。①

国际合作社联盟规定,资本金中的一部分属于合作社的共同财产,②同时规定,合作社的公共积累中至少有一部分是不可分割的。合作社与公司虽然都属于多人分享所有权的企业,③但由于合作社中不可分割的公共积累的存在,合作社不能将全部资本按份额量化至社员名下,社员对合作社行使的只能是共同的所有者权益,而公司则是将所有资本按股份量化至所有股东名下,而每个股东均以其股份向公司主张所有者权益。Bancel 主张,合作社的财产由合作社所有,社员无权主张对这些不可分割财产拥有所有权,虽然合作社社员在经社员大会同意并遵从一定条件的前提下可以抽回其出资及其增值部分,但合作社的公共积累是经过数代合作社社员积累而成的,因此不能被某一代社员抽走,这些共同的财产并不属于合作社社员,而是属于合作社这个法人实体,这些财产的使用权规则必须肯定:合作社社员只是合作社为过去、现在和未来的成员所提供服务的使用者。④ 笔者认为,这些论述中的所有权概念更多地是在产权经济学之企业所有权意义上进行使用的,确切地讲应该是指所有者权益,而非财产归属的物权法意义上的所有权。这里强调的是社员对合作社所出资认缴的股份的单独所有,而不是社员对合作社或合作社资产的单独所有,其实质是指社员认缴的合作社股金量化到个人名下,属于经济学中的所有者权益,是从企业所有权角度进行的产权界定,并不是指社员对其认缴的合作社股份仍然保留有物权法意义上的所有权。以合伙企业为例,合伙人通过履行出资义务,使财产权关系发生了变化,出资财产从合伙人个人所有,转变成所有合伙人共有合伙财产,⑤此时合伙企业财产显然不再以单个合伙人个人所有权的形式存在。因此,尽管社员可以退社并主张分割、获取其在合作社中的财产份额,但并不是其在行使物权法所有权意义上的针对特定财产的取回权,其只是依据成员账户内财产之金额记录而对合作社主张的请求权。正是因为股东对公司的全部财产拥有产权,因此,公司的产权是清晰的;正是因为合作社的不可分割的公共积累并不量化到社员个人名下,从而形成公共财产,因此,其产权界定并不清晰,处于模糊状态,因此才有产权经济学所批评的合作社存在类似"公有地悲剧"之弊端。私有产权和复合产权说强调合作社社员并不丧失个体的独立

① 谭启平.论合作社的法律地位[J].现代法学,2005(4).

② 这两句的原文是:"Members contribute equitably to,and democratically control,the capital of their co—operative. At least part of that capital is usually the common property of the co—operative."有学者将"common property"翻译为公共财产,参见马彦丽.我国农民专业合作社的制度解析[M].北京:中国社会科学出版社,2007:137.也有学者将其翻译为共有资产,参见中华全国供销合作总社合作部.国际合作社联盟[M].北京:中国社会出版社,2009:9.笔者认为,这里翻译为共同财产更为准确,因为只有合作社共同财产中的部分公共积累是不可分割的,这部分不可分割的公共积累称为公共财产才更实至名归。

③ 亨利·汉斯曼.企业所有权论[M].于静,译.北京:中国政法大学出版社,2001:3.

④ 这也解释了为什么有些国家或地区的立法例规定,合作社解散之后,其不可分割公共积累必须用于章程指定的目的或转用于其他公益事业。

⑤ 当然,在非以所有权出资之情形下,学术界称之为"准共有"。至于这种共有是按份共有还是共同共有,学术界也存在不同的看法,因其与本文讨论主题无关,本文在此不予讨论。

性,农户仍然是独立的经营主体,其独立人格并不被合作社所吸收,该说还强调合作社区别于集体经济组织和集体所有制企业,具有合理性。但是,私有产权说和复合产权说显然并非针对农民专业合作社财产权属性的准确合理的法学解释。

二、农民专业合作社财产权属性之法学分析

(一)法学分析之基础:法人人格与法人财产及法人责任之关系

罗马法所提出的人和人格分离的学说,为团体人格在理论上的存在埋下了珍贵的火种。① 法人制度的出现是经济生活的客观现实与法律技术运用相结合的产物。② 法律通过组织体人格的承认,吸收组成它的各成员在团体活动中的独立性,使之不可能通过还原的方式,逐一还原成个人成员的主体地位。③ 那么,法人独立财产和法人独立责任是否是法人制度内生之本质属性?

法人制度之本质在于团体人格之取得,而团体人格之赋予的最初的和最根本的目的便是简化法律关系。没有团体人格的工具必然会导致交易费用的上升,如果赋予某一团体以人格,便解决了团体与第三人的交易问题。④ 法人作为新的权利主体,具有当事人能力,亦即可以合法地以自己的名义提起诉讼,法人也可以被登记入不动产登记簿。⑤ 法人与其说是一件事物,不如说更近于一种方法,其目的就是为了在占主导地位的个人主义想象空间中为团体法律关系的整体化处理找到一个支点。⑥ 法人制度的承认,从根本上减轻了经济交往的负担,法人成为合同当事人及权利义务承担者。⑦ 传统民法在赋予团体人格时分为了两步:第一步赋予团体人格后将一个民事主体与多个民事主体的交易简化成一个与一个的交易行为,第二步又沿用不同于外部的准则来处理团体内部成员之间的关系。团体与第三人的交易是一个外部问题,这是第三人所关注的,而团体本身的财产构成及治理机制是一个内部问题,和第三人没有关联,第三人往往忽视或者根本没有必要去观察这些内部构造,而把它作为一个"黑箱"处理。⑧ 因此,通常情况下,财产或经费不应该是法人成立的必要条件。

如果独立财产并非法人成立之必要条件,那么,团体具有法人人格后是否必定有独立财产权?团体被赋予人格,意味着团体可以以自己的名义拥有财产,团体财产的独立是法律原理的推理,而不是实质性和内在性要求,亦即,团体的财产是否与成员的财产分离继而达到

---

① 马俊驹.法人制度的基本理论和立法问题之探讨(上)[J].法学评论,2004(4).
② 尹田.论自然人的法律人格与权利能力[J].法制与社会发展,2002(1).
③ 龙卫球.民法总论[M].北京:中国法制出版社,2002:319.
④ 蒋学跃.法人制度法理研究[M].北京:法律出版社,2007:150.
⑤ 迪特尔·梅迪库斯.德国民法总论[M].邵建东,译.北京:法律出版社,2000:814.
⑥ 陈现杰.公司人格否认法理评述[J].外国法译评,1996(3).
⑦ 海尔穆特·库勒尔.德国民法典的过去与现在[M].孙宪忠,译.//梁慧星,主编.域外法律制度研究集(第 2 辑)[C].北京:国家行政学院出版社,2000:392—423.
⑧ 蒋学跃.法人制度法理研究[M].北京:法律出版社,2007:151.

独立,其实是一个团体的内部问题,团体只在与第三者的对外关系上才被视为统一体。^① 至于团体内部的财产性质、治理机制等问题,显然因不同之法人类型而有差异。因此,法人人格之独立只是为财产之独立提供了法理基础,并不代表法人均有独立财产权。

法人主体资格、法人独立责任与成员有限责任之间的关系亦为理论界对法人条件的争论之一。笔者认为,法人的独立人格解决的是承认其独立的民事主体地位。社会主体能否取得民事主体地位完全是立法者选择的结果,是法律所赋予的资格,^②与该主体能否独立承担责任并无必然之关系。从历史发展角度看,法人独立责任制度并未伴随法人主体资格被承认而当然产生,甚至在法人资格被承认后的很长一段时间里也没有顺理成章地衍生出法人的独立责任。^③ 反而是许久之后的股东有限责任原则促成了法人独立责任原则的产生,离开或抽去股东有限责任的支持,公司法人之独立责任将荡然无存。^④ 投资人承担有限责任并非公司的法人人格在其中起了决定作用,而是作为对股东或投资人享有有限责任条件下的均衡制度安排的存在。^⑤ 综上所述,法人独立人格制度并不当然内生法人独立责任制度,而法人独立人格制度与成员有限责任制度则必然导致法人独立责任制度的产生。是否赋予某种法人形式以独立责任是立法者考虑法人是否具有独立财产、成员是否承担有限责任等因素之后的立法选择。

法人独立财产与法人独立责任关系密切,法人的独立财产和法人的独立责任其实是同一个问题,有了独立财产才有独立责任,而承担独立责任必须拥有独立财产。^⑥ 显然,法人独立财产是法人独立责任之前提,法人无独立财产则必然无法人独立责任之存在,那么,法人有独立财产是否必然产生法人独立责任呢?笔者认为,法人之本质在于团体人格之取得,而法人具有独立人格则意味着法人可以以自己的名义对外从事法律行为,从而以自己的名义

---

① 蒋学跃.法人制度法理研究[M].北京:法律出版社,2007:151.
② 郑芳玉.挑战民事主体二元结构的帝王之位[J].广西政法管理干部学院学报,2006(4).
③ 有学者曾总结出四种责任形态的法人:(1)责任独立型法人,指法人以其名义下财产为限对外承担责任,而法人成员原则上仅以出资为限对法人债务承担责任的形态,最显著者为有限责任公司和股份有限公司;(2)责任半独立型法人,指法人以其名义下财产对外承担责任的同时,法人部分成员应当与其连带负责的法人形态,如两合公司;(3)责任非独立型法人,指法人以其名义下的财产对外承担责任的同时,法人所有成员均应当对法人债务承担无限连带责任的形态,如无限公司;(4)责任补充型法人,指当法人以其财产不足以清偿其债务时,法人成员或所有者有义务承担补充责任的法人形态,此类法人形态为《俄罗斯联邦民法典》所特设。而德国民法中的法人仅指第一种形态,即法人承担独立责任、法人成员负有限责任的形态,凡组织体成员承担无限责任、连带责任或补充责任的均不是法人。《德国民法典》颁布后,借鉴德国民事立法的瑞士、日本和我国台湾地区均未将法人独立责任作为法人的特征,也未作为法人成立的条件,而成员承担无限责任的组织体,如无限公司、两合公司,均可经登记而成为法人。由此可见,法人成员是否承担有限责任并不是判断法人的唯一标准,对此不同的国家有不同的认识,以致各国确认民事主体的种类时存在着明显的差别。
④ 虞政平.法人独立责任质疑[J].中国法学,2001(1).
⑤ 董学立.法人人格与有限责任[J].现代法学,2001(5).
⑥ 刘凯湘.民法总论[M].北京:北京大学出版社,2006:170—171.

取得一定的财产权便在理论上具有可能性。但事实上,中世纪后期兴起的特许公司受早期法人理念的影响,虽然法人拥有名称、印章、土地及其他财产、诉与被诉以及永继存续等人格之权力,但其成员(或股东)之责任仍同样面临无限性的费用摊派的压力,而公司债权人甚至按照有关法律的规定,可依此公司费用摊派的权力直接向公司成员(或股东)追偿属于公司的债务。① 亦即,在当时法人独立人格与法人独立财产制度同时存在之情形下,法人成员也并非承担有限责任,法人也并非独立承担责任。但是,人们至少发现了他们所期望的法人之创办者或成员承担有限责任有了得以实现的理论依据和逻辑上的自洽性。其后,投资者凭借工业革命以及自由平等的经济与政治思想推动,为克服传统无限连带责任之弊病,不断通过实践以及立法斗争之努力,最终实现了股东有限责任和公司独立责任之梦想。可见,法人之独立财产制度并未当然致生法人独立责任制度,法人创办者或成员之有限责任以及由此形成的法人独立责任制度同样是立法者进行利益平衡和立法选择的结果,只是法人独立人格制度和法人独立财产制度为立法者对成员有限责任之认可以及对债权人利益之保护提供了理论可行性和利益平衡机制。

综上所述,法人人格独立为法人享有独立财产权提供了可能性,法人独立人格和独立财产之共同存在为成员的有限责任提供了可能性,而一旦成员的有限责任从可能变成现实,法人独立责任制度便成了必然的逻辑结果。换言之,法人独立人格制度,为法人相关制度之发展奠定了前提和基础,财产制度、成员责任制度和法人责任制度都可以在这一前提下进行演化和组合。法人独立人格、法人独立财产、成员有限责任和法人独立责任,这便是我们最常见的一种法人制度组合形式,如有限责任公司和股份有限公司;立法上也存在独立人格、独立财产,成员不承担有限责任、法人并不承担独立责任之情形,如德国法上的合作社法人可以仅以合作社资产向债权人承担合作社债务,也可以在章程中规定如果合作社的资产不足以偿付债务,社员的责任是用于清偿的追加款项不受限制,还是限制在确定的数额内(责任金额);② 现实中还存在法人独立人格、无独立财产、无独立责任、成员不承担有限责任之情形,如有些国家立法上的合伙法人。③

(二)农民专业合作社财产之法人财产权属性

在西方国家,合作社的财产权属性像法人财产权一样,并未引起人们太大的兴趣。我国

---

① 虞政平.法人独立责任质疑[J].中国法学,2001(1).

② 《德国经营及经济合作社法》第2条规定:"仅以合作社资产向债权人承担合作社债务。"同时,第6条规定:"章程必须包含:……(3)明确在实施破产程序时,如果合作社的资产不足以偿付债务,社员的责任是用于清偿的追加款项不受限制,还是限制在确定的数额内(责任金额),或者无须追缴款项。"

③ 财团法人并不存在所谓的成员责任问题,因其从成立之日起便和财产之出资者相独立,没有成员之存在也就无成员责任可言,财团法人承担独立责任便属当然。

现行立法也并未对上述财产的法律属性和归属问题作出明确规定。① 从法学角度分析,我国学者对农民专业合作社的财产权属性主要有以下六种认识:第一,共有说。社员共同拥有合作社财产,入社不发生财产归属关系的变化,入社财产不归合作社,仍然属于社员个人,入社时投入,退社时取回。② 第二,联合所有说。合作社的财产属于成员联合所有,这与《公司法》规定公司享有法人财产权不同,《农民专业合作社法》并未明确农民专业合作社享有财产权,与完整的财产权相比,也缺少了收益权,这也是农民专业合作社特殊企业法人的特殊之处。③ 这种所有权既不是简单的个人所有,也不是简单的共同所有或按份所有,而是"联合所有",合作经济组织成员对合作经济组织财产享有联合所有者的权益。④ 合作社的财产归属既不是否定个人所有权的"归公"的"集体所有",也不是集体企业或集体经济组织那样产权归属不清的所谓"共同所有",而是每个社员都有明确份额的产权归属清晰的社员联合所有。⑤ 第三,集体所有说。合作社由联合起来的劳动者共同筹资,共同占有、使用生产资料,共同享有劳动成果,是劳动群众集体所有。这一观点在我国现行立法中也有一定程度的体现。⑥ 合作经济是现阶段我国社会主义公有制经济的一种主要形式,之所以允许公民自由选择加入或退出,是允许公民有权选择暂时走不走社会主义公有制经济的道路,这是宪法所允许的。⑦ 合作制经济中的"联合所有"形式是集体所有的创新形式,同样属于社会主义集体所有制的

---

① 《农民专业合作社法》第 4 条第 2 款规定:"农民专业合作社对由成员出资、公积金、国家财政直接补助、他人捐赠以及合法取得的其他资产所形成的财产,享有占有、使用和处分的权利,并以上述财产对债务承担责任。"

② 向勇.驳合作社法人所有权[J].政治与法律,2008(9).

③ 韩志峰立法体现包容性保护农民主体地位——全国人大农业与农村委员会法案室、《农民专业合作社法》起草工作小组组长王超英从多角度解读立法要义[J].中国合作经济,2007(5).该立法参与者一方面认为,合作社的财产属于成员联合所有,另一方面又主张,成员投入合作社的财产仍属于成员所有,从观点的一致性角度理解的话,后一方面所说的成员所有应当是指成员联合所有,并非成员个人所有,故将此种观点归入联合所有说中。此外,参与《农民专业合作社法》立法的刘明祖委员认为,农民专业合作经济组织成员之间的合作既是成员的联合,也是成员财产的联合,成员投入组织的资产,实质上仍属于成员所有,退出组织时可以带走,组织存续期间用于积累形成的财产,本质上是成员的劳动所得,所以应当量化给成员。这种认为成员投入组织的资产实质上仍属于成员所有的观点,似乎也可以像前一立法参与者认为的那样归入成员联合所有之中,归入个人产权说似有不妥。参见陈丽平.农民专业合作经济组织法草案审议实录之七[N].法制日报,2006—8—12.

④ 李长健,冯果.我国农民合作经济组织立法若干问题研究(下)[J].法学评论,2005(5).

⑤ 唐宗焜.合作社真谛[M].北京:知识产权出版社,2012:17.

⑥ 《宪法》第 8 条规定,农村中的生产、供销、信用、消费等各种形式的合作经济,是社会主义劳动群众集体所有制经济。城镇中的手工业、工业、建筑业、运输业、商业、服务业等行业的各种形式的合作经济,都是社会主义劳动群众集体所有制经济。

⑦ 潘嘉玮.论合作社的法律定位及制度重构[J].学术研究,2008(5).

组成部分。① 第四,双重所有权说。合作社成员对投入合作社的出资拥有所有权,合作社的所有权结构由合作社法人所有权和合作社成员所有权构成,其中的合作社成员所有权是上级所有权即终极所有权,合作社法人所有权即合作社财产权是下级所有权。② 第五,多元所有权说。应当考虑农业合作社财产构成的不同类型来确定其所有权归属。③ 第六,法人财产权说。合作社作为一个法人,必须有自己相对独立的财产,对其财产有完全的支配权利,也以这些财产作为其责任财产,成员失去出资的所有权是肯定的。④ 笔者认为,法人财产权说更能合理解释农民专业合作社财产权之法律属性,理由如下:

首先,共有说主张社员共有合作社财产,联合所有说主张社员联合所有合作社财产,两者的理论逻辑是,合作社具备法人之独立人格,但并不意味着社员出资一定形成合作社的独立财产。前已述及,法人独立人格与独立财产的确并无逻辑上的必然联系,因此立法如果安排合作社并不取得社员之财产所有权,而由合作社社员共有其出资之财产,在理论上也并无不可,但这和国际合作社联盟所制定的合作社基本原则以及一些国家或地区的立法中合作社应有一部分不可分割的公共财产之观点相违背,⑤于此情形,合作社显然具有独立之财产,此部分财产又显然并非共有或联合所有能够解释。多元所有说忽略了在社员非以所有权出资时合作社能否取得财产权之情形,同时,合作社不可分割的公共积累与多元所有说中归属于合作社所有之财产也并非一一对应。双重所有权说,除了存在将经济学上的社员所有者权益当成法学上的物权法所有权之偏谬外,也将合作社的财产权局限在了所有权范围内,从而有失偏颇。合作社源于市场经济,承认社员个人的所有者权益,由社员民主控制和管理,盈余以惠顾返还为主要分配方式,与公司、合伙等同属于企业形态,本身并不带有所有制之色彩,与集体所有制有本质之区别,故集体产权说亦不足为取。

其次,准确认识成员账户的性质对农民专业合作社财产权之属性的界定具有重要的意义。有学者主张,社员的出资和积累自始至终归属于社员不仅可以合理解释退社自由,还能

① 李长健,冯果.我国农民合作经济组织立法若干问题研究(下)[J].法学评论,2005(5).持此观点的学者还主张,为了一方面维护合作经济的特征,一方面使其产权制度有现代性,满足建立现代合作制经济的需要。在产权所有制形式上,农民合作经济组织应坚持"民有"原则,这种"民有"应该是一种"联合所有",即约定共合所有。资产一旦进入合作经济组织,合作经济组织就享有集体的终极所有权。组织成员可以通过虚拟量化比例和数量来获取利益。财产的最终归属权实质上应为合作经济组织成员所有,形式上则由合作经济组织依法依章程行使,本质上要明确"联合所有"是社会主义集体所有制的一种实现形式。
② 钱东奇.合作社财产法律制度探析[D].北京:中国政法大学出版社,2007:28.
③ 彭真明,文杰.农业合作社的法律分析[M]//王保树,主编.中国商法年刊(2006)——合伙与合作社法律制度研究[C].北京:北京大学出版社,2007:373.
④ 宋刚,马俊驹.农业专业合作社若干问题研究——兼评我国《农民专业合作社法》[J].浙江社会科学,2007(5).
⑤ 《德国合作社法》第92条规定:"如果章程未规定将合作社解散时留存的不可分割的净资产(第91条第3款)交付一位自然人或法人,用于确定的目的,则该资产归合作社所在地的乡镇所有。该基金的利息须用于公益事业。"台湾地区"合作社法"第23条规定:"社员对于公积金,不得请求分配。"

合理解释为什么要对合作社财产分社员账户管理,①即认为正是成员对其出资及其增值部分拥有所有权,所以需要设置成员账户制度进行管理。笔者认为,这种观点显然值得研究。对公司而言,股东通过持有在公司设立时设定好的持股证明或股份来证明和享有自己对公司的权益,股东之持股比例一般情形下并不会发生变动,除了股东名册外,无须其他辅助材料来证明这一所有者权益。合作社则与此明显不同。一方面,社员之所有者权益具有不确定性。社员入社时缴纳的股金是明确和固定的,但在社员入社自愿、退社自由原则下,社员之出资比例会因某个社员之退社而发生变化;另一方面,在社员作为惠顾者是需要和合作社进行交易或者利用合作社提供的服务的,社员对合作社之惠顾额则各不相同,这一惠顾额又决定着盈余的分配,而这并非和社员出资之比例相对应。有时合作社也会因业务之发展而将部分盈余用于合作社新业务拓展而并未返还给社员,这部分实质上转化为社员之出资,导致社员股金之变动。再者,国家财政补助和社会捐赠是平均量化到社员头上,这与社员出资按比例量化之规则显然不同,而平均量化和比例量化的同时存在必然导致最终社员权益比例之变化。此外,社员退社也需要有一个科学准确的清算依据。因此需要对各个成员的具体份额状况及其变动进行明确的动态的记载,成员账户制度便是为满足这一需求而产生的解决方案。换言之,成员账户之出现是为了将社员之财产权益进行准确记载和比例划分,从而作为合作社盈余之分配,退社清算之依据,绝对不是为了证明社员对自己的出资仍然享有所有权,合作社财产也更非社员个人账户内财产的简单相加。即使合作社所有的财产数额已经全部记入了成员个人账户,这些财产权依然属于合作社法人,成员账户所记载的数额,只是对合作社的财产进行一个数额上的虚拟划分,或者说是一个统计意义上的数额而已。②

再次,依我国现行立法之规定,农民专业合作社具有法人资格,社员承担有限责任,合作社承担独立责任。③ 根据前述法人人格、法人财产、法人责任与成员有限责任之关系,农民专业合作社法人具有独立财产权便是必然的逻辑结果。事实上,合作社对社员出资、公共积累、国家财政资助和社会捐赠以及其他方式获得的财产,均有独立的法人财产权,是一个对包括所有权、使用权、知识产权等各种具体权利形态的概括和抽象。社员只能依据社员权来行使各项对合作社的权利,包括参与经营管理和盈余分配。社员退社时,合作社将合作社财产进行分割,将成员账户内标明之金额予以返还,也并非一定是实物返还,因为成员账户内的财产仅是一个金额的记载,并非设定在具体的特定财产上。在遵循合作社须有不可分割

① 向勇.驳合作社法人所有权[J].政治与法律,2008(9).

② 宋刚,马俊驹.农业专业合作社若干问题研究——兼评我国《农民专业合作社法》[J].浙江社会科学,2007(5).

③ 《农民专业合作社法》第4条规定:"农民专业合作社依照本法登记,取得法人资格。农民专业合作社对由成员出资、公积金、国家财政直接补贴、他人捐赠以及合法取得的其他资产所形成的财产,享有占有、使用和处分的权利,并以上述财产对债务承担责任。"第5条规定:"农民专业合作社成员以其账户内记载的出资额和公积金份额为限对农民专业合作社承担责任。"

公共积累的立法例下,合作社的财产分为两个部分,一部分是量化到成员账户内的财产,另一部分是未量化到成员账户内的不可分割的公共财产,后者在社员退社时不得分配,即使在合作社解散时也不得分配,必须转给其他合作社或用于其他指定的公益目的。这两部分的区分只是决定着成员可分割财产的金额,本身并非对合作社法人独立财产权之否定。在未遵循不可分割公共积累原则之立法例下,虽然合作社财产均可量化到成员账户下,合作社解散时,所有合作社财产均可予以分割和分配,但合作社之独立财产权仍是应有之义。

最后,法人财产权概念内涵丰富,它不是一项具体权利,而是一个权利束,是具体法律权利的上位概念。[1] 法人财产权是兼具综合性和动态性的权利,[2]具体包括:物权,具体又包括所有权、用益物权和担保物权等几个方面;债权;无形财产权;特许类权利或权益;其他法益等等。法人所有权仅是法人财产权中的一个物权类型,即法人财产权包含着法人所有权,但绝不仅限于法人所有权。因此,有些学者所主张的,法人财产权即法人所有权之观点实难成立。[3] 法人财产权本身虽非具体权利类型,但已在法学理论和立法中被正式使用,具有特定之含义,因此可以认为是法学之语汇。在我国,包括成员出资、从盈余中提取的公共积累、国家财政资助、社会捐赠等所有财产均可量化至成员账户,社员退社时,成员出资、盈余提取的公共积累等量化到成员账户部分之财产权益均可分割和分配给社员,国家财政资助虽同样量化到成员账户,但依法并不可分割和分配,[4]社会捐赠量化到成员账户部分,农民专业合作社与捐赠者另有约定的,按约定办法处置,没有约定的,可分割并支付给社员。合作社对社

---

① 一方面,法人为了获取营利,必然在经营活动中不断追求新的利益,仅靠法律通过列举的方式规定具体的权利来保护法人的新的利益显然滞后,因此,在具体财产权利之上,再规定一个上位概念"法人财产权"可以弥补其不足,其所涵盖的内容可以包括已经成为法律权利的权益和还没有形成为法律权利的权益,从而成为一种"源权利",是权利和法益的结合物。用一个公式表示就是:法人财产权=多项具有财产内容的具体权利+法益。这些法益的存在使得财产权成为一个开放的权利束,可以容纳很多新出现的法益类型。另一方面,法人的营业转让中也需要法人财产权概念。现代法人中的重要社团类型是公司,而公司的资产重组、资产转让、营业转让等活动,而且标的的形态涉及广泛,既包括有形财产,也包括无形财产。如此大量的、多样的权利转移过程,我们不可能就每一项权利逐次的进行交易,只能在其清算基础上以统一的权利形式作为转让的标的。此时引入一个"法人财产权"的概念,用以涵摄交易中的各个单项的具体财产权利,便大大地简化了交易的过程。参见马俊驹.法人制度的基本理论和立法问题之探讨(下)[J].法学评论,2004(6).

② 法人的财产权以财产利益为中心,它具有如下两个最显著的特征:第一,法人财产权的综合性。它是一种概括性权利,既含有现行法律确认的各种权利类型,又包括现行法律尚未明确规定的其他类型的权利和法益。第二,法人财产权的动态性。它是一种运动中的权利,随着法人业务活动的开展,其财产权的客体不断扩张或减缩,不断有新的权利和法益产生,也会有原有权利的丧失和消灭,但它始终称为法人财产权。参见马俊驹.法人制度的基本理论和立法问题之探讨(下)[J].法学评论,2004(6).

③ 《公司法》第3条规定:"公司是企业法人,有独立的法人财产,享有法人财产权。"笔者认为,本条并未体现出法人财产权即法人所有权之内容,本条之规定旨在确认法人财产权是独立之财产权,区别于投资者或其他主体之财产,至于公司享有的独立财产,显然不限于所有权之客体——"物"。

④ 《农民专业合作社法》第46条规定:"农民专业合作社接受国家财政直接补助形成的财产,在解散、破产清算时,不得作为可分配剩余资产分配给成员,处置办法由国务院规定。"

员出资、合作社积累、政府财政补助和社会捐赠等形成的财产,享有的是法人财产权,即由多种具体的财产权利形态所组成的一个概括总称。

三、农民专业合作社法人财产权属性与第三人利益保护

在财产的产权构造上,农民专业合作社将企业所有权赋予了使用者。而在法人制度构造上,依现行立法之规定,农民专业合作社采用了法人独立人格、法人独立财产权、法人独立责任、社员有限责任这一制度组合形式。如前所述,法人创办者或成员之有限责任以及由此形成的法人独立责任制度是立法者进行利益平衡和立法选择的结果,其前提是农民专业合作社法人有自己独立的财产权用以承担财产责任,其目的即在于对第三人利益的保护,其利益平衡的具体规则就公司制度而言表现为最低注册资本、法定验资制度以及资本三原则,[①]而合作社的相关规则却严重缺失。由于传统合作社入社自愿、退社自由之特性,以及静态的法定最低注册资本制度对第三人利益保护功能之弱化,在农民专业合作社中的确没有贯彻最低注册资本制度之必要。[②] 但其他既能促进合作社良性发展又能平衡保障第三人利益的资本规则仍有探讨之价值。

首先,确保农民专业合作社资本稳定性的封闭社员制。入社、退社自由是自罗奇代尔先锋社时期就坚持的合作社基本原则,如《芬兰合作社法》第 19 条第 2 款规定,"具备社员资格的人提出申请后不能拒绝其加入,除非有按照合作社的性质和内容需予拒绝的原因或其他原因"[③]但是,传统合作社对社员实行自由开放原则,资金随社员频繁进出,使合作社变成一个松散和不稳定的市场主体,"社员流动的随意性严重制约着合作社的稳定发展"[④],因此,美国、加拿大与欧洲的一些新一代合作社改变了传统的开放原则,社员在合作社成立之初即已

---

① 为了鼓励投资和复兴实业,公司法定最低注册资本金一再降低,甚至出现首期出资"零元"的公司,市场交易之风险更多地靠交易当事人自己来控制。值得注意的是,虽然静态意义上的最低注册资本对债权人利益的保护效果甚微,但是资本仍然是公司的信用基础和债权人利益的重要保障,资本确定、资本不变和资本维持原则仍然存在,在公司运营中仍然应当得到坚持。

② 事实上,随着合作社自身的发展和创新,有些合作社已经开始强调合作社资本的确定性和稳定性,如北美新一代合作社改变了传统的开放原则,合作社具有封闭性,合作社依据自身的加工处理能力划分合作社资本,并和社员与合作社的交易量关联。

③ 管爱国,符纯华.现代世界合作社经济[M].北京:中国农业出版社,2000:164.

④ 马玉波,邢莹,韩玉梅.北美新一代合作社经验对中国林业合作社发展的启示[J].林业经济问题,2011(3).

确定,并且入社、退社是不自由的,合作社存续过程中不允许他人加入。[1] 此类合作社需要成员必须承购较大额的股金才能入社,合作社根据自身的产业种类来确定合作社运行所需要的股金总额,由成员全部或部分认购,通常每个成员认购的股金规模较大,并非所有愿意加入的农户都能够加入。并且,部分合作社"还对申请入社者进行严格挑选,符合条件的才准入社,这些条件除了包括申请者的经济状况外,还包括生产能力和个人信誉度等"[2]。合作社的全部股金具有永久性和稳定性,从而构成了合作社长久发展的基础。此外,新一代合作社建立了内、外部股权交易机制。"在合作社外部建立股权交易机制,通过股权价格的增减来侧面反映合作社管理的好坏,在合作社盈利能力之外又建立了一个更加客观的衡量合作社经营管理绩效的指标。"[3]股权的内部转让机制使得合作社的经营管理和股权内部转让价值相关联,社员会对合作社管理阶层进行严格的监督,从而提高合作社的管理效率。我国的现行立法仍然以传统合作社之开放原则为基础,但笔者认为,未来法律之修订可以对此灵活处理,赋予农民专业合作社以选择的权利和自治的空间。

其次,农民专业合作社法定验资制度的建立。基于鼓励农民发展合作社经营以及减轻农民负担的考量,现行立法允许社员自行评估非货币财产出资金额,从而确定出资总额。[4]特别是在社员可以退社的背景下,有观点认为再采用法定验资制度实属多余。笔者对此并不认同。这种非客观准确的价值评估机制和粗糙的财产法律制度既不利于第三人利益的保护又不利于合作社自身的长远发展与质的提升。一方面,注册资本的非客观性使第三人很难依此对合作社信用进行评估,势必导致交易费用的增加,从而减少合作社的交易机会;另一方面,当合作社需要进一步融资或引入外部资本,设立投资股、优先股从而更加彻底的股份化、证券化,以及建立外部交易市场时,现有资本价值评估制度会使得合作社真实的法人财产难以确定,信用无法评估,权益融资和负债融资均难以实现,事实上,当前农民专业合作社融资困境既有我国配套金融体系的缺失有关,也和合作社自身的信用基础薄弱和虚化有

---

[1] 事实上,由于合作社的加工能力的限制和交货权的预先购买,合作社存续期间也不可能再容纳更多的社员加入。交货权又叫特定数量的商品出售权,是社员基于其入社时认购的股金而享有的按约定向合作社交易特定数量商品的权利。合作社首先确立最优规模的生产能力,同时也就确定了合作社所需要的农产品数量。股金额度与交售农产品的数量相联系,社员享有同投资额相当的交货权,股金额度与交售农产品数量相联系,一个社员必须承购与其农产品交售配额相对应的股金。这种交货权是社员和合作社之间特别的双务契约,合作社根据股金的总额和合作社需要货物的总量来确定股金所代表的交易数量,社员不仅享有交货的权利,而且同时也负有交货的义务。社员必须每年按照合同的约定,以一定的质量水准向合作社交纳与股金相对应的确定数量的原料农产品,同时合作社必须收购合同约定的全部原料农产品,违约同样将受到处罚。

[2] 朱小静,唐国华."新一代合作社"的发展及其对中国合作社发展的启示[J].求实,2008(11).

[3] 马玉波,邢莹,韩玉梅.北美新一代合作社经验对中国林业合作社发展的启示[J].林业经济问题,2011(3).

[4] 《农民专业合作社登记管理条例》第8条规定:"农民专业合作社成员可以用货币出资,也可以用实物、知识产权等能够用货币估价并可以依法转让的非货币财产作价出资。成员以非货币财产出资的,由全体成员评估作价。"

关。法定最低注册资本与法定验资制度价值功能不同,法定最低注册资本是市场准入门槛,符合条件的经济组织才能成为交易主体,而法定验资制度是确保资本的真实性,防范虚假出资,这是成员享有有限责任之特殊利益的代价,旨在确保农民专业合作社享有真正的独立的法人财产权,以对第三人之利益形成一定程度的制度保障。

当成员采用契约性联合或联盟形式进行互助合作时,这种松散的联合并未形成独立的团体人格,此时成员不失其为合作而投入的财产权实属当然。当人们以合作社形式进行互助合作,这种联合是以合作社法人之独立团体人格形式出现的,如果立法者又为法人成员配以有限责任,并为法人配以独立责任,那么成员须让渡其所投入之财产权,而合作社享有法人财产权便是当然的逻辑结果。当法人独立财产权和成员有限责任成为现实时,第三人利益保护之规则应当在立法上有所体现。

集体经营性建设用地"同等入市"的法制革新*

中共中央十八届三中全会作出的《中共中央关于全面深化改革若干重大问题的决定》（简称《决定》）在"加快完善现代市场体系"部分指出："建立城乡统一的建设用地市场。在符合规划和用途管制前提下，允许农村集体经营性建设用地出让、租赁、入股，实行与国有土地同等入市、同权同价。"这是我国执政党在这份全面深化改革的纲领性文件中对集体建设用地"入市"提出的改革目标。这一目标的实现，无疑有赖于一系列改革措施的协同推进，而相关法律制度的供给，则是实现这一目标的基本条件。然而，考察我国现行相关法制则不难发现，其不但不能为集体经营性建设用地"同等入市、同权同价"提供法律保障，反而对其持否定立场，因而成为此项改革急需克服的障碍。本文拟从集体建设经营性用地入市——集体经营性建设用地使用权流转②的法律意蕴入手，分析其现实境遇和制度障碍，总结相关改革实践经验，并提出若干法制革新建议。

一、集体经营性建设用地使用权流转的法律意蕴和现实境遇

我国实行土地用途管制制度，根据土地用途的不同，将其划分为农用地、建设用地和未利用地（《土地管理法》第4条）。此种划分是通过国家编制土地利用总体规划来实现的，无论是国有土地还是农民集体所有的土地，均实行严格的规划用途管制。《土地管理法》第4条将建设用地定义为"建造建筑物、构筑物的土地，包括城乡住宅和公共设施用地、工矿用地、交通水利设施用地、旅游用地、军事设施用地等"。作为本文的讨论对象，即《决定》所称的"集体经营性建设用地"乃"集体建设用地"的下位概念，是指具有生产经营性质的集体建设用地，亦即乡（镇）土地利用总体规划确定的农村集体经济组织用于兴办乡（镇）企业或者以土地使用权入股、联营等形式与其他单位、个人共同举办企业的集体建设用地（已得到现行法的肯认），以及直接用于商品房开发建设的集体土地（尚未得到现行法的肯认）。由此，

---

* 载于《中国法学》2015年第2期。

② "流转"一词本属政策话语，但我国有关土地承包经营权的立法文本中采用了这一用语，并为学界援用。参见武亦文."流转"训诂——以土地承包经营权制度为对象[J].河南政法管理干部学院学报，2010（5）.

"集体经营性建设用地"得以与"村民住宅建设用地"（宅基地）和"乡（镇）村公共设施和公益事业用地"相区分，三者共同构成"集体建设用地"。本文所讨论的，只是《决定》所言及的"集体经营性建设用地"的"流转"问题。

"流转"一词并非传统的民法术语，其作为我国法律用语最早见于《农村土地承包法》(2002)。该法第 32 条规定："通过家庭承包取得的土地承包经营权可以依法采取转包、出租、互换、转让或者其他方式流转。"第 49 条规定："通过招标、拍卖、公开协商等方式承包农村土地，经依法登记取得土地承包经营权证或者林权证等证书的，其土地承包经营权可以依法采取转让、出租、入股、抵押或者其他方式流转。"此后，《物权法》将土地承包经营权纳入用益物权体系，并于第 128 条、第 133 条分别对通过家庭承包和通过招标、拍卖、公开协商等方式取得的土地承包经营权流转作了规定。可见，"土地承包经营权流转"一词作为立法用语，涵摄了除产生、消灭以外的土地承包经营权的多种市场流通形式（值得注意的是，《物权法》第 128 条并未将"出租"纳入土地承包经营权流转方式的列示范围）。依其法律效果的不同，可将土地承包经营权流转区分为"物权性流转"与"债权性流转"，前者包括转让、互换、入股、抵押等，后者包括转包、出租等。

对于同为用益物权的建设用地使用权，《物权法》并未采用"流转"一词，仅规定："建设用地使用权人有权将建设用地使用权转让、互换、出资、赠与或者抵押，但法律另有规定的除外。"（第 143 条）但我国立法机关主持《物权法》起草工作的有关人士认为，本条是关于建设用地使用权流转方式的规定。[①] 对此，有学者概称为"建设用地使用权流转"，[②]也有人称为"建设用地使用权的处分"[③]。当下，"集体建设用地使用权流转"已成为法学研究中的习用术语。[④] 本文也采用"集体经营性建设用地使用权流转"这一用语，指代包括《决定》所称"出让、租赁、入股"及《物权法》第 143 条所称"转让、互换、出资、赠与或者抵押"在内的集体经营性建设用地使用权"入市"（"物权性流转"和"债权性流转"）的各种形态。

推进集体经营性建设用地使用权依法流转，是全面深化改革、让市场在资源配置上起决定作用、完善社会主义市场经济体系的必然要求，是转变"征收思维"、摆脱"征收依赖"、全面推进新型城镇化建设的客观需要，是集体土地所有权物权属性与权能构造的应有之义，也是集体土地所有权与国家土地所有权"同权同构"的内在要求，[⑤]具有重大的时代意义。然而，在集体经营性建设用地使用权流转的现实需求面前，我国现行立法却不能提供有效的制度供给。集体经营性建设用地流转所面临的法律困境主要表现在：

① 王胜明，主编.《中华人民共和国物权法》解读[M].北京：中国法制出版社,2007:312.
② 尹飞.物权法·用益物权[M].北京：中国法制出版社,2005:174.
③ 孙宪忠，主编.中华人民共和国物权法：原理释义和立法解读[M].北京：经济管理出版社,2008:372.
④ 韩松.新农村建设中土地流转的现实问题及其对策[J].中国法学,2012(2);陈小君.构筑土地制度改革中集体建设用地的新规则体系[J].法学家,2014(2).
⑤ 韩松.集体建设用地市场配置的法律问题研究[J].中国法学,2008(3).

（一）集体建设用地"使用权"未获正名

所谓土地"入市"或流转，从法律意义上说就是土地权利（或权能）的流转，在我国现行体制下只能是"土地使用权"（或其权能）的流转（如国有土地上"建设用地使用权"流转）。因此，集体经营性建设用地流转的前提是"集体建设用地使用权"的法律赋权。然而，在我国物权体系中是否存在"集体建设用地使用权"却不无疑问。

在我国《物权法》中，作为用益物权的"建设用地使用权"是权利人"依法对国家所有的土地享有占有、使用和收益的权利"（《物权法》第135条），其客体被限定为"国家所有的土地"而不包含集体所有土地中的建设用地；对于后者，《物权法》第151条仅规定，"集体所有的土地作为建设用地的，应当依照土地管理法等法律规定办理"。可见，尽管一些学者认为建设用地使用权的客体可以是国有土地，也可以是集体所有的土地，进而将建设用地使用权分为国有建设用地使用权和集体所有土地的建设用地使用权，①但从文义上解释，《物权法》并未明确地将集体建设用地纳入"建设用地使用权"这一用益物权的范畴。② 对于《物权法》的这一安排，相关人士给出了以下两个理由：一是时机不成熟。我国土地制度改革正在深化，各地情况差异较大，土地行政主管部门正在进行集体建设用地制度的改革试点，尚待总结实践经验。二是现行法律法规对集体所有的土地作为建设用地作了限制性规定，即使《物权法》将集体所有的土地纳入建设用地使用权范畴，集体土地使用权作为用益物权的属性也是不完整的，因此改变现行集体所有的土地作为建设用地的制度模式，有待《土地管理法》等有关法律的修订。《物权法》的这一规定，为今后土地制度改革留下了空间。③

不过，《物权法》的这一含糊性规定却与集体建设用地的实际状况发生了脱节——集体土地作为建设用地是一种客观存在，《土地管理法》、《物权法》和相关行政规章也已在特定条件下承认"集体建设用地使用权"。如《土地管理法》第11条第2款规定："农民集体所有的土地依法用于非农业建设的，由县级人民政府登记造册，核发证书，确认建设用地使用权"；第43条第1款规定："任何单位和个人进行建设，需要使用土地的，必须依法申请使用国有土地；但是，兴办乡镇企业和村民建设住宅依法批准使用本集体经济组织农民集体所有土地的，或者乡镇、村公共设施和公益事业建设经依法批准使用农民集体所有土地的除外"，其但书部分明确了集体建设用地的范围。在此基础上，"集体建设用地使用权"被纳入土地管理

---

① 王利明，等.中国物权法教程[M].北京：人民法院出版社，2007：326；崔建远.物权法[M].北京：中国人民大学出版社，2011：284.

② 也有学者认为，从《物权法》第51条及《土地管理法》第43条第1款后半部分的规定来看，建设用地使用权客体并非仅限于国有土地，在特殊情况下，在农村集体所有的土地上也可以直接取得建设用地使用权。参见孙宪忠，主编.中华人民共和国物权法：原理释义和立法解读[M].北京：经济管理出版社，2008（359）.另有学者认为，《物权法》第151条之规定，表明其已将集体建设用地纳入"建设用地使用权"概念中，只是其通过转介条款将规制依据指向公法性质的土地管理法，冲淡了该权利的私权属性。参见陈小君，等.后农业税时代农地权利体系与运行机理研究论纲[J].法律科学，2010（1）.

③ 王胜明，主编.中华人民共和国物权法解读[M].北京：中国法制出版社，2007：327；黄松有，主编.中华人民共和国物权法条文理解与适用[M].北京：人民法院出版社，2007：545.

的范围,如《土地管理法》第 60 条第 1 款规定:"农村集体经济组织使用乡(镇)土地利用总体规划确定的建设用地兴办企业或者与其他单位、个人以土地使用权入股、联营等形式共同举办企业的,应当持有关批准文件,向县级以上地方人民政府土地行政主管部门提出申请,按照省、自治区、直辖市规定的批准权限,由县级以上地方人民政府批准;其中,涉及占用农用地的,依照本法第四十四条的规定办理审批手续";《土地登记办法》第 2 条第 2 款规定,"……集体土地使用权,包括集体建设用地使用权、宅基地使用权和集体农用地使用权(不含土地承包经营权)"。无独有偶,《物权法》第 183 条也规定,"乡镇、村企业的建设用地使用权不得单独抵押。以乡镇、村企业的厂房等建筑物抵押的其占用范围内的集体建设用地使用权一并抵押",从而将合法取得的"集体建设用地使用权"纳入抵押权客体范围。

与此同时,在城市化建设进程中,部分省市开展了集体建设用地流转试点,相关地方法规中也确立了"集体建设用地使用权"概念及其流转规则,如《广东省集体建设用地使用权流转管理办法》(2005 年 6 月)、《湖北省农民集体所有建设用地使用权流转管理试行办法》(2006 年 11 月)、《河北省集体建设用地使用权流转管理办法(试行)》(2008 年 10 月)、《南京市集体建设用地使用权流转管理办法》(2011 年 4 月)等。

以上考察表明,尽管《物权法》对其用益物权性质语焉不详,"集体建设用地使用权"作为一种"事实物权"[①]是客观存在的,集体经营性建设用地使用权在相关立法中也有所依归,我国《物权法》将其排斥于"建设用地使用权"概念之外,实为重大立法漏洞。

(二)集体经营性建设用地使用权流转未得到一般性承认

作为一种未获得《物权法》肯认的"事实物权",集体经营性建设用地使用权流转虽未被禁绝,但却没有得到一般性认可。首先,从流转客体来看,根据《土地管理法》第 60 条的规定,只有农村集体经济组织兴办的乡镇企业和农村集体经济组织与其他单位、个人以土地使用权入股、联营等形式共同举办的乡镇企业才能经依法批准使用集体经营性建设用地,所谓"集体经营性建设用地使用权流转"也以此类建设用地为限;其次,从流转方式来看,前述集体经营性建设用地使用权不得自主流转和单独处分,只有在特定条件下才能发生被动移转。《土地管理法》第 63 条规定:"农民集体所有的土地的使用权不得出让、转让或者出租用于非农业建设;但是,符合土地利用总体规划并依法取得建设用地的企业,因破产、兼并等情形致使土地使用权发生移转的除外。"《物权法》第 183 条规定:"乡镇、村企业的建设用地使用权不得单独抵押。以乡镇、村企业的厂房等建筑物抵押的,其占用范围内的集体建设用地使用权一并抵押。"上述规定表明,我国现行立法并未从一般意义上承认集体经营性建设用地使用权流转的合法性,反而采取了"一般性禁止"的立场,从而关闭了集体经营性建设用地使用权直接"入市"的大门。然而,上述部分省市开展的集体建设用地流转试点,却突破了国家立法层面的这一立场,从而出现了改革先行、立法滞后的局面,形成了改革与法治的抵牾。

---

① "事实物权"系指未以法定公示方法表征而由真正权利人实际享有的物权。参见孙宪忠,常鹏翱.论法律物权与事实物权的区分[J].法学研究,2001(5).

（三）"小产权房"屡禁不绝，行政、司法无能为力

由于现行立法不允许集体建设用地入市流转，加之建设于国有土地上的城市商品房价格居高不下，为满足城镇居民的购房需求，一种建设于集体建设用地之上、售价低于普通商品房、购房者不能获得国家建设主管部门颁发的房屋所有权证而只能由当地乡、镇政府甚至村集体自制颁发"产权证"的"小产权房"应运而生。[1] 虽然国家建设主管部门一再宣称"小产权房"不受法律保护，并采取了一些遏制措施，[2]但是其仍在买卖双方的利益驱动下禁而不止，形成了巨大的存量和市场份额。对于"小产权房"交易，各地审判机关一般认定为无效，[3]但也不乏作出有效认定的案例。[4] 有人认为，应当对"小产权房"进行分类，不宜一概认定为无效。[5] 由此可见，对于"小产权房"买卖合同之效力判定，现行法律并不能提供明确的裁判依据。有学者通过对"小产权房"问题的现状、成因和引发的社会矛盾的分析，提出了有条件承认其合法地位的主张。[6] 笔者认为，"小产权房"已成为我国现阶段一种体量巨大的事实意义上的"财产"，不能简单地依据现行立法或政策"一禁了之"，而必须从更深层意义上解释"小产权房"现象，并通过理论突破和法制革新寻求解决之道。

二、集体经营性建设用地流转的制度障碍：宪法第 10 条及其体系效应

我国《宪法》（1982 年）第 10 条规定："城市的土地属于国家所有。""农村和城市郊区的土

---

① 广义的"小产权房"可分为两种：一种是农民集体成员在其合法取得的宅基地上建造用于出售的房屋；另一种是在集体建设用地上几种进行房地产开发所形成的"销售型小产权房"。本文系指后者而言。

② 例如，2012 年 8 月 8 日，国土资源部办公厅、住房城乡建设部办公厅专门下发《关于坚决遏制违法建设、销售"小产权房"的通知》；2013 年 11 月 22 日，前述部门再次下发《关于坚决遏制违法建设、销售"小产权房"的紧急通知》（以下简称《紧急通知》）。《紧急通知》指出："建设、销售'小产权房'，严重违反土地和城乡建设管理法律法规，不符合土地利用总体规划和城乡建设规划，不符合土地用途管制制度，冲击了耕地保护红线，扰乱了土地市场和房地产市场秩序，损害了群众利益，影响了新型城镇化和新农村建设的健康发展，建设、销售和购买'小产权房'均不受法律保护。"《紧急通知》要求，各级国土资源和住房城乡建设主管部门要按照通知要求，对在建、在售的"小产权房"坚决叫停，严肃查处，对顶风违法建设、销售，造成恶劣影响的"小产权房"案件，要公开曝光，挂牌督办，严肃查处，坚决拆除一批，教育一片，发挥警示和震慑作用。

③ 如海南省高级人民法院于 2011 年下发的《关于办理商品房买卖合同纠纷案件的指导意见》中规定"城镇居民就农村集体土地上修建的小产权房与他人所签订的买卖合同无效，由此而造成的损失由双方按过错责任大小分担"；山东省高级人民法院于 2011 年 11 月 30 日下发的《全省民事审判工作会议纪要》中亦明确"对于因买卖在集体所有的土地上开发的小产权房而引发的纠纷案件，要严格贯彻国家的公共政策和诚信交易秩序，依法确认小产权房买卖合同无效，并通过出卖人承担缔约过失责任等方式避免当事人之间利益关系失衡"；北京市高级人民法院民一庭针对小产权房的买卖问题于 2013 年 12 月 23 日下发《关于对涉及"小产权"房屋买卖合同纠纷案件慎重处理的通知》，要求各级法院民庭对于已经受理的相关案件，应当高度重视，妥善处理，在相关法律政策尚未出台前，不应以判决方式认定"小产权"房屋买卖合同有效。

④ 候孟君.对北京市门头沟区法院判决小产权房买卖合同有效案的分析[J].知识经济，2014(12).

⑤ 陈耀东，吴彬."小产权"房及其买卖的法律困境与解决[J].法学论坛，2010(1).

⑥ 马俊驹，王彦.解决小产权房的理论突破和法律路径[J].法学评论，2014(2).

地,除由法律规定属于国家所有的以外,属于集体所有;宅基地和自留地、自留山,也属于集体所有。"上述规定,从根本大法层面上确立了我国土地的公有制和土地所有权的"二分法"。其中,"城市的土地属于国家所有"之规定在立法上产生了深刻的体系效应:

(一)以城、乡之分界定土地所有权归属

在"城市土地属于国家所有"的原则下,若农村成为城市规划区并实行全员"农转非",原集体所有土地即随之成为国有土地。如《土地管理法实施条例》第2条规定:"农村集体经济组织全部成员转为城镇居民的,原属于集体成员集体所有的归全民所有即国家所有。"原国家土地管理局发布的《确认土地所有权和使用权的若干规定》第10条规定:"因国家建设征用土地,农民集体建制被撤销或其人口全部转为非农业人口,其未经征用的土地,归国家所有。"《土地登记规则》第53条规定:"集体所有的土地依法被全部征用或者农村集体经济组织所属成员依法转为城镇居民的,应当在集体土地被全部征用或者办理农转非的同时,注销集体土地所有权登记。"2004年6月,深圳市人民政府颁布《深圳市宝安龙岗两区城市化土地管理办法》(以下简称《办法》),该《办法》第2条明确规定:"根据《中华人民共和国土地管理法实施条例》的相关规定,两区农村集体经济组织全部成员转为城镇居民后,原属于其成员集体所有的土地属于国家所有",并颁布了《深圳市宝安龙岗两区城市化集体土地转为国有土地适当补偿标准》、《深圳市宝安龙岗两区城市化集体土地转为国有土地实施程序规定》和《圳市宝安龙岗两区城市化土地储备管理办法》,开展了大规模的土地"集体转国有"行动;湖北、海南、南京、郑州、石家庄等地方文件也明确规定进入城市的集体土地应当转变为国家所有。

(二)集体土地作为建设用地,仅限于兴办乡镇企业、村民建设住宅和乡镇、村公共设施和公益事业建设,集体所有土地被剥夺了成为城市建设用地的资格

前文所引《土地管理法》第43条、第63条之规定,均彰显了这一立法主张。《城市房地产管理法》第9条也规定:"城市规划区内的集体所有的土地,经依法征用转为国有土地后,该幅国有土地的使用权方可有偿出让。"上述规定表明,在"城市土地属于国家所有"的宪法原则下,城市建设用地以国有土地为限,由国家垄断建设用地出让一级市场,集体土地(使用权)不具有直接"入市"的法律资格。

现行宪法规定"城市土地属于国家所有",是土地公有制和土地所有权"二分法"的一时之选。资料表明,将城市土地收归国有本属"文革"产物,在1982年的宪法修改过程中,修宪机关并没有认真讨论"城市的土地属于国家所有"这一主张的正当性,而是以国家发展需要为由,将这一"文革遗产"宪法化,为之后中国城市化的健康发展和社会的和谐稳定埋下了隐患。[①] 如此规定,既不符合客观实际,也不符合现代法治理念。

其一,"城市土地"是一个动态发展的概念,笼统规定为"国家所有"不符合现代法治原则和物权法精神。如果说"城市土地属于国家所有"的规定只是为了宣告当时城市土地的国有

---

① 程雪阳.城市土地国有规定的由来:1982年宪法讨论记录[J].炎黄春秋,2013(6).

化并划定国有土地与集体土地的界线,作为一种国家行为也许无可厚非,但若从立法上一般性地宣示"城市土地属于国家所有",则意味着无论是当时的城市土地还是将来的城市土地都只能属于国家所有,从而将以后"进入"城市的集体土地"概括国有化",[①]则违背了现代法治原则和物权法精神。在现代法治国家,国有化是一种极其个别的现象(主要适用于国际经济法领域,针对外国投资实施),[②]它不但应当符合严格的条件(如公共利益)和程序,并且只能具体、个别地实施,而不能通过立宪的方式对某一类财产实行普遍的、不限时的国有化。随着我国《物权法》的颁行,这一理念尤其应当得到彰显。《物权法》对国家、集体和私人财产实行平等保护,征收是国家取得集体土地的唯一合法方式,城市土地"概括国有化"的做法与物权法精神严重相悖,若仍坚守《宪法》第 10 条并适用《土地管理法实施条例》的相关规定,《物权法》的规定将形同虚设。

其二,"城市土地属于国家所有"与我国城市化进程中城市土地权属的实际状况存在严重脱节。城市是"活体物",会因其发展或衰落而扩大或缩小,即城市的市区和边界是不断变化的。[③] 我国 30 多年的经济发展历程,在很大程度上就是一个城市扩张的过程。城市规模的扩张,主要采取"征地"手段,即通过征收将划入城市规划区的集体土地转变为国有土地,继而开展城市建设。然而,由于种种原因,一些城市在急剧扩张的过程中并没有实现集体土地征收的全面覆盖或整体推进,因而形成了大量的"城中村"现象,即某一区域虽被纳入城市规划区甚至处于国有土地上建成的城市功能区的包围之中,但其土地一直未完成"国有化"程序,仍由农民集体所有和经营管理,但其功能已与其他城市土地基本无异。"城中村"的大量和长期存在(仅广州市的"城中村"改造项目,就涉及到 100 余个"城中村"),使"城市土地属于国家所有"这一宪法规定与现实严重脱节,其规范效力和权威大打折扣。

三、集体经营性建设用地入市流转改革实践之检视

尽管现行法律法规对集体经营性建设用地流转采取了一般禁止立场,但出于推进经济发展和城镇化建设的需要,在国家有关部门支持和推动下,一些地方政府突破《土地管理法》等法律法规的规定,通过规范性文件指引,开展了集体建设用地中使用权流转的改革尝试。例如,苏州市人民政府早在 1996 年就制定了《苏州市农村集体存量建设用地使用权流转管理暂行办法》,开创了集体建设用地依法有序流转的先河。[④] 1999 年,国土资源部将安徽芜

---

① 其特点在于:(1)发生在城市化过程中;(2)不按土地征收制度进行;(3)最终是通过社区性质变更实现的。参见陈甦.城市化过程中集体土地的概括国有化[J].法学研究,2000(3).

② 李斌.论国有化补偿的宪法保障——兼评我国《宪法》第 22 条修正案之缺陷[J].南京大学法律评论,2006(25).

③ 陈甦.城市化过程中集体土地的概括国有化[J].法学研究,2000(3).

④ 姜爱林,等."苏州式流转"评说——关于苏州市集体建设用地流转制度创新的若干理论思考[J].中国土地,2000(11).

湖作为农民集体建设用地使用权流转的第一个试点地区,出台了《芜湖市农民集体非农建设用地使用权流转管理办法》。此后,国土资源部又将上海、深圳、杭州、安阳等列为集体建设用地流转试点地区。2001 年国土资源部先后两次召开土地制度创新座谈会,会议明确指出,无论是否国家正式确定的试点地区,都可以进行集体建设用地流转试点。至此,集体建设用地使用权流转获得了中央政府主管部门政策层面的全面肯定。随后,安徽、河南、广东、湖北、河北、海南及大连、成都、昆明、南京、杭州等省、市人民政府先后颁行规范性文件,集体建设用地使用权流转的改革实践在全国范围内展开。

从各试点省市办法的相关规范性文件中,可归纳出此项改革试点的基本内容:

(一)流转范围

各试点地区的规范性文件对集体建设用地的流转范围的规定不尽相同。有的地区将集体建设用地流转范围限定在城镇规划区外,城镇规划区内的集体建设用地必须由国家征收后方可出让,如河北,①有的地区甚至将流转范围限定在特定的试点乡镇,如安徽;②有的规范性文件则赋予城镇规划区内外的集体建设用地相同的法律地位,即无论在城镇规划区内还是在规划区外,集体建设用地使用权均可流转,如河南、湖北。③ 值得注意的是,对于集体建设用地进入房地产市场,各试点地区均持否定态度,即明确规定"集体建设用地不得用于商品房地产开发建设和住宅建设"④。

(二)流转方式

根据现行法律规定,集体建设用地使用权只能在企业破产、兼并、房屋抵押等情形下被动流转;各试点地区的规范性文件突破了这一限制,规定了出让、出租、转让、转租、抵押、入股、联营等多种流转方式,但对各种流转方式的界定并不完全一致。如广东省有关规定对出让和转让作了区分(分别指称集体建设用地使用权初次设定和再转移),而大连市相关规定则将二者统称为"转让";⑤依广东省有关规定出租人既包括集体土地所有者也包括集体建设用地使用权人,而成都则仅指集体土地所有者;⑥对于集体建设用地使用权的出资入股、联营等流转方式,有的规范性文件将其作为出让的具体形式(如广东),有的则将其与出让并列(如湖北、河北等)。

---

① 《河北省集体建设用地使用权流转管理办法(试行)》第 2 条。

② 《安徽省集体建设用地有偿使用和使用权流转试行办法》第 2 条。

③ 《河南省农民集体所有建设用地使用权流转管理若干意见》第 3 条、《湖北农民集体所有建设用地使用权流转管理试行办法》第 4 条。

④ 《广东省集体所有建设用地使用权流转管理办法》第 5 条、《湖北农民集体所有建设用地使用权流转管理试行办法》第 5 条。

⑤ 《广东省集体所有建设用地使用权流转管理办法》第 12 条第 1 款、《大连市集体建设用地使用权流转管理暂行办法》第 8 条。

⑥ 《广东省集体所有建设用地使用权流转管理办法》第 12 条第 2 款、《成都市集体建设用地使用权流转管理办法(试行)》第 15 条。

（三）流转程序

集体建设用地使用权的流转程序因具体流转方式的不同而存在差异。集体建设用地使用权出让是一种设权行为，其基本程序为土地所有人与使用人达成出让合意（出让合同）并办理登记。作为一种集体财产处分行为，集体建设用地使用权出让应体现集体成员的共同（集体）意志，即由集体成员多数决方式决定。如广东省、安徽省的有关文件均规定，出让集体建设用地使用权须经本集体成员的村民会议 2/3 以上成员或者以上村民代表同意；乡镇农民集体所有的土地由乡镇集体经济组织负责经营管理（包括出让——作者按），没有乡镇集体经济组织的，由乡镇人民政府负责经营和管理。[1] 关于集体建设用地使用权转让，有的试点省市参照《城市房地产管理法》第 39 条之规定附加了一定的限制条件，权利人已投入一定比例（25％以上）的开发资金或已完成一定比例（1/3 以上）面积的开发，如安徽省、河北省，[2] 有的则未设这一限制（如广东）。对于集体建设用地使用权出让、转让、抵押，有的试点省市规定须报经当地人民政府土地行政主管部门审核，由本级人民政府批准，如安徽省、河北省，[3] 有的则没有为集体建设用地使用权流转设置审批程序，如广东省。[4]

（四）流转价格与收益分配

各试点地区均对集体建设用地使用权的出让实行价格管制，但管制力度有所不同。有的试点地区为集体建设用地使用权的出让确立了基准价格或者最低价格标准，如广东省、湖北省；[5] 有的规定集体建设用地使用权出让价格可以参照土地的征收价格，如河北省；[6] 有的则规定，应由具有土地评估资格的评估机构进行地价评估，依评估价格签订集体建设用地有偿使用合同。[7] 在流转收益分配方面，有的试点地区规定集体建设用地所有者出让集体建设用地使用权所取得的土地收益应当纳入农村集体财产统一管理，其中50％以上应当存入银行（农村信用社）专户，专款用于本集体经济组织成员的社会保障安排；[8] 有的则规定，土地所有者应当在办理建设用地审批手续时，按照土地出让金或者标定地价的10％向市、县人民政府缴纳土地增值收益。[9] 集体建设用地使用权流转势必涉及对原土地使用人的补偿问题，但

---

① 《广东省集体所有建设用地使用权流转管理办法》第 7 条、《安徽省集体建设用地有偿使用和使用权流转试行办法》第 12 条。

② 《安徽省集体建设用地有偿使用和使用权流转试行办法》第 21 条，《河北省集体建设用地使用权流转管理办法（试行）》第 18 条。

③ 《安徽省集体建设用地有偿使用和使用权流转试行办法》第 14 条，《河北省集体建设用地使用权流转管理办法（试行）》第 11 条。

④ 《广东省集体所有建设用地使用权流转管理办法》第 14 条。

⑤ 《广东省集体所有建设用地使用权流转管理办法》第 27 条，《湖北农民集体所有建设用地使用权流转管理试行办法》第 12 条。

⑥ 《河北省集体建设用地使用权流转管理办法（试行）》第 10 条。

⑦ 《安徽省集体建设用地有偿使用和使用权流转试行办法》第 13 条。

⑧ 《广东省集体所有建设用地使用权流转管理办法》第 25 条。

⑨ 《安徽省集体建设用地有偿使用和使用权流转试行办法》第 31 条。

仅有个别试点地区对此问题作了规定。①

有关集体建设用地使用权流转的地方改革实践,突破了《土地管理法》、《城市房地产管理法》等相关法律的规定,扩大了集体建设用地使用权流转的范围,实现了集体建设用地使用权流转方式的多样化,在集体建设用地使用权流转程序和流转价格形成与收益分配机制方面也进行了大胆的探索,为在全国范围内建立集体建设用地使用权流转制度积累了宝贵的经验。然而,由于主观认识和客观条件的制约,各地进行的此项改革试点也存在一定的局限性。其一,流转范围过窄。有的地区将集体建设用地使用权流转范围限定在城镇规划区外,甚至限定在特定的试点乡镇,并且一概禁止集体建设用地用于房地产开发和住宅建设,这与"同等入市、同地同权"的要求相距甚远。其二,流转方式层次不清。集体建设用地使用权流转包括物权性流转和债权性流转,二者在成立方式和效力方面均存在差别。各试点地区规范性文件规定的集体建设用地使用权流转方式包括出让、出租、转让、转租和抵押,未对集体建设用地使用权的物权性流转和债权性流转作出区分(如广东省规定,无论是集体建设用地使用权出让还是出租,当事人均应办理土地登记并领取权属证明),这不但不符合民法原理,而且可能导致法律适用的困难。其三,流转程序存在瑕疵。如一些试点地区规范性文件规定,出让乡镇农民集体建设用地无须集体成员表决,乡镇集体经济组织或者乡镇人民政府即可作出决定,这与村集体建设用地使用权出让所采取的集体成员多数决程序明显背离;各试点地区对集体建设用地流转的规定基本没有考虑被流转集体土地的利用状况,忽视了相关用益物权人的意愿。其四,收益分配机制不完善。除个别省市(如广东省、安徽省)作出原则性规定外,各试点地区并未就集体建设用地使用权流转收益分配确立具体规则,集体成员和用益物权人权益缺乏有效保障;有的试点地区(如广东省)虽明确规定国家不能参加集体建设用地流转收入的分配,但规定集体建设用地使用权出让应"依法缴纳有关税费",其确定性和正当性均值得检讨。

四、集体经营性建设用地"同等入市"的法制因应

上文的分析表明,对于集体建设用地"同等入市",我国现行立法不但不能实现必要的制度供给,相反却设置了种种制度障碍。因此,若要实现这一改革目标,相关法制的革新势在必行。地方的改革试点实践,也形成了对国家层面相关法制变革的"倒逼"之势,并提供了宝贵的经验。笔者认为,为实现集体经营性建设用地"同等入市",应从以下几个方面提供法制保障:

(一)明确"集体建设用地使用权"的用益物权地位

只有集体建设用地使用人对集体建设用地享有法律意义上的支配权,集体建设用地才能"入市"(流转);因此,集体建设用地使用权的"物权化",是集体建设用地"同等入市"的前

---

① 《安徽省集体建设用地有偿使用和使用权流转试行办法》条 15 条。

提。依物权法定原则,物权的种类和内容由法律规定,然而我国立法者在制定《物权法》时认为我国土地制度改革正在深化,各地的情况差异较大,一些正在进行的试点和研究尚待总结经验,作出规定的时机还不成熟,①于是《物权法》并未将集体建设用地纳入"建设用地使用权"这一用益物权的范畴,因此集体建设用地使用权尚不属于《物权法》上的物权;《土地管理法》虽对集体建设用地采用了"建设用地使用权"之称谓,但其并非赋权性规范,该项"建设用地使用权"也因内容规定之缺失而成为一个空洞的概念,不能定性为一种真正的物权。总之,集体建设用地使用权的"物权化",在我国仍是一项未完成的立法任务。为此,须对《物权法》作出适当的修改,即将集体建设用地使用权纳入"建设用地使用权"范畴(而不是另立类型),从而实现国有和集体两类建设用地的"同地同权"。农民集体建设用地也适用土地所有权和建设用地使用权相分离的原则。集体建设用地所有者只是保留收租权(部分收益权)和回收权(部分处分权),其余针对集体建设用地的占有、使用、收益和处分的权利均归属于集体建设用地使用权人。② 具体而言,《物权法》第135条可修改为:"建设用地使用权人依法对国家所有或集体所有的土地享有占有、使用和收益的权利,有权利用该土地建造建筑物、构筑物及其附属设施。"若考虑到《物权法》的修改短期内难以启动,可借《土地管理法》修改之机,在该法中明确集体建设用地使用权的物权属性。③

(二)排除集体经营性建设用地(使用权)流转的法律障碍

1.宪法困境之纾解。针对《宪法》第10条第1款规定所带来的实践困境,学界存在"释宪"和"修宪"两种解决思路。一些学者从宪法解释的方向寻求出路,即通过对"城市土地"和"国家所有"作限缩性解释,消解该款规定与现实需要之间的冲突。如有人认为,《宪法》第10条第1款所规定的"城市"只包括1982年修宪时既有城市范围内的土地,而不包括之后新建的城市以及因为既有城市扩张而新被纳入城市范围内的土地;1982年宪法颁布以后被划归城市规划区的土地,必须经过征收才可以转变为国有土地。④ 另有学者对此处的"国家所有"提出了新解,认为城市土地的"国家所有"只能是一种名义性所有权,《宪法》第10条并未剥夺私人或企事业单位原先对城市土地的实际占有权与使用权,城市土地"国有化"并没有让政府对已经合法占用的土地获得所有权。⑤ 还有学者从法律规范的规范模态词类型入手,认

① 全国人大常委会法制工作委员会民法室.《中华人民共和国物权法》条文说明、立法理由及相关规定[M].北京:北京大学出版社,2007:151.
② 莳荣华.我国农村集体土地流转制度研究[M].北京:北京大学出版社,2010:146.
③ 也有学者主张,在《物权法》没有规定的情况下,应通过立法解释明确集体建设用地使用权是设定在集体所有土地上的一种权利类型,是用益物权的一种,除法律法规另有规定外,可准用《物权法》第12章关于"建设用地使用权"之规定。参见陈小君.构筑土地制度改革中集体建设用地的新规则体系[J].法学家,2014(2).
④ 杨俊锋.现行城市土地制度的来龙去脉[N].南方周末,2012-7-12;陈沉.正确运用"城市土地属于国家所有"[J].资源导刊,2012(3).
⑤ 张千帆.城市土地"国家所有"的困惑与消解——重新解读《宪法》第10条[J].中国法学,2012(3).

为《宪法》第 10 条第 1 款应当解释为"城市土地可以属于国家所有"。[①]

笔者认为,虽然上述解释用心良苦,但是其观点却值得商榷。其一,以"修宪时"解释"城市土地",偏离了法律解释的首要方法——文义解释——的基本要求。在法条本身未作特别限定的情况下,对"城市土地属于国家所有"只能依其正常文义作出解释,即:本法实施后,所有的城市土地(包括现有的城市土地以及将来的城市土地)均属于国家所有;以"修宪时"作为"城市土地"的应有之义,实为对这一宪法条文的明显曲解。将"城市土地属于国家所有"解释为"城市土地可以属于国家所有",也明显溢出了该款规定的一般文义。其二,《宪法》第 10 条"并未剥夺私人或企事业单位原先对城市土地的实际占有权与使用权"诚属事实,但依此得出该条"并没有让政府对已经合法占用的土地获得所有权"或城市土地的国家所有"只能是一种名义性所有权"的结论则有失偏颇。首先,所有权与占有、使用权并非同一个概念,《宪法》第 10 条宣示城市土地属于国家所有即意味着城市土地的原所有人丧失了土地所有权——占有、使用权并不能代表所有权,而国家则取得了对城市土地的终极支配权(如收回、划拨)。其次,《宪法》第 10 条除规定"城市土地属于国家所有"外,还规定"农村和城市郊区的土地属于集体所有",依体系解释,不能支持前者属于"名义性所有权"而后者为"实质性所有权"的结论;不唯如此,除《宪法》外,《土地管理法》和《物权法》均重申了"城市土地属于国家所有"之规定,难道《物权法》上的国家所有权也是一种"名义性所有权"? 故此,对《宪法》第 10 条所规定的"国家所有"不宜作民法意义上所有权之外的其他解释。综上所述,对《宪法》第 10 条第 1 款规定所作的各种限缩性解释均有穿凿附会之弊。无论从这一规定的历史由来考察,还是从其文义解读,这一规定并无歧义,即:自本法生效时起,一切城市土地均属于国家所有。它既是一场无声无息的"土地革命"——一夜之间,中国城市的私人土地所有权就像没收战犯、官僚、买办资产阶级的土地一样收归国有,又是一项持续生效的城市土地国有化宣言——此后,只要某个区域被不断扩张的城市所"吸纳",该区域的集体土地都必须变为国家所有。因此笔者认为,"释宪"并非解决这一规定适用问题的可行途径,而"修宪"则是消解这一困境的必由之路(宪法的稳定性和修宪的审慎性不应当成为保留某一非正当条款的理由)。其实,对《宪法》第 10 条第 1 款规定的修正从立法技术上说并非难事,只要在现有规定的基础上为城市规划区内集体所有土地的存在保留空间,所谓"宪法困境"即可消解。具体而言,《宪法》第 10 条第 1 款可以修正为:"城市土地属于国家所有,已经属于集体所有的除外。"

2.相关法律、行政法规和规章之修订。鉴于《土地管理法》第 43 条第 1 款已成为集体经营性建设用地入市流转的主要法律障碍,在修法时该款应予废除(或修改为:"任何单位和个人进行建设需要使用土地的,必须依法申请使用国有土地或者集体建设用地");同理,《城市房地产管理法》第 9 条之规定也应废止,同时增设有关城市规划区内集体建设用地管理之规定。在此基础上,《土地管理法实施条例》《确认土地所有权和使用权的若干规定》《土地登

---

① 程雪阳.论"城市土地属于国家所有"的宪法解释[J].法制与社会发展,2014(1).

记规则》等行政法规、规章中关于集体土地"国有化"的规定也应当废除,与集体经营性建设用地流转制度目标相悖的地方法规亦应及时清除。在积极调整有关法律的同时,还可以参照国有土地使用权立法模式,制定《集体建设用地使用权流转管理条例》,对集体建设用地使用权流转的范围、条件、方式、期限等作出界定,从而使集体建设用地使用权流转有法可依。在法律法规修订、制定之前,也可以尽快出台《农村集体建设用地流转管理办法》,以规范流转交易和管理行为,促进集体建设用地使用权流转的有序进行。①

（三）构建集体经营性建设用地（使用权）流转的规则体系

集体经营性建设用地（使用权）流转规则之构建,应遵循以下基本原则:（1）维护集体土地所有权。如前文所述,集体经营性建设用地的入市流转,只能是集体土地使用权的依法流转,即集体土地所有权中占有、使用、收益权能的有期限分离,其性质属于用益物权的设立或流转,集体土地所有权并不发生转移,所有人仍对其土地享有法律规定和合同约定的权利,并得于使用权期限届至或法律规定的特殊事由发生时收回建设用地使用权。（2）服从土地用途管制。土地用途管制是我国土地管理法的一项基本原则,农地保护尤其重要,集体经营性建设用地（使用权）流转也应严格遵循这一原则。具体而言,从集体经营性建设用地的确定（规划）到集体经营性建设用地使用权的初始设立和再移转,都应服从土地用途管制要求并履行严格的审批程序。

集体经营性建设用地（使用权）流转的规则体系,应当包含以下内容:

1.流转对象与目的。在各地开展的集体建设用地使用权流转改革试点法规中,往往对集体建设用地使用权流转的对象及范围加以一定的限制,如安徽省规定集体建设用地使用权流转的范围仅限于经地方人民政府国土行政主管部门批准的试点乡（镇）,河北省规定只有城镇规划区之外的集体建设用地才能流转。集体建设用地中的经营性用地包括一切具有营利性质的用于经营用途的土地,既包括工业、商业用途,也包括商品住宅开发用途。经营性集体建设用地使用权通过出让等有偿使用方式设立,属于一种市场化程度较高的土地使用权,可以在符合法律规定的条件下自由入市流转。② 是故,笔者认为,在"同等入市"的理念下,上述试点的各种限制均无必要。集体经营性建设用地流转的对象,即土地利用总体规划和城乡、村镇土地利用规划中确定的"集体经营性建设用地",所有"集体经营性建设用地"均可依法流转。在流转目的上,也应体现其"经营性",即包括各类工商业建设和商品住宅开发建设用地,而不应设特别限制。

2.流转方式。《决定》指出,应允许农村集体经营性建设用地通过出让、租赁、入股方式流转。依"同地同权"原则,对集体经营性建设用地（使用权）的流转方式可参照现行国有建设用地使用权流转之方式作出规定。具体而言,建设用地使用权流转方式应包含初次流转与再流转、物权型流转与债权型流转。初次流转即集体经营性建设用地使用权的初次设定,

---

① 茹荣华.我国农村集体土地流转制度研究[M].北京:北京大学出版社,2010:146.

② 宋志红.集体建设用地使用权流转法律制度研究[M].北京:中国人民大学出版社,2009:162.

其性质为用益物权的创设,其方式为集体经营性建设用地使用权出让,即由集体土地所有人与集体经营性建设用地使用人订立《集体经营性建设用地使用权出让合同》,并通过登记赋予受让人集体经营性建设用地使用权,由此形成集体经营性建设用地流转一级市场。再次流转即集体经营性建设用地使用权的初始权利人将其权利让与他人或作出其他法律处分,包括转让、赠与、入股、抵押、出租等,其法律后果为物权变动(或称物权型流转,如转让、入股)或债权性让渡(或称债权型流转,如出租)。

3.流转程序。集体经营性建设用地使用权因其流转方式不同应实行不同的程序规制,但总体上均应包含决策机制、合同规范和流转登记等内容。以集体经营性建设用地使用权出让为例,结合各地试点经验,其基本程序应包括:(1)出让决议。基于集体土地所有权的团体性,集体经营性建设用地的出让应实行集体成员集体决策。一般而言,出让决议的作出必须经 2/3 本集体成员或成员代表同意。(2)出让许可。集体经营性建设用地使用权出让本属集体土地所有人自主设定土地用益物权的民事法律行为,不应受到公权力的过多干预,但基于土地规划管理、计划管理之职能,地方政府土地行政主管部门对集体经营性建设用地使用权出让实行行政许可仍属必要。出让许可由集体土地所有人持土地权属证明、出让决议等文件向土地行政主管部门申请,后者对相关资料进行审核,对于土地权属清晰、依法办理建设用地批转手续、土地用途符合规划和用地计划、土地权利行使未受到法律限制的集体经营性建设用地,应出具集体建设用地使用权出让许可文件。[①] (3)出让合同。集体土地所有人取得集体建设用地使用权出让许可文件后,应通过协议、招标、拍卖、挂牌等方式与受让方签订出让合同。[②] 集体建设用地使用权出让合同应当载明土地所有人(出让方)、土地使用人(受让方)、本宗土地位置与面积、土地用途、使用年限、使用条件、出让金及支付方式、期限届满时地上建筑物和其他附着物的处理办法、违约责任等内容。(4)登记颁证。出让合同签订后,双方当事人须在规定时间内持出让许可文件、出让合同等材料向市、县土地行政主管部门申请土地登记,由登记机关办法集体建设用地使用权证书,集体建设用地使用权自登记完成时成立。

4.流转收益分配。只有建立合理的收益分配及管理机制,才能真正达到保护农民利益、规范土地流转、优化资源配置、提高土地利用效率的目的,从而为集体经营性建设用地流转提供不竭的动力。[③] 在集体建设用地流转收益分配的制度设计中,应妥善处理以下两组关

---

① 《海南省集体建设用地使用权流转管理办法(试行)》第19条规定:"有下列情形之一的集体建设用地不得流转:(1)在城市(中心城区、县城)规划建设用地区范围内的;(2)在土地整理专项规划确定的整理项目区内未实施土地综合整理的;(3)土地权属有争议的;(4)司法机关依法裁定查封或者以其他形式限制土地权利的;(5)初次流转后,土地使用者未按流转合同约定动工建设的。"

② 《广东省集体建设用地使用权流转管理办法》第15条规定:"集体建设用地使用权出让、出租用于商业、旅游、娱乐等经营性项目的,应当参照国有土地使用权公开交易的程序和办法,通过土地交易市场招标、拍卖、挂牌等方式进行。"《湖北省农民集体所有建设用地使用权流转管理试行办法》第11条也作了相同的规定。

③ 朱列玉.农村集体所有建设用地流转法律问题[J].法学,2009(8).

系:一是集体与成员的关系。作为集体财产,流转收益的分配方案应通过集体内部民主程序决定,但应通过立法予以适当规制,以保障集体成员的合法权益。① 二是所有权人与用益物权人及其他合法使用人的关系。已设立用益物权(如土地承包经营权、宅基地使用权)或以租赁等方式授权他人使用的集体建设用地发生流转时,在收益分配上应兼顾所有人与用益物权人和其他合法使用人的利益,在合理评估的基础上对其给予公平的补偿。值得注意的是,关于政府是否应参与集体建设用地使用权流转收益的分配,学界意见不一。在实践中,江苏、安徽、广东以及河南等地相继开展了集体建设用地流转的试点工作,也出台了相关集体建设用地流转的条例或办法。在这些条例或办法中,公布了较详细的流转收益分配比例,按照分配方式也可以大致分为政府参与分配型和政府不参与分配型。② 有学者认为,地方政府不是集体建设用地使用权流转关系的当然参与者。如果地方政府参与流转收益的分配,由于收益主体和流转市场的规制主体身份合一,将引发地方政府因利益驱动,违背集体建设用地规划、突破出让计划的规制风险。政府最多只能是依据其对集体建设用地的周边市政建设投入或直接的投资关系,拥有征税权和投资收益的请求权。③ 此观点,深值赞同。在力争建立合理的收益分配及管理机制之余,还要健全流转收益分配纠纷解决机制,建立具有公信力的裁决机构,为集体建设用地相关权益人提供高效便捷、成本低廉的救济渠道。

5.流转风险防控体系。首先,严格用地审批程序。按照高效、稳定、风险抑制的要求制定标准,对参与集体建设用地流转的主体资质进行审核,并在最终的拿地环节对土地用途进行审查,确保其流转和使用符合国家政策和地区发展需要。其次,对流转进行多方监管。由政府、农户、项目代表组成监管机构,对农村集体建设用地的流转、资金运作、项目建设等进行监督管理,确保规范操作。最后,建立完善的农村社保体系。分散土地对农民的保障功能,减少农民流转土地的隐性成本,维护农村社会稳定,消除农民流转土地的潜在风险。④

(四)完善集体经营性建设用地(使用权)流转的配套制度

集体经营性建设用地(使用权)流转制度并不是孤立存在的,其有效运行除有赖于该制度本身的科学设计外,还需要相关制度的协同作用。其中最重要的有以下几个方面:

1.集体土地征收制度的改革与完善。在"城市土地属于国家所有"和"任何单位和个人进行建设,需要使用土地的,必须依法申请使用国有土地"的法制环境下,集体土地成为经营性建设用地的唯一合法途径就是土地征收,即"先征收后出让"。虽然《土地管理法》和《物权法》对土地征收都作了原则性规定,明确了"公共利益"和"补偿"这两项征收的实质条件,但是由于缺乏具体的认定标准和严格的程序规制,征收制度往往被滥用,征收土地大量用于商

---

① 《广东省集体建设用地使用权流转管理办法》第 25 条规定:"集体土地所有者出让集体建设用地使用权所取得的土地收益纳入集体财产统一管理,其中 59% 以上应当存入银行专户,专款专用于本集体经济组织成员的社会保障安排,不得挪作他用。"

② 陈健.集体建设用地流转及其收益分配机制[J].改革,2008(2).

③ 郭洁.集体建设用地使用权流转市场法律规制的实证研究[M].北京:法律出版社,2013:205—208.

④ 刘润秋,高松.农村集体建设用地流转地权的激励模式[J].财经科学,2011(2).

业开发,沦为一些地方政府推行"土地财政"、与民争利的工具。地方政府的这种利益冲动,对集体经营性建设用地"同等入市"构成了重大威胁,征收与"直接入市"将形成此消彼长的关系。集体建设用地使用制度改革的主流方向是彻底改变目前的征地供给模式,允许集体建设用地在不改变所有权的前提下直接进行市场化的流转,以市场化的方式使用集体建设用地。理想的状况是,征地的范围严格限制在公共利益目的范围内;公共利益目的之外的使用集体建设用地的需要,则通过直接流转的方式满足,允许集体组织将其建设用地使用权以出让等方式进行流转,实行集体建设用地的市场化使用。[①] 因此,作为《物权法》的重要配套制度,集体土地征收制度的改革与完善已刻不容缓。

改革并完善集体土地征收制度,应当在"抑公扬私"立法理念的指导下,在坚持协调发展原则和集体成员参与原则的基础上,系统考量公共利益、补偿标准、征收程序等立法内容。[②]具体改革措施包括但不限于:通过严格界定"公共利益"进一步限缩征地范围;明确房地一体征收、分别补偿制度;通过协议价购程序弱化征地强制性;构建征地无效与失效制度以遏制权力滥用;通过补偿方式创新构建起长效补偿机制;建立先补偿后腾地的事前补偿机制;确立司法最终救济的征收解纷机制。[③] 在这些措施中,对于完善集体经营性建设用地(使用权)流转而言,最为重要的是如何界定"公共利益",以利进一步限缩征地范围,从而为集体建设用地"直接入市"创造条件。第一,鉴于我国现有的政治体制安排与法院功能设计,我国集体土地征收立法,应与 2011 年国务院制定的《国有土地上房屋征收与补偿条例》相类似,即采用列举兼概括式的公共利益界定方法,既比较严格地限制了公共利益的范围,又使之保持一定的张力,为公共利益的扩张留下必要的空间。[④] 第二,在公共利益的判定程序方面,对一些重要的关系到人民群众重大利益的财产实行征收的,应当由县级以上人民代表大会决定是否符合公共利益。至于具体由哪级人民代表大会决定,则根据建设项目涉及的利益范围来确定。第三,为确保被征土地确实用于核准的公共利益项目,须对公共利益进行事后控制,一方面严格规划的制定和变更程序,另一方面建立对违反公共利益用途的行为进行惩罚的机制。[⑤]

2.土地规划制度的完善。如上文所述,集体经营性建设用地入市流转是在服从土地规划和用途管制的前提下实现的,换言之,只有土地规划中确定的"集体经营性建设用地"才能依法流转。因此集体土地规划就成为集体经营性建设用地入市流转的前提和依据。《土地管理法》确立了土地利用总体规划制度,为土地利用总体规划的制定提供了基本规则。根据

① 宋志红.集体建设用地使用权流转法律制度研究[M].北京:中国人民大学出版社,2009:210.
② 陈小君.农村集体征收的法理反思与制度重构[J].中国法学,2012(1).
③ 房绍坤,王洪平.集体土地征收改革的若干重要制度略探[J].苏州大学学报(哲社版),2013(1).
④ 欧阳君君.集体土地征收中的公共利益及其界定[J].苏州大学学报,2013(1).
⑤ 宋志红.集体建设用地使用权流转法律制度研究[M].北京:中国人民大学出版社,2009:213—214.

《土地管理法》及《土地管理法实施条例》，土地利用总体规划由各级政府制定，^①具有行政行为之属性；对于集体土地而言，土地利用总体规划实质上构成了对土地所有权行使的限制，即行政行为对私权的干预，其正当性固无疑义，但其行使应受到比例原则和利益平衡原则的规制，以维护相对人的正当权益。为此，集体土地规划制度应从以下几个方面加以完善：

第一，集体经营性建设用地的规划面积扩容。在现行土地管理法制下，集体经营性建设用地仅限于农村集体经济组织用于兴办乡（镇）企业或者以土地使用权入股、联营等形式与其他单位、个人共同举办企业的集体建设用地；随着土地管理立法对集体经营性建设用地入市流转的一般性认可，经营性建设用地在集体土地利用规划中必须突破上述限制，故其在集体土地中的面积占比也需要提高。

第二，是规划编制程序的完善。集体土地规划作为行政行为，对集体土地所有权的行使构成了实质性的限制，与土地所有人及其成员利益密切相关。然而，《土地管理法》关于制定土地规划的权力分配的条款，形成一种政府内部的封闭性权力体系结构。第3条明确宣示土地规划权全面归属于政府，第18条和第21条则明确了具体的封闭方式，第24条又把总体规划进一步分解为年度计划在政府内部落实。这样，就完成了这种模式的权力体系设置：所有的土地资源都在政府的规划之下；下级的土地总体规划都必须依照上级的总体规划，并经过上级的批准；年度土地计划依据总体规划，并经过上级批准。^②这样的规划编制程序将土地所有人及其成员完全排除于程序之外，容易造成不公和制造不稳定因素。因此，其编制程序应引入"行政合同"理念，赋予集体成员参与权，反映相对人的合理诉求。对此，《城乡规划法》的相关规定已有所体现。^③但是，现行立法对土地规划编制行为缺乏法律约束，编制程序民主性没有得到很好体现，规划决策水平和相关利益人权益得不到充分的保障。因此，有必要制定一部专门的土地规划法律，明确土地规划编制程序，提高编制的民主性。又或者，在制定专门的土地规划法律暂时有困难的情况下，可以通过《土地管理法》的修改来完善土地规划编制程序，增强规划的民主性，并在修改实施条例中予以细化。^④

第三，是相对人救济制度的构建。集体土地规划属"抽象行政行为"范畴，现行行政法未

---

① 有不少学者对此提出了异议。其中有人认为，基于集体建设用地规划主体的利益非中立性，实现规划的有效控制必须将政府从规划主体转变为规制主体。而且从域外经验来看，土地利用规划不是由政府而是由非政府组织决策的。基于我国集体经济组织产权长期受到来自地方政府公权力的影响和侵蚀，在县乡一级设置独立决策的管理型规划委员会制度既有必要性，又有可行性。参见郭洁.集体建设用地使用权流转市场法律规制的实证研究[M].北京:法律出版社,2013:139.

② 安子明.土地规划制度的权力结构分析——兼论以公民与人大为主导的土地规划模式[J].中国土地科学,2013(4).

③ 《城乡规划法》第18条:"乡规划、村庄规划应当从农村实际出发,尊重村民意愿,体现地方和农村特色;"第22条:"乡、镇人民政府组织编制乡规划、村庄规划,报上一级人民政府审批。村庄规划在报送审批前,应当经村民会议或者村民代表会议讨论同意"。

④ 李扬章.试论土地利用总体规划编制程序的完善——提高程序的民主性[J].中国土地科学,2010(12).

为相对人提供救济路径,显然有失公正。随着《行政诉讼法》的修订,行政行为的可诉条件已取消"具体行政行为"之限制,亦即对可诉行政行为不再从概念上作出区分,"明显不当"的"抽象行政行为"也具有可诉性。^① 这一修正,为集体土地规划相对人救济制度的确立奠定了基础,土地规划立法中也应对集体土地规划行为的行政复议、行政诉讼作出规定。

3.集体建设用地流转市场体系的构建。与农地(承包经营权)流转一样,集体建设用地流转需要依托一定市场条件的支持。为此,首先,需要搭建集体建设用地交易平台,如建立农地产权交易所或交易中心,为交易信息的汇集和发布提供场所,为流转双方提供一个公开公平的缔约平台。其次,要完善集体建设用地价值评估机制,培育土地资产评估机构,确立集体建设用地价格依据与评估标准,构建集体建设用地的价值评估体系。再次,要完善与集体建设用地流转相关的信息中介服务、法律咨询服务、融资和保险等金融服务。^②

---

① 参见《行政诉讼法》(2014 年 11 月 1 日第十二届全国人民代表大会常务委员会第十一次会议修订通过)第 69 条、第 70 条。

② 温世扬.农地流转:困境与出路[J].法商研究,2014(2).

集体土地"三权分置"的法律意蕴与制度供给[*]

为了贯彻落实《中共中央关于全面深化改革若干重大问题的决定》(下文简称《决定》)"在坚持和完善最严格的耕地保护制度前提下,赋予农民对承包地占有、使用、收益、流转及承包经营权抵押、担保权能,允许农民以承包经营权入股发展农业产业化经营。鼓励承包经营权在公开市场上向专业大户、家庭农场、农民合作社、农业企业流转,发展多种形式规模经营"的精神,中共中央、国务院于 2014 年 1 月 19 日发布《关于全面深化农村改革加快推进农业现代化的若干意见》(2014 年中央"一号文件"),提出"在落实农村土地集体所有权的基础上,稳定农户承包权、放活土地经营权,允许承包土地的经营权向金融机构抵押融资。有关部门要抓紧研究提出规范的实施办法,建立配套的抵押资产处置机制,推动修订相关法律法规"。在此,中央决策机关首次明确提出了农户承包权与土地经营权"两权分离"的政策构想。2014 年 11 月,中共中央办公厅、国务院办公厅印发了《关于引导农村土地经营权有序流转发展农业适度规模经营的意见》(下文简称《意见》)。《意见》提出,应在坚持农村土地集体所有的前提下,实现农地(指承包耕地,下同)所有权、承包权、经营权"三权分置",引导土地经营权有序流转。由此,《意见》在国家政策层面上再次采用"农村土地经营权"这一概念,并将"承包权"与"经营权"分置、引导"经营权"有序流转作为我国农村"新土改"的一项重要内容。2015 年 11 月,中共中央办公厅、国务院办公厅印发《深化农村改革综合性实施方案》(下文简称《方案》),《方案》进一步指出:深化农村土地制度改革的基本方向是"落实集体所有权,稳定农户承包权,放活土地经营权。"可以预见,随着《意见》的颁行和《方案》的实施,原有的"土地承包经营权流转"观念和运行模式都将发生重大变革,作为一项新型"权利"的"土地经营权"将在农地流转中发挥重要作用。正如参与起草这一政策文件的有关部门负责人所指出的那样,把农民土地承包经营权分为承包权和经营权,实现承包权和经营权分置并行,这是我国农村改革的又一次重大创新。[①] 然而,若从民法视角观察,"土地经营权"究为何种权利? 其"流转"意蕴若何? "三权分置"的法律关系如何建构? 相关制度如何革新? 上述问题,均需从法理上作出认真的回答。

---

[*] 载于《华东政法大学学报》2017 年第 3 期,第二作者吴昊。

[①] 高云才.政策解读:土地制度改革又一份纲领性文件——农业部部长韩长赋就《关于引导农村土地经营权有序流转发展农业适度规模经营的意见》答记者问[N].人民日报,2014—10—18.

一、从"两权分离"到"三权分置"

土地承包经营权,发轫于 20 世纪 80 年代我国农村"联产承包责任制"改革实践,经由《民法通则》的赋权确认、《农村土地承包法》的强力推行,最终在《物权法》"用益物权"一编中得到全面形塑,成为我国物权体系中一种重要的物权类型。关于土地承包经营权的法律属性,尽管先前在学界长期存在认识分歧("债权说"、"物权说"、"复合权利说"各执一端),[①]但随着《农村土地承包法》尤其是《物权法》的颁行,对此问题的认识已基本趋于统一,即土地承包经营权是于农民集体所有(或国家所有、由农民集体使用)土地上依法设立的用益物权,是土地承包人依法对其承包经营的耕地、林地、草地等享有占有、使用和收益的权利(《物权法》第 124 条第 2 款、第 3 款)。在全面深化农村改革、创新农业经营体系、推进农村土地经营权有序流转的政策背景下,应当进一步明确和强调土地承包经营权的物权属性,消除前述解释论上的争议,以契合《决定》中"稳定农村土地承包关系并保持长久不变"的题中之意。[②]

与其他用益物权一样,土地承包经营权的设立,是土地所有权中的占有、使用和收益权能与所有权人"分离"的结果,是集体土地"物权型利用"的一种法律形式(另一种土地利用形式为"债权型利用",如土地租借)。[③] 根据《物权法》的相关规定,土地承包经营权作为用益物权具有以下特性:(1)主体的限定性。土地承包经营权的主体因承包方式的不同而有所不同。家庭承包的承包方是本集体经济组织的农户,故其权利主体仅限于农村集体经济组织成员(《农村土地承包法》第 5 条、第 15 条),以其他方式承包的则无此限制。(2)权能的不完整性。《物权法》赋予土地承包经营权两个方面的权能:一是占有、使用、收益权能,此乃土地承包经营权的本体;二是有限的处分权能,如对家庭承包经营权转让,农村土地承包法设定了"承包方有稳定的非农职业或者有稳定的收入来源"和"发包方同意"的严格条件,其抵押和继承也未获得立法肯认。虽然其物权效力仍需加强,但是现行立法通过占有、使用、收益权能的赋予及对土地承包经营权长期存续、排他效力等的规定,已基本实现了集体土地所有权与经营权的"分离"。(3)变动规则的二元性。《物权法》承袭了《农村土地承包法》第 22 条关于"承包方自承包合同生效时取得土地承包经营权"的规定,对土地承包经营权的设立采"意思主义",即规定土地承包经营权自土地承包经营权合同生效时设立;对于土地承包经营权的让与(互换、转让),《物权法》则采"登记对抗主义"的立法模式。

在集体土地所有权与土地承包经营权"两权分离"的基础上,《农村土地承包法》规定,通过家庭承包取得的土地承包经营权可以依法采取转包、出租、互换、转让或者其他方式流转(第 32 条),通过招标、拍卖、公开协商等方式承包农村土地,经依法登记取得土地承包经营权证或者林权证等证书的,其土地承包经营权可以依法采取转让、出租、入股、抵押或者其他方式流转(第 49 条);《物权法》也作了相似的规定(第 133 条,但其中未列明"出租"字样)。

---

① 王利明.物权法论[M].北京:中国政法大学出版社,2003:454-455.

② 高圣平.新型农业经营体系下农地产权结构的法律逻辑[J].法学研究,2014(4).

③ 谢在全.民法物权论[M].北京:中国政法大学出版社,2011:426.

由上述规定可以看出,所谓"土地承包经营权流转",既包括物权法意义上的土地承包经营权让与(如转让、互换,简称物权型流转),也包含债法意义上的土地承包经营权"流转"(如转包、出租,简称债权型流转);二者的主要区别在于原承包人是否丧失土地承包经营权。在债权型流转中,原承包人并未丧失土地承包经营权的权利主体地位,只是将其承包土地通过转包、出租等方式交由第三人经营,第三人由此取得原承包土地的实际经营权能,从而实现了土地承包经营权与其"经营"权能的"第二次分离"。上述中央政策性文件将承包经营权中的"经营"权能命名为"土地经营权",与土地所有权、土地承包经营权(简称土地承包权)并称,在"两权分离"的基础上创造性地提出"三权分置"的命题,并提出了"引导土地经营权有序流转"的改革要求,这无疑将带来我国农地经营体制和相关法律制度的深刻变革。

正如当年土地承包经营权与集体土地所有权分离有其历史必然性一样,土地经营权与土地承包权的分离也有其现实基础和必要性。土地承包经营权与集体土地所有权的分离极大地调动了农民的生产积极性,推动了农村生产力的大解放,堪称一次成功的土地制度改革,其成果也已得到宪法和相关法律的确认。然而,随着我国改革开放的不断推进和工业化、城市化进程的提速,农业生产力大量涌入城市和工业建设第一线,原本充满土地承包经营活力的农户大多成了空巢家庭,老弱妇幼的主体结构已经无法完全发挥家庭承包的功效,农地抛荒、废耕现象随处可见。如果不在政策上和立法上采取适当的引导、激励措施,这种现象将长期存在甚至愈演愈烈,如此则农业危矣,国家经济体系危矣。随着经济的发展和社会变迁,一方面,越来越多的农民虽然拥有承包经营权却不愿实际经营或因年老体弱等原因而无法亲自经营;另一方面,现代农业的发展方向是集约化、规模化、专业化经营,传统的个体化、分散化经营方式已不能适应市场经济的要求(缺乏效益)。因此,土地经营权的流转——在公开市场上向专业大户、家庭农场、农民合作社、农业企业流转——成为我国农业进一步发展的客观要求和方向。实际上,自20世纪90年代起,农村土地所有权、承包权和经营权"三权分离"的探索已在各地展开。截至2013年上半年,全国农户承包土地流转面积达3.1亿亩,已占家庭承包耕地的23.9%,其中80%是以转包和出租等方式流转的。① 可见,土地承包经营权的再分离能够有效解决农地资源和农村生产力优化配置问题,既有强烈的社会诉求,也有一定的实践基础。

有学者认为,经由经济学界倡导的农地所有权、土地承包权和土地经营权"三权分离"理论虽被国家政策性文件采纳,但以该理论建构农地产权体系并不符合法律逻辑,无法在法律上得到表达。其理由包括:以所有权权能分离论证"三权分离"的正当性,不合他物权设定的基本法理;将土地承包经营权分离为土地承包权和土地经营权,缺乏法理支持;"三权分离"理论曲解了稳定土地承包关系与土地承包经营权流转之间的关系;"三权分离"后无法说明土地承包权的内容。笔者认为,从物权构造视角观察,该学者的上述批评不失为中肯,但若跳出物权思维而从整个民事权利体系角度对"三权分离"或"三权分置"加以考察,其在民法

---

① 廉颖婷.以法治方式推进农村土地制度改革[N].法制日报,2014—1—23(4).

上并非不能得到合理解释。问题的关键在于,从"土地承包权"中分离出来的"土地经营权"究竟是一种什么性质的民事权利?对"土地经营权"流转应如何予以私法规制和保障?

二、"土地经营权"的民法意蕴

在"三权分置"的法律架构下,集体土地所有权和土地承包经营权的内涵和性质均有实定法根据,唯"土地经营权"不是现行法上的既有用语,而是国家政策性文件中新近倡设的概念,有学者就此提以"承包土地的经营权"①相称,笔者也赞同需要在物权法领域中明确该权利的法律制度符号。对此项"权利",尚需从民法角度对其意蕴加以解析。

(一)"土地经营权"是土地承包经营权的实体内容(权能)

根据物权法的规定,土地承包经营权的内容(积极权能)主要包括两个方面:一是对承包土地的自主经营权,即土地承包经营权人依法对其承包经营的耕地、林地、草地等享有占有、使用和收益的权利,此乃用益物权的实体内容(对"物"的支配权),也是土地承包经营权人的基本权利(权能);②二是土地承包经营权流转的权利(即对"权利"的支配与处分权),此乃物权乃至其他各种财产权利的应有之义。从其设立目的和功能的意义上说,土地承包经营权就是对承包土地的占有、使用、收益权,即对土地的"经营权",故"土地经营权"是土地承包经营权的实体内容和基本权能。具体而言,"土地经营权"包含以下几项权能:(1)占有权能,即对承包土地得为事实上的支配并排除他人干涉("对于物有事实上之管领力")之权能。③ 占有是用益物权支配属性的重要体现,也是实现用益物权目的之前提,故无论是土地承包经营权还是"土地经营权",均包含占有权能。基于此项权能,其占有遭受侵夺或妨害时,"土地经营权"人享有自力救济权(占有防御权)和占有保护请求权(占有物返还请求权、占有妨害除去请求权、占有妨害防止请求权)。④ 对此,我国《物权法》第三章、第十九章也作了相应的规定。(2)使用权能。土地承包经营权设立的初始目的,就在于由承包人在集体土地上从事种植业、林业、畜牧业等农业生产,因此,使用权能是土地承包经营权的核心权能,也是"土地经营权"的重要内容。作为物权的一项权能,承包人对土地的使用具有自主性和排他性,即在不违反法律规定的条件下,根据承包土地的用途和性能自主决定从事农业生产的种类和方式,并排除包括发包人在内的任何单位和个人的干预和侵犯。在"三权分置"模式下,"土地经营权"与"土地承包权"分离后,经营权人对土地的使用也具有上述特性(自主经营并排除发包人、承包人及其他单位和个人的干预和侵犯)。(3)收益权能。用益物权的根本目的,是通过对物(不动产)的使用获得一定的利益(收益),因此收益权能是用益物权不可或缺的权能。在用益物权内容中,使用权能和收益权能之间是表与里、因与果的关系。"土地经营权"

---

① 高圣平.承包土地的经营权抵押规则之构建[J].法商研究,2016(1).
② 王胜明,主编.中华人民共和国物权法解读[M].北京:中国法制出版社,2007:270.
③ 王泽鉴.民法物权第2册:占有[M].台北:三民书局,1997:14.
④ 王泽鉴.民法物权第2册:占有[M].台北:三民书局,1997:215-238.

中的收益权能,可通过经营人自行从事农、林、牧、渔等劳动生产获取土地上的出产物(农产品)实现,也可通过将土地租赁、入股而获取租金、股利的方式实现。

(二)"土地经营权"与土地承包经营权(人)分离,属承包土地的"债权型利用"

在土地承包经营权"物权化"的立法设计下,"土地经营权"作为土地承包经营权的权能可以与土地承包经营权(人)发生分离,即土地承包经营权人通过一定的法律形式(传统形式为转包、出租)将其"土地经营权"让与他人享有和行使。在此情形下,土地承包经营权人并不丧失其土地承包经营权合同当事人(承包人)身份及用益物权主体地位,只是将其承包土地通过一定的法律形式交由第三人"经营"(占有、使用、收益),从而在二者之间形成特定的债权债务关系;第三人作为土地的实际"经营人"获得了土地的占有、使用、收益权能,但并未取得土地承包经营权合同当事人(承包人)身份及用益物权人地位,其对土地享有的"经营权"仍属"债权利用权"范畴。这一定性也符合现行立法精神。例如,《农村土地承包法》第38条关于土地承包经营权变更登记的规定和《物权法》第129条对物权变动登记的规定,均明确限定于土地承包经营权的互换、转让;《农村土地承包法》第39条第1款还规定,承包方可以在一定期限内将部分或全部土地承包经营权转包或者出租给第三方,承包人和发包方的承包关系不变(亦即承包人的法律地位不变)。

关于"土地经营权"的定性,有学者视其为一种用益物权。[①] 对此,笔者不敢苟同。诚然,对于"土地经营权"的债权型定性抑或物权型解读,都源于同一种基础关系即农村土地承包关系,因此无论是债权还是物权不如说是一种人为的制度设计结果。然而,一方面,农地流转如果产生创设物权的法律后果(为受流转人在土地承包经营权之上设定的以农业生产为目的的用益物权),应当受到物权法定主义的约束,[②]即将土地经营权作为土地承包经营权上设定出的次级用益物权,须由法律明确作出规定,显然我国无此法律规定。另一方面,有观点认为在我国特殊的立法背景下,土地承包经营权实际上为一种无限接近于所有权的特殊用益物权,以至于可以将其视为"所有权"。[③] 若采此种形而上的解释路径,必然会导致我国现有物权法逻辑体系的混乱:原本同一物上"所有权——用益物权"的结构安排,实际上已经实现了物的归属和利用的分离,[④]若再创设次级用益物权,无异于建立了"所有权——用益物权(所有权)——用益物权"的重叠结构。根据一物一权原则,同一物上不能并存两个以上内容相同的用益物权,在用益物权之上再设相近用的益物权的安排,是人为地将法律关系复杂化,在存在物权和债权区分的情况下,这种安排是立法技术的倒退。[⑤] 因此,从解释论的角度出发将其定性为债权,并不会突破物权法定原则和一物一权原则,也不会导致法律关系的复

---

① 具体参见高圣平.新型农业经营体系下农地产权结构的法律逻辑[J].法学研究,2014(4);李国强.论农地流转中"三权分置"的法律关系[J].法律科学,2015(6).

② 高圣平.新型农业经营体系下农地产权结构的法律逻辑[J].法学研究,2014(4).

③ 韩俊.中国农村经济改革与发展的阶段与思路[J].中国农村经济,1999(5);叶华.农地承包权具有所有权性质[J].中国农村观察,1998(6).

④ 陈小君.我国农村土地法律制度变革的思路与框架[J].法学研究,2014(4).

⑤ 陈小君.我国农村土地法律制度变革的思路与框架[J].法学研究,2014(4).

杂化,是一种更为经济、效率的选择。

（三）"土地经营权"是具有一定物权属性的债权

"土地经营权"虽非物权,但其在与土地承包经营权人分离的情形下可被赋予一定的支配和排他效力,其核心内容是赋予权利人一定的处分权能。在民法体系内,物权为支配权,债权属请求权,二者本来泾渭分明,各行其道。然而晚近以来,各国立法出于一定的政策考量,赋予某些债权以特殊效力,使其具有某种物权色彩,此即所谓"债权物权化",其适例包括具有一定排他效力的不动产租赁权、预告登记下债权等。[①] 就"土地经营权"而言,其本质上是一项派生于土地承包经营权的债权性权利,与其他债权一样具有相对性、期限性;但作为一项财产权利,"土地经营权"并不具有人身专属性,故法律并不禁止权利人处分该项权利。唯需说明的是,此种处分并不影响经营人与承包人之间既存的权利义务关系,被处分的仅仅是经营人依合同享有的一定年限的"土地经营权"。

这里应注意的是"土地经营权"与承包土地租赁权之区分。在"两权分离"模式下,土地承包经营权人依法享有将承包土地出租的权利（《农村土地承包法》第 32 条、第 49 条）,其性质属于土地承包经营权的"债权型流转",承租人由此取得对土地的占有、使用权,其性质为债权型利用权当属无疑。而随着"三权分置"政策的实施,同样由土地承包经营权"派生"出来的"土地经营权"本质上仍属债权范畴。那么,二者之间有何区别？笔者认为,只能通过立法从效力上对二者加以区分,即赋予"土地经营权"超出债权（对人权）范畴的特殊效力,将其塑造为一种如同物权一样具有自由处分（再流转）权能的权利;而在土地承包经营权租赁关系中,承租人并不享有任意处分权（转租权）[②]。

综上所述,在"三权分置"的法律构架中,"土地经营权"作为土地经营者依法取得的实际经营他人承包的集体土地的权利,并非与土地所有权、土地承包经营权一样具有物权属性,而是一种对他人承包土地的债权型利用权。尽管与土地承包经营权的设定造成集体土地所有权内容"虚置"一样,"土地经营权"的设定也造成一定期间内土地承包经营权内容的"虚置",但二者法律属性并不相同。因此,民法意义上的"三权分置"实质上是一种"物权—物权—债权"的土地权利构造。

三、"三权分置"的法制因应

将"三权分置"作为深化农村土地制度改革的新举措,已成为不可更改的国家意志。在全面推进依法治国的时代背景下,"三权分置"必将在立法上得到及时的回应。为此,《方案》指明了"三权分置"的基本方向,即:落实集体所有权,稳定农户承包权,放活土地经营权,并

---

① 温世扬,武亦文.物权债权区分理论的再证成[J].法学家,2010(6).

② 《农村土地承包经营权流转管理办法》（农业部令第 47 号）第 13 条规定:"受让方将承包方以转包、出租方式流转的土地实行再流转,应当取得原承包方的同意。"

揭示了其内涵,这也是对相关领域法制的基本要求。

(一)落实集体所有权

《方案》指出:落实集体所有权,就是落实"农民集体所有的不动产和动产,属于本集体成员集体所有"的法律规定,明确界定农民的集体成员权,明晰集体土地产权归属,实现集体产权主体清晰。就土地而言,落实集体所有权应从以下几个方面入手:

1.明确"集体所有权"的性质

关于集体所有权,立法表述不尽统一,学者见解也莫衷一是。从农村集体土地所有权的立法沿革来看,这种立法表述的不一致主要体现在农村集体土地所有权的主体方面,即农村集体土地所有权的主体从狭义上看其"集体所有"所涵涉的范围并不相同,亦即其主体并非同一;早期立法(1982年《宪法》第10条第2款,1986年《民法通则》第74条第2款,1986年《土地管理法》第8条)从广义上看所有权的主体为"农民集体",然而并没有明确"农民集体"究竟指的是什么。所有权主体不清的问题在随后的《农村土地承包法》(2002年)中依然没有得到解决,直到《物权法》(2007年)出台,其第59条才进一步明确了农村集体土地所有权为"本集体成员集体所有"。然而,"本集体成员集体所有"这样的表述对于集体所有权的性质界定而言仍是抽象的,对于此种界定的进一步具象化还是保持抽象化,学界对此也是众说纷纭。

传统理论和立法在集体所有权认定上的不足,使有的学者意识到所有权主体过于抽象不利于实现集体成员利益,[①]应采取进一步具象化的定位,如集体经济组织所有说[②]及其延伸[③]、共有说[④]、复合结构说[⑤]、成员权说[⑥]等。上述诸说都是对集体土地所有权的性质所作的有益探讨,但是作为上层建筑的法律概念定性需要与其下层经济基础相适应,在集体所有权的定性上不应单纯地从私人所有权的角度进行探索,而是应当从集体所有权的公有特点出

---

① 梅夏英,高圣平.物权法教程[M].北京:中国人民大学出版社,2015:82.

② 即坚持农村集体土地所有权为集体经济组织享有。参见申卫星.物权法原理[M].北京:中国人民大学出版社,2008:217;马俊驹,陈本寒.物权法[M].上海:复旦大学出版社,2014:105;尹田.物权法[M].北京:北京大学出版社,2013:296.

③ 有学者进一步提出"经营性组织"说的创新路径,认为集体经济组织的定位可以参照法人、合伙制企业或非法人组织,集体财产为集体组织所有,而集体组织成员对集体财产享有股权或社员权。参见郑有贵.农村社区集体经济组织法人地位研究[J].农业经济问题研究,2012(5);赵万一,张长健.农村集体经济组织法权关系的创新[J].西南民族大学学报(人文社会科学版),2012(6);韩松.农民集体所有权主体的明确性探析[J].政法论坛,2010(1).

④ 认为应当将集体组织成员视为所有权的主体,且因为所有权的主体是复数的,所以该所有权应当是一种共有权。参见崔建远.物权法[M].北京:中国人民大学出版社,2014:181.

⑤ 有学者进一步提出,集体组织(劳动群众集体)与其全体成员同为所有权人,构成一种集体所有权主体的复合结构。参见陈华彬.民法物权论[M].北京:中国法制出版社,2010:177;崔建远.物权法[M].北京:中国人民大学出版社,2014:181.

⑥ 认为农民集体所有既非集体经济组织所有亦非集体组织成员共同共有,而应在集体财产公有制的基础上特别明确成员的权利,故农村集体所有权在性质上属于本集体成员所有。参见王利明.物权法研究[M].北京:中国人民大学出版社,2013:520.

发作出判断。^① 因为私人所有权是自物权、具有私权的性质,如果直接将集体土地所有权归于集体成员个人身上,集体财产有变成个人所有权的聚合之嫌,实质上亦为一种共有,而非公有,弱化了集体成员的成员权应当是一种财产及身份二要素相结合的权利。

笔者认为"集体所有"应当坚持作抽象理解,作为一种类似于"总有"的新型所有权。它根本不是基于个人可以拥有所有权制度背景下而产生的合并财产或共有关系,而是在个人根本不可能拥有土地所有权的前提下,产生的个人只享有用益物权的一种土地权利安排。正如马克思所说"每一个单个的人,只有作为这个共同体的一个肢体,作为这个共同体的成员,才能把自己看成所有者"^②。而日耳曼法的总有制度与发祥于罗马法上的法人所有权或自然人所有权相比较^③,更符合公有制的形式,是与我国农民集体土地所有权的性质最为接近的制度。诚然,我国的农民集体土地所有权确实不能与日耳曼法上的总有完全契合,但借鉴总有的权利模型对我国农民集体土地所有权进行构造,相对于基于罗马法单一所有权理论的土地私有化或国有化路径来说,无须对现有体制作出更大幅度的改动,具有节约路径成本的优势。^④ 所以集体土地所有权主体应当是单一的,即本集体成员的集合体,它是所有权权能在成员的组织机关和成员之间的一种纵向分割,^⑤而本集体成员的权利主要是通过成员权来体现的。

2.明确集体土地成员权的内容

集体土地所有权的行使以及集体成员的权利主要是通过成员权来体现的,进一步明确成员权的内容有助于增强农民权利行使的动力进而促进集体所有权的"落实"。

集体土地成员权的内容应包括自益权和共益权。简而言之,集体成员通过自益权实现其收益,通过共益权来行使集体所有权。^⑥ 自益权是指集体成员为实现自己在集体所有权上的利益而行使的权利。^⑦ 自益权对应着所有权横向分割中的占有、使用以及收益权能,同时又尊重所有权纵向分割所致的共益权中的管理权与处分权。一方面,自益权是集体组织成员取得个人权利或财产权的基础。集体成员只能在拥有成员权,特别是其中的自益权的前提下,才能通过法定或约定的程序,现实地作为基于集体土地所有权分离的土地承包权的权利主体,并进而享有经营权,故自益权显然成了该结构的核心。另一方面,自益权也是集体成员对于集体财产的利用,如对道路、水利灌溉设施等公共财产的利用。共益权,是指集体成员基于自身利益兼顾集体利益而参与集体事务、行使集体所有权的权利。如果说自益权

① 韩松.农民集体所有权主体的明确性探析[J].政法论坛,2010(1).
② 马克思,恩格斯.马克思恩格斯全集(第30卷)[M].北京:人民出版社,1995:466.
③ 所有权萌生于罗马法的私法视域,其财产法对于团体的态度是力求将团体作为"个人"来看待,而日耳曼法则将团体就作"团体"来看待。
④ 李永然,李永泉.我国农民集体土地所有权的性质与构造[J].西南交通大学学报(社会科学版),2010(4).
⑤ 高富平.物权法原论[M].北京:法律出版社,2014:48.
⑥ 黄松有.《中华人民共和国物权法》条文理解与适用[M].北京:人民法院出版社,2007:197.
⑦ 王利明,周友军.论我国农村土地权利制度的完善[J].中国法学,2012(1).

的明确是对于集体组织成员个体权益的内部优化,那么共益权则可以被认为是对于自益权的外部优化。共益权主要体现于参与决策权与监督管理权,前者主要体现为集体组织重大事务决定权,而所谓重大事务即为实质上对集体成员自益权产生重大影响的事务(《物权法》第 59 条第 2 款、第 62 条,《村民委员会组织法》第 19 条);后者主要体现为知情权(《物权法》第 62 条,《土地管理法》第 49 条,《村民委员会组织法》第 22 条)以及请求司法救济的权利(《物权法》第 63 条)①。

(二)稳定农户承包权

《方案》指出:稳定农户承包权,就是要依法公正地将集体土地的承包经营权落实到本集体组织的每个农户。如何"公正落实"就需要从确保农民的土地权利的确定化与长期化两个方面着手:

1.完善土地承包经营权取得(设立)规则,"依法公正地将集体土地的承包经营权落实到本集体组织的每个农户"。

从我国相关农地法律规则来看,对于土地承包经营权取得的立法模式不仅因权利客体②的不同而东驰西击,更是偏离了《物权法》对于不动产物权变动的形式主义原则(《物权法》第 9 条)③。诚然,针对家庭承包方式的这种区分设定是基于彼时我国农村实情进行考量的,但随着农村土地市场化的发展,土地承包经营权的流转会更趋频繁,对于当事人的利益以及交易安全的保障亦日趋重要。笔者认为,对于土地承包经营权统一采登记要件主义是稳定农户承包权的必要前提,具体来说:其一,保证土地承包经营权的信息准确,维护土地承包经营权的财产权属性。在经济发达地区的农民更倾向于发挥其土地承包经营权的交换价值,实际上,即使在更强调土地承包经营权的生存保障价值的欠发达地区,多数农民也不再单纯地以粮食作为主要耕种作物对象,而是也会根据市场行情选择经济作物,需要发挥土地承包经营权的交换价值以进行融资以满足耕种需求,他们也倾向于土地权利能够同一般的财产权一样市场化流转。因此,通过登记明确土地承包经营权的信息,有利于发挥土地承包经营权的财产性功能。其二,保证土地承包经营权的权威性,保护农民权益不受侵犯。依据现有法律,一方面,虽然可以明确集体土地所有权的主体,但村集体经济组织或村民委员会才是实际的发包方(《农村土地承包法》第 12 条、《物权法》第 60 条第 1 款),根据行政手段的强制性以及集体组织内部权力代表关系的复杂性,在缺乏统一登记时不排除会出现权力寻租、乡村干部侵犯农民权益的问题。另一方面,虽然承包经营合同的内容是明确的,但是因为发包方

---

① 这一司法救济权还应进一步明确为,对成员个体本身利益受到侵害时的司法救济权以及集体组织整体利益受损时的代位诉讼权。

② 对于非依照原始承包方案的土地承包经营权的取得,即土地承包经营权的变动模式又因家庭承包与其他方式的承包的不同而分为登记对抗主义立法模式(《农村土地承包法》第 38 条、《物权法》第 129 条)与登记要件主义立法模式(《农村土地承包法》第 49 条、《物权法》第 133 条)。

③ 土地承包经营权自土地承包经营合同生效时设立(《农村土地承包法》第 22 条与第 49 条),而登记或者取得权利证书只是对土地承包经营权的确认(《农村土地承包法》第 23 条),由此可知无论是家庭承包还是其他方式的承包均采合意设立的主张。之后的《物权法》也承袭了这一规定(《物权法》第 127 条)。

既是合同的当事人，又是土地承包经营权信息的记载者，在没有统一的登记制度下，发包人的记载相对而言容易变更、遗失或损毁，甚至很难防止发包人将同一块土地发包给多个承包人的现象。采取登记要件主义将土地承包经营权的信息固定化，有助于避免权利冲突、节约交易成本与提高土地的利用效率，防范集体经济组织以及国家公权力对农民根本利益的不法侵害。其三，保障物权变动的体系统一性。土地承包经营权属于不动产物权，其取得在逻辑上本应当满足公示原则的要求（《物权法》第6条），遵循债权形式主义的规则，而仅基于一纸合同就可以取得土地承包经营权，这本身就是违反土地承包经营权的物权性质的。作为物权的土地承包经营权应当具有对世性和排他性，而现有法律再规定土地承包经营权的物权变动采意思合意抑或登记对抗模式，破坏了物权变动规则的体系统一。

2.健全土地承包经营权存续规则，确保农户承包权长期稳定

在土地家庭承包经营制度普遍实行并取得卓越绩效后，保持土地承包经营权的长期稳定成为一直在中央政策层面被强调的重要政策脉络①，同时，相关配套的立法也表明了立法者对于保持土地承包经营权的稳定的明确态度②。之所以土地承包经营权期限经历了一个由短到长、由统一规定到明细分类的过程，是在于强调土地承包经营权作为"私"权、作为农民的一项财产的法律地位，而若想凸显土地承包经营权的财产性，最重要的就是权利本身的稳定。

从实践来看，稳定农地产权及其承包经营权的政策与法律制度并没有得到顺畅的贯彻实施，这突出体现在定期或者不定期的农地调整上。农地调整可以分为行政性农地调整与市场化农地调整③。市场化农地调整以市场为导向，对于土地资源的有效配置能够发挥重要的作用；而行政性调整的引导调控作用不可忽视，它往往会以人口变动、收入变化、农地禀赋、产业结构等作为依据。在没有良好运行的农地流转市场的情况下，定期调地能缓解农村人口基数大、增长快、婚嫁人口变动等给我国农村土地分配带来的巨大压力。但自上而下一

---

① 1984年《中共中央关于1984年农村工作的通知》（下称"通知"）明确了15年并可根据实情延长期限的土地承包经营权期限制度；在该轮承包即将到期时，1993年《中共中央、国务院关于当前农业和农村经济发展的若干政策措施》在秉承"通知"的精神下提出土地承包期延长至30年甚至更长；2008年党的十七届三中全会审议通过了《中共中央关于推进农村改革发展若干重大问题的决定》，强调了"现有土地承包关系要保持稳定并长久不变"。而何为"长久不变"，可以通过温家宝总理早前的一句话进行理解："我们说要给农民的土地经营权以长期保障，15年不变，30年不变，就是说永远不变！"参见周贺.温家宝：农民的土地经营权有长期保障"永远不变"[EB/OL].[2016-3-14].http://politics.people.com.cn/GB/1024/4198087.html.

② 维持土地承包经营权长期稳定这一带有浓厚民权思想的中央政策也映射在了立法规则的发展沿革上，1998年通过的《土地管理法》首次以法律的形式确认了土地承包经营权的经营期限为30年；2002年通过的《农村土地承包法》对土地承包经营权的期限作出了进一步细化，同年《农业法》也作出了相应的细化修正；2007年《物权法》出台，不但承继了关于不同土地承包经营权具体期限的规定，还肯定了土地承包经营权期满后可以根据国家有关规定继续续包（《物权法》第126条第2款）。

③ 前者指依据行政机关的行政行为（农地征收）以及村民会议通过的承包方案进行的调整（《农村土地承包法》第18条第3项）；后者是依据市场调节实现土地承包经营权的资源配置。

刀切的土地调整方式,往往会直接导致农民对其农地使用权保有的不稳定,理性的农民往往会选择进行短期的投入,减少对农地的长期投入,甚至还可能导致"公地悲剧"现象的出现。因此,早在1993年的《中共中央、国务院关于当前农业和农村经济发展的若干政策措施》以及1995年的《国务院批转农业部关于稳定和完善土地承包关系意见的通知》中就分别提到了"提倡在承包期内实行'增人不增地、减人不减地'的办法","'大稳定、小调整'的原则"即进行土地调整时需要遵循严格的程序,并报县级人民政府批准,另外即使集体经济组织内部大多数农民同意"小调整"的,其间隔期最短也不得少于5年,以此来保证土地承包权的稳定。不难看出,第一,"长久不变"的农地制度可以刺激农户对土地进行中长期投资,从而提高土壤肥力,改善土地出产状况,提升投入产出比;第二,"长久不变"的政策给予农民更多的信心充分利用土地承包经营权并使之流转起来,让有限的耕作资源集中到更能利用它的使用者手中去,使耕作资源进一步实现优化配置;第三,"长久不变"的政策有利于土地承包权流转市场的形成,如果土地承包关系不稳定,土地承包权长期处于变动中,那么流转市场将难以形成。

此外,为了防止土地资源的浪费,顺利剥离有能力城市化的人口的土地还应当以一定的土地承包权除权机制作为补充,可以参考《土地管理法》第37条第3款禁止荒芜耕地的规定,在土地承包经营合同中对承包户保证农地的农业用途的义务进行延伸,对于拥有土地承包经营权的承包户弃耕抛荒但又不通过承包权流转或设置经营权等方式使得农地能够被实际利用进行农业生产的,连续撂荒达到两年的,将导致合同解除,承包户丧失土地承包经营权。当然,这并不意味着对其成员权权利的剥夺,该承包户在失去原有承包经营权后依然具有向发包方申请新农地的权利。通过这种方式可以倒逼土地承包权人积极地去行使去农地权利,同时使得承包权流转或经营权设置的期限更加长期化,从而保证了农地的实际利用者的权利更加稳定,这也有利于使农地向着实际耕种者流动,实现农地资源的优化配置,减少更多待地农民现象的出现,进一步实现承包权的公平分配。

由此可见,市场化农地调整的完善是关键,这也意味着土地承包经营权长期稳定是实现农地流转的要因,而农地流转又是促进农地权利长期稳定的要件,两者相互作用呈正相关关系。

(三)放活土地经营权

《方案》指出:放活土地经营权,就是允许承包农户将土地经营权依法自愿配置给有经营意愿和经营能力的主体,发展多种形式的适度规模经营。所谓"放活"应当具体注意以下几个方面:

1.凸显经营权的财产属性

为了实现农地的资源优化配置,促进农地的规模经营,突破农地流转与融资限制,凸显土地经营权的财产性是该项权利成为符合商品经济乃至市场经济中适格的财产权的必要前提。

(1)明确"放活"的对象。我国土地承包经营权分为家庭型土地承包经营权与其他方式的土地承包经营权即"四荒"地承包经营权,其中"四荒"地承包经营权可以依法自由通过"转让、出租、入股、抵押或者其他方式"流转(《物权法》第 133 条、《农村土地承包法》第 49 条、《农村土地承包经营权流转管理办法》第 34 条等)。这说明该权利具有完全的市场开放性,在权利形成之初即具有了完整的财产权权能,社会保障功能较弱,部分承包者与集体经济组织成员有可能存在重合。"四荒"地承包经营权在实务中也积累了一定时期的流转方法与经验,学界对此的认识也较为统一。对于放活土地经营权的融资流转功能来说,在此处再探讨"四荒"地承包经营权的承包权与经营权分离的意义不大。

在此基础上还需要明确的是,在《方案》中所使用的"承包土地的经营权"存在两种法律形态:其一是指农地由承包户自己经营时,"承包土地的经营权"属于农户,无须进一步区分为土地承包权和土地经营权,权利表现形式仍然是土地承包经营权;其二是农地由其他农业经营主体经营时,权利表现形式为该农业经营主体即土地经营权人的土地经营权。[①] 另外,家庭型土地承包经营权的自由流转在现行法下存在障碍,《国务院关于开展农村承包土地的经营权和农民住房财产权抵押贷款试点的指导意见》对于土地承包经营权抵押在试点地区的开禁作出了尝试,由此可以作出两种解读:其一,将"试点涉及突破《物权法》第 184 条及《担保法》第 37 条等相关法律条款"为明确的法条列举,其并未突破对于土地承包经营权受让人身份的限制,并且在其后出台的《方案》依旧坚持"三权分置"的制度设计,可知家庭型土地承包经营权直接融资功能依然受限。《方案》中所提出的"提高农业经营集约化、规模化"的目的应当通过承包农户配置给有经营意愿和经营能力的主体(土地经营权的设立)以及土地经营权的自由流转来实现。在此意义上,"三权分置"下不同权利的功能得以明确区分,即农地的社会保障功能仍主要由土地承包经营权来承担,而融资功能应主要由土地经营权来完成。其二,将"试点涉及突破《物权法》第 184 条及《担保法》第 37 条等相关法律条款"解读为解除一系列对土地承包经营权抵押限制的法律规则,由此也可以推导出其他方式的土地承包经营权流转也得到解禁。如此,再在承包户的承包权经营权上再分离出经营权已毫无实际意义,因此也可以得出土地经营权实际上为本承包户以外的主体所取得的"承包土地的经营权"。

由此可知,所谓"放活经营权"中的经营权应当准确界定为由本承包户以外的主体取得的分离自家庭型土地承包经营权的土地经营权。

(2)明确经营权的财产性要素。为了凸显经营权的财产性,经营权应当具有如下要素:第一,平等性。一切具有民事行为能力的民事主体均能够平等地取得土地经营权,权利的变动能够体现土地承包权人与土地经营权人之间的意思自治而无须考虑权利主体是否具有身份要求。同时为了保证农业经营的稳定化与长期化,降低签约与谈判成本,应当在土地经营权到期后,再次设立土地经营权时,赋予原土地经营权人"优先经营权"。第二,独立性。土地经营权的设立、变更以及消灭依据当事人的意思合意即可实现,并不需要得到发包方或土

---

① 高圣平.承包土地的经营权抵押规则之构建[J].法商研究,2016(1).

地承包权人的同意或许可。同时,为了保护土地承包权人的利益,防止土地经营权人对农地造成不当伤害,法律也应明确土地承包权人单方终止经营权的事由①。第三,排他性。土地经营权一经设定仅具有相对性,然而为了维持土地经营关系的稳定,防止土地承包权人在同一农地上设置相互冲突的土地经营权,维护农地流转秩序与交易安全,因此在权利设定的时候应当采取一定的公示方式为第三人所知晓(将在下文展开论述)。另外,既然土地经营权为物权化的债权,还应当参照"买卖不破租赁"规则建立"承包权变更不破经营权"规则,赋予其对抗第三人的效力。第四,自由处分性。从债权具有处分权能这一法律效力可知,②土地承包权人可以通过设定土地经营权使得经营权进入"一级市场"流转(土地经营权原始取得),而市场中取得权利的土地经营权人又可以再次将经营权放入"二级市场"进行流转(土地经营权继受取得),以体现经营权的自由处分性。但需要注意的是,在土地经营权人处分其权利时,既可以对其土地经营权的部分权能进行处分,也可以将土地经营权下的农地进行分割处分,因为土地经营权的财产性流转本身就应当是双向的,既具有集约化的功能,也应当具有分散化的功能,以实现资源的优化配置,控制过渡规模化的风险。

(3)明确经营权登记规则。明确了土地经营权的财产权性质,应当进一步明确土地经营权设立、流转的登记规则,强化对于权利本身以及当事人权利的保障。笔者认为,对于土地经营权的设立、流转应当采取登记对抗主义。一方面,学界对于债权能否优先于物权素来存有争议③,对于登记规则的强调有利于强化土地经营权的对世性和排他性,增加学理上的说理性。另一方面,正是因为债权具有相对性,土地承包权与经营权分离后,经营权人仅享有相对有限的对农地的支配权,经营权人若想绝对地支配农地,排除任何第三人的干涉,使经营权成为稳定的财产性权利,则经营权的设立、流转必须通过公示使得经营权具有对世性和排他性。土地经营权的设立、流转应当采取登记对抗主义是具有可操作性的。首先,设立土地经营权绝非只是为了流转,其设立的终极目标还是应当回归于土地的实际农业生产经营,在土地经营权设立合同中本身已经明确了经营权人支配的范围和农地的四至,具有了一定的排他性,且实际经营权人通常可以对农地实施有效的占有,不予登记也不一定会发生权属混乱。此外,权利的财产性价值应当是在流转中体现的,现实中相当多的土地承包经营权人已经具备了一定的风险防范意识,因此采取登记对抗主意有利于土地经营权设立的灵活便捷、降低设立成本,同时又能在流转过程中提供风险防范机制。其次,作为物权化债权,统一两种土地经营权的权利变动登记规则可以借鉴物权法理中物权设立与物权变更应当一致的

---

① 例如:土地经营权人改变土地农业生产用途;土地经营权人采用破坏性的利用方式,使得农地毁损灭失;土地经营权人未向土地承包权人给付农地使用费或欠缴的,经催告后在一定期限内仍不进行给付的;土地经营权人在一段时间内持续将农地撂荒而不进行任何农业生产的;土地经营权人其他违反法律法规,严重侵犯土地承包权人利益的行为。

② 崔建远.债法总论[M].北京:法律出版社,2013:17.

③ 如针对前文所提到参照的"买卖不破租赁"规则,参见孟勤国.物权二元结构论——中国物权制度的理论重构[M].北京:人民法院出版社,2004:77.

原则,①有利于降低制度设立成本。最后,目前的土地承包经营权确权登记颁证工作也为实行承包权与经营权分离时的登记提供了良好的契机。

2.防止"两权相角,一权虚置"

土地承包权与土地经营权对农地的利用方式不尽相同,然而当两权归属于不同主体时,两种权利的内容就会重叠,这就产生了"两权相角,一权虚置"的尴尬。一方面,两种权利的主体不可能同时对农地进行占有,并同时通过利用使用权能而获得收益,而土地经营权往往具有相对的优先性排除了土地承包权的权能内容,此时,土地承包权就会被虚化。另一方面,如果在土地承包权与土地经营权当事人间有外部利益介入时,随意允许土地承包权人以生存保障权能为理由收回土地经营权会侵夺土地经营权人的利益,那么,土地经营权就会被虚化。笔者认为,防止权利虚化的控制手段可以包括:

(1)限定合理的经营权分离期间。基于土地经营权的分离期限的角度考量。一方面,如果土地经营权设立的时间过短,鉴于农业产业具有高风险、收效慢的特质,土地经营权人对于农地的投资收益就难以收回,会大大影响土地经营权的融资功能与流动性②;此外,较短的期限也必然会导致农地价值在流转过程中较易贬损,影响土地经营权的流动③。另一方面,如果土地经营权分离出来的时间过长,甚至一次性地分离出土地承包期内所有剩余期限的土地经营权,这就将导致土地承包权实际权能严重甚至完全虚化,其作为一种独立的权利的价值将大打折扣④。由此可知,经营权分离的期间越短,土地经营权的融资、流转功能就越弱,农业生产的集约化、规模化目标就越难以实现;经营权分离的期间越长,土地承包权的生存保障功能就越弱,农村的稳定就越容易受到威胁。

因此,为了发挥两权分离后各自的功能,可以对两权分离设置最短期间以及最长期间,最短期间的目的在于保障土地经营权的财产性功能的发挥,而最长的期间旨在确保土地承包权的价值目标不落空。需要补充的是,为了减轻土地经营权人的财务周转压力,保证土地承包权人对于地租预期增幅的期待利益,最短的期间不应过长。对此,可以参考《农村土地承包法》第20条以及《物权法》第126条关于土地承包期间的规定,根据农地的不同用途采

---

① 陈小君.农村土地从法律制度研究——田野调查解读[M].北京:中国政法大学出版社,2004:378.

② 例如从武汉市政府有关部门于2015年处理的6起"土地经营权抵押贷款风险案例"可以看出,在实践中银行等金融机构对于农地抵押本身就持保守态度,抛下较短期限的土地经营权本身评估价值较低外,较短期限的农地经营必然也会导致一并抵押的地上物因非长期种植的高经济作物而价值不高,影响土地经营权的融资功能实现。参见周慧."1号文件"风控:农村土地抵押贷款已现风险案例[EB/OL].[2016－1－10].http://money.163.com/15/0207/08/AHRCOD5500252G50.html.

③ 农业部部长韩长赋在接受新华社记者采访时说到过"投资农业不会一夜暴富,但肯定会得到长期和稳定的回报"。参见赵承,董峻.农业部部长:投资农业不会一夜暴富,但会有长期稳定回报[EB/OL].[2016－1－10].http://news.xinhuanet.com/politics/2013－12/22/c_118657296.htm.

④ 例如,农民将土地经营权分离并抵押给银行,一旦农民无力还款,该农民将被迫成为"失地农民",此时土地承包权的社会保障作用受到了挑战,沦为了一种期待发包方再次进行土地分配的期待权;再如以非农收入为主的农民如进城务工者长期将土地经营权流转予他人,一旦其在城市难以谋生需要返乡即其非农收入被切断时会发现,自己已经无地可种。

有梯度的期限区间。同时,为了防止土地投机行为,还应当比照《土地管理法》第37条,若土地经营权人对于土地经营权设立后连续两年内未实际利用进行农业生产的,赋予土地承包权人单方解除土地经营权设立合同的权利。

(2)平衡外部的介入利益分配。在土地承包权与土地经营权分离过程中,权利人的利益平衡并不仅仅受到当事人内部的契约性调整,还会受到外部利益介入时对利益的配置与协调的影响,最典型的如农业补贴与农地征收补偿。

对于农业补贴来说,纵观我国相关政策,可以发现农业补贴的目的是增加农民收入,提高农民种粮积极性,降低耕地资源撂荒比率,保障农地资源的充分利用,[①]并最终达到农业增效。笔者认为,此处"农民"应当指实际从事农业生产的人员,因此应当将农业补贴的资格判定标准由户籍标准转变为职业标准,即从事农业生产的人员才适格取得农业补贴。因为一方面,从农业补贴的种类设置[②]可以看出,农业补贴主要所体现出来的并非只是一种对承包户的社会保障;另一方面,当出现权利冲突时,在无特别约定的情况下,分离后的土地经营权本身即对土地承包权具有对抗性,实际经营权人取得农业补贴符合法律逻辑。此外,政府在尊重当事人的意思合意的基础上发放惠农补贴也符合农地政策发展趋势[③],真正发挥补贴资金对粮食生产的激励作用。

对于农地征收补偿来说,仅确立合理的征地补偿标准(《土地管理法》第47条)尚不能确切地保障农地征收的公平补偿,还应当确立合理的补偿费分配标准[④]。目前实践中的操作对于土地经营权人的补偿仅限于直接的物质损失[⑤],而对于其间接损失如准备长期经营而在前期大量投入[⑥]因相关规则的缺失而不甚明确。实际上针对农地使用权的补偿对象应当明确为对农地的实际利用者,否则可能出现土地承包权人在设置经营权时获得收益的同时又在农地征收时重复获得对其农地的使用价值的补偿,造成土地经营权人得不到补偿而土地承包权人重复受益的不公平分配情况。因此,对于农地的征收补偿,建议将土地补偿费以土地经营权分离期限与本轮发包内土地承包权剩余期限的比例为标准进行分配,当然还应当综合考量被征农地的使用属性、年限以及经济价值等因素。

---

① 马爱慧,张安录.农业补贴政策效果评价与优化[J].华中农业大学学报(社会科学版),2012(3).

② 如农机补贴、退耕还林补贴、草原生态保护补助等。

③ 根据国土资源部土地整治中心的《关于引导农村土地经营权有序流转发展农业适度规模经营的意见》,其第(九)部分也明确提出"加大粮食生产支持力度,原有粮食直接补贴、良种补贴、农资综合补贴归属由承包农户与流入方协商确定,新增部分应向粮食生产规模经营主体倾斜"。

④ 依据《土地管理法》第47条第2款,补偿费用包括"土地补偿费、安置补助费以及地上附着物和青苗的补偿费"。

⑤ 依据补偿款的性质,土地补偿费、安置补助费虽然主要由农村集体组织管理,但是主要是发放给土地承包权人,而地上附着物和青苗的补偿费主要支付给其所有权人即土地经营权人。

⑥ 如准备长期经营而在前期大量投入的土地开垦费、技术投资费、作物改良补偿费、残存地补偿费、相邻地损失费、承包期内预期收益费等。参见胡晓玲.中国式农地征收补偿的困境及其出路探寻——基于法条及实践的观察[J].东北师大学报(哲学社会科学版),2014(2).

四、"土地经营权"流转的法制供给

"三权分置"是服务于"经营权流转"这一目标的。从私法的角度来看,"三权分置"的目标是确立私权的归属,"而经营权流转"则更多涉及私权体系之下物的高效利用。

(一)土地经营权流转原则

土地经营权的流转需要坚持什么样的原则,这对于农民生存权与发展权的保障、耕地及其农业资源的保护、国家粮食安全的保证、农业效益的提高、农业经济发展的促进都具有重要的意义。笔者认为,土地经营权流转应当在保障农地相关权利人的基本权益的基础上,最大限度地契合市场经济发展的要求,具体应遵循依法、自愿、有偿三项原则。

所谓依法原则,即土地经营权的流转必须遵守国家的法律、法规。包括但不限于:不得侵犯土地承包权人的利益、不得改变农地农业用途的性质、农地在一定使用期限内,不得荒芜、流转的期限不得超过土地承包期的剩余期限。

所谓自愿原则,即土地经营权人有权自主决定是否流转、流转对象、流转方式、流转对价以及是否登记,不受任何单位和个人的非法干预。严防强行推动土地经营权流转,片面追求农地流转规模、农业产业集约度,侵害土地权利人的自主权,同时也应防止阻碍土地经营权流转自由的行为。

所谓有偿原则,即指土地经营权的流转遵循市场规律,采等价有偿的交换方式,应当明确土地经营权设立的收益全部归土地承包权人所有、土地经营权流转的收益全部归土地经营权人所有,任何国家机关、组织或个人不得无偿取得、剥夺权利人的土地经营权,在造成实际土地经营权权利人损害时,应当参考市场价值进行赔偿或补偿。

(二)土地经营权流转方式

我国现行土地承包经营权依法律行为发生流转的方式可以分成两类:其一为物权性流转方式,如转让、互换、抵押和入股等,导致土地承包经营权整体的得丧变更;其二是债权性流转方式,如转包、分包、出租等,仅导致土地承包经营权内部权能暂时变动的流转。与此相对应,土地经营权人同样可以对土地经营权作出处分行为与负担行为,只是土地经营权作为一项物权化的债权,其权利被物化的程度对于其流转方式具有很大的决定意义。实际上,土地经营权在现有法律规则下并不能成为完全物化的权利(如不记名证券)。由前文的论述可知,土地经营权的设立应采登记对抗主义,没有登记的土地经营权本身公信力有限,并且根据合同文本,在现有条件下难以形成统一的具有公信力的权利凭证,甚至根本没有权利凭证。因此,对于土地经营权的流转,应当适用债的移转规则并准用物权让与规则。进而言之,对于土地经营权的处分行为还需要对其转让(让与)和入股与抵押作出分别说明。在我国,债的移转特别是债权让与完全采意思主义的变动模式,这就意味着土地经营权的转让甚至入股实际上应当遵循债的移转规则;而土地经营权的抵押,因是以权利为标的来设立担保的,这就使得权利在一定程度上脱离了原来的基础关系,在规则适用上进入了物权领域。为方便说理,以下从对土地经营权的处分行为与负担行为两个方面进行探讨。

1.土地经营权的处分行为

(1)土地经营权的转让,即不改变土地经营权同一性的前提下,土地经营权人将其经营权全部或者部分转让给第三人的行为。土地经营权的转让实际上为债权让与,应当满足债权让与的条件。需要注意的是《合同法》第79条关于债权可让与性的规定,其中我国法律并未明文规定关于禁止债权让与的特约具有何种法律效力,[①]笔者认为可以借鉴《日本民法典》第446条与中国台湾地区"民法"第294条的规定,即承认特约的效力但其不得对抗善意第三人。相较之下,传统土地承包经营权的物权性流转受到诸多法律限制[②],土地经营权的设立与转让正是突破了这些限制。

(2)土地经营权的抵押,即土地经营权人将其权利设置抵押进行融资担保的行为。关于土地经营权进行担保究竟为质押还是抵押存有争议,[③]而笔者认为《决定》中使用了"抵押"一词而非"质押"并非空穴来风,恰好能与现有担保制度相衔接、降低立法成本。因为一方面,从现行法律规则来看,我国物权法立法扩大了抵押担保财产的范围,就抵押财产的种类不再限制,而就质押财产而言,仅允许"法律、行政法规规定可以出质的其他财产权利"设定质权(《物权法》第223条第7项)。另一方面,权利抵押的标的主要是不动产上产生的财产权利,而权利质押的标的则一般针对动产或其他无形财产所享有的权利。[④] 此外,权利质押一般需要交付权利凭证,没有权利凭证的才需要办理质押登记(《物权法》第224条),而设立土地经营权的合同文本本身属于权利凭证范畴,[⑤]但其公信力有限,不如统一采取权利抵押登记更有效率。相较之下,土地经营权的抵押担保一方面缓解了实际经营主体的融资困难;另一方面因土地经营权具有期限性,其上的抵押权的实现并不会对土地承包经营权造成影响也不会损害承包户的利益。

(3)土地经营权的入股,即土地经营权人将其土地经营权入股投资目标商事主体的行为。对于土地承包经营权的入股,法律作出了诸多限制,显然因为该权利具有身份性要求,无法在出资时转移完整的权利(《公司法》第28条、《合伙企业法》第17条);即使能够进行移转权利入股,一旦土地承包经营权将被作为破产财产进行处分清偿,必然会导致农民失权失地,即失去了生存保障性权利的困境。虽然《农村土地承包法》第42条以及《农民专业合作社法》对土地承包经营权的入股合作社作出了肯定,实践中合作社下的土地承包权资本化模

---

① 崔建远.债法总论[M].北京:法律出版社,2013:227.

② 如在转让时,必须满足承包权人具有稳定的非农职业或者有稳定的收入来源(《农村土地承包法》第41条)、经发包方同意(《农村土地承包法》第37条),受让人须有农业经营能力(《农村土地承包法》第33条),且在同等条件下,本集体经济组织成员享有优先权(《农村土地承包法》第33条);在互换时,互换的农地必须属于同一集体经济组织,亦即互换主体双方均为组织成员(《农村土地承包法》第40条),须报发包方备案(《农村土地承包法》第37条)。

③ 姜红丽.放活土地经营权的法制选择与裁判路径[J].法学杂志,2016(3);李国强.论农地流转中"三权分置"的法律关系[J].法律科学,2015(6).

④ 王利明.物权法研究[M].北京:中国人民大学出版社,2013:1348.

⑤ 高富平.物权法原论[M].北京:法律出版社,2014:734.

式也取得了不小的成效,但是毕竟融资的范围、途径以及回报有限①,无法灵活发挥农地权利的融资功能,同时《农民专业合作社法》亦未能合理解决作为法人的合作社破产清算时对土地承包经营权的合理处分问题。反观以土地经营权入股,其既能发挥其独立的财产性功能,拓宽农民融资渠道,增加农民非农收入,又能在投资失败时有效阻断对农民生存保障的影响。

2.土地经营权的负担行为

土地经营权的出租,即承租人支付一定的土地使用权租金,根据土地租赁合同享有占有、使用、收益权。但正如前文所述,一方面,以出租为方式进行的"流转"仅为承租人对于承包农地的阶段性利用(《合同法》第 214 条);②另一方面,承租人对其权利并不享有任意转让的自由。在传统土地承包经营权的债权性流转中还存在转包、反租倒包等行为,但在土地经营权上再设立此等权利不具有实益,土地经营权不再受转包受让人必须为同一集体经济组织成员的限制。

由此可见,在农地权利的流转实践中,土地经营权显然更有利于农地权利的流转,发挥市场对于农地资源配置的优势,但土地承包经营权的转让、互换、转包、出租等传统流转方式并不会被"虚化",它们仍然具有适用的意义:如转让依然可以作为集体组织成员退出的有效方式,同时又能够使其取得农地权利的相应对价作为有效补偿;互换、转包对于解决农地细碎化问题以及调整农地分配不当问题依然具有实践价值;出租不必进行登记,具有较低的农地使用成本,设立快速便捷的优势。因此,无论是土地承包经营权的传统流转方式还是新型的土地经营权流转方式,两者均具有其适用的空间与意义,共同为行为权利人提供了更大的农地利用以及配置的选择空间。

3.配套法制

为保证土地经营权流转的规范与自由,需要为其流转提供合理的制度框架,发挥市场的资源配置与自我调整优势,因此配套法制的建构逻辑原则是尽量减少对市场的干预,笔者建议仅从以下三个方面着手:

(1)奠定土地经营权规范流转的基础

首先是明晰农地及其上权利的产权。要加快对土地承包经营权的登记确权与颁证,这不仅需要准确记录农地的数据,以明确农地的四至以及权利人的权利边界,还要完善记录能够反映农地质量和价值的各项指标,因为对于农地的产权越明晰,登记越详尽,就越容易实现土地经营权的独立财产性。其次是落实土地经营权的财产性表征,这需要从土地经营权登记制度的完善着手,以乡镇政府的土地管理部门作为土地经营权的登记机关,建立并完善信息登记查询制度,借助互联网进行土地经营权交易前产权信息公示、交易过程公开、交易结果公示,提高农地权利配置效率。最后,健全农地流转的相关法律法规,在最低限度地修

① 《农村土地承包法》第 42 条:限定合作社仅能"从事农业生产"。
② 彭红.论农地融资的主体资格——以承包经营流转集中的继受主体为视角[J].农村经济,2013(8).

改现行法律规则的基础上明确土地经营权的内涵、性质以及设立、变更、消灭的相关法律关系。

（2）保障土地经营权流转市场的自由

一方面,搭建土地承包经营权与土地经营权流转的载体和平台,在市场规划方面可以根据土地承包权与土地经营权分别设立为初级市场与次级市场。初级市场因其受制于权利主体、权利负载功能以及流转受到公权力调整的限制,为"半开放"市场,主要包括土地承包经营权的原始取得即农地的初次分配,以及"四荒"地的流转;次级市场主要指土地经营权流转市场,因土地经营权具有完全的私权性而商品化,所以次级市场为完全开放的自由流转市场。另一方面,在市场交易过程中,坚持市场自我调节机制,各方主体需要遵循依法、自愿、有偿的流转原则,同时还要防止行政干预的过度,警惕脱离实际的行政主导①。此外,在流转交易平台的布局方面,根据市场规模采取对应行政区划大小进行辐射性地配置②,并利用信息技术建立线上信息发布平台与线下办公平台,协同线上线下系统,使信息充分及时的公开,使土地的流转得到有效监督,同时防止公权力的不当干预。

（3）保证土地经营权流转市场的健全

发达的市场往往会包含较为完善的中介服务机构,同时中介服务机构的完善也能反作用于市场,促进市场的健全。因此健全土地经营权流转市场,促进中介服务机构的发展是必要的。而培育市场的中介服务组织,应当循序渐进,可以先从现有的农村金融机构中新增相关职能,为土地承包权流转提供金融支持,再根据现实需要而发展。可在乡镇或县城设立专门的农业用地金融机构,为土地经营权的流转提供金融支持;建立土地经营权的咨询、评估、代理等专业化服务组织机构,要在市（县）乡村形成三级统一的服务体系;设立流转纠纷解决机制,如成立农地流转仲裁委员会,以便高效便捷地处理土地经营权流转过程中出现的矛盾与纠纷。另外,还需注意开拓土地经营权流转中介服务机构的线上线下等多种服务模式,为土地承包经营权的流转提供更优质的服务,同时建立完善的流转服务信息库,为土地经营权的流转提供有效保障和查询平台。

---

① 如"定任务、下指标,或将流转面积、流转比例纳入绩效考核的方式推动土地流转等问题"。参见孙林,傅康生.农村土地适度规模经营的阻碍因素与转型路径[J].中共中央党校学报,2015(1).

② 如一级市场流转交易中心设立在村庄,次级市场流转交易中心设立在中心镇或县城。

宅基地使用权抵押的基本范畴与运行机制[*]

2015 年 12 月，第十二届全国人大常委会第十八次会议决定：在天津市蓟县等 59 个试点县、市、区行政区域暂时调整实施《中华人民共和国物权法》（以下简称《物权法》）、《中华人民共和国担保法》（以下简称《担保法》）关于集体所有的宅基地使用权不得抵押的规定，即在试点地区对宅基地使用权抵押实行"解禁"。由此，近年来一系列中央文件中倡导的"开展农民住房财产权抵押贷款试点"政策[①]在法律层面取得了"准生证"，一场具有历史意义的农村土地制度改革即将在法治轨道内展开。[②] 本文拟在阐明宅基地使用权可抵押性的基础上，对宅基地使用权抵押的具体规则与配套制度构建做些探讨，以期能对此项改革实践乃至将来相关法制之完善有所助益。

一、宅基地使用权抵押之法理

宅基地使用权，系指农民集体成员依法对集体所有的土地享有的占有和使用的权利，农民集体成员有权依法利用该土地建造住宅及其附属设施（《物权法》第 152 条）。根据《物权法》的上述定义性规定，结合《物权法》、《中华人民共和国土地管理法》（以下简称《土地管理法》）、《担保法》等法律的相关规定，宅基地使用权作为一种用益物权，与《物权法》确立的同属传统民法中地上权范畴的另一种用益物权——建设用地使用权——相比较，除主体、客

---

[*] 载于《南京社会科学》2017 年第 2 期，第二作者潘重阳。

[①] 如 2013 年 11 月中共中央十八届三中全会《关于全面深化改革若干重大问题的决定》指出："保障农户宅基地用益物权，改革完善农村宅基地制度，选择若干试点，慎重稳妥推进农民住房财产权抵押、担保、转让，探索农民增加财产性收入渠道"；2014 年 1 月中共中央、国务院《关于全面深化农村改革加快推进农业现代化的若干意见》（2014 年中央一号文件）进一步要求："改革农村宅基地制度，完善农村宅基地分配政策，在保障农户宅基地用益物权前提下，选择若干试点，慎重稳妥推进农民住房财产权抵押、担保、转让"；国务院于 2015 年 8 月发布《关于开展农村承包土地的经营权和农民住房财产权抵押贷款试点的指导意见》（国发〔2015〕45 号），对"两权"抵押贷款试点作出了具体部署；中国人民银行等主管部门于 2016 年 3 月 15 日联合发布《农民住房财产权抵押贷款试点暂行办法》，对相关问题作了更具操作性的规定。

[②] 此前一些省市曾开展农村土地承包经营权、集体建设用地使用权乃至宅基地使用权流转、抵押改革试点，但未取得国家立法机关授权，因而与《担保法》、《物权法》的相关规定相违背，此次采取的"立法先行"式改革路径，具有标志性意义。

体、取得方式等方面存在显著差别外,还具有明显的"弱物权"特征,即:(1)宅基地使用权被定义为对集体所有的土地"占有和使用的权利",而建设用地使用权则是对国有土地"占有、使用和收益的权利"(《物权法》第135条),前者未被赋予"收益"之权能;① (2)建设用地使用权被赋予处分权能,权利人得依法予以转让、抵押,而宅基地使用权转让、抵押则为法律所明文禁止(在《物权法》起草过程中,学界对是否开禁宅基地流转曾有过争论,②《物权法》最终对此采取了否定的立场)。可见,宅基地使用权虽被纳入用益物权体系(这无疑是物权立法的一大进步),但其权能仅限于"占有和使用",其物权效力(支配力)甚为薄弱,与对土地的债权性利用权(土地租赁权)几无二致。

禁止宅基地流转的政策立场可追溯至宅基地产生初期。我国最早对农村宅基地使用权问题作出规定的规范性文件是1962年通过的《农村人民公社条例修正草案》,其第21条即规定:"生产队范围内的土地,都归生产队所有。生产队所有的土地,包括社员的自留地、自留山、宅基地等等,一律不准出租和买卖。"虽然此时尚无宅基地使用权的概念(或观念),但是自此确立的禁止或限制宅基地流转的政策立场一直延续未变。③ 法律对宅基地使用权抵押的禁止性规定,最早见于《担保法》第37条,《物权法》第184条第1款沿袭了这一规定。

笔者认为,虽然禁止宅基地使用权流转(包括转让、抵押等)的主张在一定的历史时期有其合理性或必然性(其主要着眼于城乡二元体制下宅基地使用权的社会保障功能),但是这只是我国土地管理政策和物权立法的一时之选,其法理依据难谓充分;相反,在当前社会条件尤其是农业改革发展形势下,允许宅基地使用权抵押,在法理论、法技术和法政策层面均可得到充分的支持。

首先,可处分(转让)性是宅基地使用权的应有之义。作为用益物权的宅基地使用权本质上属于财产权,而财产权的基本特征之一是非专属性(区别于人格权),即财产权可以作为"财产"转让,④所有权、债权莫不如此,用益物权也不例外;若不能自主处分,则难谓真正意义的财产权(用益物权)。从我国物权法规定的几种典型用益物权来看,土地承包经营权、建设用地使用权、地役权均得依法处分(包括抵押),唯独宅基地使用权抵押为法律所禁止,这明显违背了宅基地使用权的财产权本质,使其徒有物权之名而无物权之实。对此,早有学者基于所有权法理指出:"既然国家土地所有权上可以设立建设用地使用权且建设用地使用权可以依法流转,基于所有权平等原则,集体土地所有权之上亦可设定集体建设用地使用权且集

---

① 实际上,"收益"乃用益物权的应有之义,也为《物权法》第117条用益物权一般规定所确认;《物权法》之所以未在宅基地使用权规定中使用"收益"二字,旨在强调宅基地使用权的"居住使用"目的而排除其经营收益之权能。

② 高富平.物权法的十个基本问题,物权法草案修改意见[J].法学,2005(8);孟勤国.物权法开禁农村宅基地交易之辨[J].法学评论,2005(4).

③ 如1999年5月6日《国务院办公厅关于加强土地转让管理严禁炒卖土地的通知》规定:"农民的住宅不得向城市居民出售,也不得批准城市居民占用农民集体土地建住宅。"

④ 刘凯湘.民法总论[M].北京:北京大学出版社,2011:79;李永军.民事权利体系研究[M].北京:中国政法大学出版社,2008:44.

体建设用地使用权亦可依法流转,宅基地作为集体建设用地的重要组成部分,理应允许依法流转。"①允许宅基地使用权抵押,正是对宅基地使用权物权——财产权属性认识的回归。

其次,宅基地使用权抵押是农民房屋抵押的必备条件。宅基地使用权的目的在于利用宅基地建造住宅及其附属设施,住宅及其附属设施一旦完成合法建造,宅基地使用权人即依法取得其所有权(《物权法》第 30 条)。因此,宅基地使用权通常是与宅基地上房屋的所有权并存的权利。换言之,无宅基地使用权便无法取得房屋所有权,无房屋所有权则宅基地使用权亦将意义不存,此点恰如建设用地使用权与城镇房屋所有权之关系。虽然土地所有权性质和用益物权类型(称谓)不同,但是宅基地使用权人对地上房屋的所有权与建设用地上房屋之所有权并无本质的差别,即所有人均依法享有完全的占有、使用、收益、处分的权利,房屋抵押也是其题中之意。就后者而言,我国现行立法采取"房地一体"立场,不但允许建设用地使用权单独抵押,而且规定"以建筑物抵押的,该建筑物占用范围内的建设用地使用权一并抵押。以建设用地使用权抵押的,该土地上的建筑物一并抵押"。(《物权法》第 182 条)而对于前者,立法上虽允许农民房屋抵押,②但由于法律同时明定宅基地使用权不可抵押,故不存在类似于建设用地使用权的上述"地随房押"的规定,农房抵押无论是设立还是抵押权的实现都因缺乏法律依据而难以实行,农房所有权也因欠缺处分(抵押、转让等)权能而徒有虚名。因此,在我国"房地一体"的法律体制下,解禁宅基地使用权抵押,是实现农房抵押、充实其所有权权能的必要条件。

再次,宅基地使用权抵押是深化农村土地制度改革、落实中共十八届四中全会《关于全面深化改革若干重大问题的决定》提出的"保障农户宅基地用益物权,改革完善农村宅基地制度"这一改革目标的重要举措。《物权法》确立了宅基地使用权的用益物权地位,使其从"事实物权"升格为"法定物权",成为农民集体成员(农户)拥有的一项财产权利。但由于缺乏处分权能,此项权利徒具占有属性而不具有财产(权利)所应具有的交换价值,从而沦为一种支配性欠缺、名不副实的用益物权。这种制度设计,源自现立法者对宅基地使用权的福利性、保障性定位,反映的是小农经济的时代要求,体现的是"城乡分治"的法治理念。随着我国农业现代化、城乡一体化的不断推进,农村金融的现实需求日益增长,而农民除住房和宅基地外,能够供作融资担保者别无长物,这就从客观上阻碍了农村金融和农业现代化的发展。由此决策者认识到,只有改革完善包括宅基地制度在内的农村土地制度,赋予农民更多的财产权利,有效盘活农村资源、资产,才能真正推进农村金融改革和农业现代化的发展,进而如期实现"全面小康"的战略目标。赋予农民更多财产权利,首先要求充实农民业已享有的承包经营权、宅基地使用权等用益物权权能,强化其支配效力,彰显其财产属性;允许宅基地使用权抵押,就是"赋予农民更多财产权利,有效盘活农村资源、资产"的有效举措。

---

① 高圣平,刘守英.《物权法》视野下的《土地管理法》修改[J].中国土地科学,2008(7).

② 农房无疑属于《担保法》第 34 条所称"抵押人所有的房屋和其他地上定着物"和《物权法》第 182 条第 1 款所称"建筑物和其他土地附着物"。

二、宅基地使用权抵押之主体和客体

（一）抵押人

顾名思义，宅基地使用权抵押的抵押权人即宅基地使用权人。然而，《物权法》在为宅基地使用权"正名"时，并未明确宅基地使用权主体（第152条只使用"宅基地使用权人"称谓），仅规定"宅基地使用权的取得、行使和转让，适用土地管理法等法律和国家有关规定"。（第153条）因此，对宅基地使用权主体的探究，应从"土地管理法等法律和国家有关规定"入手。

《土地管理法》第62条第1款规定："农村村民一户只能拥有一处宅基地，其宅基地的面积不得超过省、自治区、直辖市规定的标准。"这一规定，确立了我国宅基地（使用权）取得制度的"一户一宅"原则，同时揭示了宅基地使用权的主体——同一户籍中的农村村民，即"农户"。赋予"农户"（家庭）"权利主体"地位，是我国历史上"家、国、天下"制度与观念在现行法上的延续，但在个人主义的现代私权观念下却带来了解释论上的困境："农户"究竟是一种实质意义上的权利主体（非法人团体），还是一个用以指代家庭成员共同享有某项民事权利的"伪"权利主体（这一问题也适用于对土地承包经营权主体的审视）？[①] 在实践中，宅基地使用权通常以户主的名义登记；有人据此认为，农户相当于公司，其家庭成员则相当于股东，既然宅基地取得和房屋建造许可文件均以"户"的名义核发，登记时自应以该"户"为物权人。[②] 对此观点，有学者指出其混淆了法人和家庭这两种自然人团体构造的法律地位，并认为农户之"准"权利主体地位仅体现于宅基地使用权取得环节（宅基地使用权取得须以户的名义为之），而农户其实并非宅基地使用权的享有者，原因在于：任一家庭成员对外交往所产生的权利义务均由该成员自身承受，任一家庭成员去世均发生继承，家庭本身既无法如法人般独立承担权利义务，亦不足以成为财产所有者。因而在解释上，以户的名义所取得的宅基地，使用权应归家庭成员共有。[③] 笔者认为，与"法人说"相比，"共有说"准确地揭示了"一户一宅"表象下宅基地使用权的真实归属（主体），因为无论是从私法原理（权利主体形态）还是从我国现行立法（农户的实际法律地位）来看，均不能得出"农户"是独立于自然人的一类权利主体的结论，宅基地使用权和土地承包经营权（家庭承包）以"户"为单位取得，只是现行户籍制度下作为农村社会保障之替代品的宅基地使用权和土地承包经营权的一种特殊分配方式，担任的是社会治理手段的角色，当中奉行的并不是私法逻辑，故其不能成为判断宅基地使用权及土地承包经营权主体的依据。[④]

在"共有说"的解释视角下，宅基地使用权由特定农户的全体家庭成员共同享有（共同共有），属准共有范畴。依《物权法》第97条之规定，处分共有的不动产或者动产以及对共有的

[①] 这一问题自《民法通则》采用"农村承包经营户"称谓以来一直未形成统一的认识，在我国立法机关新近公布《中华人民共和国民法总则（草案）》中，"农村承包经营户"仍与"个体工商户"并列，"栖身"于"自然人"这一主体类型之下。

[②] 任国良.农村村宅产权地登记主体探讨[J].中国房地产，2010(1).

[③] 朱庆育.民法总论[M].北京：北京大学出版社，2013：464.

[④] 朱庆育.民法总论[M].北京：北京大学出版社，2013：464.

不动产或者动产作重大修缮的,应当经占份额 2/3 以上的按份共有人或者全体共同共有人同意,但共有人之间另有约定的除外。宅基地使用权抵押,亦须经有行为能力的全体家庭成员同意。为具体指导宅基地使用权抵押试点的工作,中国人民银行等部门联合发布的《农民住房抵押贷款试点暂行办法》(以下简称《暂行办法》)对这一问题也作出了明确的规定。

有学者在讨论农民住房抵押问题时,探讨了"抵押人能否以自己住房为他人债务设定抵押"、"抵押人是否须确保在抵押权实现后有居住场所"、"抵押人是否须承诺在抵押权实现后不再申请宅基地"等问题,并分别提出了"能"、"否"、"否"的主张。[①] 笔者认为,上述观点也适用于宅基地使用权抵押,因为若对其施加种种限制条件,则既不符合担保法理,也与解禁宅基地使用权抵押的立法初衷与改革目标相背离。而《暂行办法》虽并未明令排除抵押人以自己住房为他人债务设定抵押,但从其表述而言,仍着眼于宅基地使用权人为自己的债务设定抵押。[②] 此外,《暂行办法》对宅基地使用权抵押条件进行了严格的限制,一方面要求"除用于抵押的农民住房外,借款人应有其他长期稳定居住场所,并能够提供相关证明材料",另一方面要求"所在集体经济组织书面同意宅基地使用权随农民住房一并抵押及处置"。这些限制性规定并未秉承上述立法初衷与改革目的,似乎过于保守,尚有斟酌完善的空间。需要指出的是,针对"抵押人是否须承诺在抵押权实现后不再申请宅基地"问题,笔者虽然与该学者观点一致(即不宜要求抵押人做此承诺),但是并不赞同其将《土地管理法》第 62 条关于"农村村民出卖、出租住房后,再申请宅基地的,不予批准"解释为"不能再无偿取得宅基地"的论证逻辑。[③]理由在于,农民住房及宅基地能否抵押与其"失地"后能否再申请宅基地均由法律规定,抵押人是否承诺与能否再次申请宅基地并无必然的联系。

(二)抵押物

宅基地使用权抵押的标的物,即农户(家庭成员)依法享有的宅基地使用权。在抵押能力方面,《物权法》第 184 条第(4)项、第(5)项关于"所有权、使用权不明或者有争议的财产"及"依法被查封、扣押、监管的财产"不得抵押的一般规定,也适用于宅基地使用权抵押,自无疑义。在此需要讨论的问题是:

其一,宅基地使用权抵押是否以宅基地使用权登记"确权"为条件?依《物权法》的规定,不动产物权的设立、变更、转让和消灭,经依法登记,发生效力;未经登记,不发生效力,但法律另有规定的除外。就房屋所有权而言,根据《物权法》第 30 条的规定,其一旦合法建造完成农户即可享有所有权;就宅基地使用权而言,《物权法》仅规定"宅基地使用权的取得、行使和转让,适用土地管理法等法律和国家有关规定"。从《土地管理法》来看,该法第 11 条规定:农民集体所有的土地依法用于非农业建设的,由县级人民政府登记造册,核发证书,确认

---

① 房绍坤.农民住房抵押之制度设计[J].法学家,2015(6).

② 《暂行办法》在第 4 条第 1 款第(3)项对宅基地使用权抵押条件的规定中,采用了这样的表述:"除用于抵押的农民住房外,借款人应有其他长期稳定居住场所",明显将宅基地抵押的情形局限于宅基地使用权人以其宅基地为自己的债务进行抵押。

③ 房绍坤.农民住房抵押之制度设计[J].法学家,2015(6).

建设用地使用权；就"国家有关规定"而言，2008年2月1日起实施的《土地登记办法》(国土资源部第40号令)确立了土地权利登记发证制度，强调"土地登记簿是土地权利归属和内容的根据"(第15条)，并将宅基地使用权和集体农用地使用权统一纳入《集体土地使用证》范畴(第17条第2款)；2015年3月1日起施行的《不动产登记暂行条例》也将宅基地使用权纳入"依照本条例的规定办理登记"的不动产权利范围。综上所述，无论是《物权法》还是其他法律，均未对宅基地使用权的设立、变更、转让和消灭作出与"登记生效"规则不同的规定，因而从解释论上说，登记是宅基地使用权设立(取得)的条件，未经登记的宅基地"使用权"只能视为一种合法占有，而不具有物权属性。正因为如此，《物权法》实施后，有关部门即着力推进宅基地使用权登记发证工作①，各省市也积极开展相关工作，有的省份已基本完成宅基地使用权登记确权发证工作。② 为了维护《物权法》的权威，明确物权归属，保障交易安全，宅基地使用权抵押应以宅基地登记确权为条件，未完成宅基地登记确权的宅基地不得办理抵押。③《暂行办法》同样采这一立场，其在第4条第1款第(3)项中，将"房屋所有权及宅基地使用权没有权属争议，依法拥有政府相关主管部门颁发的权属证明"作为住房财产权利抵押的条件，值得赞同。

其二，宅基地使用权是否与地上建筑物(农房)一并抵押？在我国现行法上，地上建筑物与其占有范围内的土地使用权属于各自独立的不动产，实行"分离主义"模式。据此，农民住房与宅基地使用权属于分别独立的两种不动产。但是，我国现行法在坚持"分离主义"的同时，实行"房地一致"原则，在处分时"地随房走"、"房随地走"，以保持房地权属的一致性。④ 如《物权法》第182条规定："以建筑物抵押的，该建筑物占用范围内的建设用地使用权一并抵押。以建设用地使用权抵押的，该土地上的建筑物一并抵押。抵押人未依照前款规定一并抵押的，未抵押的财产视为一并抵押。"就农村房屋抵押而言，无论是试点地区之规定，还是国家政策性文件，均贯彻了这一原则，要求农民住房财产权设立抵押时须将集体建设用地使用权(宅基地使用权)一并抵押，即"地随房走"⑤。对此，有学者从法理上做过深入的论证。⑥ 同理，若以宅基地使用权设立抵押，该宅基地上的农民住房也应一并抵押，抵押人未将其住房一并抵押的，未抵押的住房视为一并抵押，这也是中央政策文献中"农民住房财产权

---

① 有关部门陆续出台了《国土资源部关于进一步加快宅基地使用权登记发证工作的通知》(国资发[2008]146号)，《国土资源部、农业部、财政部关于加快推进农村集体土地确权登记发证工作的通知》(国土资发[2011]60号)，《国土资源部、中央农村工作领导小组办公室、财政部、农业部关于农村集体土地确权登记发证的若干意见》(国土资发[2011]178号)。

② 广西农村宅基地确权登记发证工作基本完成[EB/OL].[2016-10-20].http://www.mlr.gov.cn/xwdt/dfdt/201602/t20160204_1396615.htm.

③ 如《成都市农村房屋抵押融资管理办法(试行)》第5条规定，合法取得《集体土地使用证》是办理农村房屋抵押的必要条件之一。

④ 房绍坤.农民住房抵押之制度设计[J].法学家，2015(6).

⑤ 参见《成都市农村房屋抵押融资管理办法(试行)》第9条，国务院《关于开展农村承包土地的经营权和农民住房财产权抵押贷款试点的意见》(2015年8月10日)。

⑥ 房绍坤.农民住房抵押之制度设计[J].法学家，2015(6).

抵押"的内在意蕴(立法机关对试点地区宅基地使用权抵押的解禁,使"两权抵押"在法律上成为可能);不过,若农民住房建造于宅基地设定抵押之后,则其不属于抵押财产,抵押权人实现抵押权时,应当将宅基地上新增的住房与宅基地使用权一并处分,但新增住房所得的价款,抵押权人无权优先受偿(《物权法》第200条)。

(三)抵押权人

在抵押法律关系中,抵押人为债务人或第三人,抵押权人为债权人,无论是《担保法》还是《物权法》,均未对可设抵押担保的债权类别或债权人身份予以限制,亦即一切债权均可设立抵押担保,从而使债权人成为抵押权人;从抵押财产的角度来看,现行法上也不存在某类财产只能用于担保某类债权的特别规定。就宅基地使用权而言,允许其抵押是否意味着可以宅基地使用权为当事人的各类债务设定抵押担保而不存在债权性质或债权人身份的限制? 从一些试点地区有关农房抵押的规定来看,通常将农房抵押的抵押权人限定于"提供农村房屋抵押贷款的金融机构",亦即不得以农房为金融机构以外的债权人设定抵押担保,甚至明文规定不得以农房为民间借贷设定抵押担保。[①]《暂行办法》同样将视野局限于为银行业金融机构发放的贷款提供担保。[②] 有学者也认为,从目前的情况来看,农民住房抵押的抵押权人应当限制为金融机构,其他组织或自然人不宜作为抵押权人,以防止出现城镇居民通过抵押方式变相购买农民住房或者其他意想不到的情况发生。[③] 笔者认为,尽管试点地区和《暂行办法》的此类规定将使金融机构之外的债权人对该地区的农房及宅基地享有抵押权成为不可能(无法完成抵押权登记),此类限制性规定仍值得检讨。首先,正如试点地区的解禁"两权"文件(乃至相关中央文件)在《担保法》、《物权法》相关规定在部分地区暂停实施前不具有合法性一样,在《担保法》、《物权法》相关规定在部分地区暂停实施后对宅基地使用权抵押的抵押权人加以限制也缺乏法律依据(立法机关对宅基地使用权抵押的解禁并未附设任何条件),设若当事人以宅基地使用权为金融机构以外的债权人之债权设定抵押担保,仅凭地方性法规并不能否认其效力。其次,解禁宅基地使用权抵押的目的在于满足农村金融的现实需求,推进农业现代化,而仅靠金融机构并不能全面满足此种需求,民间金融(借贷)具有重要的补充作用,从法律地位上说,非金融机构债权人作为抵押权人与金融机构并无本质区别,只要存在合法的借贷关系,即使城镇居民通过实现抵押权方式获得宅基地使用权也无可非议[④]。因此,将宅基地使用权抵押权人限定为金融机构的规定并不适当。

---

① 参见《成都市农村房屋抵押融资管理办法(试行)》第4条,《鄂州市农村房屋抵押融资管理办法(试行)》第5条。

② 《暂行办法》第2条规定:"本办法所称农民住房财产权抵押贷款,是指在不改变宅基地所有权性质的前提下,以农民住房所有权及所占宅基地使用权作为抵押、由银行业金融机构(以下称贷款人)向符合条件的农民住房所有人(以下称借款人)发放的、在约定期限内还本付息的贷款。"

③ 房绍坤.农民住房抵押之制度设计[J].法学家,2015(6).

④ 抵押权人取得宅基地使用权只是抵押权实现的一种方式,在金融机构作为抵押权人时,从长远上讲,抵押权的实现也不应排除城镇居民通过拍卖取得抵押宅基地使用权,出于行文逻辑的原因,将在后文予以论述。

三、宅基地使用权抵押之运行

（一）抵押的设立

宅基地使用权抵押与其他不动产权利抵押一样，在设立上应适用《担保法》《物权法》的一般规定，即经由抵押合同设立，抵押权自登记时起成立。值得注意的是，在宅基地使用权设立问题上，存在着宅基地流转与耕地保护之矛盾，若处置不当，二者必损其一。笔者认为，这一问题可从以下方面入手予以疏解：

1. 超标宅基地抵押限制——既存宅基地浪费的治理

在宅基地使用权抵押的制度设计中，应当从鼓励提高宅基地利用效率和预防耕地流向宅基地市场两个方面保证耕地不被宅基地侵蚀。就前者而言，应当对宅基地超标的情形在宅基地抵押政策中作出回应。根据我国《土地管理法》第62条的规定，农村村民一户只能拥有一处宅基地，其宅基地的面积不得超过省、自治区、直辖市规定的标准。[①] 但在实践中，宅基地超标现象却普遍存在，大大降低了宅基地利用效率，甚至不当地压缩了耕地面积。因此，在宅基地使用权抵押中如何对待宅基地超标部分，关系到宅基地使用效率的提升和耕地面积红线的守卫。

在超标宅基地抵押的限制上有两种途径可供选择：其一是仅针对超标部分的宅基地进行抵押限制，二是针对宅基地超标农户的所有宅基地抵押进行限制。就这两种方案比较而言，第二种方案显然更能有效地解决宅基地利用效率低下的问题，有利于超标农户依据宅基地自愿退出机制退回超标部分，从而进行复垦。但是，依据赋权确能的改革构想，宅基地使用权是农户的财产性权利的属性应当被强化，由于部分宅基地超出标准而否定所有宅基地使用权的处分权能明显与这一改革的初衷相背离。况且，《国务院关于开展农村承包土地的经营权和农民住房财产权抵押贷款试点的指导意见》（以下简称《两权抵押指导意见》）要求坚持确保农民利益不受损的底线，第二种方案不当干涉农户宅基地不超标部分处分的结果，同样有触动这一底线的可能。

在实践中，宅基地超标可能存在多种形式，既可能是由于拥有多处宅基地而造成宅基地超标，也有可能由于一处宅基地占地面积过大而造成超标。这两种情形之所以有必要进行区分，是因为由于宅基地上房屋为农民所有，在宅基地使用权抵押中，农户是通过将住房权利整体抵押的方式进行的。在超标原因为多处宅基地的场合，当抵押部分的房屋和宅基地并未超过标准时，其抵押应当被认可。但在多处宅基地和住房均被抵押且抵押的宅基地面积超过标准时，不应当允许时间上在后的抵押，自不待言。但在一处宅基地面积超标的情形，由于房屋及其基地不能分割出部分单独抵押，那么在采取退换非法占用的土地或交纳宅基地使用费用之前，[②]解释上仍应认为该宅基地不得抵押。

---

① 在解释上，应当将此处的标准的适用范围局限为初次分配取得的宅基地。

② 关于超标宅基地应当采取退换还是交纳费用，可参见高圣平.宅基地制度改革试点的法律逻辑[J].烟台大学学报（哲学社会科学版），2015(3).

在实施效果上,此种限制超标宅基地抵押的方式事实上减少了超标宅基地的经济价值,配合宅基地有偿退出制度的运行,可以在更大程度上激励超标宅基地使用权人主动退出。退出后的宅基地可以统筹进行复垦,从而保障耕地面积,[①]实现坚守耕地红线与宅基地商品化矛盾的调和。

2.新增宅基地抵押冷却——侵蚀农用地趋势的防控

上文所涉及的,是从静态的角度如何通过制度设计的方法治理既存的宅基地利用效率低下的问题。除此之外,还应从动态的角度考量如何预防宅基地抵押放开所带来的侵蚀耕地的可能。

虽然《土地管理法》第62条要求村民建住宅应尽量使用原有宅基地和村内空闲地,并对占用农用地建设住宅的设置了十分严格的审批要求,但是在实践中占用农用地建设住宅的现象却屡禁不止。从宅基地与农用地的关系来看,有学者认为保护农用地的关键不在于是否开放宅基地使用权市场,而在于如何贯彻执行已有的法律和政策。[②] 诚然,如果《土地管理法》和相关宅基地审批政策能够在宅基地审批实践中得到完整的贯彻和执行,宅基地侵占农用地的现象的确可以得到有效的治理。但问题的关键在于,当实践中已经出现了法律和政策执行效果并不良好的情况时,继续要求严格执法并不能成为否定从其他角度强化农用地保护的理由。准此以言,在宅基地抵押的制度设计中,应充分考虑因宅基地抵押放开而带来的宅基地需求迅速增长给农用地保护所带来的危机。

宅基地使用权作为农民土地财产权利中的重要一项,其抵押放开可能会导致农户宅基地需求数量的急剧增加,而对于新增的宅基地应当制定不同的抵押政策。需要注意的是,新增的宅基地既有可能是直接由农用地通过《土地管理法》第44条的审批转为宅基地,对于这一部分的新增宅基地,限制其直接用于抵押应无疑问。但是,在农用地转用审批极为严格的情况下,更多的可能是新增宅基地并非由农用地转用,而是建在集体建设用地或原有宅基地之上。从表面上看,由于这一部分新增宅基地并非直接源于农用地,因此不应对其抵押进行限制。然而,由于农用地与集体建设用地之间具有此消彼长关系的存在,必须警惕由建设用地转用的宅基地,再通过将耕地转化为集体建设用地的方式"迂回"地侵占耕地的可能。[③] 这就要求对于非直接由农用地转用的新增宅基地同样进行抵押上的限制。

在具体的限制方式上,一味地否定新增宅基地的抵押将会导致新增宅基地使用权与固有宅基地使用权在处分权能上完全不对等的局面。若新增宅基地使用权沦为不得抵押之"鸡肋"则会使非受宅基地使用权抵押放开驱动而本应获得宅基地分配的农户权利被不当地剥夺。因此,对于新增宅基地的抵押限制不应是永久的,而仅应当通过设置一定的"冷却期"的方式进行,即新设的宅基地使用权在"冷却期"内不得进行抵押。"冷却期"的制度设计可

---

① 有偿退出并复垦的模式已经在实践中得到了检验,并且效果较为良好。参见付文.农房可以抵押贷款了[EB/OL].[2016-10-20].http://finance.people.com.cn/n1/2016/0604/c1004-28411399.html.

② 汪军民.宅基地使用权的立法问题探讨[J].湖北大学学报(哲学社会科学版),2006(5).

③ 郭继,韩清怀.法律社会学视野下的小产权房问题研究[M].北京:中国政法大学出版社,2014:38.

以对受宅基地使用权抵押放开驱动的"软性"宅基地需求和本应因婚姻等原因而分户等情况下的"刚性"宅基地需求进行有效的区分。对于"软性"的宅基地需求而言,其更为关注的是宅基地在短时间内用于融资担保的交换价值,"冷却期"的设置可以使得新增宅基地在短时间内缺乏此种交换价值,从而达到减少"软性"需求的目的。而对于"刚性"需求而言,在最为重要的由于婚姻而分户的情形,需求人此时对于宅基地最为迫切的需求乃是提供居住场所的使用价值,"冷却期"因为只针对交换价值而设,并不影响使用价值的实现,因此不会对"刚性"的宅基地需求带来不便。有基于此,对于"软性"宅基地需求的抑制可以在需求的层面上缓和守住耕地红线和宅基地商品化的矛盾。

(二)抵押权的实现

宅基地使用权抵押的良好运行同样离不开抵押权人从事抵押的积极性。尽管《两权抵押指导意见》要求在借款人不履行到期债务或发生当事人约定的情形时,通过与商品住房不同的抵押权实现方式,来确保抵押权人的权利实现,以降低风险。为回应这一要求,《暂行办法》也提供了具体的解决方案。但是在实践中,由于该规范效力层级较低,且缺乏细化规定,加之不确定各地做法是否存在差别,金融机构仍然担心其中的政策风险,所以对于宅基地抵押的放贷态度仍然较为谨慎。[①] 金融机构的此种态度不无道理,因此,如何给予金融机构以足够的信心,是宅基地使用权抵押制度改革中需要解决的前提性问题。如何调和抵押权人风险控制和宅基地使用权抵押价值最大化的矛盾直接关系到宅基地使用权抵押制度改革的成败。

1.实现方式的层次化

农民住房财产权抵押的实现与商品住房抵押权的实现并不应存有太大的区别,但是宅基地使用权抵押的实现方式却因为宅基地使用权性质的原因而应当被具体讨论。一般抵押权拍卖、变卖的实现方式在宅基地使用权抵押的场合同样可以适用自无疑问,而折价能否成为宅基地使用权抵押的实现方式则依赖于抵押物受让人范围这一问题的解决。[②] 另一方面,依据《两权抵押试点指导意见》的要求,农民住房财产权(含宅基地使用权)抵押贷款的抵押物处置应与商品住房制定差别化规定。探讨新的抵押权实现方式既是宅基地使用权制度改革的体系化要求,也是实践中打破宅基地抵押桎梏,调和宅基地使用权保障作用与财产权利性质的矛盾所必须直面的问题。

除一般抵押权实现中的拍卖、变卖、折价方式外,在目前关于宅基地抵押权特别实现方式的讨论中,主要出现了贷款重组和强制管理的实现方式。[③] 贷款重组是由《暂行办法》提

---

① 刘泽华,陈云.商业银行应审慎推进农民住房财产权抵押贷款[J].银行家,2016(5).

② 房绍坤.农民住房抵押之制度设计[J].法学家,2015(6).

③ 严格来讲,贷款重组的方式并非抵押权实现的方式,因为贷款重组的效果仅仅是就主债权债务的部分内容或抵押合同的部分内容进行协议变更,并不一定发生抵押权经由行使而消灭的效果。但是由于贷款重组中的部分情形可能导致抵押权消灭,部分情形可能导致抵押权发生变更,因此本文将其一并纳入抵押权实现方式中加以讨论。

出,其在第 12 条规定:"……配合试点地区政府在保障农民基本居住权的前提下,通过贷款重组、按序清偿、房产变卖或拍卖等多种方式处置抵押物,抵押物处置收益应由贷款人优先受偿。"依据目前的惯例,贷款重组的方式主要包括变更担保条件、调整还款期限、调整贷款利率、变更借款主体、减免贷款利息等,实践中既可以单独使用也可以将这些方式结合使用。上述贷款重组方式在宅基地抵押贷款中均有适用的可能,相较于其他抵押权实现方式而言,贷款重组的方式对农户宅基地使用权的社会保障作用实现干涉最少,是最为软性的方案,值得肯定。

此外,有学者以日本和德国法为借鉴,引入"强制管理"的抵押权实现方式,提出在住房财产权本身价值较高,而担保的债权本身不大的场合,可以不采取变卖农村住房的方式实现抵押权,而采取强制管理的方式,由执行法院或其聘请的管理人直接将住房出租,以租金清偿债务。[①] 此种"收益执行"[②]的方式在宅基地抵押权实现中,并不直接对抵押物进行处分,而是通过抵押物的孳息收取来实现债权的优先受偿,虽对宅基地的使用会构成限制,但并未改变宅基地使用权的权属,相较于拍卖、变卖而言更为缓和。

纵观上述宅基地使用权抵押的实现方式,贷款重组,强制管理,拍卖、变卖、折价依次呈现出对宅基地使用的干涉由弱到强的态势。此时,就宅基地使用权保障作用与财产权利性质的矛盾调和而言,笔者认为,上述方式的采用应当存有顺序。在贷款合同到期借款人不能清偿债务或发生合同约定的抵押权实现的情形时,在贷款重组的条件满足的情况下,首先应当鼓励银行与借款人以达成更换担保方式,更换抵押标的,调整还款期限等贷款重组协议,以最大可能减少借款人丧失住房基本权利的可能。而在不满足贷款重组条件或者双方不能达成贷款重组协议时,若满足"收益执行"的条件,则应优先考虑以"收益执行"的方式实现抵押权。只有在贷款重组和"收益执行"均不能达成的情形下,才应当采取传统的拍卖、变卖、折价等方式实现抵押权。这种具有适用顺序的规范模式,在现有的条件下,可以在最大程度上防止宅基地使用权保障功能的落空,有效缓和宅基地使用权保障功能和财产权利性质的矛盾。在未来的立法或政策制定中,应当规定宅基地使用权抵押的实现,在无法实现贷款重组时,优先适用"收益执行"的实现方式,仅在"收益执行"不能满足主债权实现时,方可采用拍卖、变卖、折价等实现方式。

2.受让人范围的逐步扩大

在宅基地使用权抵押实现需要借助拍卖、变卖或者折价方式进行时,财产处分的受让人范围是实践中制度设计最为棘手的问题。在政策和规范性文件中,对于农民住房财产权处

---

① 高圣平.宅基地制度改革试点的法律逻辑[J].烟台大学学报(哲学社会科学版),2015(3);房绍坤.农民住房抵押之制度设计[J].法学家,2015(6).

② 虽然论述该种实现方式的学者称其为"强制管理",但是需要注意的是,"强制管理"是执行法上强制执行的诸多形态之一。"收益执行"虽以"强制管理"的执行方法为基础,但却是从实体的角度就抵押权实现的方式而言。因此,二者不宜混淆,本文仍采用"收益执行"的概念。参见[日]近江幸治.抵押权的实行方法与优先受偿权的方法[J].山东大学法律评论,2015(3).

分的受让人限制一直十分严格。如果说 2004 年底国务院发布的《关于深化改革严格土地管理的决定》关于禁止城镇居民购买宅基地的规定,①尚可通过"房地分离"的方式,将城镇居民纳入农民住房财产权利处分受让人范围。那么,在 2007 年底国务院办公厅发布的《关于严格执行农村集体建设用地法律和政策的通知》则明确禁止城镇居民购买农民住宅,②即使"房地分离",也无法将住房财产权利处分给城镇居民。基于此,在我国的司法实践中,更进一步缩小了农民住房财产权利的受让人范围,2011 年《全国民事审判工作会议纪要》(法办〔2011〕442 号)第 15 条规定:"将宅基地上建造的房屋出卖给本集体经济组织成员以外的人的合同,不具有法律效力。"这一观点将宅基地上房屋处分的受让人范围集中于本集体经济组织的成员。

本次宅基地使用权制度改革同样保持着此前的政策惯性,《农村土地改革试点意见》将宅基地转让局限于本集体经济组织内部。而《暂行办法》第 12 条更规定:"变卖或拍卖抵押的农民住房,受让人范围原则上应限制在相关法律法规和国务院规定的范围内。"可见,其对于拍卖、变卖宅基地和住房的受让人范围持较为保守的态度,在这一基础上,折价的方式原则上也无法适用。③

虽有学者认为可以放宽受让人范围,④但在这样的政策背景之下,恐怕并不能一蹴而就。如若严格遵守受让人的范围仅局限于本集体经济组织内部成员,则由于本集体经济组织内部对于宅基地的需求明显不足,将会导致作为农民重要财产权利的宅基地使用权的价值无法实现最大化,且使银行贷款面临的风险显著提高。将受让人局限于集体经济组织内部根本无法实现对于这一矛盾的调和。如果要坚持这一原则,那么只能以其他措施提高本集体经济组织内部消化宅基地的能力。在本集体成员受让意愿不足时,只能通过集体经济组织以风险基金或成立担保公司的方式回购宅基地使用权,以实现宅基地使用权的变价,在效果上达到类似于宅基地有偿退出的效果。但这种方式最大的问题在于,集体经济组织或地方政府是否有足够的财政资金既可以保障部分失去宅基地农民的基本住房权利,又可以弥补本集体经济组织对于宅基地需求的缺口。可以说,对受让人范围的限制越多,所面临的财政压力就越大。在财政资金一定的情况下,越是要在更大程度上激活农民宅基地使用权抵押,就越是要放开农民住房财产权利受让人的范围。因此,较为可行的方案是采取分步走的战

---

① 《关于深化改革严格土地管理的决定》(国发〔2004〕28 号)在加强村镇建设用地的管理部分明确规定:"改革和完善宅基地审批制度,加强农村宅基地管理,禁止城镇居民在农村购置宅基地。"

② 《关于严格执行农村集体建设用地法律和政策的通知》(国办发〔2007〕71 号)在严格规范使用农民集体所有土地进行建设部分明确规定:"农村住宅用地只能分配给本村村民,城镇居民不得到农村购买宅基地、农民住宅或'小产权房'。"

③ 虽然在实践中,宅基地使用权是与房屋所有权一同以农民住房权利的形式被抵押的,但是在抵押权的实现过程中,房屋所有权和宅基地使用权处置的受让人范围却存在显著的不同。由于上述的规范性文件事实上已经直接针对宅基地上房屋的处分而言,并且宅基地使用权转让上的障碍可以通过"房地分离"而设定"地上权"或"法定租赁权"的方式进行,故本部分下文受让人的范围主要针对宅基地上房屋而言。

④ 王崇敏.论我国宅基地使用权制度的现代化构造[J].法商研究,2014(2).

略,依据城乡一体化的进程,逐步扩大受让主体的范围,从本集体经济组织成员,到一定范围的农业户籍人员,①再到允许城镇居民成为抵押房屋的受让人。

（三）配套制度的构建

1.风险基金——保障功能的初步替代

宅基地使用权制度改革的深度在很大程度上是由农民住房权利保障的程度决定的。因此,调和宅基地使用权保障功能与财产权利性质的矛盾,从根本上讲,应当寻找住房保障的替代措施,使宅基地使用权不再成为农民住房权利保障的唯一途径。可以考虑的途径是将宅基地使用权的保障功能移转于宅基地使用权变价所得之上,即在抵押权通过拍卖、变卖的方式实现时,直接扣除部分金钱用于保障农民基本住房权利。但在改革的初期,面对金融机构对于宅基地抵押的谨慎态度,这种方式无疑会大大削减金融机构从事宅基地抵押贷款的意愿,或使得金融机构大幅降低抵押率以规避风险。这在根本上无益于银行风险控制与宅基地经济价值之间矛盾的疏解。

此次《暂行办法》在第14条提出"鼓励试点地区政府设立农民住房财产权抵押贷款风险补偿基金",用以解决宅基地使用权抵押处置期间农民的居住权益保障问题。这一规定在本质上是在小范围内改变了传统的宅基地使用权保障居住权益的模式,新建了一种通过政府直接建立基金为失去居住土地的农民提供居住场所的方式。虽然其仅仅适用于宅基地使用权抵押实现这一非常具有局限性的范围,但是从性质上而言,仍然成为居住权益保障的替代措施。应该清醒认识到的是,在目前的情况下,在整体上一次性地打破以宅基地使用权保障农民居住权益的模式并不现实。伴随着宅基地使用权逐步向单纯财产权利性质的方向转变,其保障功能应当是随着其不断被其他方式取代而呈现出弱化趋势的。有鉴于此,在宅基地使用权改革刚刚起步的今天,在小范围内,采取风险基金的方式对失去宅基地农民提供住房保障的方式是可以被接受的。

2.保险增信——风险最小与价值最大的共同要求

平衡银行风险与宅基地经济价值的另一种思路是并不将借款合同不能履行的风险局限于银行与宅基地使用权人之间,而是引入第三方来共同分担这一风险,为银行或是宅基地使用权人提供保险便属于此种方式。这种方式可以在保证农民宅基地使用权抵押价值最大化的同时,又为银行提供风险保障,使贷款银行的风险得以分散。《暂行办法》同样提出这一思路,在第18条要求保险监督机构"通过探索开展农民住房财产权抵押贷款保证保险业务等多种方式,为借款人提供增信支持"。而在《暂行办法》提出之前,在农村融资中已经出现了为数不少的由政府提供担保的保证保险尝试。早在2009年,人保财险广东省佛山市三水区支公司就与三水区政府、三水区农村信用合作联社联合推出"政银保"合作农业贷款,首创了政府财政投入的基金做担保、农信社为符合贷款条件的担保对象提供贷款、保险公司对上述

---

① 在实践中出现的此种模式以浙江乐清为典型代表。在农房（实际包含宅基地使用权）抵押贷款形成坏账时,当地规定可以在全县域范围内由农业户籍人口参与法院组织的农房拍卖,但该种模式旋即遭受争议并中断。参见陈伟.中国农地转用制度研究[M].北京:社会科学文献出版社,2014:275.

贷款本金提供保证保险的农业贷款模式。[①] 这种模式将借款人不能按时还款的风险分散于政府、保险公司、银行三者之间,并依约定由三者按照一定的比例共同追偿。政府担保基金一方面成为保证保险的反担保,一方面也担保贷款合同的履行。然而在该模式的继续运行中,市场的反应却并不如预期中积极。虽然保证保险的保费由政府提供一半补助,但是,剩余保费的因素使得综合计算后的贷款利率并没有较其他贷款方式呈现出优势,因此,市场反应较为冷淡。[②]

实践中与保证保险模式同时存在的另一种保险模式是信用保险模式。与保证保险中借款人作为投保人为自己的信用投保不同,信用保险则以银行为投保人为自己的信贷资产投保,由保险人承担借款人不能清偿债务的风险。虽然此种保险模式并未直接实现为借款人增信的目的,但是由于其同样可以产生将银行风险分散的效果,达到了与为借款人增信的保证保险同样的功能,成为我国农村融资中两种并存的保险模式。

虽有学者比较该两种保险模式,指出保证保险在构建风险负担机制、培育社会信用环境、实现保险产品的保障性功能等方面存在劣势,得出应当大力发展信用保险模式的结论,[③]但必须注意,宅基地使用权抵押中银行参与的积极性是不可忽略的问题。在信用保险模式中,银行成为投保人,即使政府可以部分补贴保险费,但是剩余的保险费同样会被计算进入贷款利率,这样一来,仍然难以从根本上解决贷款利率不具优势的问题。从这个角度而言,无论是保证保险还是信用保险的模式,并未体现出太大的差别,《暂行办法》虽未提及信用保险,但它仍可成为分散信用风险的重要手段,只是与保证保险不同,此时政府需补贴银行进行信用保险,增加银行放贷积极性。因此这两种保险方式虽具有分散风险的功能,但要在实践中保证生命力的根本在于,确保不因为保险的存在而不合理地提高贷款利率,降低农民的贷款积极性。因此,无论是保证保险模式还是信用保险模式所面临的真正问题并非社会信用环境的培育和保险产品保障功能的实现,而是如何将到期债务不能履行的风险在政府、银行与保险公司之间分配。如若政府可以在财政能力范围内平衡这一分配,那么保险制度将大大缓和银行风险与宅基地使用权经济价值的矛盾。

此外,由于实践中保证保险通常需要反担保方能实现,具体到宅基地使用权抵押贷款中,保证保险的反担保应当如何提供是值得思考的问题。可以考虑的路径有两条:一是如"政银保"一样由政府提供担保基金,作为反担保;二是由农户用宅基地为保险公司提供反担保。第一条路径需要政府的财政投入作为支撑。第二种路径则会形成相对复杂的局面:宅基地使用权人为获得融资,以宅基地使用权设定两次抵押;一是向贷款银行提供抵押担保,一是向保险公司提供保证保险的反担保。由于在贷款审核发放中,贷款银行会先审核农户是否具有保证保险,再决定是否发放,因此在时间上,保证保险的反担保设定在前,借款合同担保设定在后。在借款合同中作为宅基地使用权的价值由于已经设定担保,会大幅度减小。

① 黎宇琳.“政银保”为农民送去“及时雨”[N].佛山日报,2012-2-29.
② 齐航.三水“保险贷”得失几何?[N].南方日报,2013-6-5.
③ 庄慧彬.解决农村融资难题:贷款保证保险与贷款信用保险间的优劣分析[J].保险研究,2010(3).

在风险控制与经济价值的矛盾调和中,完全滑向风险控制,显然对农户宅基地使用权抵押贷款的积极性有所抑制。因此,在宅基地使用权抵押实践中较为可行的方法仍是政府建立担保基金的方式,促进保证保险的顺利进行。